中华人民共和国民法典释论丛书

中国民法典

侵权责任编释论

主编 杨 震
副主编 卢艳玲 吴 晛

本书撰稿人
（以撰写章节顺序为序）
杨 震 卢艳玲 吴 晛
王守春 韩 静

法律出版社
LAW PRESS·CHINA
北京

图书在版编目(CIP)数据

中国民法典. 侵权责任编释论 / 杨震主编. -- 北京 : 法律出版社, 2022
(中华人民共和国民法典释论丛书 / 杨震主编)
ISBN 978-7-5197-7064-8

Ⅰ. ①中… Ⅱ. ①杨… Ⅲ. ①民法－法典－法律解释－中国②侵权行为－民法－法律解释－中国 Ⅳ. ①D923.05

中国版本图书馆CIP数据核字(2022)第168212号

中国民法典·侵权责任编释论
ZHONGGUO MINFADIAN · QINQUAN ZERENBIAN SHILUN

杨 震 主编

策划编辑 徐 菲
责任编辑 徐 菲
装帧设计 汪奇峰

出版发行 法律出版社
编辑统筹 法律出版社
责任校对 晁明慧
责任印制 胡晓雅
经 销 新华书店

开本 710毫米×1000毫米 1/16
印张 21.75 字数 324千
版本 2022年10月第1版
印次 2022年10月第1次印刷
印刷 天津嘉恒印务有限公司

地址:北京市丰台区莲花池西里7号(100073)
网址:www.lawpress.com.cn
投稿邮箱:info@lawpress.com.cn
举报盗版邮箱:jbwq@lawpress.com.cn

销售电话:010-83938349
客服电话:010-83938350
咨询电话:010-63939796

书号:ISBN 978-7-5197-7064-8
定价:98.00元

凡购买本社图书,如有印装错误,我社负责退换。电话:010-83938349

作者简介

杨震

第十二届、第十三届全国人大代表，中国法学会民法学研究会副会长，中国法学会《民法典》编纂项目领导小组成员，国家普法办《民法典》宣讲团成员，最高人民法院特聘咨询员，最高人民检察院特聘监督员，享受国务院特殊津贴专家；世界侵权法研究会理事，东北亚侵权法研究会副理事长；黑龙江省委法律顾问，黑龙江省级领军人才梯队带头人，黑龙江大学二级教授，博士生导师。

主要从事民商法学、法哲学研究和教学，先后著有《民法学》《法价值哲学导论》《物权法》《侵权责任法》《继承法新论》等二十多部专著，在《法学研究》《中国法学》《法学家》《法制与社会发展》等学术刊物发表论文100余篇，承担国家和省部级科研项目三十多项。

总　序

2020年5月28日，令人难以忘怀。《中华人民共和国民法典》（以下简称《民法典》）由第十三届全国人民代表大会第三次会议通过并公布，自2021年1月1日起施行。《民法典》是中华人民共和国成立以来第一部以"法典"命名的法律，是新时代我国社会主义法治建设的重大成果。《民法典》的颁行，是我国法治建设的里程碑，对推进国家治理体系和治理能力现代化具有重大意义。

中华法系，源远流长。中华法系是中国古代法制文明与法治建设的瑰宝。在人类法制文明与法制建设中，中华法系以礼法合治、以礼辅法、德法兼修、以德善治的品质流传后世。《法经》《唐律疏议》承载着中华法制文明的法典追求，彰显中华法制文化的规范思想；诸法合体、刑民不分凝聚着中华法制文明的深厚底蕴和独特魅力，显示出中华法制文化的律令特色与格致特质；礼法结合、民惟邦本映衬着中华法制文明的隆礼重法和以民为贵，展现出中华法制文化的明德慎罚与德主刑辅；天下无讼和以和为贵昭示着中华法制文明的政教之本和德礼教化，体现出中华法制文化的恤刑思想与和善理念。习近平总书记指出："我国古代法制蕴含着十分丰富的智慧和资源，中华法系在世界几大法系中独树一帜。"①

草拟民律，变法图强。草拟民律是近代民事立法与法律变革的缩影。在"西学东渐""船坚炮利""师夷长技""以夷制夷"的特定情境下，变法图

① 中共中央文献研究室编：《习近平关于全面依法治国论述摘编》，中央文献出版社2015年版，第32页。

存、济世安邦、吸纳西法、革故鼎新成为中国法制近代化的思想基础与观念指征。《大清民律草案》的起草、《民国民律草案》的纂修、《中华民国民法》的施行,预示着中国古代法律体系的转型,显露出中国法律制度渐融世界民事立法行列的进程。“吸收世界各国大同之良规,兼采近世最新之学说”的修法信念,“凡我旧律义关伦常诸条,不可率行变革”的改良执念,促成了刑民分立、中西合璧、观念杂糅、习惯碰撞的民事立法样态与民事法律体系;演绎出推崇社会契约、呼吁个性解放、恪守公序良俗、更新国民道德的法律纂修取向和礼法嬗变特征。因为一定的文化是一定社会的政治和经济的反映。

法典编纂,人民至上。编纂民法典是新时代民事立法与法治改革的创举。在新中国法制建设史上,《民法典》无疑是民事立法的卓越典范与无上荣光。因为编纂一部真正属于中国人民的民法典,是新中国几代人的夙愿;形成一部适应新时代中国特色社会主义发展要求,符合我国国情和实际的体例科学、结构严谨、规范合理、内容完整、协调一致的民法典,是一项系统且重大的立法工程。《民法典》作为我国法律体系中条文最多、体量最大、编章结构最复杂的一部法律,系统整合了中华人民共和国成立70余年来长期实践形成的民事法律规范,汲取了中华民族5000多年优秀法律文化,借鉴了人类法治文明建设的有益成果,是一部体现我国社会主义性质、符合人民利益和愿望、顺应时代发展要求的民法典;是一部体现对生命健康、财产安全、交易便利、生活幸福、人格尊严等各方面权利平等保护的民法典;是一部具有鲜明中国特色、实践特色、时代特色的民法典。《民法典》以其7编1260条、10万多字的编章结构与规范内涵,回应了人民的期待,突出了以人民为中心的底色。

民法学人,共谱华章。奉献智慧、精益求精是民法学人久久为功、善作善成的写照。在我国先后四次启动民法制定工作以及长达五年的民法典编纂进程中,学界前辈展现了矢志不渝、博采众长的学术情怀与立法智慧,民法同人呈现了底蕴深厚、观点明晰的学术思想与立法范例。多方论证、集思广益、数易其稿、系统整合,成为科学立法、民主立法、依法立法的表征;条分缕析、观点争鸣、字斟句酌、编订纂修,成为体例设计、规范表述、价值内蕴的基础。无论是中国法学会民法典编纂项目领导小组组织专家起草的《民法典》(专家建议稿),还是全国人大常委会法制工作委员会形成的《民法典(草案)》,均仰赖民法典编纂所具备的制度基础、实践基础、理论基础和社会基础,均凸显出民法典在国家治理体系中的功能定位——《民法典》是实现社会治理现代化、促进社会和谐有序的基本法,是保障和促进社会主义市场经济建设健康发展的基本法,是推动政府依法行政、提升政府治理能力的基本法。只有讲好、用好《民法典》,方能展现其以人为本的人民性、与时俱进的时代性、立足国情的民族性、求真严谨的科学性。

弦歌不辍,共赴星光。跻身民事立法前沿、攻克民法理论难题,是黑龙江大学民商法学教学科研团队的初心与使命。2012 年 3 月,黑龙江大学成立民法典编纂课题组,着力研究民法典编纂中的热点、难点问题,期冀通过民法理论研讨提升民事立法智慧、助益民事司法实践。黑龙江大学民法典编纂课题组成立后,以杨震教授、王歌雅教授、孙毅教授、申建平教授、李憣副教授、杨振宏副教授为主要成员的课题组所有同人勤勉奋发、勠力同心、集思广益、取长补短,携手走过了相互鼓励、彼此劝勉、业精于勤、跬步千里的十年时光,相继起草了多个民事立法专家建议稿,共同呈现了民事立法智慧。2012 年 5 月,起草了《中华人民共和国继承法》(专家建议稿),共计 5 章 97 条。2015 年 5 月,起草了《民法典·总则编》(专家建议稿)中民事法律行为和代理两章,分别为 38 条和 26 条。2016 年 10 月和 2017 年 1 月,先后起草了《民法典·继承编》(专家建议稿)(一)和(二)中遗嘱继承和遗赠一章,分别为 36 条和 34 条。2017 年 7 月,起草了《中华人民共和国人格权法》(专家建议稿),共计 8 章 60 条。王歌雅教授作为中国法学会婚姻家庭法学研究会副会长参与起草了《民法典·婚姻家庭编》(专家建议稿)……时光荏苒,春华秋实。

青山明月,丹心道同。踔厉奋发、笃行不怠是黑龙江大学法学院民法同人的坚守与豪情。在《民法典》编纂进程中,民法同人多方研讨、献计献策。第十二届、第十三届全国人大代表杨震教授全程参与了《民法典(草案)》的讨论和修改,十年间先后向全国人大提交制定民法典的议案 40 余件,特别是 2018 年提交的《关于制定中华人民共和国人格权法》的议案,被第十三届全国人民代表大会第一次会议列为第290号议案，为人格权法的独立成编倾注了热诚与智慧。围绕《民法典(草案)》的起草和修改，黑龙江大学民法典编纂课题组陆续提出修改意见和建议……尺寸素心，金石为开。

释论记叙，希以弘扬。传播民法精神、诠释法典文化，是黑龙江大学民法典编纂课题组的情怀与责任。在《民法典》实施进程中，理解《民法典》、感悟《民法典》、解读《民法典》、实践《民法典》，是回应中国之问、世界之问、人民之问、时代之问的基点；弘扬核心价值、释明法律规范、秉持公平正义、践行人本理念，是信守中国之路、中国之治、中国之理的基石。《中华人民共和国民法典释论》将以8册系列图书，系统展现《民法典》的鲜明特色与创新发展，科学阐释《民法典》法源样态的多元性、原则理念的思想性、体系结构的创造性、制度规范的传承性、功能定位的价值性、权益保障的适用性。其中，总则编1册，物权编1册，合同编2册，人格权编1册，婚姻家庭编1册，继承编1册，侵权责任编1册。各编主编、合著、独著作者为：总则编——杨震；物权编——申建平；合同编——孙毅；人格权编——杨振宏、张小余；婚姻家庭编——王歌雅；继承编——王歌雅；侵权责任编——杨震。《中华人民共和国民法典释论》系列丛书总字数达260万余字。

思想引领，价值为基。《中华人民共和国民法典释论》系列丛书，以习近平法治思想为理论指导，以社会主义核心价值观为理念统领，以《民法典》及其司法解释为阐释要点，记录了《民法典》的编纂历程、编纂智慧、编纂成果、编纂贡献，梳理了《民法典》的学术思想、学术观点、学术理路、学术创新，展现了《民法典》的实践意义、实践特点、实践思考、实践效用，呈现了《民法典》的法治信仰、法治精神、法治文化、法治追求。

初心如磐，情怀不改。

不负历史，不负时代。

黑龙江大学民法典编纂课题组

2022年5月1日

前　言

《民法典》是新中国成立以来第一部以“法典”命名的法律文件,被誉为“人民权利的宣言书”。其中,侵权责任编作为《民法典》的第七编,共计10章95个条文,通过“总—分”的逻辑框架系统规定了民事主体侵害他人权益应当承担的法律后果:第一章提炼了侵权责任的一般规定,具有提纲挈领作用;第二章专章规定了损害赔偿,凸显了此种责任方式的主导地位;第三章至第十章规定了各种特殊类型的具体侵权责任,在吸收理论研究成果的基础上较好地回应了现实需求。

《中国民法典·侵权责任编释论》是《中华人民共和国民法典释论》系列丛书之一,本书以马克思主义以人为本的思想为哲学基础,以习近平法治思想为理论根基,以社会主义核心价值观为价值遵循,以《民法典》为法律依托,既强调纵向的“释”,力求将相关法律条文嵌入民法理论进行精准释义,又注重横向的“论”,希冀在民法学完整的体系框架内反映学界的成熟理论与争鸣探讨。

本书导论部分阐释和论述了侵权责任法的概念与体系、发展与完善,社会主义核心价值观对侵权责任法的价值指引以及侵权责任编在《民法典》中的体系定位。正文内容共计十章:“第一章一般规定”主要阐述了侵权责任编的调整范围、侵权责任的归责原则、一般侵权行为、多数人侵权、侵权责任的责任承担方式及责任减免事由;“第二章损害赔偿”对损害赔偿进行了概述,分别阐述了人身损害赔偿、财产损害赔偿、精神损害赔偿和惩罚性赔偿;“第三章责任主体特殊规定”对欠缺民事行为能力人及其监护人责任、用人者责任、网络侵权责任、安全保障义务人责任以及教育机构责任五类责任主体的特殊规定进行了阐述；“第四章产品责任”“第五章机动车交通事故责任”“第六章医疗损害责任”“第七章环境污染和生态破坏责任”“第八章高度危险责任”“第九章饲养动物损害责任”“第十章建筑物和物件损害责任”对各类最重要、常见的“侵权责任类型”，分别进行了系统性阐述。

本书在阐释和论述过程中，将社会主义核心价值观融入《民法典·侵权责任编》的理解与适用，彰显了民法典倡导公平正义、以人民为中心的价值导向，跟进了民法学学术研究的新进展；紧扣社会热点问题、结合司法实践、梳理相关法律规范与司法解释，全面的对《民法典·侵权责任编》的法律规范进行了系统性的解读，展现了民事司法实践的新动态。

本书由主编杨震教授（黑龙江大学法学院博士生导师）负责全书的组织策划和定稿，副主编卢艳玲负责统稿与审稿，撰稿人员还有吴晛、王守春、韩静。本团队成员在撰写过程中，虽已竭诚尽力，但囿于时间和学识难免存在不足之处，敬请广大读者批评指正，提出宝贵意见。

特别感谢张铁薇教授抽出宝贵时间认真审阅《中国民法典·侵权责任编释论》的书稿，予以严格把关！

本书编者

2022年8月

本书缩略语表

《中华人民共和国宪法》	《宪法》
《中华人民共和国刑法》	《刑法》
《中华人民共和国民法典》	《民法典》①
《中华人民共和国民法通则》	《民法通则》
《中华人民共和国民法总则》	《民法总则》
《中华人民共和国立法法》	《立法法》
《中华人民共和国合同法》	《合同法》
《中华人民共和国物权法》	《物权法》
《中华人民共和国侵权责任法》	《侵权责任法》
《中华人民共和国国家赔偿法》	《国家赔偿法》
《中华人民共和国个人信息保护法》	《个人信息保护法》
《中华人民共和国电子商务法》	《电子商务法》
《中华人民共和国消费者权益保护法》	《消费者权益保护法》
《中华人民共和国产品质量法》	《产品质量法》
《中华人民共和国食品安全法》	《食品安全法》
《中华人民共和国药品管理法》	《药品管理法》
《中华人民共和国农产品质量安全法》	《农产品质量安全法》

① 书中所涉《民法典》之分编,分别简称为《民法典·总则编》、《民法典·物权编》、《民法典·合同编》、《民法典·人格权编》、《民法典·婚姻家庭编》、《民法典·继承编》以及《民法典·侵权责任编》。

《中华人民共和国环境保护法》	《环境保护法》
《中华人民共和国大气污染防治法》	《大气污染防治法》
《中华人民共和国水污染防治法》	《水污染防治法》
《中华人民共和国湿地保护法》	《湿地保护法》
《中华人民共和国草原法》	《草原法》
《中华人民共和国噪声污染防治法》	《噪声污染防治法》
《中华人民共和国森林法》	《森林法》
《中华人民共和国海洋环境保护法》	《海洋环境保护法》
《中华人民共和国道路交通安全法》	《道路交通安全法》
《中华人民共和国反不正当竞争法》	《反不正当竞争法》
《中华人民共和国消防法》	《消防法》
《中华人民共和国公司法》	《公司法》
《中华人民共和国证券法》	《证券法》
《中华人民共和国铁路法》	《铁路法》
《中华人民共和国道路交通管理条例》	《道路交通管理条例》
《中华人民共和国道路交通安全法实施条例》	《道路交通安全法实施条例》
《中华人民共和国执业医师法》	《执业医师法》
《中华人民共和国民用航空法》	《民用航空法》
《中华人民共和国电力法》	《电力法》
《中华人民共和国核安全法》	《核安全法》
《中华人民共和国放射性污染防治法》	《放射性污染防治法》
《中华人民共和国动物防疫法》	《动物防疫法》
《中华人民共和国渔业法》	《渔业法》
《中华人民共和国公路法》	《公路法》
《中华人民共和国教育法》	《教育法》
《中华人民共和国治安管理处罚法》	《治安管理处罚法》

《最高人民法院关于贯彻执行〈中华人民共和国民法通则〉若干问题的意见(试行)》	《民通意见》
《最高人民法院关于适用〈中华人民共和国侵权责任法〉若干问题的通知》	《适用〈侵权责任法〉通知》
《最高人民法院关于适用〈中华人民共和国民法典〉总则编若干问题的解释》	《总则编解释》
《最高人民法院关于适用〈中华人民共和国民事诉讼法〉的解释》	《民事诉讼法解释》
《最高人民法院关于民事诉讼证据的若干规定》	《民事诉讼证据的若干规定》
《中华人民共和国刑法修正案(九)》	《刑法修正案(九)》
《最高人民法院关于审理人身损害赔偿案件适用法律若干问题的解释》	《人身损害赔偿解释》
《最高人民法院关于确定民事侵权精神损害赔偿责任若干问题的解释》	《精神损害赔偿解释》
《最高人民法院关于审理名誉权案件若干问题的解答》	《审理名誉权案件若干问题的解答》
《最高人民法院关于审理利用信息网络侵害人身权益民事纠纷案件适用法律若干问题的规定》	《利用信息网络侵害人身权益纠纷规定》
《最高人民法院关于审理侵害信息网络传播权民事纠纷案件适用法律若干问题的规定》	《侵害信息网络传播权纠纷规定》
《最高人民法院关于审理食品药品纠纷案件适用法律若干问题的规定》	《审理食品药品纠纷规定》
《最高人民法院关于审理道路交通事故损害赔偿案件适用法律若干问题的解释》	《道路交通事故损害赔偿解释》
《最高人民法院关于审理医疗损害责任纠纷案件适用法律若干问题的解释》	《医疗损害责任纠纷适用法律解释》
《最高人民法院关于审理环境侵权责任纠纷案件适用法律若干问题的解释》	《环境侵权责任纠纷案件适用法律解释》
《最高人民法院关于审理环境民事公益诉讼案件适用法律若干问题的解释》	《环境民事公益诉讼案件适用法律解释》

《最高人民法院关于审理生态环境损害赔偿案件的若干规定(试行)》	《审理生态环境损害赔偿案件的若干规定(试行)》
《最高人民法院关于审理生态环境侵权纠纷案件适用惩罚性赔偿的解释》	《审理生态环境侵权纠纷案件适用惩罚性赔偿的解释》
《最高人民法院关于审理铁路运输人身损害赔偿纠纷案件适用法律若干问题的解释》	《审理铁路运输人身损害赔偿纠纷案件适用法律解释》

CONTENTS 目　录

导　论

第一章　一般规定

第二章 损害赔偿

第三章 责任主体特殊规定

第五章 机动车交通事故责任

第六章 医疗损害责任

第八章 高度危险责任

第九章 饲养动物损害责任

导 论

第一节 侵权责任法的概念与体系

侵权责任法是规范侵权责任的成立与承担的法律规范的总称。[①] 侵权责任法有两大特征:一是侵权责任法是私法,是民法的重要组成部分。首先,侵权责任法调整的是平等主体之间的民事权利义务关系;其次,侵权责任法保护民事权益,而非其他权益;最后,侵权责任是民事责任,是因侵害民事权益而发生的责任,既非行政责任也非刑事责任。二是侵权责任法具有强行性。侵权责任法规定了侵权责任成立的构成要件,侵权责任成立必须要符合法律规定的构成要件,侵权人亦应当依照法律规定承担损害赔偿责任。侵权责任法规定侵权行为人对受害人负有赔偿义务,这种义务并非意定的义务,而是法律规定行为人必须对国家所担负的责任。[②] 行为人是否承担责任、在多大范围内承担责任、承担何种责任、如何承担责任等都不以行为人的意志为转移,侵权责任法与合同法、物权法相比,更多地体现了强行性特点,即借助国家权力实现对当事人的保护。

侵权责任法有广义与狭义之分。狭义的侵权责任法,亦即"形式意义上的侵权责任法",是指《民法典·侵权责任编》的法律规范。广义的侵权责任法,亦即"实质意义上的侵权责任法",是对所有规范侵权责任成立与承担的法律规范的统称。根据表现形式、具体内容、功能效果等方面的差异,广义的侵权责任法可区分为侵权责任一般法和侵权责任特别法。

---

① 参见程啸:《侵权责任法教程》(第4版),中国人民大学出版社2020年版,第3页。

② 参见王利明:《再论侵权行为法的相对独立》,载中国高校人文社会科学信息网,https://www.sinoss.net/c/2006-06-13/546223.shtml。

侵权责任一般法指《民法典》中规定侵权责任的成立与承担的法律规范。《民法典》属于民事基本法律,《民法典》中有关于侵权责任的规范,大多规定在侵权责任编中,也有部分规定在其他编中。故而,从表现形式看,侵权责任一般法包括《民法典·侵权责任编》的全部内容以及《民法典》其他编与侵权责任相关的内容。侵权责任一般法规定的内容,是侵权责任中最为基本、一般、共通的问题,如对侵权责任的构成要件、责任承担、免责事由等问题作出具体规定。侵权责任一般法的功能在于,其具有一定的预见性和稳定性,其规则在一定程度上能够涵盖未来可能出现的新型侵权行为,维持整个侵权法律体系的稳定与连贯,为侵权责任特别法的制定、理解与适用提供基本规范依据和价值基准。

侵权责任特别法,是指侵权责任一般法之外,规范某一类特殊侵权行为的单行立法或其中的相关法律规范。① 这些其他的"法"与《民法典》形成了对应关系,《民法典》是基本的,其他规范相对《民法典》而言是特殊的。因此,侵权责任特别法有以下表现形式:一是《民法典》之外的其他行政法律、刑事法律等法律中规定的侵权责任规范;②二是修改、补充侵权责任法的单行法律,如《国家赔偿法》;三是与侵权责任相关的司法解释。侵权责任特别法规定的内容,是对侵权责任基本法进行补充、细化和完善,补充是指侵权责任特别法对侵权责任基本法中未规定的事项进行填补,如对特定领域特别侵权责任的规定、特定效力范围的规定、特别诉讼时效的规定等;细化和完善体现为对侵权责任基本法中的侵权责任规范进行进一步完善,如对侵权责任基本法中抽象规定的具体化、模糊规定的明确化、种属规定的类型化等。侵权责任特别法甚至可以另行作出不同于侵权基本法的特别规定,但不得有悖于侵权责任基本法的立法精神,不能违背或歪曲侵权责任法的立法本意。侵权责任特别法的功能在于,因应社会发展,回应不断涌现的新型侵权行为,弥补侵权责任法的局限性,维护侵权责任基本法的稳定性。

---

① 在我国立法体制下,侵权责任特别法多由国务院相关行政主管部门牵头草拟条文,经由国务院审查同意后,提交全国人民代表大会或其常委会审议通过。参见程啸:《侵权责任法教程》(第4版),中国人民大学出版社2020年版,第11页。

② 如《消费者权益保护法》《个人信息保护法》《产品质量法》《食品安全法》《环境保护法》《道路交通安全法》《反不正当竞争法》等法律中规定侵权责任成立与承担的法律规范。

《民法典》第 11 条规定："其他法律对民事关系有特别规定的，依照其规定。"①该规定属于民法的一般规范，侵权责任法是《民法典》的重要部分，侵权责任特别法与侵权责任基本法的适用规则同样适用该条规定。侵权责任特别法律规范相较于侵权责任基本法法律规范，具有优先适用的效力。

第二节　侵权责任法的发展与完善

一、理论与实践的积累阶段

改革开放以来，我国开始总结中华法系侵权法的基本内容，②不断地创新发展侵权法理论学说，构建、形成了独具中国特色的侵权责任法理论体系。原《民法通则》中关于侵权责任的规定为民事主体维护自身合法权益、为司法实践中侵权案件的裁判提供了基本的法律依据。然而，随着社会的发展进步，现实发生的大量侵权案件很多是在立法时无法预见的，我国开始在司法实践中发现新的问题，探索借鉴域外的立法与司法经验，立足于中国的本土化需求，解决新的问题。其一，最高人民法院根据在司法实践中审理侵权案件所积累的司法经验，制定了一系列有关侵权责任法的司法解释，如《执行〈民法通则〉意见》《精神损害赔偿解释》《人身损害赔偿解释》《审理名誉权案件若干问题的解答》等。其二，最高人民法院通过公布"典型案例"的形式对侵权责任法的相关规则进行完善，死者人格利益、隐私等人格利益的保护，即是通过司法案例推动实现的。司法实践经验的积累完善了侵权责任法的基本原则和具体规则，弥补了立法不足，满足了社会发展的需求。其三，立法机关因应现实需求制定了大量的包含侵权责任特别法规则的法律规范，作为侵权责任法的特别和补充规定。③

---

① 该规定借鉴了原《侵权责任法》第 5 条"其他法律对侵权责任另有特别规定的，依照其规定"的侵权特别法适用规则，涉及民事特别法与基本法的适用规则问题。

② 参见杨立新：《侵权法论》（第 3 版），人民法院出版社 2005 年版，第 73 页以下。

③ 如《产品质量法》《道路交通安全法》《国家赔偿法》等法律即对相关侵权责任作出了特别规定。

二、借鉴和创新的发展阶段

在理论与实践不断积累的基础上，我国立法机关于1999年起筹备制定《侵权责任法》，专家通过借鉴国外立法经验，创新发展本国侵权责任法律规范，先后提出了数部侵权责任法草案建议稿，为我国侵权责任法的制定奠定了坚实基础，并于2009年12月26日通过了《侵权责任法》。在借鉴了外国侵权法的立法经验的基础上，我国《侵权责任法》还进行了诸多本土性创新：一方面坚持大陆法系的成文法传统，制定侵权责任法一般化规定条款，如侵权责任归责原则、民事侵权责任承担方式等；另一方面借鉴了英美法系的侵权法独立，对侵权行为进行类型化规定，形成了从总则一般性规定到分则特殊侵权责任规定的侵权责任法结构，使我国侵权责任法规则兼具概括性和具体性，法律适用在具有包容性、延展性的同时也更具准确性。原《侵权责任法》的出台标志着我国形成了一套相对完整的侵权责任法律体系，该体系以原《侵权责任法》为中心，包括其他相关法律规范和司法解释在内，[①]旨在更全面地保护民事主体的合法权益。

我国近现代的侵权责任法体系是建立在我国司法实践经验的"集大成者"，但现实中也存在一些问题。首先，以《民法通则》规定的民事责任制度的模式看，侵权责任作为民事责任的组成部分，是为责任，但传统侵权责任法的定位却是债法，由此，侵权责任的性质问题一直是我国理论界的争论点。其次，民事立法的分步进行，从《民法通则》到《物权法》再到《侵权责任法》，法律之间难免出现适用、协调的问题，如原《侵权责任法》规定了排除妨碍、恢复原状、消除危险等八种侵权责任，这些侵权责任有的与原《物权法》中的物权请求权存在实质上的区别模糊、功能重叠。最后，原《侵权责任法》中规定的责任减免事由不足，导致法律规定无法满足司法实践需求，存在漏洞。

三、制度与规则体系的完善阶段

党的十八届四中全会提出了编纂民法典的重大立法任务，最终通过对民事

① 具体包括《产品质量法》《食品安全法》《消费者权益保护法》《铁路法》《道路交通安全法》《公司法》《证券法》等法律，以及最高人民法院《人身损害赔偿解释》《精神损害赔偿解释》等司法解释。

法律规范进行系统整合、矛盾消除、去粗存精、合理更新,形成了体例科学、结构严谨、内容完整、协调一致,能够适应新时代中国特色社会主义发展需求,符合我国国情和实际的《民法典》。《民法典》以原《侵权责任法》和相关司法解释为基础,充分吸收司法实践经验,结合当今社会经济发展的新情态,对与侵权责任有关的规定进行了修改、补充和完善,形成了能够彰显中国特色,弘扬社会主义核心价值观的侵权责任规则体系。

《民法典·侵权责任编》的完善主要体现在以下方面:

一是消除矛盾规范,整合、删减重复内容。作为民事基本立法,《民法典》的编撰需要对分别规定的民事法律规范进行科学整理,去除其中重复的、烦琐的内容。作为《民法典》的重要组成部分,侵权责任编要兼顾与总则编的协调,因此,需要将原《侵权责任法》的相关内容与总则编的内容进行整合,才能避免立法的重复、赘述,保证《民法典》的总则编与分则编逻辑统一。原《侵权责任法》包括通则性规定与分则性规定两部分,其中通则性规定三章,分则性规定八章。《民法典·侵权责任编》的通则性规定两章,分则性规定八章。《民法典》将“责任分担规则”“民事责任方式”“非冲突性民事责任竞合的请求权并行”“不可抗力、正当防卫、紧急避险、见义勇为的适当补偿”“违约责任与侵权责任竞合”“民事责任优先”等原《侵权责任法》规定的内容规定到了《民法典·总则编》,使《民法典·侵权责任编》的通则性规定缩减为两章。由此形成的逻辑体系是:《民法典·总则编》指导下的侵权责任编通则性规定和分则性规定。

二是抽象核心概念,完善、细化一般规则。《民法典·侵权责任编》改变了原《侵权责任法》对侵权责任保护范围“概括+列举”的界定方式,概括性地规定了侵权责任的保护范围为“所有的民事权益”,既包括民事权利,也包括法益,扩大了侵权责任编的调整范围,实现了对民事权益的全面保护。《民法典·侵权责任编》还规定了损害要件作为侵权责任的构成要件,增加了自甘风险、自助行为等免责事由。上述关于侵权责任的通则性规定,具有高度的概括性、抽象性,形成了《民法典》时代侵权责任法的核心概念。同时,还对《民法典·侵权责任编》中的一般性规定进行了细化,如规定:人身损害赔偿范围包括营养费赔偿(第1179条),将侵害人身权益造成财产损失赔偿数额的计算方法的选择权赋予被侵权人(第1182条),侵害具有人身意义的特定物的精神损害赔偿请求权

(第1183条),侵害知识产权的惩罚性赔偿责任(第1185条),公平分担损失规则的适用和限用情形(第1186条)。

三是因应社会发展和时代需求,修改完善不适应现实情况的规定,制定针对新问题、新情况的新规定。首先,《民法典·侵权责任编》在分则性规定中增加了较多新型的侵权责任:针对大量进城务工农村居民的未成年子女留守农村的实际情况,增设委托监护损害责任;针对机动车事故频发和多样化的社会现状,规定挂靠机动车损害责任、未经允许驾驶他人机动车损害、好意同乘等特殊侵权责任类型;针对医疗领域存在的严重的个人信息侵害行为,增设医疗机构及其医务人员侵害患者个人信息的侵权责任;增加定作人指示过失责任、强腐蚀性物品的损害责任等。增加新型侵权责任提高了我国侵权责任类型化程度,也回应了时代的发展需求。其次,《民法典·侵权责任编》回应社会发展需求,细化、完善了特殊侵权责任,制定了许多更具有可操作性的规则,如在网络侵权责任中增加反通知规则(第1196条),扩大违反安全保障义务损害责任的责任主体范围(第1198条),增加缺陷产品预防性补救责任(第1206条),增加规定机动车管理人为交通事故的责任主体(第1209条),区分不同交通事故责任的责任分担规则(第1211条、第1212条、第1215条),明确医疗机构及其医务人员告知义务(第1219条)、医疗机构推定过错事由(第1222条),细化民用核设施损害责任的免责事由(第1237条),增加环境污染和生态破坏的惩罚性赔偿责任、修复责任(第1232条、第1234条),规定饲养动物损害责任可以实行有限的过失相抵规则(第1246条),修正高空抛物损害责任中的连带补偿责任(第1254条)等。

综上所述,《民法典》对侵权责任的规定,从一般规则到特殊侵权类型再到特殊侵权责任规则的细化,理顺了侵权责任的一般性规则与具体规则的关系,使侵权责任法律规范更具可操作性,有利于司法实践。

第三节 社会主义核心价值观对侵权责任法的价值指引

一、社会主义核心价值观融入《民法典》

《民法典》第1条开宗明义地指出其立法宗旨之一是“弘扬社会主义核心价值观”，[①]其中，“富强、民主、文明、和谐”是《民法典》编纂的旗帜和方向，是我国建设社会主义现代化国家的目标，是统领《民法典》制度设计的基本价值理念；“自由、平等、公正、法治”反映了中国特色社会主义的基本属性，是《民法典》制度设计的灵魂；“爱国、敬业、诚信、友善”是公民必须恪守的基本道德准则，是《民法典》编纂的落脚点。[②]

《民法典》恪守人本理念，融入社会主义核心价值观，对侵权责任法的立法和法律适用起着价值指引的作用。社会主义核心价值观指引侵权责任法律制度依托的路径：从应然到实然的路径是，社会主义核心价值观、宪法—法律原则—法律规则；侵权责任法律适用的路径则正好反向，从具体的法律规则到一般法律原则再到宪法以及社会主义核心价值观的约束。宪法是形式上法律效力的来源，居于法律体系金字塔的顶端，为基本权利的“基本价值秩序”之产生提供了形式逻辑前提。[③] 社会主义核心价值观“先于实证的法律伦理原则与普遍的确信”，是宪法的基本权利的价值源泉。社会主义核心价值观于民事法律规范而言是最高原则，法律是正义的体现，立法的根本目的在于促进公平正义的实现，[④]法治则是民事主体活动的价值准则和底线原则。要想使“价值”从概念的天堂普照到实证的大地，还需要法律规则将其进一步具体化和精确化。社会主义核心价值观又通过成文化的方式外显为民事法律规范的基本原则和具

---

① 《民法典》第1条规定：“为了保护民事主体的合法权益，调整民事关系，维护社会和经济秩序，适应中国特色社会主义发展要求，弘扬社会主义核心价值观，根据宪法，制定本法。”

② 参见杨震、孙毅：《我国民法典的时代价值》，载《求是学刊》2021年第5期；钟瑞栋：《社会主义核心价值观融入民法典编纂论纲》，载《暨南学报(哲学社会科学版)》2019年第6期。

③ 参见姚辉、周云涛：《关于民事权利的宪法学思维——以一般人格权为对象的观察》，载《浙江社会科学》2007年第1期。

④ 参见吕世伦、谷春德编著：《西方政治法律思想史》，辽宁人民出版社1986年版，第54页。

体规则，基本原则和具体规范成为社会主义核心价值观在《民法典》中最主要的表现形式。[①]

《民法典》规定了民法的平等原则（第4条）、自愿原则（第5条）、公平原则（第6条）、诚信原则（第7条）、遵守法律和尊重公序良俗原则（第8条）等基本原则，分别体现出了社会主义核心价值观中的平等、自由、公正、诚信和法治等价值。《民法典》将社会主义核心价值观的价值通过基本原则的形式贯穿始终。[②]《民法典》通过过错责任、无过错责任、公平责任等基本规则制度将社会主义核心价值观的内容内化为可供适用的一般规则；通过规定"见义勇为"的特别请求权（第183条）、"对善意救助人责任豁免"的"好人条款"（第184条）和机动车交通事故好意同乘规则（第1217条），体现《民法典》对"友善"价值的倡导；通过对英烈的姓名、肖像及名誉等人格利益的保护（第185条），表现出对国家的热爱和尊重，体现了《民法典》对"爱国"价值的强调。以《民法典》为依据，其他法律中规定的侵权责任特别规范也都应体现对社会主义核心价值观的遵循。

为充分发挥《民法典·总则编》的全局统领作用，依法保护民事主体合法权益，大力弘扬社会主义核心价值观，最高人民法院制定了《总则编解释》，对未成年人保护、胎儿利益保护、规范权利的行使、失踪人与利害关系人的利益平衡等方面作出了全面系统的规定，置自然人权利保护于中心位置。对正当防卫、紧急避险、见义勇为等制度规则进行细化，让司法有是非、有力量，让群众有温暖、有保障。《总则编解释》作为《民法典》理解与适用的重要司法解释，在理念上大力弘扬了社会主义核心价值观，体现了人民至上的司法立场，彰显了《民法典》倡导公平正义、诚实守信的价值导向。

二、侵权责任法的目标及功能

"在《民法典·侵权责任编》中贯彻社会主义核心价值观，是我国政治制度、宪法、法律原则的必然要求。"[③]原《侵权责任法》第1条规定："为保护民事主体

① 参见杨震、孙毅：《我国民法典的时代价值》，载《求实学刊》2021年第5期。
② 参见杨震、孙毅：《我国民法典的时代价值》，载《求实学刊》2021年第5期。
③ 张新宝：《侵权责任编：在承继中完善和创新》，载《中国法学》2020年第4期。

的合法权益，明确侵权责任，预防并制裁侵权行为，促进社会和谐稳定，制定本法。”《民法典・侵权责任编》以原《侵权责任法》为基础。可见，我国侵权责任法的立法目的是“保护民事主体的合法权益”和“预防并制裁侵权行为”，其中，保护民事主体的合法权益既是侵权责任法的价值追求也是侵权责任法的根本目标，预防并制裁侵权行为是侵权责任法在社会生活中的重要功能。我国侵权责任法的目标及功能，高度融合并展现了社会主义核心价值观的应有之义。

（一）侵权责任法的目标

作为民事法律规范的重要组成部分，侵权责任法“保护民事主体的合法权益”，体现了以人民为中心的发展理念，恪守了立法为民的宗旨，“保护民事主体的合法权益”这一目标包含两方面价值追求和意涵——安全价值与自由价值。侵权责任法的全部规则都旨在协调“受害人权益保护”与“加害人行为自由”之间的紧张关系，对自由与安全进行均衡、恰当的保护。[①] 两种法律价值的兼顾与平衡，是促进社会和谐稳定的先决条件，是社会主义核心价值观的应有之义。

安全是主体对现有利益所持有的能够持久、稳定、完整存在的心理期盼。法律具有满足人、社会或国家的这种心理企盼的价值。因此，法律具有安全价值。对于自然人利益主体而言，每一个独立的个体对安全价值的企盼心理分为对人身安全、财产安全的企盼两大类。[②] 侵权责任法作为权利救济法，应当能够有效保护被侵权人的人身、财产等合法权益。《民法典・侵权责任编》诸多新增和修改的规则都体现了对安全价值的追求。其一，增加“自助行为”为免责事由（第1177条），体现了对私力救济途径的肯认，对权利保护的尊崇。其二，提高了网络平台的注意和审查义务，未尽合理审查义务的平台同样需要承担连带责任（第1197条）。这有助于增强对网络用户的保护，为互联网的良性发展提供更为完善的法治环境。其三，对从高空抛、坠物造成他人损害责任的相关规则进行了多层次的立法完善（第1254条）。禁止从建筑物中抛掷物品、侵权人承担责任的原则、公安机关依法及时调查的义务、可能加害的建筑物使用人给予补偿以及补偿后向侵权人追偿的权利、物业服务企业等建筑物管理人的安全保

① 参见［澳］彼得・凯恩：《侵权法解剖》，汪志刚译，北京大学出版社2010年版，第15、16页。

② 参见杨震：《法价值哲学导论》，中国社会科学出版社2004年版，第219、220页。

障义务等规定，一方面能够实现对被害人的救济，保障民事主体的合法权益，为实质公平提供可能，另一方面能够形成对当事人行为的指引，打消侵权人的侥幸心理。

自由包括“不受他人干预”的消极自由和“自己去做自己想做的某事”的积极自由。自由一方面强烈地要求摆脱限制，另一方面又迫切地需要限制，当存在与自由的价值同等或比自由的价值更高的价值时，自由则要受到必要限制。[①]侵权责任法对受害人的保护就是通过限制加害人的自由实现的，自由从来不是绝对的，不受限制的，如果自由不受限制，那么我们最终也就失去了自由。侵权责任法作为自由保障法，要保护侵权行为人的行为自由，避免对人们合理的行为自由进行不正当限制，即对自由的限制本身不能不受限制。《民法典·侵权责任编》完善和新增的规则，都体现了在保障民事主体人身财产安全的同时，对民事主体行为活动自由的兼顾。其一，将公平责任的适用范围由“可以根据实际情况”改为“依照法律的规定”（第1186条）。将司法实践中公平责任适用的弹性空间降至最低，一方面能够保证妥当实现矫正正义，防止公平责任滥用，另一方面能够充分保障和维护行为人的行为自由，避免动辄得咎。其二，就网络侵权方面，完善“通知—删除”规则（第1195条），明确权利人通知时应当提供构成侵权的初步证据及权利人的真实身份信息，增加“反通知”规则（第1196条），为信息发布者提供了针对投诉进行自行辩解的机会，这些有助于防止民事主体滥用“通知”权利，保障民事主体参与民事活动时的行为自由。

《民法典·侵权责任编》新增和修改的规则兼顾了“受害人权益保护”与“加害人行为自由”，与社会主义核心价值观所凝聚的“文明”“和谐”“自由”“友善”等价值观念高度契合，符合以人为本的思想。这有助于从根本上解决关乎每个人切身利益的权益侵害问题，使司法裁判获得良好的社会效果；促使公民积极践行社会主义核心价值观；为构建美好生活提供法律保障。

（二）侵权责任法的功能

一是补偿功能。工业化、现代化带来现代文明的同时，也带来了各种负面影响，如催生了许多以前不曾有的自然灾害和人为损害，对人身、财产损害的赔偿问题成为社会普遍关注的问题，由此需要侵权责任法来应对可能发生的或者

① 参见杨震：《法价值哲学导论》，中国社会科学出版社2004年版，第210、211页。

已经发生的种种损害，为无辜的受害人提供补偿。故而，侵权责任法主要是救济法，主要发挥救济功能。侵权责任法的补救功能，具有填补被侵权人所遭受的损害的作用。实现保障被侵权人合法权益的基本目标的重要手段之一便是要求侵权人填补被侵权人的损害，其主要通过侵权损害赔偿责任加以实现，赔偿遵循的基本原则是“损害多少，赔偿多少”。对于侵权损害赔偿而言，在受害人因他人侵害人格权而蒙受精神损害的情况下，还可以适用精神损害赔偿。《民法典·总则编》第187条规定的民事责任优先原则、《民法典·侵权责任编》第1168条至第1172条规定的多数人侵权责任及承担方式、《民法典·侵权责任编》第1179条至第1184条规定的财产损害赔偿的范围与计算以及精神损害赔偿责任等，都是《民法典》背景下侵权责任法补偿功能的充分体现。

二是威慑、预防功能。现代社会的社会风险具有不确定性，一旦发生，就可能会对他人的人身、财产造成巨大的威胁和损害。为了最大限度地防止现实损害的发生，更有效地保护受害人，侵权责任法不应当只具有事后救济功能，更需要发挥事前预防功能。① 学界通说认为，侵权责任法具有预防之功能，②即预防和威慑侵权行为的发生。依据奥地利的权威观点，权利继续效力理论即建立在此种预防性功能基础之上。③ 侵权责任法能够通过补偿和制裁功能对侵权人产生威慑，使侵权人引以为戒，避免再次发生侵害他人权益的行为，譬如过错原则会促使加害人与受害人采取有效的预防措施，避免损害的发生，④无过错责任原则会极大地增强加害人预防损害的动力，由此，预防功能得以实现。《民法典》的相关规定，充分体现了侵权责任法的预防功能，如停止侵害、排除妨碍、消除危险等侵权责任，诉前禁令制度等，能够及时制止损害的现实化或者防止更大的损害产生；依据危险程度对行为人确立了不同程度的“注意义务”，能够督促相关主体采取足够的安全保障措施或者尽到更为充分的警示义务；缺陷产品的召回制度，能够更及时地预防损害的发生或者防止损害的扩大。威慑、预防功

① 参见石佳友：《论侵权责任法的预防职能——兼评我国〈侵权责任法（草案）〉（二次审议稿）》，载《中州学刊》2009年第4期。

② 参见王利明：《侵权责任法研究》（上卷），中国人民大学出版社2016年版，第109页。

③ 参见[奥]海尔姆特·库齐奥：《侵权责任法的基本问题（第1卷）——德语国家的视角》，朱岩译，北京大学出版社2017年版，第48页。

④ 参见[美]罗伯特·考特、[美]托马斯·尤伦：《法和经济学》，张军等译，上海人民出版社1994年版，第494页。

能在侵权责任法中是一种"受人欢迎的副产品",并非侵权责任法的核心功能。[①]

三是惩罚性功能。惩罚性功能是否应当是侵权责任法承担的功能,在今天仍然是一个颇具争议的问题。《民法典》制定前,我国侵权法律规范便规定了惩罚性赔偿,[②]事实上体现了惩罚性功能。我国《民法典》对侵权损害赔偿规则的修改,进一步扩大和完善了侵权损害惩罚性赔偿方式的适用范围。[③] 通过更加严格的惩罚性赔偿责任予以制裁,让上述领域的特定侵权行为人不但不能从侵权行为中得利,更要因此而承担加倍的惩罚责任,为自己的侵权行为后果付出更大的代价。由此,惩罚性功能虽然不能作为侵权责任法的主要功能,但亦是侵权责任法的辅助功能,目的在于遏制侵权行为。

第四节　侵权责任编在《民法典》中的体系定位

我国《民法典》包括三部分:总则、分则、附则,共计 7 编 1260 条,不同于德国、日本等传统大陆法系国家民法典采"五编制"立法体例,我国《民法典》编纂体例的最大特色是侵权责任法独立成编,成为《民法典》的第七编,也是最后一编。

一、侵权责任法独立成编的必然性与必要性

《民法典》制定过程中的一大热点问题便是侵权责任法是否独立成编,该问题涉及《民法典》编撰、体系构建等诸多民法理论与实践问题。我国侵权责任法最终在《民法典》中独立成编有其必然性与必要性,侵权责任法独立成编非但不会打乱《民法典》的体系,反而是侵权责任法不断完善发展的重要条件,是完善

① See Larenz. Schuldrecht, Lehrbuch des Schuldrechts, Band Ⅰ Allgemeiner Teil. Beck, 1987; Staudinger/Hager, 13. Aufl. 1999, Vor § 823ff., Rn. 10. 转引自王利明:《我国〈民法典〉侵权责任编损害赔偿制度的亮点——以损害赔偿为中心的侵权责任形式》,载《政法论丛》2021 年第 5 期。

② 如原《侵权责任法》第 47 条、《消费者权益保护法》第 55 条、《食品安全法》第 148 条。

③ 如《民法典》第 1185 条规定的侵害知识产权的惩罚性赔偿,第 1207 条规定的产品责任惩罚性赔偿,第 1232 条规定的环境污染、生态破坏侵权的惩罚性赔偿。

我国民法体系的重要步骤。

（一）侵权责任法独立成编的必然性

一是因应数字社会发展的时代选择。现代社会发展日新月异，信息科学技术在为人类生活带来更大便利的同时，亦引发了各种新型的、复杂的特殊侵权行为，立法背景发生的重大变革使得传统侵权责任法的立法模式已不足以适应时代发展的需求。德国、日本等传统大陆法系国家的民法典中，侵权行为作为债的发生原因之一归属于债法之中，此种模式的合理性一直被赋予高度评价。[①]合同、侵权行为、无因管理、不当得利等都是债的发生原因，传统债法体系包含侵权规范具有内容上的合理性和逻辑上的自洽性。需要注意的是，传统民法典及侵权责任法的结构是"风车水磨"时代的产物。如今社会生产力发生了重大变革，智能信息社会的发展日新月异，出现了诸多新型的、更为复杂的侵权形态，传统债法体系中侵权行为规范所负载的功能已不足以适应现实需求，社会的发展、民主法治的建设、侵权法空间的拓展都需要将侵权责任法从债法体系中分离出来单独成编，专门、详细地规范各类侵权行为。

二是由侵权责任法的相对独立性决定的。首先，学界在表述债法的特点时，常用的表述是"债法为财产法、任意法、交易法""债法为直接规范财贷创造活动之法律规范"，[②]实际都是在表述合同法，而非侵权责任法；其次，债法的诸多规则并不适用或很难适用于侵权责任法，如债的履行规则、债务的抵销、免责条款的设定、代位行使和转让等债法规则，对侵权之债很难适用，德国在民法典之外制定了大量难以包括在债法之中的有关侵权行为责任的单行法即是佐证；最后，中国民事立法发展具有自己的特色，中国民事立法之初便接受苏联民法学说，将侵权行为或者违约行为的法律后果规定为"民事责任"，我国《民法典·总则编》规定的 11 种民事责任承担方式中，多数都属于侵权责任的承担方式，损害赔偿责任只是其中一种。我国的侵权责任与大陆法系国家民法典的"损害赔偿之债"并不完全等同。由此，中国民事法律体系构建的过程中，必须要参照外国立法例将侵权责任法定位于债法的体系框架内的理由并不充分。承继我

---

① 王泽鉴教授在评价债法体系时，认为"在大陆法系，尤其是在素重体系化及抽象化之德国法，历经长期的发展，终于获致此项私法上之基本概念，实为法学之高度成就"。参见王泽鉴：《民法学说与判例研究》（第 4 册），北京大学出版社 2015 年版，第 87 页。

② 参见郑玉波：《民法债编总论》，台北，三民书局 1993 年版，第 125 页。

国社会主义法治建设和多年来立法与司法的优秀经验，将侵权责任法从债法中分离，单独成编，显然更能体现侵权责任法的相对独立性。

三是世界两大法系融合的大势所趋。随着社会经济生活的变化，大陆法系对侵权责任法的认识经历了一个动态的发展过程：一般条款——一般条款与具体列举并重—侵权责任独立成编。20世纪以后，俄罗斯、荷兰等国的民法典以及欧洲民法典等立法例趋向于详尽列举各种侵权行为，或将侵权责任法作为单独一编。随着现代法治发展，英美法系与大陆法系开启了“双向奔赴”模式，英美法系开始制定大量成文法，大陆法系逐渐注重判例的作用，两大法系相互借鉴、不断融合已成为发展趋势。我国秉承复合继受的传统，兼收大陆法系、英美法系的合理内容，采大陆法系一般条款形成高度抽象概括的规则，同时从体系的开放性、完整性、实用性等角度借鉴英美法系侵权责任法的经验模式，使侵权责任法独立成编，顺应了两大法系不断融合的趋势。

四是我国侵权责任法发展和完善的必然选择。随着科技、经济、社会的发展，新型侵权不断出现，而法律规定对侵权行为所作出的描述较为原则化，缺乏可操作性，无法适应变动不居的社会发展。任何法律规范都有其局限性、僵硬性，试图依赖原则性的一般条款来解决数字时代的各种新型侵权纠纷，而不对各种具体的侵权类型分别规定，是不现实的。在信息社会，侵权责任法的发展和完善需要“一般条款与大量有关侵权行为的形态和责任的具体规定相结合”，因为详细列举各种具体的侵权行为类型会导致侵权责任法的内容非常庞杂，当然，侵权类型的列举也可以通过制定大量的单行法律、法规来实现，进而弥补一般条款的不足，但这种欠缺体系化的模式将导致侵权责任法碎片化，给侵权责任法的适用增添困难。以侵权责任法独立成编的模式制定民法典，将经过多年实践检验的、相对成熟的侵权行为规则上升为法典内容，有助于解决我国侵权责任法存在的问题，更好地保护民事主体的合法权益，这是我国侵权责任法发展和完善的必然选择。

（二）侵权责任法独立成编的必要性

一是侵权责任法独立成编使侵权责任法更加体系化，为侵权行为的受害人提供更为充分的救济，完善了民事责任体系，保障了法的安定性。民法是以民事权利为核心构建的，但“无救济则无权利”，没有责任保障的权利并非真正的权利，完善权利救济体系是构建完整权利体系的应有之义。继人格权编、物权编、合同编后,《民法典》设侵权责任专编对侵害民事权益的侵权行为及其产生的各种责任进行全面、具体的规定,更有利于构建完整的侵权责任法体系。一方面,侵权责任法越来越注重对各种人格利益提供救济,注重适用多种责任形式对受害人的财产利益提供保护,侵害民事权益时会产生“同一种行为导致多种责任形式”的责任竞合情形。侵权责任独立成编,建立责任竞合制度,在相互冲突的责任形式之间,赋予受害人基于自己的意志与利益理性选择对其最为有利的责任形式的权利,更有利于保护受害人。基于对受害人提供充分救济的考量,需要建立一套包含多种责任形式的完整责任体系。另一方面,将对物权、人格权、知识产权等民事权益侵害的保护方法以及不适于分别规定在《民法典》其他各编的制度规则进行归纳总结,形成相对完整的侵权责任体系并独立成编,避免了在《民法典》中分别规定民事权利责任形式可能造成的立法条文重复与矛盾,避免了一般规定与特别规定适用上的混乱,使民事基本立法更为科学、合理,充分协调了侵权责任法的责任规范与物权编、人格权编、合同编的权利规范之间的关系,维护了民法内在体系的和谐。

二是侵权责任法独立成编确立的共通性规则,能够有效地规制侵权责任特别法,保障侵权责任体系的相对开放性。《民法典 · 侵权责任编》对大量具有共通性的规则进行了整合,形成了过错责任原则、损害赔偿规则、损害赔偿的范围和计算方法等一般规则以及技术性规则,在民法框架中形成了一致、协调的侵权责任制度,为人们提供了统一的救济模式。侵权领域共同的法律规则能够使各编之间的有关责任的规定与侵权责任的一般规定相互协调,为侵权责任特别法的立法以及理解与适用提供了依据。侵权责任特别法的制定要遵循侵权责任编的基本原则及理念,譬如,对于侵权责任编中要求法律才能规定的事项,行政法规、部门规章等侵权责任特别法如果做出规定就是违法的、无效的,这样可以有效约束行政主管部门制定为维护部门利益、行业利益而违背基本法律的规定。同时,侵权责任法独立成编的集中规定模式既能弥补民法中尚未成熟的权利救济的不足,又能保护各种尚未形成权利的其他民事利益。随着科学技术和市场经济的发展,各种新型利益层出不穷,对诸如新型商业利益、无形财产、个人信息等保护的需求在不断加强,我国司法实践中许多民事权利的发展都经历了由侵权责任法保护某种利益而后上升为民事权利的过程,典型的如隐私权的保护。集中规定模式形成了兼顾各种新型利益的相对开放的侵权责任法体系,能够保障大量新型合法利益及时获得救济。

三是侵权责任法独立成编能够更好地保障法官处理侵权案件时正当行使自由裁量权。侵权责任法独立成编，以一般条款为基础，对各种特殊的具体侵权行为及其责任主体、赔偿范围、举证责任、抗辩事由等问题作出详尽的列举式规定，从法律层面为侵权案件的解决提供较为具体的裁判依据，在一定程度上保障法官在必要限度内合理、正当的行使自由裁量权。其一，科技进步、社会演进和经济发展促使侵害债权案件、纯粹经济损害案件、网络侵权案件等各种新型侵权纠纷涌现，对于本应解决的新型侵权问题，侵权责任法的规定若是过于简单甚至欠缺，司法实践中可能会造成法官在裁判过程中因缺乏法律依据而拒绝受理的现象，严重损害当事人的合法权益。对于诸如损害是否具有可以补救性、行为人所侵害的是否为侵权责任法所保护的权益、抗辩事由与损害赔偿范围等问题交由立法者慎重决定并在法律中予以一定程度上的明确，一方面减轻了适用法律时的找法困难，另一方面可以限制法官滥用自由裁量权，有助于保障法律的正确适用。其二，司法实践表明，如果侵权责任法不单独成编，不对具体问题做相对具体的规定，仅仅借助司法判例和解释来确立内容丰富、庞杂的侵权责任法规则，完全交由法官对侵权案件进行自由裁量，既不符合我国作为成文法国家的法治传统，又会因法官的地域习惯、教育背景、培养方式、个人素质等差异而导致大量同案不同判现象出现。如此一来，很难保障司法裁判的质量，民事主体亦无法对其行为的法律结果产生稳定的合理预期，既浪费司法资源，又不利于我国法治社会建设。侵权责任法独立成编有助于司法裁判的可预见、裁判标准的统一、司法资源的节约，符合我国的司法实践需求。

二、侵权责任编与《民法典》其他编的关系

完整的法律关系由主体、客体、法律行为、权利内容以及对权利保护的规则共同构成，《民法典》的体系建构正是基于这一法律关系的内涵而展开。《民法典》在总则编规定了民事活动中必须遵守的基本原则以及主体、客体、法律行为、民事责任等一般性规则，物权编、合同编、人格权编、婚姻家庭编、继承编等编正面规定了权利的取得、内容、行使等问题，侵权责任编集中规定了对民事权利的保护制度和对权利侵害的救济制度。侵权责任法独立成编的《民法典》分则体系设计模式，按照从确权到救济、从权利到责任的逻辑来排列，既维系了体

系的完整性,又具有一种逻辑美、形式美。

一是侵权责任编与总则编的关系。《民法典·总则编》统领包括侵权责任编在内的《民法典》各分编,起到了提纲挈领的作用。总则编与侵权责任编有十分密切的关系:其一,总则编的基本原则为侵权责任编的理解与适用提供了价值指引;其二,总则编明确了侵权责任编的保护范围,我国《民法典·总则编》列举了十余种民事责任,其中绝大多数可以适用于侵权行为;其三,适用侵权责任编的相关规则时要结合总则编关于民事责任的规定进行全面理解,如总则编规定侵权责任的分担规则(第177~178条),侵权责任的承担方式(第179条),侵权责任的免责事由(第180~182条、第184条),英雄烈士等姓名、肖像、名誉和荣誉的规定(第185条),侵权责任与违约责任的竞合(第186条)等共通性的、基本性的问题,是侵权责任法的重要内容。

二是侵权责任编与物权编的关系。侵权责任编和物权编同为我国《民法典》的分则编,其中物权编规定了各类"确认和建构物权"的法律规则,主要调整围绕物所展开的归属、利用民事关系,侵权责任编构建了各类"保护物权"的法律规则。物权编与侵权责任编的相关规则互为补充,为物权保护提供了各有分工、相辅相成的救济手段,物权编确立了物权权利人的"物权请求权",如原物返还请求权等,意在保护物权的圆满,侵权责任编规定的救济手段主要是赋予被侵权人"侵权损害赔偿请求权"等侵权请求权,意在填补无法通过行使物权请求权恢复的损失。物权请求权与侵权请求权在功能目的、保护期限、相对人承担责任的要件等方面不尽相同,故而分别具有不可相互代替的独立存在价值。在物权编规定的基础上,侵权责任编能够救济各种新型财产利益的侵害,为受害人提供更为充分的保护,两编的相互协调有利于正确安排侵害物权的责任体系,共同构成了完整的物权保护体系。

三是侵权责任编与合同编的关系。传统大陆法系的民法中,合同、侵权行为、无因管理、不当得利都属于债的发生原因,其中合同为意定之债,其他的为法定之债。在我国,《民法典》侵权责任独立成编的创新,突破了传统大陆法系的立法模式,更为鲜明地阐释了侵权责任的特殊性,侵权责任编与合同编同为民法的重要组成部分,彼此之间会相互影响、相互补充。通过合同,当事人主要是因为"没有为或不为约定好的事情"而承担责任,侵权行为人则主要是因为把事情搞砸了而承担责任,即侵害了法定保护的人身、财产等权益。侵权行为既能产生损害赔偿的侵权责任关系,同时也能产生损害赔偿债权债务关系,合同法与侵权责任法之间的重要关联就在于违约责任与侵权责任的竞合,《民法典 · 总则编》第186条将责任竞合时的自由选择权赋予了受害人。同时,我国将债的主要内容规定在了合同编的通则中,因此,侵权责任编与合同编在适用关系上也有一定的逻辑顺序。依据《民法典》第468条规定,侵权损害赔偿债权债务关系作为非因合同产生的债权债务关系,优先适用《民法典 · 侵权责任编》的规定,侵权责任编没有规定时,再适用《民法典 · 合同编》通则的相关规定。我国《民法典》将无因管理、不当得利作为准合同规定在了合同编,由于侵权责任与不当得利、无因管理的关系密切,对三者之间关系的考量同样需要综合侵权责任编与合同编的相关规定。

四是侵权责任编与人格权编的关系。与侵权责任独立成编一样,人格权独立成编亦是我国《民法典》的一大立法创新。人格权独立成编符合民法典结构的内在逻辑,是侵权责任法保护人格权的前提和基础。人格权编确认了人格权的类型、每种人格权的具体作用,并对人格权请求权做出了具体规定,有利于更好地贯彻党的十九大报告提出的"保护人民人格权"的要求,但侵权赔偿请求权和人格权请求权在构成要件、诉讼时效的适用等方面并不完全相同,侵权赔偿请求权是对人格权请求权的补充和完善。

第一章

一般规定

第一节　侵权责任编的调整范围

《民法典》第 1164 条规定，“本编调整因侵害民事权益产生的民事关系”。该条规定明确了侵权责任法的调整对象以及保护范围，前者是因侵权而产生的民事关系，而后者涵盖的则是所有的民事权益。

一、调整对象：因侵权产生的民事关系

《民法典·侵权责任编》调整对象是因侵权产生的民事关系。首先，侵权责任编调整的是民事关系，民事关系是指自然人、法人和非法人组织等平等主体之间的人身关系和财产关系。其次，侵权责任编调整的民事关系是“因侵害民事权益产生的”。民法所调整的人身关系和财产关系具有多样性，在性质、种类等方面并不相同，有的调整基于当事人自愿之民事法律行为而产生的民事关系，有的调整基于法律的直接规定而产生的民事关系，①侵权责任编所调整的主要是后者。在此种民事关系中，被侵权人享有法律规定之权利，侵权人负有法律规定之义务，并对发生的民事权益侵害事实承担法律责任。

二、保护范围：民事权益

《民法典》第 1164 条规定的最大优势，就是采用概括式的立法方式，将所有

① 参见张新宝：《中国民法典释评——侵权责任编》，中国人民大学出版社 2020 年版，第 3 页。

的民事权益都纳入侵权责任法的保护范围。“民事权益者,民事权利与民事利益之统称也。”[①]对于《民法典》第1164条规定的“民事权益”,应当结合《民法典·总则编》“民事权利”一章的相关规定进行体系解释:其一,《民法典·总则编》第109条至第125条规定了人格权、身份权、物权、债权、知识产权、继承权、股权和其他投资性权利等民事权利;其二,《民法典》第126条还规定,民事主体享有法律规定的其他民事权利和利益。综上所述,我国《民法典·侵权责任编》所保护的民事权益包括“民事权利”以及“其他合法民事权益”。

(一)民事权利

所有的民事权利都受侵权责任编的保护,具体包括:《民法典·总则编》第五章规定的人格权、身份权、物权、债权、知识产权、继承权、股权及其他投资性权利等民事权利,法律规定的其他民事权利。“大陆法系民法大致有一个共识:侵权责任法主要保护具有‘绝对’性质的民事权益。侵害具有绝对性质的民事权益造成损害的,由侵权责任法加以救济。”[②]故而,侵权责任法保护的主要是绝对权,即相对于不特定的人而存在的民事权利,如物权、人格权等。侵权责任法虽然也保护相对权,即相对于特定的人产生效力的民事权利,如债权,但为了避免不合理地限制人们的行为自由,相对权仅在例外的情形下才适用侵权责任法的保护。

1. 人格权

人格权是指自然人等民事主体针对生命、身体、健康、姓名、名称、肖像、名誉、荣誉、隐私等客体所享有的受到法律保护的人格利益(具体人格权),以及为维护人身自由、人格尊严而产生的其他应受保护的人格利益(一般人格权)。[③]人格权包括生命权、身体权、健康权、姓名权、名称权、肖像权、名誉权、荣誉权、信用权、形象权、声音权、隐私权、个人信息权、人身自由与人格尊严等。

2. 身份权

身份权是指具有一定亲属关系的人之间相互享有的权利。《民法典》第112条规定的“基于婚姻家庭关系等产生的人身权利”就属于身份权。身份权

---

① 程啸:《侵权责任法教程》(第4版),中国人民大学出版社2020年版,第46页。

② 张新宝:《中国民法典释评——侵权责任编》,中国人民大学出版社2020年版,第3页。

③ 参见程啸:《侵权责任法教程》(第4版),中国人民大学出版社2020年版,第51页。

包括配偶权、亲权、亲属权、监护权等。其中，配偶权是夫妻之间享有的身份地位和权利义务关系；亲权是未成年子女与父母之间的身份地位和权利义务关系；亲属权是其他近亲属之间的身份地位和权利义务关系；监护权是监护人与被监护人之间的身份地位和权利义务关系，通常被认为是准身份权。

3. 物权

物权是指权利人对特定的物依法享有的直接支配和排他的权利。物权包括自物权和他物权。自物权包括所有权、共有权、建筑物区分所有权等；他物权包括用益物权和担保物权。他物权中，用益物权包括土地承包经营权、建设用地使用权、宅基地使用权、居住权、地役权等；担保物权包括抵押权、质权、留置权等。侵害担保物权的侵权责任比较少见。

4. 债权

债权是指基于债的关系，一方当事人（债权人）有权向他方当事人（债务人）请求给付的权利。依据《民法典》第 118 条的规定，债的发生可能基于合同、侵权行为、无因管理、不当得利、法律的其他规定等原因。对于侵权责任法所保护的民事权利是否包括债权这一问题，《民法典》第 1164 条将侵权责任法的保护范围规定为“民事权益”，与总则编关于“民事权利”的规定直接挂钩，形成一体，明确了债权是侵权责任法所保护的对象。

债权作为相对权，仅存在于特定当事人之间，因而，其受侵权责任法的保护要限定于特定情形。依据侵害人的不同，侵害债权包括“债务人侵害债权”和“第三人侵害债权”。一般而言，在第三人侵害债权的情形下，侵权责任法才保护债权，且第三人侵害债权要符合特定的构成要件：一是存在合法有效的债权；二是第三人对债权进行了不法侵害；三是侵害债权的第三人主观上必须明知债权存在而故意侵害，以上三个要件缺一不可。

5. 知识产权

知识产权是指民事主体依法对自己的特定智力成果或其他特定相关客体等享有的权利。[①] 知识产权具体包括以下权利：一是传统的知识产权，如著作权、专利权、商标专用权；二是《民法典》第 123 条规定的新型知识产权，如地理标志专用权、商业秘密权、集成电路布局设计专有权、植物新品种权等。

---

① 参见王迁：《知识产权法教程》（第 5 版），中国人民大学出版社 2016 年版，第 3 页。

6. 继承权

因继承权兼具人身和财产两种属性，故而将其进行单独罗列，对于继承权的损害，通常情况下是由继承编进行调整，但对于一些特殊情况，如第三人对继承权造成侵害，若符合《民法典》第 1165 条第 1 款的要求，也可主张让其承担相应的侵权责任。①

7. 股权和其他投资性权利

股权是指投资人向公司等法人和非法人组织投入资金产生的股份权利。其他投资性权利是指民事主体通过投资享有的权利，例如民事主体通过购买证券、基金、保险等进行投资而享有的民事权利。②

8. 法律规定的其他民事权利

法律规定的其他民事权利主要是商法规定的权利，以及其他法律规定的民事权利，例如，《消费者权益保护法》规定的知情权受到侵害，侵权责任法也可予以保护。③

（二）其他合法民事权益

《民法典》第 3 条将“人身权利”“财产权利”与“其他合法权益”并列规定，意味着三者各有所指。“其他合法权益”包括《民法典·总则编》第五章“民事权利”一章明确规定的诸如个人信息（第 111 条）、数据和网络虚拟财产（第 127 条）等“合法权益”，还包括一般人格权保护的其他人格利益、胎儿的人格利益、死者的人格利益、其他身份利益和其他财产利益。④ 我国对“其他合法权益”的确认主要依赖民法或者其他法律的规定、最高人民法院的司法解释等规范性文件的规定、最高人民法院的指导案例个别确认等。⑤

1. 个人信息

大数据时代，数据已成为重要的生产要素，个人信息作为数据的基础资料，

---

① 参见杨立新：《侵权责任法》（第 4 版），法律出版社 2021 年版，第 33 页。

② 参见李适时主编：《中华人民共和国民法总则释义》，法律出版社 2017 年版，第 390 页。

③ 参见杨立新：《侵权责任法》（第 4 版），法律出版社 2021 年版，第 33 页。

④ 人身利益：《民法典》第 126 条（其他民事利益）、第 185 条（英雄烈士人格利益）、第 990 条（自然人基于人身自由、人格尊严的其他人格权益）、第 994 条（死者的人格利益）、第 1183 条（自然人具有人身意义的特定物品）等。财产利益：《民法典》第 126 条（其他民事利益，如纯粹经济损失）、第 462 条（占有）等。

⑤ 参见张新宝：《中国民法典释评——侵权责任编》，中国人民大学出版社 2020 年版，第 3 页。

对于数字社会的发展而言意义重大。然而，伴随着大量的个人信息被收集、存储和利用，过度采集、信息泄露、边缘交易、数据画像等侵害行为愈演愈烈，因侵害个人信息而衍生的侵害其他人身财产行为亦是层出不穷。鉴于此，《民法典》第 111 条明确规定，个人信息受法律保护，《个人信息保护法》第 69 条明确规定，"处理个人信息侵害个人信息权益造成损害，个人信息处理者不能证明自己没有过错的，应当承担损害赔偿等侵权责任"。

2. 数据和网络虚拟财产

网络、大数据、人工智能等技术的叠加，催生了各种新型的财产利益，如网络游戏中的"武器、装备"等虚拟财产，这些新型的虚拟财产属于在一定条件下可以交易的特殊财产，具有财产利益的属性，[①]应当受到侵权责任法的保护。因此，《民法典》第 127 条规定了对数据、网络虚拟财产的保护，"法律对数据、网络虚拟财产的保护有规定的，依照其规定"。

3. 其他人格权益

《民法典》第 990 条第 2 款规定，"除前款规定的人格权外，自然人享有基于人身自由、人格尊严产生的其他人格权益"。"其他人格权益"在学说上称为一般人格权，是指具体人格权不能涵盖的，但应当依法予以保护的人格利益，包括人身自由与人格尊严两方面内容。凡是没有明文规定的，但确需依法进行保护的人格利益，都可以概括在"一般人格权"这个概念里，作为侵权责任法保护的对象，具体而言包括：其一，《民法典》中没有明确规定，但是，理论上已经认定为具有具体人格权性质的人格利益，例如，除了性骚扰行为外，[②]对于其他侵害性自主权的行为，被侵权人可以主张侵权人侵害其一般人格权；其二，有可能成为新的具体人格权的人格利益，如知情权、自主决定权等，[③]应当概括在一般人格权中；其三，需要司法保护的其他人格利益。"其他人格权益"具有开放性，能够形成对人格权益的兜底性保护。

---

① 参见"上海市黄浦区人民检察院诉孟动、何立康网络盗窃案"，载《最高人民法院公报》2006 年第 11 期。

② 对性骚扰行为的责任承担问题，《民法典》已经作出了明确规定，无须再以对一般人格利益进行补偿作为请求。《民法典》第 1010 条："违背他人意愿，以言语、文字、图像、肢体行为等方式对他人实施性骚扰的，受害人有权依法请求行为人承担民事责任。机关、企业、学校等单位应当采取合理的预防、受理投诉、调查处置等措施，防止和制止利用职权、从属关系等实施性骚扰。"

③ 参见王利明、程啸：《中国民法典释评——人格权编》，中国人民大学出版社 2020 年版，第 32 页。

4. 死者人格利益

死者丧失了民事权利能力，不是民事权利主体，不享有人格权。但是，死者的姓名、荣誉、名誉、肖像、隐私等人格利益不仅关涉人们对死者的评价，更是会对死者的近亲属的人格尊严造成损害。[①] 因此，《民法典》第 994 条规定，"死者的姓名、肖像、名誉、荣誉、隐私、遗体等受到侵害的，其配偶、子女、父母有权依法请求行为人承担民事责任；死者没有配偶、子女且父母已经死亡的，其他近亲属有权依法请求行为人承担民事责任"。该条通过"列举 + 概括"的方式对死者的人格利益进行了界定，"等"字表明，除条文中明确列举的内容外，还存在其他死者人格利益。比如，《精神损害赔偿解释》第 3 条[②]就在《民法典》第 994 条的基础上增加了死者的"遗骨"，将其作为明确的死者人格利益进行保护。《民法典》保护死者人格利益的规定，填补了此前的立法缺陷，体现了法律对民事主体权益保护的完整性，引导人们重视生前身后名，尊重主流的社会价值观。[③] 除此之外，《民法典》还对英雄烈士人格利益给予了特殊保护(第 185 条)，侵害英雄烈士等的姓名、肖像、名誉、荣誉，损害社会公共利益的，检察机关有权依法提起民事公益诉讼。英雄烈士是国家崇高理想和民族精神的体现，对于英雄烈士人格利益给予特别保护，对于促进全社会树立尊重英雄烈士、崇尚英雄精神的社会风尚，弘扬社会主义核心价值观具有重大的现实意义和深远的历史意义。[④]

5. 胎儿人格利益

胎儿人格利益为侵权责任法保护的对象。《民法典》第 16 条规定，"涉及遗产继承、接受赠与等胎儿利益保护的，胎儿视为具有民事权利能力。但是，胎儿娩出时为死体的，其民事权利能力自始不存在"。该条中的"等"字表明，胎儿的人身损害赔偿请求权，应当依法予以保护。据此，侵权责任法保护胎儿人格利益的基本规则是：第一，胎儿在母体中受到身体损害或者健康损害，法律确认产生损害赔偿请求权；第二，胎儿的损害赔偿请求权，在胎儿还没有出生之前，是

① 参见葛云松：《死者生前人格利益的民法保护》，载《比较法研究》2002 年第 4 期。

② 《精神损害赔偿解释》第 3 条："死者的姓名、肖像、名誉、荣誉、隐私、遗体、遗骨等受到侵害，其近亲属向人民法院起诉请求精神损害赔偿的，人民法院应当依法予以支持。"

③ 参见唐德华主编、最高人民法院民事审判第一庭编著：《最高人民法院〈关于确定民事侵权精神损害赔偿责任若干问题的解释〉的理解与适用》，人民法院出版社 2015 年版，第 43 页。

④ 参见房绍坤：《英雄烈士人格利益不容侵害》，载《检察日报》2017 年 4 月 25 日，第 3 版。

一种潜在的权利,应待其出生后依法行使;第三,由于出生的婴儿具有民事权利能力而不具有民事行为能力,侵权责任请求权应由其监护人作为法定代理人代为行使;[①]第四,胎儿在娩出时为死体的,不能产生损害赔偿请求权,而由受害人,即怀孕的母亲享有损害赔偿请求权。

6. 其他利益

其他利益包括其他身份利益和其他财产利益。其他身份利益是指亲属之间基于特定的亲属关系产生的、不能为身份权所保护的身份利益,属于人身利益的范畴。其他财产利益是指物权、债权、知识产权等财产权所保护的财产利益之外的其他财产利益。在社会生活中,有很多财产利益不能概括在上述财产权利当中,例如,《国家赔偿法》第 36 条规定了侵犯公民、法人和其他组织的财产权造成损害的赔偿责任,其中"解除对财产的查封、扣押、冻结,造成财产损坏或者灭失的",指的是对权利人的物权的侵害,而"错误吊销许可证和执照、责令停产停业的"所指的则是对财产利益的侵害,对此,国家要赔偿被侵权人停产停业期间必要的经常性费用开支。同样,纯粹经济损失中,受到侵害的就是财产利益,而非财产权利。上述财产利益尽管不是财产权利,但都是侵权责任法所保护的其他合法民事权益。

第二节　归责原则

归责原则是确认和追究行为人侵权责任的根据或基础,解决的是侵权责任的伦理与正义来源的问题。[②]《民法典》第 1165 条和第 1166 条规定了侵权损害赔偿责任的归责原则体系,包括过错责任原则、过错推定原则和无过错责任原则。

需要强调的是,在《民法典》颁布之前,关于是否承认公平原则为一项独立的归责原则,存在"肯定说"和"否定说"两种不同的主张。《民法典》将"过

① 《民事诉讼法》第 60 条:"无诉讼行为能力人由他的监护人作为法定代理人代为诉讼。法定代理人之间互相推诿代理责任的,由人民法院指定其中一人代为诉讼。"

② 参见张新宝:《侵权责任法》(第 5 版),中国人民大学出版社 2020 年版,第 13 页。

错责任原则”和“过错推定责任原则”规定在第1165条，“无过错责任原则”规定在第1166条，“公平责任”规定在第1186条，并未与其他“原则”列在一起，从体系上看，表明了在我国当前的民法规范中，公平责任并非一项独立的归责“原则”，只是作为规范例外情形的法律“规则”而存在。[①] 鉴于公平责任并非一项独立的归责原则，本节不再对其作进一步的阐释，而是放在第二章进行介绍。[②]

一、过错责任原则

(一)过错责任原则概述

过错责任原则是指以过错作为价值判断标准，判断行为人对其造成的损害应否承担侵权责任的归责原则。过错是指行为人在实施侵害他人民事权益行为时的主观不良心态，包括故意和过失。

在比较法上，1804年《法国民法典》首次将过错责任原则确定为一般责任原则，1900年的《德国民法典》也对过错责任原则进行了规定。随后，大陆法系各个国家的民法也都相继将过错责任原则确认为了归责原则。[③] 在英美法系的侵权行为法中，初期采取程序诉讼制度，具体侵权行为的赔偿要进行具体的诉讼程序，没有过失的概念，直至晚近，才在判例中创设出过失的概念，接受了过错责任原则。[④] 我国自原《民法通则》至《民法典》，都把过错责任原则作为侵权责任法最基本的归责原则。《民法典》第1165条第1款规定，“行为人因过错侵害他人民事权益造成损害的，应当承担侵权责任”。其基本含义是：一般侵权行为引起的损害赔偿案件，行为人仅对自己有过错的行为造成的损害承担侵权责任，不对自己没有过错的行为造成的损害承担侵权责任，[⑤]行为人主观上不具有过错的，即使其行为造成了损害事实，并且其行为与损害结果之间有因果关系，也不承担损害赔偿责任。

对于过错责任原则的意义，有学者做出了全面的总结：其一，在道德观念

① 参见杨立新：《侵权责任法》(第4版)，法律出版社2021年版，第46页。
② 详见本书第二章第三节。
③ 参见杨立新：《侵权责任法》(第4版)，法律出版社2021年版，第48页。
④ 参见王泽鉴：《侵权行为法》(第1册)，台北，三民书局1999年版，第13页。
⑤ 参见张新宝：《中国民法典释评——侵权责任编》，中国人民大学出版社2020年版，第9页。

上，过错责任原则确认个人就自己的过失行为所招致的损害，应负赔偿责任，行为人已尽注意之能事，并无过失的，在道德上无可非难，应不负侵权责任。其二，在社会价值上，过错责任原则能够调和“个人自由”与“社会安全”两个基本价值，个人已尽其注意，即得免负侵权责任，则自由不受束缚，聪明才智可得发挥。人人尽其注意，一般损害亦可避免，社会安全亦得到维护。其三，在对个人的尊重上，过错责任原则是对个人区别是非能力的承认，个人基于自由意志所从事的某种行为，对他人造成了损害，法律因其所具有的过失对其予以制裁，使其承担责任，这表现出了对个人尊严的尊重以及对个人行为自由的肯定。① 作为侵权责任法最基本的归责原则，过错责任原则在保护自然人、法人和非法人组织等民事主体的人身权益和财产权益不受侵犯的同时，也保障了民事主体的行为自由。除此之外，过错责任原则对于教育民事主体遵纪守法，预防和减少侵权行为的发生，弘扬文明、和谐、公正、自由等社会主义核心价值观也具有十分积极的意义。

(二)过错责任原则的适用规则

过错责任原则的适用需要遵循以下规则：其一，一般侵权责任的承担原则上都适用过错责任原则。除此之外，《民法典·侵权责任编》第三章以后规定的特殊侵权责任中，网络侵权责任、违反安全保障义务损害责任、机动车相互之间造成的损害责任、医疗技术损害责任和医疗管理损害责任等也适用过错责任原则。只有法律作出特别规定时，才适用过错推定和无过错责任等归责原则。其二，适用过错责任原则确定赔偿责任，需要满足侵权责任法律规范所规定的侵权责任构成要件，对于过错、侵权行为、损害后果、因果关系等构成要件的举证责任，按照民事诉讼法的基本规则，由被侵权人承担。举证不足或者举证不能的，应当承担相应的不利后果。其三，适用过错责任原则的侵权责任的责任形态都是自己责任，即行为人对自己的行为承担责任，不实行替代责任。

二、过错推定责任原则

(一)过错推定原则概述

所谓“推定”是指根据已知的事实对未知的事实进行推断和认定。过错推

---

① 参见王泽鉴:《侵权行为法》(第1册)，台北，三民书局1999年版，第14页。

定责任原则是指在法律有特别规定的情形下,从损害事实的本身推定侵权人有过错,并据此确定造成他人损害的行为人赔偿责任的归责原则。[①] 当被侵权人能够举证证明存在违法行为、损害事实和因果关系三个要件时,如若侵权人不能证明对于损害的发生自己没有过错,就从损害事实本身推定侵权人在致人损害的行为中有过错,应当承担损害赔偿责任。

17 世纪,法国法官多马特(Domat)提出了过错推定理论,在该理论的影响下,《法国民法典》第 1384 条确认了过错推定原则。德国普通法时代,德国法院在实务上就采取了过错推定原则,在制定民法典时,立法者规定雇佣人责任、动物致人损害、地上工作物致害等责任都适用过错推定原则。同一时期的英国判例法也已经形成了比较系统的过错推定制度。发展至今,过错推定原则已被各国立法所确认。我国《民法典》第 1165 条第 2 款明确规定了过错推定原则:"依照法律规定推定行为人有过错,其不能证明自己没有过错的,应当承担侵权责任。"过错推定原则是对传统过错责任原则的修正。进入工业化社会后,各种设备机器大量出现,专业分工细化、专业知识复杂化,受害人证明加害人的过错变得越发困难。在坚持过错责任原则的基础上,过错推定原则通过加重侵权人的举证责任,使被侵权人处于有利的诉讼地位,更有利于保护被侵权人的合法权益,促进社会公平正义与和谐稳定。

(二)过错推定责任原则的适用规则

《民法典》第 1165 条第 2 款"依照法律规定推定行为人有过错"的表述表明,该条并非独立的请求权基础,无法单独适用。因此,某种情形能否适用过错推定原则,要依照法律作出的其他规定。

过错推定原则适用于法律规定的特殊侵权行为,综合不同学者的观点[②],本书认为,《民法典》中适用过错推定责任的侵权行为主要包括:其一,无民事行为能力人在教育机构受到损害的责任;其二,医疗损害责任中的医疗伦理损害责

① 参见杨立新:《侵权责任法》(第 4 版),法律出版社 2021 年版,第 51 页。

② 关于哪些情形属于过错推定责任存在一定的争议,有关"无民事行为能力人在教育机构受到损害的责任",张新宝、杨立新、程啸等学者将此归为过错推定责任,但王利明教授并未将其并入过错推定责任中;而对于"监护人责任、暂时性丧失心智致损责任、用人单位损害责任、劳务派遣损害责任、个人劳务损害责任、定作人指示过失责任"等,杨立新教授将其归为了过错推定责任,但王利明、张新宝、程啸等学者并未将这些归为过错推定责任;对于"机动车交通事故责任",王利明和杨立新教授认为其属于过错推定责任原则,但程啸教授并未将其算在其中。

任;其三,动物园的动物造成损害的责任;其四,包括建筑物、构筑物或者其他设施及其搁置物、悬挂物致人损害责任,堆放物致人损害责任,林木致人损害责任,地下设施致人损害责任等在内的物件损害责任。

值得注意的是,在适用过错推定原则确定侵权责任的案件中,侵权责任的成立仍须具备全部的法定构成要件。适用过错推定原则的情形下,举证责任存在特殊规则:首先,原告应当举证证明违法行为、损害事实和因果关系三个要件;其次,违法行为、损害事实和因果关系三个要件的举证责任完成后,法官直接推定被告有过错;再次,被告认为自己在主观上没有过错的,应当举证证明自己没有过错,被告证明不足或者不能证明自己没有过错的,应当承担侵权责任;最后,适用过错推定原则的侵权行为中,行为人承担的责任形态基本上是替代责任。

三、无过错责任原则

(一)无过错责任原则概述

随着社会化大生产的兴起和发展,产生了越来越多的具有巨大危险性的活动,法律不能将这些活动视为违法活动,也不能简单地将从事这些危险活动本身看成有过错的行为。于是,无过错责任原则因应社会的发展需求而产生。无过错责任原则是指立法者基于特殊的考量,明确规定在某些特定的情形下,不考虑行为人的过错,只要行为人的行为造成了被侵权人的损害,具备了法律规定的要件,即应当承担侵权责任的归责原则。无过错责任原则以已经发生的损害结果为价值判断标准,其理论基础为危险开启理论、报偿理论和控制理论。①

无过错责任原则最先确认于德国 1838 年的《普鲁士铁路企业法》,随后,德国于 1884 年制定的《劳工伤害赔偿法》确立了事故责任的无过错责任制度,法国于 1898 年制定的《劳工赔偿法》规定了工业事故的无过错责任。此后,英美等国也先后通过特别立法或者判例等方法,对无过错责任原则进行了确认。②对于无过错责任原则,我国原《民法通则》第 106 条第 3 款的规定是:"没有过

---

① 参见程啸:《侵权责任法教程》(第 4 版),中国人民大学出版社 2020 年版,第 94 页。

② 参见杨立新:《侵权责任法》(第 4 版),法律出版社 2021 年版,第 54 页。

错,但法律规定应当承担民事责任的,应当承担民事责任。”此种表述存在问题,容易造成“没有过错的时候才承担责任”的误解,但实则无过错责任只是不考虑过错而已,至于行为人有没有过错,并不一定。对此,原《侵权责任法》第7条做出了修改,规定行为人造成他人民事权益损害,不论行为人有无过错,法律规定应当承担侵权责任的,依照其规定。这样的表述就更为准确了,因此,《民法典》第1166条继承了原《侵权责任法》第7条的规定。

无过错责任原则的规定,协调了行为自由与权益保护之间的关系,可以有效地预防损害结果的发生。这不仅使被侵权人所遭受的人身、财产损害能够及时得到救济,切实地保护了民事主体的合法权益,同时能够促使从事高度危险活动和接触危险物的人、产品生产者和销售者、环境污染的污染者、动物的饲养人或管理人等行为人,对自己的行为活动谨慎小心、高度负责,避免发生不必要的损害。

(二)无过错责任原则的适用规则

同过错推定责任相似,《民法典》第1166条也不能成为独立的请求权基础,无法被单独适用。无过错责任原则以损害事实为根据,“法律规定应当承担侵权责任的,依照其规定”的表述表明,只有在“法律规定”的情形下,才能适用无过错责任原则,没有法律的特别规定,不得以损害事实作为侵权责任的归责标准。《民法典》中规定的适用无过错责任原则的特殊侵权责任,包括监护人责任、用人单位责任、产品责任、环境污染和生态破坏责任、高度危险责任、饲养动物损害责任(不包括动物园饲养动物损害责任)、医疗产品损害责任等。

适用无过错责任原则的侵权责任构成要件为:违法行为、损害事实、违法行为与损害结果之间存在因果关系。适用无过错责任原则的侵权责任的举证责任分配规则为:其一,被侵权人即原告应当举证证明违法行为、损害事实和因果关系;其二,被侵权人完成上述证明责任后,如果侵权人主张不构成侵权责任或免责,自己应当承担举证责任,证明被侵权人的故意或者重大过失是致害原因;其三,侵权人能够证明损害是由于被侵权人的故意或者重大过失所引起的,即免除赔偿责任,侵权人举证不足或者举证不能的,侵权人应承担侵权责任。①

需要注意的是,适用无过错责任原则的侵权责任中,行为人无论有无过错,

① 参见杨立新:《侵权责任法》(第4版),法律出版社2021年版,第55~56页。

都应当承担赔偿责任,以此将被侵权人置于更为妥善的保护之中。尽管行为人有无过错并不影响适用无过错责任原则的侵权责任的成立,但是,侵权行为人的过错对于侵权责任的赔偿范围具有较大的决定作用。如果侵权人确实没有过错,则可承担法律规定的限额赔偿责任。[①] 在适用无过错责任原则时,法律也设定了一些不承担责任的条件,包括"一般不承担责任的条件",以及法律对于某些特殊侵权责任设定的"特别不承担责任的条件"。前者如不可抗力、受害人故意、第三人过错等;后者如产品责任中,"未将产品投入流通"、将产品投入流通时"引起损害的缺陷尚不存在"或"科学技术水平尚不能发现缺陷的存在"。[②]

第三节 一般侵权

一、一般侵权行为的规范模式

一般侵权行为的规范模式是指一国的侵权责任法对一般侵权行为的构成要件作出规定的方式。一般情况下,英美法系国家在民事立法的时候,通常会选择使用"具体列举"的方法,而罗马法系的国家往往采用的则是"抽象概括"的模式,[③]以便达到立法简明、与时俱进、保证弹性的效果,法国、德国、日本等国在民事立法的过程中,均采用了这种"抽象概论"的规范模式[④]。

受到历史传统等因素的影响,同样采用"抽象概括"模式的国家,在具体的模式上,又分别选择了不同的规范方法,具体可以归结为"大的一般条款"和"小的一般条款"两类。前者是将侵权行为的一般条款理解成了一国调整侵权行为

---

① 参见杨立新:《侵权责任法》(第4版),法律出版社2021年版,第56页。

② 《产品质量法》第41条规定,"因产品存在缺陷造成人身、缺陷产品以外的其他财产(以下简称他人财产)损害的,生产者应当承担赔偿责任。生产者能够证明有下列情形之一的,不承担赔偿责任:(一)未将产品投入流通的;(二)产品投入流通时,引起损害的缺陷尚不存在的;(三)将产品投入流通时的科学技术水平尚不能发现缺陷的存在的"。参见张新宝:《侵权责任法》(第5版),中国人民大学出版社2020年版,第20页。

③ 所谓具体列举式就是逐一列举每一类侵权行为各自的构成要件。抽象概括式是指在成文法中通过一个或几个法律条文对一般侵权行为的构成要件作出规定。参见程啸:《侵权责任法》(第3版),法律出版社2021年版,第205页。

④ 如《法国民法典》第1382条、《德国民法典》第823条以及《日本民法典》第709条。

的全部请求权基础，可以概括为“侵权行为一般条款＝全部侵权行为”的形式；而后者则是将侵权行为一般条款理解为仅是针对“一般侵权行为”而作的规范，至于其他的“特殊侵权行为”则需要由特别条款另行规定，可以概括为“侵权行为一般条款＋特殊侵权行为特别列举＝全部侵权行为”[①]。但随着两种模式在发展过程中的相互借鉴，它们之间也逐渐呈现彼此融合的趋势。

关于我国侵权责任法的侵权行为规范模式，原《民法通则》第106条第2款规定，“公民、法人由于过错侵害国家的、集体的财产，侵害他人财产、人身的，应当承担民事责任”。该模式的选择与法国相同。后来的原《侵权责任法》第6条第1款延续并发展了原《民法通则》的规定，[②]到了《民法典》时代，又在原《侵权责任法》的基础上有了进一步的发展。《民法典》第1165条第1款规定，“行为人因过错侵害他人民事权益造成损害的，应当承担侵权责任”。在规定过错责任原则时增加规定了“损害”要件，将“侵害”与“损害”作了严格的区分，这是原《民法通则》与原《侵权责任法》中都没有的，在明确损害赔偿适用过错责任原则的同时，也进一步区分了侵权损害赔偿请求权与绝对权请求权，为后面的规定作了铺垫。

二、侵权责任构成要件

（一）一般侵权责任构成要件的概念

一般侵权责任的构成要件是指作为一般侵权责任的必要条件的各种因素。在司法实践中，但凡根据《民法典》第1165条确认侵权责任时，都摆脱不了对一般侵权责任构成要件的分析，[③]因而，侵权责任构成要件理论在侵权责任法学中具有十分重要的地位。需要强调的是，在适用过错推定责任原则或无过错责任原则时，往往对责任构成存有特殊的要求，因此它们也被称为特殊侵权责任。

---

① 参见杨立新：《侵权责任法原理与案例教程》（第3版），中国人民大学出版社2013年版，第36～38页。

② 杨立新教授认为《法国民法典》中的相关规定属于“小的一般条款”，而程啸教授则是将其算作“大的一般条款”。因此，对于原《民法通则》的模式究竟是“大的一般条款”还是“小的一般条款”也存在不一样的认识，并且影响到了对原《侵权责任法》所选模式的认识，不过，对于原《侵权责任法》第6条第1款延续了原《民法通则》这一点，争议并不大。原《侵权责任法》第6条第1款规定：“行为人因过错侵害他人民事权益，应当承担侵权责任。”

③ 参见张新宝：《侵权责任法》（第5版），中国人民大学出版社2020年版，第23页。

所以,一般侵权责任构成要件所要研究的范围,顾名思义,仅适用于一般侵权责任,而不适用于过错推定责任或无过错责任。特别需要注意的是,对可能承担预防性责任的行为①,在构成要件方面的要求往往也比一般侵权责任更加宽松,因此,其构成要件也与一般侵权责任不同。

关于一般侵权责任构成要件的组成有“三要件说”和“四要件说”两种不同的学说主张。比如,《法国民法典》采“三要件说”,认为损害事实、因果关系和过错构成了一般侵权责任的三个要件,德国民法则采“四要件说”,主张“行为的违法性”也应该被涵盖在要件之中,同损害事实、因果关系和过错一同构成一般侵权责任的四个要件。我国最高人民法院公布的《审理名誉权案件若干问题的解答》中曾表现过对“四要件说”的倾向,该司法解释规定,认定侵害名誉权应当考虑:(1)受害人确有名誉被损害的事实;(2)行为人的行为违法;(3)违法行为与损害之间有因果关系;(4)行为人主观上有过错。据此规定可以看出,在构成要件方面,最高人民法院更加倾向于德国关于过错责任的“四要件说”,而此种主张也与我国民法学界长期以来的主流观点相符。② 需要指出的是,法国的“三要件说”与德国的“四要件说”貌似对立,但在检视绝大多数案件的时候,所得结论基本上都是一致的,只不过,在考虑过错与行为不法性的时候,“三要件说”喜欢将两者作为一个整体进行考虑,而四要件则更愿意将两者看成两个相对独立的构成要件,两者在本质上并无过多区别。

综合国内民法学界的主流观点,以及相关司法解释的倾向,本书将一般侵权责任的构成要件分为侵害行为、损害、侵害行为与损害之间存在因果关系以及行为人具有过错四个部分。

(二)侵害行为

“三要件说”与“四要件说”的主要区别在于,是否要将行为本身作为要件之一单独予以考量。对此,王利明教授认同“三要件说”的观点,杨立新、程啸和张新宝等学者持有的则是传统的“四要件说”的主张。但即使是支持“四要件说”的学者们,在对该要件(侵害行为)的具体命名方面,也存在一定区别。杨立

---

① 《民法典》第 1167 条规定,侵权行为危及他人人身、财产安全的,被侵权人有权请求侵权人承担停止侵害、排除妨碍、消除危险等侵权责任。

② 参见张新宝:《侵权责任法》(第 5 版),中国人民大学出版社 2020 年版,第 23 ~ 25 页。

新教授将此要件称为“违法行为”，强调的是该要件的不法性特征；程啸教授则只是使用了“行为”一词，在淡化对“损害”进行重复评价的同时，突出的则是“意识控制”的特征；张新宝教授使用的则是“侵害行为”这一概念，偏重于同“侵害”之间的联系。但这些用词本身，其实只是在侧重上有所差异，在本质上却并无不同。经过比较，本书更倾向于选择用“侵害行为”这一名称作为该要件的表述。

侵害行为也称为“加害行为”“侵权行为”“违法行为”，是指行为人实施的、对受害人的民事权益造成侵害的不法行为。根据标准的不同，可以将侵害行为分成作为与不作为；自己的侵害行为与他人的侵害行为；直接的侵害行为与间接的侵害行为；积极的侵害行为与消极的侵害行为等不同类型。

侵害行为具有以下几个特点：首先，侵害行为属于自主的行为。侵害行为概念的历史渊源是罗马法上的“私犯”，所谓“私犯”，是指自己实施的侵权（害）行为。侵权责任法上，行为是一种可以归责于行为人的活动，假如某一行为并不是在行为人的意思支配下进行的，那么它就很难被认为是属于侵权法上的“行为”。① 其次，侵害行为在本质上具有不法性，《民法典》第 1165 条第 1 款使用了“侵害”这一动词，表明了法律对“行为”性质已经作出了否定性的评价。不法性也称违法性，是指侵害行为违反法律或行政法规等规范性文件中的禁止性规定，或侵害受法律明确保护的民事权益，或对法律的基本原则及价值造成破坏。需要强调的是，某些特殊侵权责任不以不法性作为要素，但这并不能否认一般侵害行为具有不法性这一事实。② 最后，作为民法所规范的一种行为，侵害行为所侵害的是被侵害人的民事权益，包括人格权、婚姻家庭方面的权利、物权、债权以及其他与人身或财产相关的利益等。

（三）损害

损害也称“损害后果”或“损害事实”，是指权利或利益受到侵害时所生之不利益。③ 广义上的损害包括受害人在财产、人身或精神方面所遭受的不利后果，狭义上的损害则多指财产上的损失。需要强调的是，与“侵害”的含义不同，损害更加偏重的是结果，而侵害更多强调的则是行为，侵害是构成侵权责任的

---

① 参见程啸：《侵权责任法》（第 3 版），法律出版社 2021 年版，第 217 ~ 218 页。

② 参见张新宝：《侵权责任法》（第 5 版），中国人民大学出版社 2020 年版，第 26 页。

③ 参见王泽鉴：《不当得利》，中国政法大学出版社 2002 年版，第 34 页。

要素之一，而损害则是判断是否应承担民事赔偿责任的必备要件。该要件在具体运用的过程中，需要考虑以下几点：首先，此损害是对“民事权益”造成侵害后所产生的不利后果；其次，该不利后果客观、真实且能被确定；最后，被确定的不利后果在法律上具有救济的必要和可能。[①]

根据不同的区分标准，可以将损害分为财产性损害和非财产性损害、直接损害和间接损害等不同类型。而依据《民法典》第1179条至第1184条的规定，损害可以被分为财产损失、人身损害以及精神损害三类。

财产损失是指受害人因受到侵害而产生的经济上的不利益，包括直接财产损失和间接财产损失。直接财产损失是指受害人已有财产的减少，如治疗伤害而支付的医疗费、护理费等。间接财产损失是指受害人可得财产利益的丧失，如工资、奖金、可得孳息、经营利润以及未来可能的挣钱能力的丧失等。

人身损害是指侵害受害人的生命权、健康权所产生的不利益，包括受害人的健康水平下降、残疾、丧失劳动能力，甚至是死亡等不利后果。对人身损害的程度的判断，需依照国家对伤残程度（丧失劳动能力的程度）相关的法律法规规定进行。

精神损害是指受害人因侵害而产生的精神方面的不利益，这种不利益包括精神上的痛苦、疼痛以及严重的反常现象。精神损害的认定，需根据法律或司法解释的规定来进行。根据程度的不同，精神损害具体可以被分为轻微精神损害、一般精神损害以及严重精神损害三个等级。《民法典》第1183条第1款规定，侵害自然人人身权益造成严重精神损害的，被侵权人可以请求精神损害赔偿，但这并不代表对于轻微精神损害无法实现救济，针对精神所遭受的轻微损害，被侵权人可以通过请求侵权人停止侵害、赔礼道歉等方式来完成对自身利益的保护。

除了实际发生损害的情形之外，在一些情况下，尽管损害并未实际发生，但他人的人身、财产已经处在了现实的威胁或妨碍之中，此时，受到威胁或妨碍的人有权请求行为人停止侵害、消除危险、排除妨碍。在行使上述请求权过程中所支出的合理费用或因此导致的损失，受害人可以请求相应的损害赔偿。[②]

---

① 参见张新宝：《侵权责任法》（第5版），中国人民大学出版社2020年版，第27页。

② 参见张新宝：《侵权责任法》（第5版），中国人民大学出版社2020年版，第27～29页。

(四)因果关系

因果关系在各种法律责任中都是确定责任归属的基础,侵权责任中的因果关系是指行为或物件与损害事实之间存在的某种引起和被引起的关系,与哲学上的因果关系相比,一个是个别,一个是一般。① 作为侵权责任的构成要件之一,因果关系是责任认定不可或缺的因素。《民法典》第 1165 条规定,"行为人因过错侵害他人民事权益造成损害的,应当承担侵权责任。依照法律规定推定行为人有过错,其不能证明自己没有过错的,应当承担侵权责任"。"因"字表明,行为人的行为与他人民事权益的损害之间应当存在某种引起和被引起的关系,虽未提及因果关系的判断规则,但仍可看出对因果关系的要求。除了在侵权行为一般条款中有涉及"因果关系"外,《民法典》还存在认定因果关系的特殊规则,比如《民法典》第 1230 条就是因果关系推定规则在环境污染责任中的运用。② 因果关系不仅是对侵害行为进行归责的基础,也是民法上"为自己行为负责"原则的体现。③

关于因果关系的理论,主要有条件说、原因说(限制条件说)、相当因果说、客观归属理论、疫学因果关系说、盖然性因果关系说、间接反证说、法律因果关系说等诸多学说,④而当前大陆法系关于因果关系的理论主要就是条件说、原因说、相当因果关系说以及客观归属理论。几种学说相比,条件说范围太宽、原因说归属过严、客观归属理论较为抽象不易掌握,因此,国内主流观点多采用相当因果关系说。相当因果关系说也称为充分原因说,其基本含义是:行为人必须对以他的不法行为为相当条件的损害负赔偿责任,但是对于超出这一范围的损害后果不负侵权责任。相当原因必须是损害后果发生的必要条件,并且具有极大地导致损害后果发生的可能性,即"客观可能性"。⑤ 史尚宽先生概论了一个公式:"以行为时存在而可为条件之通常情事或特别情事中,于行为时吾人智识经验一般可得而知及为行为人所知情事为基础,而且其情事对于其结果为不可

---

① 参见王利明:《侵权责任法》(第 2 版),中国人民大学出版社 2021 年版,第 73 页。

② 《民法典》第 1230 条规定,"因污染环境、破坏生态发生纠纷,行为人应当就法律规定的不承担责任或者减轻责任的情形及其行为与损害之间不存在因果关系承担举证责任"。

③ 参见王利明:《侵权责任法》(第 2 版),中国人民大学出版社 2021 年版,第 73 页。

④ 参见杨立新:《侵权责任法原理与案例教程》(第 3 版),中国人民大学出版社 2013 年版,第 67 ~ 70 页。

⑤ 参见张新宝:《侵权责任法》(第 5 版),中国人民大学出版社 2020 年版,第 30 页。

缺之条件，一般的有发生同种结果之可能者，其条件与其结果为有相当因果关系。”①

相当性的判断是相当因果关系的核心问题。所谓“相当”，实际上就是按照合理的、谨慎的人的标准，相关行为是否会导致相关的损害结果。在因果关系的认定方面，相当因果关系说实质上是将因果关系的判断分为两个步骤：第一步，进行事实上因果关系的判断，通过删除法与替代法相互检验的方式确定被告的行为和损害结果之间是否具有事实上的因果关系；第二步，进行法律上因果关系的判断，即确定因果关系的相当性，实际上就是要判断原因是否具有充分性，或者说被告的行为是否为损害发生的充足原因。一般认为，应当将相当性问题交给法官自由裁量。② 行为人的侵害行为与损害后果之间的因果关系表现为一因一果、一因多果、多因一果、多果一因等多种不同形态，这也体现了哲学上因果联系的多样性。

根据“谁主张，谁举证”的原则，一般情况下，举证存在因果关系的责任应由原告予以承担，但有两个特别情形需要注意：一是被告欲以“损害是由受害人故意造成的”为由否认其责任的情况；二是被告欲以“第三人的过错造成损害”为由否认其责任的情况。前者需要行为人证明受害人基于故意的行为与损害后果之间存在因果关系，而后者则需要行为人证明第三人基于过错的行为与损害后果之间存在因果关系。此外，为了保护受害人的利益，在某些特定条件下，法律可以直接规定由被告承担证明因果关系不存在的责任，比如《民法典》第1230条规定污染环境、破坏生态侵权责任中，行为人应当就行为与损害之间不存在因果关系承担举证责任。

（五）过错

过错就是指行为人的一种可归责的心理状况，③主要包括故意和过失两种形式。

故意是指行为人预见到损害后果的发生并对该结果的发生持有希望或放任的态度。根据对待结果的态度不同，又可进一步分为直接故意和间接故意，

---

① 史尚宽：《债法总论》，台北，荣泰印书馆1978年版，第163页。

② 参见王利明：《侵权责任法》（第2版），中国人民大学出版社2021年版，第75～77页。

③ 参见张新宝：《侵权责任法》（第5版），中国人民大学出版社2020年版，第33页。

前者是指行为人预见并“希望”自己的行为能够引起损害后果的发生,对可能发生的损害后果持有一种积极“追求”的心理态度,后者则是指行为人虽然预见到了损害结果的发生,但对该结果的发生只是持有一种消极“放任”的态度。判断是否构成故意采用的是主观标准,需要对行为人主观是否“明知”,以及是否持有“希望”或“放任”的心理状态分别进行判断,才可确定其是否成立侵权责任法上的“故意”。至于故意的形态究竟是“直接”还是“间接”,在民事领域的司法实践中,往往不作深入研判。

过失是指行为人对于损害后果的发生应当足够注意,却因疏忽或轻信没有达到应有注意程度的一种心理状态。根据态度的不同,过失可进一步分为“疏忽”与“轻信”两种,前者表现为行为人对自己行为的后果应当预见而没有预见,后者表现为行为人虽然预见了行为后果,却过度自信,轻信此后果能够避免。在侵权责任法中,过失除了可以根据态度不同分为“疏忽”与“轻信”之外,也可依程度不同,分为轻微过失、一般过失和重大过失。实践中,这种按照程度区分过失的方式,有助于确认行为人对损害后果应承担的责任。此外,判断行为人是否存在过失,还要看其是否达到了应当达到的注意程度,如法律、行政法规、部门规章、操作规程等所明确要求的程度,或是对一个理性人的行为所要求的程度。如果达到了应当达到的注意程度就没有过失,反之则有过失。另外,在判断行为人的过失时,对其自身情况也需要适当予以考虑。所谓行为人的自身情况,是指行为人的年龄、智力、知识、经历、经验等方面的情况。特殊情况下,在判断行为人是否构成过失时,也要把残疾人、老年人、未成年人以及专业人士等特殊群体的自身特点作为一个因素加以考量。

三、侵权责任形态

侵权责任形态是指侵权法律关系当事人承担侵权责任的不同表现形式。它所要解决的是侵权责任究竟是由当事人自己承担还是由他人承担,是按份承担还是连带承担的问题。如果没有侵权责任形态,即便侵权责任已经构成,也将面临无法把责任具体落实到应当承担责任的当事人身上的问题,从而影响到落实具体侵权责任的方式与内容,并阻碍了侵权责任法补偿与制裁功能的实现。由此可见,侵权责任形态研究是现代侵权责任法理论框架中的一个重要环节,不仅能够连接侵权责任的构成和方式,还可以落实侵权责任的归属,更能实现侵权责任法的功能和目的。

根据不同的标准，可将侵权责任的一般表现形态分为“自己责任和替代责任”“单方责任和双方责任”“单独责任和共同责任”。

(一)自己责任和替代责任

自己责任是指自己对自己的侵害行为承担责任的情况，替代责任是指侵权责任由与行为人有特定关系的责任人或与物件具有管领关系的人来承担的情形。根据赔偿形式的不同，替代责任又可进一步分为可追偿的替代责任和不可追偿的替代责任，两者的区别在于，前者在承担了替代责任后，责任人能够取得向具有过错的行为人进行追偿的权利，而后者在责任人承担了赔偿责任之后，并没有能够追偿的对象。比如监护人在替自己监护权支配下的无民事行为能力人或限制民事行为能力人履行完监护人责任后，无法向其被监护人进行追偿，就是处于所谓的不可追偿的替代责任的情形。

(二)单方责任和双方责任

侵权责任由侵权法律关系中的一方承担的，被称为单方责任；侵权责任由侵权法律关系的双方承担的，被称为双方责任。前者包括加害人责任和受害人责任两种情形，而后者则包括与有过失责任和公平分担损失规则等多种形态。所谓与有过失责任，是指受害人对损害结果的发生或扩大也存有过错，按照过错比较和原因力比较的结果，将损失赔偿责任分担给双方当事人的责任形态。我国《民法典》第1173条所规范的正是这样的一种情形。此外，公平分担损失规则也是双方责任的类型之一，调整的是在损害事实已经发生且加害人和受害人都无过错的情况下，依照法律的规定，由双方当事人公平地分担损失的情形。对此，《民法典》第1186条对公平分担损失规则作出了规定。关于公平分担损失责任，在本书第二章中还将进一步展开。

(三)单独责任和共同责任

侵权责任如果由侵权人承担，那么侵权责任的形态就会随着加害人数量的不同而发生变化。当加害人的数量只有一个的时候(一个自然人或者一个法人均可)，就属于自己负责或者替代负责的单独责任；而当侵权人的数量为复数的时候，就需要将侵权责任在数个行为人之间进行分配，即所谓的共同责任。关于共同责任的具体内容，将在下一节进行详细介绍。

第四节　多数人侵权

多数人侵权主要包括三种类型：共同侵权行为（《民法典》第 1168 条、第 1169 条）、共同危险行为（《民法典》第 1170 条）和无意思联络的数人侵权（《民法典》第 1171 条、第 1172 条）。

一、共同侵权行为

（一）共同侵权行为的概念和特征

《民法典》第 1168 条规定，“二人以上共同实施侵权行为，造成他人损害的，应当承担连带责任”。该条所规范的就是狭义的共同侵权行为。所谓共同侵权行为，是指数人基于共同过错对他人的合法权益造成侵害，依法应当承担连带责任的行为。其主要特征有以下几点：

首先，主体具有多数性。所谓主体的多数性，是指共同侵权人的数量必须是两个或两个以上，它们既可以是自然人，也可以是法人，这是共同侵权行为与单独侵权行为之间最本质的区别。其次，过错具有共同性。所谓过错的共同性，是指共同侵权人具有共同致人损害的故意或过失。共同过错使数个行为人的行为联结成为一个整体，从而区别于无意思联络的数人侵权和并发的数个单独侵权行为。最后，责任具有连带性。根据《民法典》第 1168 条“应当承担连带责任”的表述，共同侵权行为人在责任承担方面应当具有连带性。[①]

（二）关于共同过错

共同侵权行为的主要特征之一是主观上具有共同的过错，是共同的过错让数人的行为联结成了一个整体。但关于共同侵权行为中的共同过错究竟是仅指共同故意，还是应包括共同过失，始终存有争议。所谓共同过失，是指各行为人对损害结果的发生都已经预见或者应当预见，但因疏忽或轻信等原因还是引起了同一损害后果的发生。传统理论要求是仅在有共同故意的情况下，才能判定存在共同过错。但随着社会的发展，如果将共同过失排除在共同过错之外，

① 参见王利明：《侵权责任法》（第 2 版），中国人民大学出版社 2021 年版，第 98～100 页。

则不利于对受害人的利益进行保护，因此，共同过失也应当被包括在共同侵权行为的共同过错中，以便实现对受害人的充分保护。

（三）共同侵权行为中的教唆与帮助行为

《民法典》第1169条第1款规定，“教唆、帮助他人实施侵权行为的，应当与行为人承担连带责任”。从文义解释看，“应当与行为人承担连带责任”的表述表明了教唆帮助行为的性质是共同侵权行为，同时也代表着即便教唆人和帮助人没有直接实施侵权行为，但他们仍需对外承担连带责任。只不过，在内部责任分担的时候，帮助人可能承担比行为人更轻的责任。

1. 教唆行为

所谓教唆，是指利用言语对他人进行开导、说服，或通过刺激、利诱、怂恿等办法使被教唆者接受教唆意图，进而从事某种侵权行为的行为。如果教唆人没有进行教唆，那么被教唆人也就不会实施侵权行为。因此，教唆行为与被教唆人的行为之间具有因果联系。构成教唆的要件包括以下几点：首先，教唆行为均需出自故意，无心之言很难被认为是教唆；其次，教唆人承担责任的前提是被教唆人实施了特定的侵权行为，否则教唆人无须承担侵权责任；最后，教唆人与被教唆人的行为之间存在因果联系，如果被教唆人原本已经存在实施侵权行为的决意，那么教唆人就不应该对被教唆人的行为承担责任。

《民法典》第1169条第2款规定，“教唆、帮助无民事行为能力人、限制民事行为能力人实施侵权行为的，应当承担侵权责任；该无民事行为能力人、限制民事行为能力人的监护人未尽到监护职责的，应当承担相应的责任”。根据该条的规定，我们可知以下几点：首先，如果被教唆人具有完全的民事行为能力，则应当与行为人共同承担连带责任；其次，如果被教唆人是无民事行为能力人或限制民事行为能力人，则侵权责任应当由教唆人承担，在此情况下，该无民事行为能力人或限制民事行为能力人可以被看作教唆人的工具，而真正实施侵权行为的，则是对该工具进行支配的教唆人；最后，如果被教唆的无民事行为能力人或限制民事行为能力人的监护人未尽到监护职责，那么该监护人也应当根据所犯过错承担相应的责任。

2. 帮助行为

所谓帮助，是指通过提供工具、指示目标或言语激励等方式，从物质上和精神上对实施加害行为的人给予支持。构成帮助行为需要满足以下几个要件：首先,帮助人的帮助行为一般均需出于故意;其次,帮助人实施了提供作案工具、指示目标、帮助销赃等方式的帮助行为,这些行为可以是物质的,也可以是精神的,可以是积极的,也可以是消极的;最后,帮助行为与遭受的损害之间存在因果联系。

根据《民法典》第1169条的规定可知,帮助人的责任与教唆人相同,如果被帮助的人具有完全的民事行为能力,则应当与行为人共同承担连带责任;如果被帮助的人是无民事行为能力人或限制民事行为能力人,则侵权责任应当由帮助人来承担;如果该无民事行为能力人或限制民事行为能力人的监护人没有尽到应尽的监护责任,那么就应当根据其过错程度等因素确定相应的责任。值得注意的是,教唆者、帮助者与共同行为人一起承担连带责任,并不妨碍按照过错程度等因素对他们的内部责任进行分配。

二、共同危险行为

《民法典》第1170条规定了共同危险行为,"二人以上实施危及他人人身、财产安全的行为,其中一人或者数人的行为造成他人损害,能够确定具体侵权人的,由侵权人承担责任;不能确定具体侵权人的,行为人承担连带责任"。共同危险行为又称为准共同侵权行为,是指数人共同实施了可能损害他人民事权益的危险行为,其中一人或者数人造成了损害,但又不知该损害是由数人中何人造成的情形。

从概念中我们可以发现,判断是否属于共同危险行为,需要着重注意以下几点:首先,有数人实施了具有危险性的行为;其次,这些行为中的一部分造成了损害结果的发生,并且该损害无法明确究竟是由何人造成的,而这也正是共同危险行为与单独侵权和共同侵权的区别所在,当能够确定侵害行为是某个加害人造成的时候,共同危险行为就将转化成为单独侵权,相似的,如果可以确定是特定的某些人造成的,那么共同危险行为则会转化成为共同侵权;再次,数个行为人在实施危及他人的行为时具有共同过错;最后,各个共同危险行为大多具有时间上和空间上的同一性,否则只能将其视为分别致人损害。

根据共同危险行为的概念和特点可知,共同危险行为的构成要件包括以下四点:首先,数人共同实施了具有共同危险性的行为;其次,这些具有共同危险性的行为均有可能造成损害结果的发生;再次,发生了损害结果,却无法对具体的加害人进行确定;最后,行为人不具备法定的抗辩事由,否则,这些行为人就有被免除责任的可能。

关于共同危险行为的免责事由,根据《民法典》第1170条的规定,共同危险行为人能够免责的抗辩事由就是确定具体的侵权人,具体侵权人的确定包括两种方法:一种是共同危险行为人不仅能证明自己的行为与损害之间没有因果关系,还可以证明真正的行为人是谁;另一种是通过法院查证的办法确定了具体的行为人,就由具体的侵权人来承担责任。除此之外,共同危险行为人不得仅通过证明损害与自己的行为之间没有因果关系的方法来主张免责。

三、无意思联络的数人侵权

(一)无意思联络的数人侵权与共同侵权行为

《民法典》第1171条规定,"二人以上分别实施侵权行为造成同一损害,每个人的侵权行为都足以造成全部损害的,行为人承担连带责任"。《民法典》第1172条规定,"二人以上分别实施侵权行为造成同一损害,能够确定责任大小的,各自承担相应的责任;难以确定责任大小的,平均承担责任"。这两条都是对无意思联络的数人侵权的规定。所谓无意思联络的数人侵权,是指数个行为人并无共同的过错,只是因行为偶然的结合,才使受害人遭受了同一的损害的情形。

与共同侵权行为之间最主要的不同在于,无意思联络的数人侵权的各行为人之间不存在共同的过错。所谓意思联络,是指各行为人之间事先已经有了致他人损害的共同故意。而"无意思联络",顾名思义,重点强调的就是当事人之间不存在共同的故意。需要指出的是,在无意思联络的数人侵权中,虽然数个加害人没有共同的过错,但这也不能否定每个人主观上都具有过错的事实。除此之外,两者在责任承担方面也存在不同,共同侵权行为承担的是连带责任,而无意思联络的数人侵权在责任后果上,应当根据具体情况,分别确定不同的责任:一是《民法典》第1171条规定的累积因果关系的情形(也称聚合的因果关系),如果各个行为都足以造成全部损害的发生,各个行为人对外要承担连带责任;二是《民法典》第1172条规定的部分因果关系的情形,各个行为人应当按照过错程度和原因力分别承担责任。[①]

（二）累积因果关系型无意思联络的数人侵权

《民法典》第1171条规定，“二人以上分别实施侵权行为造成同一损害，每个人的侵权行为都足以造成全部损害的，行为人承担连带责任”。这就是累积因果关系型无意思联络的数人侵权在《民法典》中的表现，重点是八个字，即“分别实施”“足以造成”。此种无意思联络的数人侵权的特点在于：首先，数人“分别实施”侵权行为，但不存在共同过错，毕竟，主观上没有共同过错是无意思联络的数人侵权的重要特征之一；其次，造成了同一损害的结果，且每个行为人的行为与损害之间都存在因果联系；最后，每个人的侵权行为都“足以造成”全部损害，即每个行为都可以作为损害结果发生的充足原因。由于每个行为都可以导致全部损害结果的发生，所以要求每个加害人都承担连带责任，在行为人承担了连带责任之后，如果承担了责任的行为人承担的责任份额超出了其应当承担的份额，其可以向其他行为人进行追偿。

（三）部分因果关系型无意思联络的数人侵权

《民法典》第1172条规定，“二人以上分别实施侵权行为造成同一损害，能够确定责任大小的，各自承担相应的责任；难以确定责任大小的，平均承担责任”。该条确认了以部分因果关系表现的无意思联络的数人侵权。[②] 所谓部分因果关系，又称为共同的因果关系，是指数人分别实施侵害他人的行为，主观上并无意思联络，由加害人分别承担损害赔偿责任。[③] 此种侵权的特点可以概括为“分别实施”和“结合造成”，例如，数家企业各自向河流排污，每家的排污单独都不能对河流造成损害，但当几个排污行为结合在一起的时候，损害就发生了，这便属于部分因果关系的情形。

此种数人侵权的特点在于：首先，数人分别实施侵权行为，但没有共同过错，只是因为行为的偶然结合导致了损害结果的发生；其次，造成同一损害，并

① 参见王利明：《侵权责任法》（第2版），中国人民大学出版社2021年版，第112～113页。

② 参见王利明：《侵权责任法》（第2版），中国人民大学出版社2021年版，第115页。王利明教授主张《民法典》第1172条规范的是“部分因果关系型无意思联络数人侵权”，但程啸教授则认为，凡是因果关系类型不属于第1171条规定的其他无意思联络的数人侵权类型均在第1172条的规范之内。对此，本书认同王利明教授的主张。

③ 参见王泽鉴：《侵权行为法》（第2册），台北，三民书局2006年版，第33页。

且各个行为人的行为与损害之间都存在因果联系；最后，各个行为均不足以单独导致损害结果的发生。正因为如此，为了公平起见，《民法典》第 1172 条规定，对以部分因果关系表现的无意思联络的数人侵权，应当采用按份责任，而非连带责任。在对外承担责任方面，对于能够确定责任大小的责任，则应按照责任大小分担；对于难以确定责任大小的责任，则应平均分担责任。需要注意的是，《民法典》第 1172 条规定的按份责任并非内部分担责任，而是对外承担的按份责任，因此，受害人有权依据该条直接对侵权人提出让其承担相应责任的请求。①

第五节　侵权责任的责任承担方式

一、概述

(一)侵权责任的承担主体与请求权人

侵权责任法以自己责任为主要原则，因此，侵权责任的承担主体在多数情况下是从事加害行为的人。但是，在监护人责任、用人者责任等替代责任的侵权行为中，"法定的替代责任者"替代"加害人"成为侵权责任的承担主体。一般情况下，权益受到侵害的民事主体是侵权责任的请求权人，但是，受害人因侵权行为死亡的，其近亲属成为侵权责任的请求权人。侵权责任的承担主体和请求权人可以是自然人、法人或者非法人组织。

(二)侵权责任的多元化承担方式

传统大陆法系将侵权责任法归入债法，适用债的一般规则，其中一个重要原因便是侵权行为产生侵权损害赔偿之债。然而，比较法的实践已然证明，"将侵权责任的承担方式仅限定为损害赔偿，并非千古不易"②。随着现代民法权利体系的不断完善，侵权行为法的保障范围也从主要保护财产权发展为同时保护人身权、知识产权等，作为针对侵害财产权而产生的责任形式，损害赔偿责任显

① 参见王利明：《侵权责任法》(第 2 版)，中国人民大学出版社 2021 年版，第 112 ~ 117 页。

② 王轶：《论侵权责任承担方式》，载《中国人民大学学报》2009 年第 3 期。

然不能有效救济受害人,无法完全满足侵权责任法保护多种民事权利的需要。

侵权行为可能呈现多种样态,如对他人人身、财产的侵害或者持续侵害,尚未实际发生或将有可能出现的妨害等。因此,侵权行为常常产生多种责任承担方式,包括赔偿已经造成的损害、停止正在进行的侵害、消除潜在的损害危险等。只有突破单一的侵权损害赔偿之债的责任方式,针对各种不同的侵权行为采取不同的责任形式,形成多元化的侵权责任承担方式,才能有效、充分地救济受害人。

正因为债法并不能涵盖损害赔偿之外的责任形式,我国《民法典》将侵权责任独立成编,并借鉴域外立法、结合本土经验,形成了较为完善的、多样化的侵权责任承担方式。承担民事责任的主要方式有:(1)停止侵害;(2)排除妨碍;(3)消除危险;(4)返还财产;(5)恢复原状;(6)消除影响、恢复名誉;(7)赔礼道歉;(8)赔偿损失;(9)修理、重作、更换;(10)继续履行;(11)支付违约金。其中,侵权责任的承担方式为前八种。此外,《民法典》第179条第2款规定,法律规定惩罚性赔偿的,依照其规定。惩罚性赔偿责任承担方式的特别之处在于,只有在法律作出明确规定时方可适用。基于此,诸多学者认为,从性质上看,侵权责任的承担方式不再只是债的关系了。[①] 司法实践中,不同侵权责任承担方式的结合运用,能够有效地保护受害人、制裁加害人。

(三)侵权责任承担方式的类型

随着侵权责任法不断发展,其功能从单一的填补损害转为兼具填补损害和预防损害,乃至制裁侵权行为。基于侵权责任法功能的多样化,侵权责任形式的多样性成为现代侵权责任法的一个重要特征。多元化的侵权责任承担方式能够给予被侵权人充分的救济,实现侵权责任法补偿受害人损失、预防侵权行为发生和制裁侵权行为人等多重功能。以功能的差别为依据,可以将侵权责任的承担方式分为三大类型:补偿性侵权责任承担方式、预防性侵权责任承担方式和制裁性侵权责任承担方式。

一是补偿性侵权责任承担方式。如果侵权行为人给被侵权人造成了损害,

---

① 参见王利明:《侵权责任法的中国特色》,载《法学家》2010年第2期;魏振瀛:《侵权责任法在我国民法中的地位及其与民法其他部分的关系——兼与传统民法相关问题比较》,载《中国法学》2010年第2期。

无论是人身侵害、财产损失还是精神损害，被侵权人都能够要求侵权人承担补偿性侵权责任，弥补被侵权人因侵权行为而受到的伤害，使受害人恢复到侵权行为没有发生时的状态。补偿性侵权责任承担方式包括返还财产、消除影响、恢复名誉、赔礼道歉、恢复原状、赔偿损失等，能够弥补受害人的实际损害，实现侵权责任法的补偿功能。

二是预防性侵权责任承担方式。预防性法律保护是侵权责任法的必要部分，“一个由司法实践超越制度法所创造的重大制度是，允许正在面临客观违法侵害的当事人提起预防性的不作为之诉”①。可见，侵权责任法除具有补偿功能外，其重要功能还在于预防损害。② 预防性侵权责任承担方式适用于损害尚未实际发生或侵权行为仍在持续的情况，即虽然侵害了民事权益，构成侵权责任，但尚未给被侵权人造成实际损害，只是构成了妨害或有妨害之危险。被侵权人能够通过要求侵权人承担预防性侵权责任，制止即将发生的损害或者防止损失的扩大。在损害尚未实际发生的情况下，通常只适用预防性侵权责任承担方式。预防性侵权责任承担方式包括停止侵害、排除妨害、消除危险等，③能够实现侵权责任法的损害预防功能。

三是制裁性侵权责任承担方式。惩罚性赔偿是侵权责任法中的制裁性侵权责任承担方式。值得注意的是，惩罚性赔偿制度是一种依附于补偿性损害赔偿的特殊赔偿制度，具有赔偿损失、遏制侵权行为等基本功能。相较于其他责任承担方式，惩罚性赔偿制度的独特之处在于其承载的制裁功能。惩罚性赔偿制度的存在并没有否定既有的补偿性赔偿制度，而是在补偿性赔偿制度基础上的功能拓展与强化，在补偿受害人的同时，对法定的、恶意的、严重侵害他人权益的侵权人进行制裁。

依据《民法典》第 179 条第 3 款规定，侵权责任的承担方式可以单独适用，也可以合并适用，侵权责任的承担方式和其他民事责任承担方式也可以并用。

---

① ［德］克雷斯蒂安 · 冯 · 巴尔：《欧洲比较侵权行为法》（下卷），张新宝译，法律出版社 2001 年版，第 166 页。

② 参见王泽鉴：《侵权行为法（第一册）——基本理论 · 一般侵权行为》，中国政法大学出版社 2001 年版，第 34 页。

③ 《民法典》第 1167 条规定了危及他人人身、财产安全的责任承担方式，“侵权行为危及他人人身、财产安全的，被侵权人有权请求侵权人承担停止侵害、排除妨碍、消除危险等侵权责任”。

民事责任承担方式体现了国家的权威性和制裁性，多种侵权责任并存，且可以单独或合并使用，其目的在于有效地消除侵权行为给被侵权人造成的不利影响，给受害人提供更为全面的救济。

二、补偿性侵权责任承担方式

（一）返还财产

返还财产广泛适用于合同责任、不当得利返还责任、侵权责任。作为侵权责任的承担方式之一，返还财产是指加害人非法对他人的财产实施侵占，被侵权人有权请求侵权人返还财产。通说认为，作为侵权责任承担方式的返还财产，仅指物权法上的返还原物请求权。[①] 物权具有追及效力，因此，物权人有权请求不法侵占人返还原物，不问其是否存在过错。侵权责任中的返还原物责任即是被侵权人（物权人）请求侵权人返还原物，是一种物权的保护方法，而不是侵权损害赔偿之债的方法。由此可见，作为物权请求权的返还原物的效力和作为侵权责任请求权的返还原物的效力没有实质差别。这种变革，只是规范的角度变革，是民事权利—民事义务—民事责任立法体系构建的需要。返还财产责任的承担需要符合以下要素：一是以侵占或以其他不合法方式占有他人之物。侵占是指通过抢劫、盗窃等非法方式强行占有他人之物。“以其他不合法的方式占有他人之物的行为”表明占有要存在不法性，包括擅自长期占有或者使用他人之物等情形，其他不合法方式占有之认定需要审慎。二是原物尚存。返还原物责任仅仅是返还原物，必须原物尚存时才能适用，如果原物已经损坏，物权人请求返还原物的，在适用返还原物责任时，物权人可以同时请求赔偿损失，赔偿损失责任不属于返还原物责任的范围。[②] 如果原物已经毁损灭失，原物是可替代物的应返还同一种类物，原物为非可替代物的，被侵权人只能要求侵权人承担损害赔偿责任（赔偿损失或恢复原状）。

（二）消除影响、恢复名誉、赔礼道歉

我国传统文化孕育了重礼轻利的国民情感，自原《民法通则》就开始承认

---

① 参见王利明：《侵权责任法研究》（上卷），中国人民大学出版社2016年版，第637页。

② 参见魏振瀛主编：《民法》（第4版），北京大学出版社、高等教育出版社2010年版，第676～677页。

“消除影响、恢复名誉、赔礼道歉”等专门弥补人格权益以及具有人格利益的权利受到侵害时的侵权责任承担方式，使人格权被侵害的被侵权人在获得经济赔偿的同时，能够填补其精神痛苦、恢复其被贬损的社会地位。《民法典》亦沿袭旧例，第179条规定了“消除影响、恢复名誉、赔礼道歉”等责任承担方式，并在第1000条(《民法典·人格权编》)明确规定，侵犯公民人格权时，侵权人要承担消除影响、恢复名誉、赔礼道歉等侵权责任。行为人因侵害人格权承担消除影响、恢复名誉、赔礼道歉等民事责任的，应当考虑行为人侵权行为的具体方式、侵权行为造成的影响的范围等因素，选择恰当、相当的具体承担方式。

《民法典》同时规定，行为人拒不承担“消除影响、恢复名誉、赔礼道歉”等民事责任的，人民法院可以采取在报刊、网络等媒体上发布公告或者公布生效裁判文书等执行方式，产生的费用由行为人负担。需要注意的是，要求加害人支付赔礼道歉或恢复名誉的登报费用，并不意味着赔礼道歉等责任方式已被转换成损害赔偿责任。要求加害人支付一定的金钱，其目的在于使法院“消除影响、恢复名誉、赔礼道歉”的判决得以顺利执行，并非补救受害人的损害。

1. 消除影响、恢复名誉

鉴于消除影响与恢复名誉的密切关系，我国《民法典》将二者放在一项规定之中。消除影响是指侵权人的侵权行为给被侵权人的人身权造成不良影响的，侵权人应当在影响所及的范围内，以公开的形式承认错误、澄清事实，消除对被侵权人的不利后果。恢复名誉是指侵权人在其造成的侵害后果所及范围内，恢复权利人原来的名声、信誉到未曾被侵害的状态。消除影响、恢复名誉责任承担方式主要适用于侵害名誉权的情形，乃精神上的恢复原状。当权利人在精神上遭受他人恶意的不法侵害时，防止侵害持续的最优办法是“追根溯源”，要求侵害人消除影响、恢复名誉，如基于名誉侵害发生的损害，受害人遭受了名誉毁损、社会评价降低等损害，只有以恢复名誉的补救方式才能使受害人遭受的直接损害得以恢复，消除名誉受到毁损的“源头”。当然，受害人名誉受损的同时，亦遭受精神损害或附带的财产损害的，可以同时适用损害赔偿，但损害赔偿无法对被毁损的社会评价进行现实恢复。故而，司法实践中通常将消除影响、恢复名誉与赔礼道歉、损害赔偿等侵权责任承担方式结合适用。

2. 赔礼道歉

所谓赔礼道歉是指在社会交往过程中对他人利益造成妨碍或损害后，行为人认识到自己行为的错误而产生内疚感，向对方表示歉意、承认错误，进而请求对方原谅的一种以语言为媒介的情感表达行为。我国将赔礼道歉入法，使赔礼道歉成为一种源于道德责任的法律上责任，“可以作为一种被法官判令的具有强制性的责任承担方式加以运用”①。

赔礼道歉责任不适用于违约责任，只适用于侵权责任。鉴于任何侵权行为都可能对他人造成精神损害，故而赔礼道歉广泛适用于任何侵权行为，不局限于人身权受侵害的情形，但主要还是适用于人格权受到侵害②、身份权（亲属权）受到侵害③、知识产权等具有人格利益的权利受到侵害的情形④。针对财产权侵害适用赔礼道歉，通常需要从“过错程度”角度加以控制，即要求侵权人具有故意。

赔礼道歉在我国司法实践中发挥着重要作用，其适用需要符合以下条件：一是侵权人应当有过错且主观恶性较大，侵害行为给被侵权人造成较大不良影响，情节轻微不能成为适用条件；二是请求主体是自然人，赔礼道歉可以由受害人私下要求，也可向法院提出诉讼，需加害人以口头或书面的方式向受害人承认过错，表示歉意。

（三）损害赔偿

我国《民法典·侵权责任编》的第二章章名由原《侵权责任法》第二章“责任构成和责任方式”修改为“损害赔偿”，明确了以损害赔偿为中心的侵权责任承担方式。侵权损害赔偿制度以事后救济为主，以实际损害的发生为前提，仅适用于绝对权遭受现实侵害且有实际损失的情形。大陆法系民法通过“恢复原

---

① 姚辉、段睿：《“赔礼道歉”的异化与回归》，载《中国人民大学学报》2012年第2期。

② 根据《精神损害赔偿解释》和《民法典》的规定，具体人格权、一般人格利益受到侵害时，受害人可以请求赔礼道歉。侵害死者生前人格利益的，构成对死者近亲属人格权的侵害，死者近亲属可以自己的名义主张赔礼道歉。

③ 身份权（亲属权）是基于亲属地位而发生的各种权利的集合，可以包括形成权、支配权和请求权。身份关系基本上是婚姻法的调整范围，一般侵权法的规则很少可以适用。可以对抗第三人的内容理解为人格利益，保护范围包括精神利益，依据相关法律规定，第三人侵害配偶权、监护权时亦有赔礼道歉责任适用的空间。

④ 《著作权法》第52条、第53条规定的侵害著作权和邻接权的侵权责任形式，除了停止侵害、消除影响、赔偿损失三种之外，还包括赔礼道歉。在司法实践中，法院一般仅在侵害著作人身权时判决赔礼道歉，而在侵害著作财产权时驳回原告的这一请求。

状”和“金钱赔偿”两种侵权损害赔偿方式，[1]贯彻了损害赔偿法中完全赔偿与禁止得利两项基本原则，实现了侵权法的补偿功能。比较法上，大陆法系对于“恢复原状”和“金钱赔偿”两种损害赔偿方式的适用关系，有恢复原状优先、金钱赔偿主义、自由裁量主义三种立法例：恢复原状优先是指将恢复原状作为损害赔偿的首选方法，法律另有规定或者契约另有约定的除外，德国、奥地利等国采此立法例；金钱赔偿主义是指根据损害的程度估计金钱，赔偿义务人向受害人给付金钱以填补损害，法国、日本等国采此立法例；自由裁量主义是指既不以恢复原状为原则，也不以金钱赔偿为原则，而由法官在个案中根据案件具体情形确定。[2] 我国现行法律规范对两种损害赔偿方式的适用顺序未作明确规定，形式上是采自由裁量主义，事实上，在司法实践中却多表现为金钱赔偿主义。

1. 恢复原状

恢复原状有广义和狭义之分。广义的恢复原状就是大陆法系的回复原状，“是指义务人应当通过一定的方式使被侵权人处于如同侵权行为并未发生时的状态，而并非通过金钱赔偿使其财产状态相同”[3]。狭义的恢复原状是指将损害的财产修复，即通过修理恢复财产原有的状态，旨在保护受害人的完整利益，其优点在于能够充分实现完全赔偿之原则。

大陆法系民法中的回复原状（广义的恢复原状）具有多重含义，在不同场合适用，具有不同内涵，体现为不同表现方式。我国《民法典》第 179 条将许多大陆法系中属于回复原状的内容单独确认为独立的民事责任承担方式，如《日本民法典》中，损坏他人名誉时的回复原状体现为“回复名誉”，显然赔礼道歉属于“回复名誉”的手段之一，而我国的赔礼道歉与恢复原状则是并列的民事责任承担方式；德国法中的回复原状，包含在侵害名誉权的情况下，使受害人受到损害的名誉恢复到原来状态的“恢复名誉”，而我国法律规定的“恢复名誉”则属于一种单独的侵权责任承担方式。由此可见，我国《民法典》规定的恢复原状，其含义实际上要窄于大陆法系的恢复原状，体现为狭义的恢复原状，当所有权人

---

① 参见程啸、王丹：《损害赔偿的方法》，载《法学研究》2013 年第 3 期。

② 参见程啸：《侵权责任法》（第 2 版），法律出版社 2015 年版，第 665 页。

③ 大陆法系民法中的回复原状（也称恢复原状），是损害赔偿的方法之一。参见王利明：《我国〈民法典〉侵权责任编损害赔偿制度的亮点——以损害赔偿为中心的侵权责任形式》，载《政法论丛》2021 年第 5 期。

的财产被非法侵害而损坏时,能够修理的,所有权人有权要求加害人通过修理、恢复财产原有的状态,[①]使遭受损害物品降低的经济价值得以恢复,是用于保护财产所有权的一种民事责任承担方式。恢复原状的适用前提是有修复的可能与必要。

恢复原状作为民事责任的承担方式之一,比较法及我国民法学界对其性质的界定有损害赔偿方法说、独立责任形式说两种学说。[②] 在我国民法语境中,恢复原状既是“损害赔偿之基本方法”,又是“具体责任之承担方式”,[③]具有独立的调整范围和独特的制度功能。

2. 赔偿损失

我国法律中的“赔偿损失”这一民事责任方式相当于德国法上的“金钱赔偿”,是损害赔偿的方法之一。金钱赔偿是指由侵权人向被侵权人支付金钱货币,以弥补受害人的财产损失或精神损害的责任承担方式,旨在保护受害人的价值利益。作为大陆法系民法损害赔偿的基本方法之一,金钱赔偿不仅具有补偿的功能,能够充分保护受害人的合法权益,而且具有一定程度的制裁功能。[④]在现代市场经济社会,尽管赔偿损失并不是对侵权行为的受害人提供保护的唯一方法,却仍然是救济权利最为有效的方式。

三、预防性侵权责任承担方式

(一)停止侵害

停止侵害是指侵权人正在侵害绝对权的时候,被侵权人有权要求其停止正在进行的侵权行为。停止侵害请求权不受诉讼时效的限制,其适用要把握两个要素:一是时间要素,停止侵害主要针对现实的侵害行为,且侵害行为必须正在

---

① 参见王利明:《民法总则研究》(第2版),中国人民大学出版社2012年版,第508页。

② 损害赔偿方法说,如德国法中,损害赔偿包括了恢复原状和金钱赔偿,且恢复原状的适用具有优先性。独立责任形式说,指《民法典》规定的恢复原状并非损害赔偿之方法,而是一种与损害赔偿并列的、独立的民事责任形式。See Medicus, Bürgerliches Recht; MünchKomm/Oetker, § 249, Rn. 325. 转引自王利明:《我国〈民法典〉侵权责任编损害赔偿制度的亮点——以损害赔偿为中心的侵权责任形式》,载《政法论丛》2021年第5期;王利明:《侵权责任法研究》(上卷),中国人民大学出版社2016年版,第641~642页。

③ 参见王利明:《我国〈民法典〉侵权责任编损害赔偿制度的亮点——以损害赔偿为中心的侵权责任形式》,载《政法论丛》2021年第5期。

④ 参见王利明、郭明瑞、方流芳:《民法新论》(上),中国政法大学出版社2010年版,第488页。

进行,具有持续性,不能是尚未实施或者已经停止,其状态为动态;二是范围要素,停止侵害适用于对物权、人身权、知识产权等任何绝对权的侵害。停止侵害在司法实践中实现的方式体现为多种样态,如在人格权遭受侵害的情况下,受害人请求行为人及时停止侵害;在环境污染侵害的情况下,排放污染的单位或个人有责任停止排放;在知识产权受到侵害的情况下,受害人要求法院颁布停止侵害的"诉前禁令",禁止加害人使用某项知识产权或禁止销售某种侵权产品。停止侵害能够及时止损,以达到其补救的目的,更有利于保护受害人的利益。

(二)排除妨碍

排除妨碍是指侵权人实施了侵权行为,该行为使被侵权人已经无法行使或者无法正常行使其绝对权,此时,被侵权人有权要求侵权人排除此种阻碍、妨害,或请求人民法院强制排除。排除妨碍诉讼请求的提起不受时效限制,其适用于侵害人身权、财产权的情况。排除妨碍责任的构成需同时符合以下条件:一是存在妨碍他人行使民事权利或者享有民事权益的状态。妨碍状态可能是由自然原因造成,如植物生长蔓延至相邻一方土地,也可能是由行为造成,如堆放障碍物影响通行。二是存在的妨碍不合法,超过合理限度。"不合法"即没有法律根据或者欠缺合同约定,是否"超过合理限度"应当结合当时、当地人们一般的观念判断,对于社会生活中合理的、轻微的妨碍,人们有必要的容忍义务。三是不以侵权人有无过错为要件。排除妨碍责任的承担不考虑侵害人是否具有主观上的故意或者过失,只要存在对受害人权利行使的阻碍、妨碍,都应当立即排除。四是排除妨碍的适用并不要求必须针对现实的侵害行为,但是要求必须有持续性的妨碍状态存在。①

(三)消除危险

消除危险是指加害人实施的行为存在对他人人身、财产造成损害的危险,且权利人无容忍之义务时,被侵权人有权请求加害人消除此种危险,例如,存在污染环境的危险时,排放污染的单位和个人有责任消除污染环境的危险。消除危险责任的承担有以下考量要素:一是侵权人有不法行为,只有不符合法律规

① 参见[奥]海尔姆特·库齐奥:《侵权责任法的基本问题(第一卷)——德语国家的视角》,朱岩译,北京大学出版社2017年版,第27页。

定的行为导致的危险,被侵权人才有权要求侵权人消除;二是人身、财产安全面临危险,只要行为人的行为有造成损害的可能性时,即为存在危险,权利人就有权请求侵权人消除或者请求人民法院强制侵权人消除;三是侵权人的不法行为造成了他人人身、财产安全的危险状态,侵权人的行为与危险状态之间应当具有因果关系。[①]

四、制裁性侵权责任承担方式

惩罚性赔偿是具有“惩罚性”的“赔偿”,“赔偿”展现了其填补受害人损害之基本功能,“惩罚”则揭示了其遏制、报复不法行为的制裁功能。惩罚性赔偿的前提是存在补偿性赔偿,与补偿性赔偿相比,惩罚性赔偿的特别之处在于其赔偿数额显著高于补偿性赔偿,一方面,通过强行加重不法行为人的经济负担,达到制裁不法行为之效果;另一方面,通过高额的赔偿金鼓励受害人提起诉讼,达到遏制未来可能的不法行为之效果。

侵权责任法的主要功能在于补偿、救济,制裁性功能属于辅助功能。正因为如此,惩罚性赔偿制度的适用不能喧宾夺主,无限制扩张:首先,应当体现在“加害人主观过错较严重,动机恶劣、具有反社会性和道德上的可归责性等”过错责任领域;[②]其次,体现制裁性功能的惩罚性赔偿应当由法律作出明确规定,惩罚性赔偿的数额为“相应的”,[③]具体数额由法院依法酌情裁量。故而,需通过司法解释或者指导性案例作出必要指引和限制,防止法官自由裁量权的过分扩大,避免过度限制人们在社会生活中合理的行动自由,阻碍科技创新和社会发展。

---

① 周某祥、云南电网有限责任公司普洱供电局消除危险纠纷案,云南省普洱市中级人民法院(2022)云08民终449号民事判决书。

② 参见王利明:《惩罚性赔偿研究》,载《中国社会科学》2000年第4期。

③ 参见《民法典》第1185条关于侵害知识产权的惩罚性赔偿;第1207条关于产品责任的惩罚性赔偿;第1232条关于环境污染、生态破坏侵权的惩罚性赔偿。

第六节　侵权责任减免事由

一、概述

我国侵权责任的减免事由采“一般规定”+“特别规定”、“一般法”+“特别法”的立法模式，特别规定优先适用制度条款（《民法典》第1178条）拓展了侵权责任的减免事由，使之更加体系化。整体而言，侵权责任的减免事由如下：

一是《民法典·侵权责任编》规定的责任减免事由，包括受害人故意（第1174条）、第三人原因（第1175条）、自甘风险（第1176条）、自助行为（第1177条）等，其中自甘风险、自助行为是新增规定。

二是《民法典》另有规定的责任减免事由。《民法典·侵权责任编》第1178条中的“本法”指的是《民法典》，《民法典·侵权责任编》第一章一般规定之外的其他条款对责任减免事由另行作出规定的，要依照其规定。《民法典·总则编》规定的责任减免事由包括不可抗力（第180条）、正当防卫（第181条）、紧急避险（第182条）、紧急救助（第184条）等民事责任的共通性抗辩事由。其他特别规定的责任减免事由，如《民法典》第1224条（医疗损害赔偿责任）、第1236条至第1244条（高度危险责任）、第1245条至第1251条（饲养动物损害责任）、第1252条至第1258条（建筑物和物件损害责任）等分编条款特别规定的减免事由，适用于特定的侵权责任类型。

三是“其他法律”规定的责任减免事由。这指的是《民法典》以外的其他民事法律或非民事法律（不包括行政法规、地方性法规等）规定的责任减免事由，如《道路交通安全法》《产品质量法》《个人信息保护法》《消费者权益保护法》《环境保护法》《民用航空法》等法律中的诸多减责、免责条文。

二、不可抗力

世界各国均将不可抗力作为免责事由，我国《民法典》第180条第1款亦作出同样规定。原则上，因不可抗力不能履行民事义务的，不承担民事责任，除非法律另有规定，如民用核设施损害责任、民用航空器致害责任等情形。“不承担民事责任”应广义理解为《民法典》第179条规定的全部民事责任的承担方式。“法律”指《宪法》《立法法》所规定的全国人大及其常委会通过的规范性文件。

依据《民法典》第180条第2款规定，不可抗力是“不能预见、不能避免且不能克服的客观情况”。由此可见，不可抗力具有以下特点：第一，不可预见性。不可抗力事件独立于当事人的意志，可能是出现概率极小的事件，也可能是当事人完全不能想象或者忽略不计的事件。不可抗力强调注意标准方面超出行为人的预期，[①]至于是否超出行为人预期，通常以客观和主观两个标准来衡量，客观标准是以一般理性人的预知能力为准，主观标准是根据行为人的年龄、智力发育状况、知识水平等主观条件来判断是否超出预期。两种标准可以单独运用，亦可结合使用。司法实践中，“海龙广机械有限公司与上海雅融仓储有限公司等房屋倒塌损害责任纠纷上诉案”的裁判评析中，有学者指出，气象部门已就权益侵害发生当天的天气状况发布强降雪警报，并要求有关单位及个人做好安全防范措施，从普通人的认识能力和关注程度判断，其只要注意到上述预报，对天气状况完全可以预见，故该案中的强降雪不符合不可预见性的要求。[②] 第二，不可避免性。该特点关注行为人的行为标准，强调不可抗力事件独立于当事人的行为，尽管当事人采取了及时、合理的措施以应对可能出现的意外情况，客观上也无法避免该意外情况的发生。第三，不可克服性。在意外情况发生后，当事人对于意外发生客观情况所造成的后果毫无办法克服，当事人通过努力可以克服的事件不是不可抗力事件。第四，“不能预见、不能避免、不能克服”的“客观情况”，是指客观情况给义务履行造成的影响及由此给权利人造成的损害。[③]

对于不可抗力的具体构成因素，我国法律并没有作出明确规定。根据我国司法实践以及多数国家相关法律的解释，不可抗力的肇因不外乎自然原因或者人为、社会因素，前者如地震、台风、水灾、旱灾等，后者如战争、征收、征用、政府禁令、罢工等。由于法律意识、文化背景、科技发展程度的差异，各国对不可抗

---

① 参见曹险峰、孔凡学：《论不可抗力在环境污染责任中的法规范适用——兼评〈侵权责任法〉第29条》，载《当代法学》2013年第5期。

② 参见韩峰：《强降雪不构成不可抗力及不真正连带责任》，载《人民司法》2010年第16期。

③ 参见陈甦主编：《民法总则评注》（下册），法律出版社2017年版，第1287页。

力的含义、范围的理解也存在差异,[①]可见,不可抗力是会受到法政策影响的责任减免事由。

三、正当防卫

《民法典》第181条规定了正当防卫的责任减免事由。对于正当防卫的概念,我国民事法律规范并未作出明确界定。比较法上,有立法例将正当防卫界定为“为使本人或者他人的人身权利、财产权利免于遭受正在进行的不法侵害,防卫人所采取的防卫措施”[②]。根据《民法典》第181条的规定,正当防卫的成立必须符合一定条件。

(一)时间要件

正当防卫针对的侵害必须是适时的,具体表现为,侵害行为已经开始、正在发生、尚未结束,导致权利人有受到现实侵害的极大可能性,或者已经开始遭受损害,不及时采取必要防卫措施将导致本人或他人的合法权益遭受更多损害。基于此,假想防卫(误以为有侵害行为发生而进行的防卫)、事前防卫(针对尚未发生的侵害行为的防卫)、事后防卫(针对已经结束的侵害行为的防卫)等不符合时间要件的防卫情形,不属于正当防卫,不能免责。

(二)对象要件

正当防卫只能针对“他人实施的不法侵害行为”,不能针对自然事件。“他人实施的不法侵害行为”可作如下理解:第一,防卫对象只能针对侵害者本人,即通过损害不法侵害者利益的方法来保护合法利益;第二,“不法侵害”是指侵害行为侵害了某个法律所保护的利益,会导致产生有违法律所禁止的后果;第三,“他人实施的侵害行为”可以针对防卫人或者第三人,侵害行为所侵害的客体是防卫人本人或第三人的民事权益、国家或社会公共利益等;第四,不法侵害“行为”主要是指人的积极行为,不包括消极不作为;第五,侵害行为在外形上具备侵害他人权益的可能性即可,不必在客观上构成民法上的侵权行为。

(三)限度要件

基于比例原则,正当防卫应当在必要限度内。判断“必要限度”不能单纯从

---

① 一般来讲,各国把自然现象、战争、严重的动乱看成不可抗力事件是一致的,但诸如政府干预、政府禁令、罢工、市场的剧烈波动等人为障碍,被归入不可抗力事件常引起争议。

② 参见《德国民法典》第227条、《意大利民法典》第2044条。

被侵害人角度,要根据客观标准。综合来看,需要考虑以下因素:第一,具有“相当性”。“侵害行为可能具有的致害程度”应当与“正当防卫所产生的损害”相当,是否相当应当根据法益的重要性进行权衡。一般而言,侵害行为可能造成财产权损害,防卫行为却造成侵害人人身损害的,会被认定为不具有相当性。第二,侵害行为的手段与场合。侵害行为人的手段越恶劣,防卫的必要性越强,侵害行为人的侵害越急迫,防卫的自由度越大。第三,正当防卫的手段。在有多种可供选择的防卫手段时,防卫人应采取造成最小损害的手段,如用腕力足以防卫的,不必用器械,否则有可能超出必要限度。

正当防卫不应当超过必要限度而造成不应有的损害,否则即为防卫过当,要承担适当的民事责任。“适当的民事责任”指仅对“超出必要限度的损害部分”承担全部责任,而不是对因防卫而造成的所有损害承担赔偿责任。鉴于是侵害人的不法行为诱发了防卫行为,且危急情况下,不能过于苛责地要求防卫人节制防卫行为、预见防卫后果,要求防卫过当者仅承担“适当的民事责任”是合情、合理的。

四、紧急避险

《民法典》第182条规定了紧急避险,“紧急避险”是指为了使国家利益、公共利益、本人或者他人的合法权益免受正在发生的危险,不得已采取损害较小的合法权益,保全另一种合法权益的合法行为。

紧急避险以损害他人权益为代价,必须符合法定条件后方能实施:一是主观上应有避险目的,旨在保护国家利益、公共利益、本人或者他人的合法利益,为了保护非法利益的,不能认定为紧急避险。二是通过损害不法侵害者之外的第三者的合法权益来保护合法利益,才是紧急避险。三是必须存在侵害合法权益的急迫危险。所谓急迫,即正在发生的危险迫在眉睫,对合法权益直接构成威胁,对已经过去或尚未到来的危险,不能实行紧急避险。危险的诱因可能是人为的违法行为,可能是火灾、狂风、大浪、地震等自然力量,也可能是牛马践踏、猛兽追扑等动物侵袭。四是紧急避险要有必要性,只有在别无他法避免危险时,才允许实行紧急避险。五是紧急避险要有相当性,不能超过必要限度,造成不应有的损害。法律虽未对紧急避险必要限度的衡量作出明确的规定,但是紧急避险所保护的权益同避险所损害的第三者的权益都是法律所保护的,从利益衡量的角度看,两弊权衡取其小,只有紧急避险行为所引起的损害小于所避免的损害[①]才是合法行为。六是在职务、业务上负有特定义务的人,不适用紧急避险。

《民法典》第182条明确规定了紧急避险造成损害之责任承担问题:第一,险情是人为引起。根据该条第1款规定,因紧急避险造成损害的,如果险情是人为引起的,由引起险情发生的人承担民事责任。同样,如果险情是由紧急避险人自身引起的,紧急避险人应当负赔偿责任。第二,险情是自然原因引起。根据该条第2款规定,如果险情是自然原因引起的,紧急避险人不承担民事责任,但是基于公平责任进行的损害分担,紧急避险人可以给予适当补偿。第三,紧急避险不当或过度。根据该条第3款规定,紧急避险措施不当或者行为过度,造成不应有的损害的,紧急避险人应当对超过必要损失的部分承担民事责任。

五、紧急救助

近年来,我国存在社会秩序失范的问题,"善无善报""英雄流血又流泪"等不良社会现象频生。为保护善意施救者,弘扬助人为乐、匡扶正义等价值观,《民法典》第184条沿袭原《民法总则》规定的"好人条款",[②]将紧急救助规定为免责事由,使紧急救助者享有免责权,以鼓励善意救助者的高尚行为。适用"善意救助者责任豁免规则"需要满足以下条件:首先,救助者主观需具有善意,行为人造成损害后冒充善意救助者的,不属于善意;其次,行为人实施了紧急救助行为;最后,善意救助者的不当救助行为使被救助者受损。

需要注意的是,《民法典》中的正当防卫、紧急避险均规定,正当防卫人、紧

---

① 司法实践中如何衡量权益的大小有以下原则:一般情况下,人身权利大于财产权利。人身权利中,生命权是最高权利。财产权益中,用财产的价格进行比较。

② "善良的撒玛利亚人法"(Good Samaritan Laws)是关于在紧急状态下,施救者因其无偿的救助行为,给被救助者造成某种损害时免除责任的法律条文。该法律的名称源于《圣经》中耶稣所做的好撒玛利亚人的著名比喻:一个犹太人被强盗打劫,受了重伤,躺在路边。有祭司和利未人路过但不闻不问。唯有一个撒玛利亚人路过,不顾教派隔阂善意照应他,还自己出钱把犹太人送进旅店。美国联邦和各州的法律中都有相关法律条款,有的叫"好撒玛利亚人法",有的称"无偿施救者保护法"。其目的在于使人做好事时没有后顾之忧,不用担心因过失造成伤亡而遭到追究,从而鼓励旁观者对伤、病人士施以帮助。原《民法总则》第184条规定:"因自愿实施紧急救助行为造成受助人损害的,救助人不承担民事责任。"

急避险人在造成不应有的损害时，应承担适当的民事责任，但《民法典》中的紧急救助却未作出如此规定。盖因紧急救助本就是不负救助义务的第三人自愿将自身陷入危困境地的帮人、助人行为，“善意救助者责任豁免规则”免除善意救助者民事责任的方式，降低了善意施救者可能承担的风险，从而唤醒社会良知，弥合社会的道德创伤，重塑社会风气。如果法律直接明确规定救助人因“重大过失引起不当损害的，要承担赔偿责任”，①必然使乐于救助者在救助他人时要时刻权衡救助行为是否妥当，最终导致热心助人者望而却步，权衡再三也不敢伸出援手。如此一来，一方面，不利于弘扬助人为乐的积极道德风尚，有悖于社会主义核心价值观倡导的文明、友善等价值观念；另一方面，增加了善意施救者可能承担的责任风险，难免使紧急救助规定在实践中遭遇被搁置的尴尬境地。

即使法律没有规定紧急救助人“不当行为”的合理限度，一般认为，紧急救助人也应尽到一定的注意义务，在紧急救助时应采取更好的防范措施，不应给被救助人造成不应有的过度损害，防止“善意救助者责任豁免规则”在保护善意救助者的同时却严重损害被救助者的合法权益。

六、受害人故意

传统侵权责任法规则认为，受害人过错是指损害的发生或扩大不是由于加害人的过错，而是因受害人的过错。适用过错责任、过错推定责任的情形下，受害人的故意或过失是造成自己损害的全部原因的，构成免责事由。《民法典》第1174条将受害人故意规定为法定的免责事由，②与传统的侵权责任法规则相比，所涵盖的内容范围更窄，没有规定受害人“过失”问题。尽管我国《民法典》规定的是“故意”作为免责事由，而非“过错”作为免责事由，但一般认为，只要受害人自身造成了全部损害结果，加害人对损害的发生没有任何过错，即受害人的故意或过失行为是其损害发生的唯一原因，则无论受害人是故意还是过

① 《民法总则(草案)》(三审稿)中曾规定，对于重大过失引起的不当损害，要承担赔偿责任，就是为了限制善意救助者的过度不当救助行为，在鼓励善意救助者的基础上，要求救助者在救助中应当量力而行，避免出现损害被救助者的不良后果。

② 《民法典》第1174条规定，“损害是因受害人故意造成的，行为人不承担责任”。

失，加害人都当然不承担侵权责任。当有证据证明损害是受害人故意造成，[①]同时也有证据证明行为人对损害的发生有故意或者重大过失时，应适用《民法典》第1173条“过失相抵”规定。

七、第三人过错

第三人过错是指受害人、加害人之外的第三人对损害的发生或扩大具有故意或过失。第三人过错有广义、狭义之分，广义的第三人过错是指第三人与加害人共同引起了损害的发生或扩大，狭义的第三人过错是指第三人的过错是损害发生或者扩大的唯一原因，第三人与当事人（加害人、受害人）之间没有过错联系（共同故意或共同过失）。《民法典》第1175条规定的为狭义的第三人过错，有过错第三人与加害人有共同意思联络的，属于加害人一方，适用《民法典》第1168条、第1169条关于共同侵权的规定，有过错第三人与加害人对受害人的损害承担连带责任。有过错第三人与加害人实施共同危险行为，适用《民法典》第1170条规定。有过错第三人与加害人无共同意思联络，但二者的侵权行为都足以造成全部损害的，适用《民法典》第1171条的规定，有过错第三人与加害人对受害人承担连带责任。有过错第三人如果属于受害人一方，则适用《民法典》第1173条“与有过失”的规定。

《民法典》第1175条规定，第三人过错行为和损害之间因果关系的大小决定了第三人应当承担责任的多少。如果被侵权人的损害完全是第三人原因造成的，第三人应当对产生的损害承担全部责任。如果第三人的介入扩大了既有损害或者导致了新的损害，第三人仅对扩大的损害或者新的损害承担侵权责任。总之，第三人行为与损害结果之间的原因力大小与责任大小呈正相关。第三人过错由加害人举证，不能举证或举证明显不足的，由加害人承担举证不能的不利后果，加害人未提出的，法官不能主动帮助或者适用第三人过错规则。

在法律对第三人过错有特殊规则的情况下，优先适用特别规定，如《民法典》规定的安全保障义务人责任（第1198条），因第三人的过错污染环境、破坏

---

① 受害人对损害的发生具有故意，即明知自己的行为会发生损害的后果，仍然放任或希望此种损害结果发生。无民事行为能力人的故意不视为法律上的故意。

生态的侵权责任(第1233条),因第三人的过错致使动物致害责任(第1250条)等不真正连带责任;生产者和销售者对有过错第三人的追偿(第1204条),建筑物、构筑物或者其他设施倒塌、塌陷致害责任(第1252条)规定的替代性不真正连带责任。

八、自甘风险

自甘风险规则起源于英美法系,在竞技体育损害案例的处理中扮演着重要角色,后来被大陆法系国家陆续引入作为侵权行为的免责事由之一。自甘风险也称危险之自愿承担、风险自担、甘冒风险,顾名思义,是指行为人所从事的某项活动含有特定的危险因素,其自愿参加,甘愿承受该活动所带来的风险,对因此而产生的损害后果自行负责。法律总是有滞后性的,《民法典》之前,我国法律规范一直没有明确规定自甘风险规则,导致司法实践中出现了同案不同判现象:既有援引自甘风险理论进行判决的,[①]也有运用过错责任、公平责任判决被告承担一定责任的侵权责任泛滥倾向,客观上不利于文体活动的健康发展。

我国《民法典·侵权责任编》在权益保护和行动自由之间做出合理平衡,新增了"自甘风险"制度(第1176条)。[②] 自甘风险规则的确立,将自己甘愿承担风险的行为与法律后果制度化,具有独特的制度价值:第一,丰富了侵权责任制度的内容,弥补了一般侵权责任制度归责原则的不足,有助于司法裁判意见的统一;第二,能够消减当事人参与文体活动时的法律疑虑,促进民众积极参加文体活动,推动文体活动健康发展;第三,能够引导人们慎重地参加危险性较大的文体活动,以减少和预防社会风险的发生。

《民法典》第1176条对"自甘风险"制度的适用范围、适用对象等作出了明确规定,同时也包含了自甘风险的构成要件,只有准确把握,才能充分发挥该制

---

① 如2002年的"无某诉留某"案,即是在司法实践中明确适用自甘风险规则的典范。该案件是自甘风险原则在我国审判实践中的明确适用。法院最终判决,驳回原告的诉讼请求。其理由是,足球运动中出现的正当危险后果是被允许的,参与者有可能成为危险后果的实际承担者,而正当危险的制造者不应为此付出代价。留某的行为不违反运动规则,不存在过失,不属侵权行为。学校对原告的伤害发生没有过错。

② 《民法典》第1176条规定:"自愿参加具有一定风险的文体活动,因其他参加者的行为受到损害的,受害人不得请求其他参加者承担侵权责任;但是,其他参加者对损害的发生有故意或者重大过失的除外。活动组织者的责任适用本法第一千一百九十八条至第一千二百零一条的规定。"

度的调整功能。首先,自甘风险的适用范围严格限定为具有一定风险的文体活动。这意味着除了文体活动,其他具有风险的活动不适用该制度,如医疗风险、高危作业风险等。可见,“文体活动”的解释关涉“自甘风险”制度的适用范围。一般来讲,文体活动包括:文艺活动,诸如舞蹈、杂技等具有一定风险的表演性活动;体育活动,诸如体操、举重、田径、篮球、登山、蹦极等具有一定风险的竞技性活动。“文体活动”是一个开放性较强的概念,其包含的内容会随着社会发展和公众生活的改变而改变,如我国法院处理的首宗帆船竞赛碰撞责任纠纷案件——“人防公司与粤和兴公司等侵权责任纠纷案”,便是法院准确适用自甘风险规则处理新类型纠纷的典范,该案认定帆船竞赛碰撞属于体育竞技范畴,当事人各自承担损失责任,彰显了司法对体育自治原则的尊重以及对体育竞技精神的鼓励。

其次,自甘风险规则的适用对象是自愿参加普通文体活动的普通民事主体参加者,如亲友相约打篮球、学生分组踢足球等。职业运动员参加职业体育活动时,不是普通民事主体参加文体活动,不适用“自甘风险”制度,而是受职业比赛规则、职业保险制度保护。“文体活动参加者”的理解关系到自甘风险规则调整对象的具体范围,狭义的参加者指文体活动中躬身践行的实际参与者,如打篮球的双方人员、踢足球的双方队员等,广义的参加者包含狭义的参加者以及文体活动其他参与者,如场务人员、观众、其他自愿进入到文体活动空间范围内的人员等。司法实践采广义参加者的界定标准,①扩大了对条文中文体活动“参加者”的解释,将应知贸然进入文体活动领域有安全风险,仍然自愿进入到文体活动空间范围内的人解释到了文体活动参加者的范围内。

再次,依据《民法典》,自甘风险的构成要件可以归纳为:一是被侵害人明知或应知危险存在,即按照一般正常智力水平,所参加的文体活动的危险性是可以预见、知晓的。二是主观方面,被侵害人有自愿承担危险的明确表示或者可

① 《民法典》生效后,司法实践中适用“自甘风险”制度的案件判决可供参考。一名老人在学生打篮球时横穿球场,被背身奔跑的某学生撞倒受伤,老人提起诉讼,要求法院判令该学生赔偿各种费用共计5万余元,并要求学校承担连带责任。一审法院判决学生和学校均应承担责任,理由是该学生打篮球时撞倒老人,没有尽到合理的注意义务,学校没有对球场加装围栏和设置安全标志,学生和学校均存在过失。二审法院适用“自甘风险”制度判决驳回老人的诉讼请求,由其自己承担损害后果。理由是,老人作为完全行为能力人,应当认识到在学生打篮球时自己横穿球场有受伤的风险,其穿过球场属于“自甘风险”行为,学生和学校均无过错。

以推知的默示。自甘风险行为的意思表示要有效,具体体现为主体适格、意思表示真实、意思与表达一致等,且参与了危险活动或身处危险活动辐射的范围内。三是自甘风险的行为要合法且具有社会妥当性,不得违背公共利益或者善良风俗。四是被侵害人遭受了损害,且被侵害人遭受的损害是其他参加者与文体活动相关的行为造成的,例如中学学生在课间踢球,意外致使守门员眼睛受伤,可适用自甘风险制度。五是其他参加者对损害的发生没有故意或重大过失。自甘风险制度并非不考虑致害人的过错,而是对参加人可预见的、正常的、活动规则允许范围内的普通过失所致的损害,不追究致害人的责任,如杂技表演中的托举失误、球类比赛中观众被飞出的球击伤等。若对方存在故意或重大过失,给对方造成了损害,则不能适用自甘风险制度,受害人仍可追究对方的侵权责任,如体育比赛中的恶意伤人动作。

最后,自甘风险规则中,活动的组织者的责任适用《民法典》第1198条至第1201条规定,活动的组织者应当承担上述法条中规定的安全保障、管理等相关义务,未尽应尽职责的应当承担侵权责任。自甘风险规则能保护文体活动的举办方、参与方免受讼累,在尽到安全保障义务的前提下放心开展活动。

九、自助行为

(一)自助行为概述

法治社会的基本特征之一是,当合法权益受侵害时应当寻求公力救济,请求国家机关救助。但在特定情形下,权利被侵害人可以通过私力救济,即凭借自己的力量恢复权利。自助行为是私力救济的重要类型,是指在"合法权益受到侵害、情势紧迫、公力救济不及、不立即采取措施损害将难以弥补"的情形下,权利被侵害人为保护自身的合法利益,自行采取的必要手段。

针对自助行为的必要性,理论界亦存在"否定"和"肯定"两种不同观点。否定者认为,自助行为不依法定秩序损害他人权益,破坏了法的权威性、稳定性,且容易造成不应有的损害。正是基于对自助行为负外部效应的考量,《民法典》之前的法律规范没有明文规定自助行为。肯定者认为,自助行为是从行为人既有的权利中派生出来的维权行为,公力救济难以及时、有效地达到预期目的时,自助行为有助于补充公力救济高成本、低效率等不足,"低成本、高效率"地恢复稳定的社会秩序。司法实践中,"崔某菊等与黄某朋等侵权责任纠纷上诉案”通过比较法方法填补法律漏洞,[①]认可了民事自助行为未超过合理限度的,自助行为人不承担民事责任。比较法上,诸多国家都立法明确规定了自助行为的合法性。[②] 自助行为只要不超越避免损失之必要限度,即为法律所容许。[③] 基于自助行为在法律价值、社会效果等方面的积极意义,为回应我国司法实践的现实之需,《民法典》第 1177 条增设了自助行为制度。[④] 自助行为入“典”,弥补了立法空白,体现了对公民个人权利的保护,与社会主义核心价值观所凝聚的价值观念高度契合,有助于培养良好的社会环境,维护法的公平和秩序价值。

(二)自助行为的适用

自助行为作为公力救济的补充,是为维护个体权利而不得已采取的临时措施,是权利救济的一种例外性补充,其适用范围不能无限扩大。自助行为的适用应兼顾维护社会法律秩序和公民权利的需要,综合考量紧急程度、方法相当性、法益均衡等因素,严格限制自助行为的构成要件及认定标准。

1. 为保护自身权利

自助行为适用的前提是自己的权利受到他人侵害,所保护之权益必须、也只能是自身之权益,而非社会公共利益或他人合法权益。失踪人之财产管理人、遗嘱执行人、遗产管理人、破产管理人等,保护其管理权限范围内的权利的,视同保护自身权益。自助行为主要基于能够强制执行的合法的请求权产生,不能对性质上不宜强制执行的请求权(如以劳务为给付标的的请求权)实行自助

---

① 参见重庆市奉节县人民法院民事判决书,(2012)奉法民初字第 01980 号;重庆市第二中级人民法院民事判决书,(2012)渝二中法民终字第 01678 号。

② 《德国民法典》第 229 条规定,“出于自助目的而扣押、毁灭或损坏他人财物者,或扣留有逃亡嫌疑之债务人,或制止债务人对有义务容忍的行为进行抵抗者,如来不及请求官署援助,而且若非即时处理则请求权无法行使或其行使有显著困难时,其行为不认违法”。《瑞士债务法》第 52 条规定,“为保全有权利的请求权之目的,自行保护者,按其情形,若来不及请求官署援助,唯依自助得阻止请求之无效或阻止其主张有重大困难时,不负赔偿责任”。此外,奥地利、希腊、俄罗斯、泰国等国家均在本国民法典中规定,民事自助行为可以作为权利的实现方式。

③ 参见沃耕:《让权利得以实现——民法典民事自助行为制度的立法设计》,载《政法论丛》2011 年第 6 期。

④ 《民法典》第 1177 条规定:“合法权益受到侵害,情况紧迫且不能及时获得国家机关保护,不立即采取措施将使其合法权益受到难以弥补的损害的,受害人可以在保护自己合法权益的必要范围内采取扣留侵权人的财物等合理措施;但是,应当立即请求有关国家机关处理。”

行为。[①]

2. 针对已经发生的不法侵害行为

自助行为属于事后救济,需指向已经发生的不法侵害行为,对未发生或将来发生的不法侵害,不允许实施自助行为。

3. 紧急情况下

自助行为是公力救济的一种例外性补充,故而必须在紧急情况下才能行使,即侵害行为达到使行为人不能实现请求权,可能陷入明显困境的情势紧迫程度。紧急情况是指:第一,来不及请求获得国家机关保护,公力救济有程序性、滞后性,如不及时自行维护自身权利,就有可能在以后很难行使请求权,使权利难以得到保障;第二,不立即采取措施将使自身合法权益受到难以弥补的损害的情况。紧急情况一经解除,行为人应当及时寻求公力救济、解除其采取的自助措施。

4. 方法手段需正当

自助行为包括扣留侵权人的财物和暂时限制侵权人的人身自由,虽然法律对后者没有作出明确规定,但是从立法意图上分析,可以将限制人身自由解释在"等"合理措施中。自助行为不能超过必要限度,采用的方法、手段必须恰当,不能任意扩大适用。方法、手段是否恰当则要根据法的整体精神、一般社会公德观念、生活习惯、公序良俗、具体侵害情况、权益的重要程度来进行平衡和考量。恰当的手段应当限定在"保护自己合法权益的必要范围内",不应当是非法措施或超越适当限度的措施,比如,扣押债务人财物即可保护权利人之请求权时,不得限制债务人的自由。如果手段不正当或者超过必要限度,对他人人身、财产权利造成损害的,应当承担侵权责任,乃至刑事责任。自助行为行使后,合法权益得到保障的,应当及时解除相应措施。

---

① 参见李莉、陈泽锋:《对抗民事侵权的自我救济——论自助行为的设立》,载《广西社会科学》2005年第12期。

第七节 侵权责任竞合与聚合

拉伦茨指出,很多法条的构成要件彼此会全部或部分重合,同一案件事实可以被多数法条指涉,是为法条的竞合(法律规范的竞合)。[①] 按照所竞合的法条之间的逻辑关系区分,法条的竞合分为“相容的竞合”和“不相容的竞合”两种。[②] 基于法条竞合所产生之数个请求权,学说将可并存者称为“请求权聚合”,将仅择一行使的称为“请求权竞合”,[③]从责任角度观之,则分别为责任聚合与责任竞合。

一、民事责任竞合

(一)概述

竞者,争也。民事责任竞合是指同一不法民事行为,同时符合多种民事责任的构成要件,不同的民事责任之间又相互冲突,依法仅实现其中一种民事责任,排斥其他责任形式的法律现象。

民事责任竞合具有以下特点:第一,彼此竞合的数个责任由一项民事违法行为引起。行为人基于同一过错,仅实施了一个民事违法行为。数人共同侵害他人或实施共同危险行为,是一个违法行为。行为人实施数个违法行为的,不论其触犯的法律规范、责任的构成要件等是否相同,均不属于责任竞合,行为人应分别承担责任。第二,责任形式须为两种以上,且数个责任之间相互冲突。责任竞合应以同一行为满足两种以上责任构成要件为前提,[④]同一违法行为同时触犯了不同的法律规范,符合不同的责任构成要件,产生数个法律责任,行为

---

① 参见[德]拉伦茨:《法学方法论》,陈爱娥译,台北,五南图书出版股份有限公司1996年版,第164页。

② 参见王涌:《私权的分析与建构——民法的分析法学基础》,北京大学出版社2020年版,第345页。

③ 参见王泽鉴:《契约责任与侵权责任之竞合》,载《民法学说与判例研究》(第1册),北京大学出版社2009年版,第206页。当同一生活事实受不同责任规范调整并满足其适用条件时,就发生责任规范的并存(竞合)现象,称为“规范竞合”。参见张家勇:《中国法民事责任竞合的解释论》,载《交大法学》2018年第1期。

④ 参见韩世远:《合同法总论》,法律出版社2011年版,第715页。

人因此承担不同形式的法律责任（相同形式的民事责任之间不存在竞合问题），且数个不同的法律责任之间不能相互吸收，也不应同时并存。[①] 彼此竞合的民事责任，只可以选择其中之一进行主张，其中一个得以实现后，其他形式的责任归于消灭。

侵权责任、合同责任、不当得利责任和无因管理责任之间的竞合是大陆法系民法实践中的责任竞合的主要形式。侵权责任竞合，体现为依侵权责任法律规范产生的请求权与其他民事法律规范产生的请求权之间的竞合，两种请求权的产生，基于同一法律事实。侵权责任竞合有三种竞合形态：一是侵权责任与违约责任的竞合；二是侵权责任与不当得利责任的竞合；三是侵权责任与其他民事责任的竞合。《民法典》第186条明确规定了侵权责任与违约责任竞合时的一般规定，但从《民法典》的体系来看，该法条属于《民法典·总则编》的规定，仅调整、规范违约责任与侵权责任的竞合，未免失之过窄。从解释论视角来看，弥补这种缺陷的方式可为参照适用，将违约责任与侵权责任的竞合作为竞合的样本，其他类型的竞合可参照适用。[②]

（二）侵权责任与违约责任的竞合

1. 侵权责任与违约责任的竞合模式

侵权责任与违约责任是两类基本的民事责任。一个违约行为不仅侵害了债权人的预期利益，违反合同法的规定，构成了违约责任，同时侵害了债权人的人身、财产等固有利益，违反侵权行为法的规定，构成了侵权责任，由此发生了侵权责任与违约责任的竞合，如买卖合同中，出卖人给付具有瑕疵的物品，致使买受人的合法权益遭受侵害。

侵权责任与违约责任竞合的适用，赖于各国差异的法律传统及司法界的态度。比较法上，各国主要采三种不同模式：一是禁止竞合模式，法国采该模式，违约场合只能寻求合同救济，不存在合同关系的情况下才产生侵权责任。二是允许竞合模式，德国判例法确认允许违约责任和侵权责任竞合，受害人可以任意选择。在提出违约之诉如被驳回后，还可以再提出侵权之诉，诉讼中也可以变更诉讼请求。三是有限制选择诉讼模式，英国法允许诉讼一方当事人选择诉

---

① 参见杨立新：《侵权责任法》（第4版），法律出版社2021年版，第117页。

② 参见陈甦主编：《民法总则评注》（下册），法律出版社2017年版，第1332页。

讼的模式,提出一个请求,但对选择之诉规定了若干限制原则,在败诉后不得以另一个请求再诉。无论何种模式,各国对“一个事实同时符合违约行为和侵权行为两个要件时,仅能行使一个请求权”的立场是一致的。[①] 依据《民法典》第186条规定,我国的立场亦是如此,从最大限度保护当事人合法权益、捍卫公平与秩序出发,赋予受损害方以“选择最有利于保护自己权益的方式”的权利。在法条竞合说、请求权竞合说、请求权规范竞合说、全规范统合说等有关责任竞合的主要学说中,我国《民法典》第186条采纳了请求权竞合说,坚持法律形式主义立场,[②]坚持违约责任与侵权责任的诸多区分。侵权责任与违约责任竞合的,既可以基于《民法典·合同编》的规定主张违约责任,也可以根据《民法典·侵权责任编》和其他相关法律规范的有关规定,主张侵权责任,但只允许受害人择一行使请求权。

2. 违约责任和侵权责任竞合的要件

构成违约责任和侵权责任的竞合,要符合以下要件:一是加害人和受害人之间事先存在合同关系。由于合同关系存在,合同主体不仅要遵守法定义务,而且要遵守约定义务,使加害人对受害人的侵害行为,不仅可以作为侵权行为,也可以作为违反当事人事先约定义务的违约行为。二是行为人只实施了一个不法行为。该不法行为可能是侵权性的违约行为,如运输合同中,承运人的过失(如公路客运中车门突然开启、关闭)导致旅客伤亡;也可能是违约性的侵权行为,指不履行或不适当履行合同义务的行为,侵害了他人的法定权益的同时也违反了合同法的规定,如建设工程合同中,因承包人偷工减料致使建设工程在合理使用期限内造成人身或财产损害。三是同一违法行为引起侵权责任与违约责任并存,且侵权责任与违约责任之间相互冲突。

3. 侵权责任与违约责任的差异

侵权责任与违约责任之间既有共性,又有诸多差异。选择不同的责任形式会产生不同的法律后果,并对当事人权益的实现产生实质影响。故而,厘清侵权责任与违约责任之间的差异能够为当事人选择更有利于自己的请求权提供

---

① 参见浦增平、翟崇林:《民事法律关系中的侵权与违约责任竞合》,载《法学》1989年第11期。转引自杨立新:《侵权责任法》(第4版),法律出版社2021年版,第118页。

② 参见张家勇:《合同法与侵权法中间领域调整模式研究——以制度互动的实证分析为中心》,北京大学出版社2016年版,第294~295页。

准据。

一是责任基础不同。侵权责任法贯彻的价值理念主要是人文关怀,[①]侵权责任的基础是法定的义务,不存在当事人意思自治,行为人违反的是法定义务。合同法贯彻私法自治原则,违约责任的基础是合同当事人基于意思自治确定的义务,行为人违反的是约定义务,没有约定才适用法定条款。

二是责任构成要件和减免事由不同。侵权责任采过错责任原则为一般归责原则,特殊情况适用无过错责任原则,无损害事实便无责任。违约责任采无过错责任原则,不论其行为是出于故意还是过失,不论是否有损害,只要有违约事实即需承担违约责任。侵权责任的责任减免事由由法律规定,当事人不可以自行约定。违约责任中,除法定的责任减免事由外,合同当事人还可以事先约定不承担责任的情形。

三是举证责任不同。侵权之诉中,侵权责任的构成要件通常由受害人承担举证证明责任,特殊侵权责任适用举证责任倒置。合同之诉中,受害人无须证明违约方是否有过错,违约方必须证明其没有过错。举证责任是决定受害人权益能否得到保障以及保障到何种程度的重要因素。

四是责任承担方式不同。侵权责任的承担方式有停止侵害、排除妨碍、消除危险、消除影响、恢复名誉、返还财产、赔礼道歉、恢复原状、赔偿损失等,主要采用赔偿损失的形式,以损害发生为前提,损害的赔偿数额以及计算方法按照法律规定进行。违约责任的承担方式有修理、重作、更换、继续履行、支付违约金等,主要采用违约金的形式,不以实际发生的损害为前提,违约金可以根据法律规定,也可以依据当事人的约定。通说认为,在解释论上,《民法典》第 186 条规定的侵权责任与违约责任的竞合仅指损害赔偿的竞合。[②]

五是损害赔偿范围不同。侵权责任的赔偿范围较广,包括财产损害、人身损害、精神损害的赔偿,赔偿范围包括直接损失和间接损失。违约责任的赔偿

---

① 参见王利明:《侵权责任法与合同法的界分——以侵权责任法的扩张为视野》,载《中国法学》2011 年第 3 期。

② 参见崔建远:《民法总则应如何设计民事责任制度》,载《法学杂志》2016 年第 11 期。除去赔偿损失,其他责任方式之间的关系应当适用《民法典》第 179 条第 3 款关于“本条规定的承担民事责任的方式,可以单独适用,也可以合并适用”的规定,所谓合并适用,在学说上称作责任聚合,即两种以上的责任方式一并承担。另参见崔建远:《中国民法典所设竞合规范论》,载《兰州大学学报(社会科学版)》2021 年第 1 期。

范围较窄，主要是财产损失的赔偿，一般不允许在违约之诉中请求人身、精神损害等非财产损害赔偿，违约金或损失计算方法可由当事人约定，但赔偿范围应相当于另一方因此所受到的损失。

六是对第三人的责任不同。侵权责任原则上贯彻自己责任原则，行为人仅对因自己过错致他人损害的后果负责，对第三人的行为不负责，除非是共同侵权。违约责任中，第三人过错导致违约损害发生的，合同当事人一方向相对方承担违约责任后，再向第三人索赔，但合同中另有约定的除外。

七是诉讼时效不同。依据《民法典》第 188 条规定，对因侵权行为、违约行为所产生的损害赔偿请求权的诉讼时效原则上是 3 年，但"法律另有规定的，依照其规定"。这意味着，法律可以对侵权行为请求权、违约行为请求权的诉讼时效另作出特别规定。[①] 诉讼时效的差别会直接影响当事人的利益。

二、民事责任聚合

民事责任聚合是指"同一法律事实基于法律的规定，以及损害后果的多重性，而使责任人承担多种法律责任的形态"[②]。民事责任聚合在实践中表现为一个民事行为侵犯两个以上的客体或者两个以上的行为侵犯多个客体，同时符合两种或两种以上形式的民事责任的构成要件，违法行为人应承担多重民事责任。在民事责任聚合的情况下，有多个客体被侵害，存在多个请求权，受损害方可一并或分别主张多个请求权，行为人可能要承担多种民事责任形式。[③]

在民法领域，侵权责任聚合有以下两种情形：

第一，侵权责任与侵权责任的聚合。侵权责任与侵权责任的聚合是指侵权人实施了一个行为，该行为造成他人损害，依照法律规定，产生多项侵权请求权，行为人应当承担多项侵权责任的情形。[④] 如对于侵犯名誉权的，法律规定了多种可以并存的法律责任形式，被害人可以同时提出停止侵害、消除影响、恢复名誉、赔礼道歉、赔偿损失（包括财产损失和精神损失）等多种请求权，要求侵权

① 如《民法典》第 594 条规定，因国际货物买卖合同和技术进出口合同争议提起诉讼或者申请仲裁的诉讼时效期限为 4 年。

② 王利明：《侵权行为法研究》（上册），中国人民大学出版社 2004 年版，第 654 页。

③ 参见王利明：《民法总则研究》，中国人民大学出版社 2003 年版，第 287 ~ 290 页。

④ 参见杨立新：《侵权责任法》（第 4 版），法律出版社 2021 年版，第 117 页。

人同时承担多种民事责任。

第二,侵权责任与其他民事责任的聚合。一是侵权责任与违约责任的聚合,《民法典》第996条规定,违约责任和精神损害赔偿请求权聚合时,允许债权人请求非财产损害赔偿。根据《民法典》第1205条的规定,因产品瑕疵而侵害他人的,"成立违约责任的一面,有赔偿损失,构成侵权责任的一面,有消除影响、恢复名誉,因赔偿损失和消除影响、恢复名誉在目的及功能方面不重合,债权人未因此双重获利,故可并罚"[①]。也就是说,允许受害人通过责任聚合的方式同时提出两个诉讼请求,以周延地保护受害人的权益。二是侵权责任与无因管理的聚合,如无因管理不仅支付了管理费,在管理中又使自己遭受损害的,可能产生无因管理与侵权责任的聚合。三是侵权责任与不当得利的聚合,如租赁合同中,承租人非法转租租赁物,侵害了出租人财产权的同时,在非法转租中获得了不当利益。

① 崔建远:《中国民法典所设竞合规范论》,载《兰州大学学报(社会科学版)》2021年第1期。

第二章

损害赔偿

第一节 损害赔偿概述

一、损害赔偿的概念及分类

损害赔偿,包括狭义的侵权损害赔偿和违约损害赔偿。狭义的损害赔偿主要是指侵权损害行为对被侵权人造成损害,在侵权人和被侵权人之间产生的请求赔偿权利和履行给付赔偿责任的法律关系。① 对于由违约行为造成的损失应当如何承担责任,《民法典·合同编》的第八章"违约责任"中已经进行了规定,而在《民法典·侵权责任编》的第二章"损害赔偿"中所讨论的内容,还是以侵权损害赔偿为主。因此,本章所说的损害赔偿主要是指侵权损害赔偿。

侵权损害赔偿具有以下特点:首先,救济损害是损害赔偿的根本目的,因此,损害是发生赔偿的前提,这就与停止侵害、排除妨碍等责任方式进行了区分,后者不要求实际损害后果发生;其次,损害赔偿的主要目的是弥补而非惩罚,因而,虽然名为赔偿,但却是以补偿性为主,尽管有个别的赔偿带有一定的惩罚性特征,但也不影响侵权损害赔偿整体的补偿性特点;再次,侵权责任法在性质上主要是强制法,损害赔偿规则本身具有较强的强制性,但由于侵权责任法本身的私法性质,使其在具体规范上表现出一定程度的任意性特征;最后,侵

① 参见杨立新:《侵权责任法》(第4版),法律出版社2021年版,第198~199页。

权损害赔偿是纯粹的财产责任，具有一定的财产性。[①] 需要注意的是，“损害赔偿”的财产性，与“损害”本身存在人身损害、财产损害及精神损害等不同的损害形式这一点并不冲突。由于损害的发生引起了债权债务关系，并由此产生了损害赔偿责任，因此，根据引发情形，即损害类型的不同，可将损害赔偿分成人身损害赔偿、财产损害赔偿以及精神损害赔偿三种类型。

二、与预防性责任的区别

《民法典》第 179 条第 1 款中规定了 11 种承担民事责任的方式，[②]这些侵权责任方式的主要部分可以被分成补偿性责任承担方式和预防性责任承担方式两类。其中，补偿性责任承担方式包括返还财产、赔偿损失、恢复原状、消除影响、恢复名誉和赔礼道歉，而预防性责任承担方式包括的则主要是停止侵害、排除妨碍以及消除危险[③]。

补偿性责任承担方式又可被称为“救济性责任承担方式”，其中最为重要的一种形式是赔偿损失。关于补偿性责任承担方式与预防性责任承担方式，在本书第一章中已经进行论述，因此，本章重点介绍的是两者之间的区别。首先，两者的目的不同。预防性的责任承担方式的主要目的是在发生损害之前能够预防损害的实际发生，或在损害发生之后能够防止其进一步扩大；而补偿性的责任承担方式的目的则是让受害人恢复到损害发生之前的状态。其次，两者的适用范围不同。预防性的责任承担方式仅适用于侵权行为正在持续进行的案件，或者存在危及他人人身、财产安全的情形；相对而言，补偿性的责任承担方式的适用范围就要广泛得多，几乎所有的侵权案件都可适用。再次，两者在诉讼时效是否适用方面也存在不同。侵权损害赔偿之债作为一种债的关系，应适用诉讼时效制度，但依据《民法典》第 196 条的规定，请求停止侵害、排除妨碍、消除危险的请求权则因行为人行为一直处于持续状态，无法计算起算点，故而不能适用诉讼时效制度。最后，在适用要件方面，两者也存在不同。如前所述，侵权损害赔偿的前提是要有损害发生，此外，行为人主观上存在一定的过错也是侵

① 参见王利明：《侵权责任法》（第 2 版），中国人民大学出版社 2021 年版，第 120 页。

② 包括：（1）停止侵害；（2）排除妨碍；（3）消除危险；（4）返还财产；（5）恢复原状；（6）修理、重作、更换；（7）继续履行；（8）赔偿损失；（9）支付违约金；（10）消除影响、恢复名誉；（11）赔礼道歉。

③ 参见张新宝：《侵权责任法》（第 5 版），中国人民大学出版社 2020 年版，第 80 页。

权损害赔偿责任成立的前提，而预防性的责任承担方式不仅不要求行为人具有过错，同时对损害结果的实际发生也不作要求。

三、损害赔偿的规则与费用的支付

（一）损害赔偿的规则

1. 损益相抵

“损害赔偿不是中彩票”，这句英美法系中的法谚所要表达的意思是不能凭借损害的发生获得过多的利益。因此，被侵权人在侵权行为中所获得的利益需要被予以扣除。不仅英美法系中有这样的制度，在大陆法系里，也有所谓的“得利禁止”规则，该规则为损益相抵的适用提供了依据。损益相抵也称损益同销，是指受害人基于损失发生的同一原因而获得利益时，则在其应得的损害赔偿额中扣除其所获得的利益。这里所谓的受害人获得的“利益”仅限于经济利益或者可以用金钱进行计算的财产性利益，而感情和精神利益则不被包含在内。根据来源的不同，权利人所获利益可以被分成四种类型，分别是：(1)因第三人给付而获得的利益；(2)因受害人行为而获得的利益；(3)因损害事件而获得的利益；(4)因客观原因而获得的利益。[①] 需要强调的是，损益相抵并不是两个债权的相互抵消，因此，债的抵消规则对其不能适用。

2. 过失相抵

与“损益相抵”相似的还有“过失相抵”规则。过失相抵又被称为“与有过失”，是指在受害人就同一损害的发生或者扩大也存有过错的情况下，所产生的减轻赔偿义务人相应损害赔偿责任的效果。过失相抵规则是“过错责任”的延伸，因为当被侵权人也存在过错的时候，他同样需要为自己的过错承担相应的责任，而对侵权人赔偿责任的减轻，正是被侵权人承担不利后果的表现。[②]《民法典》第 1173 条规定，“被侵权人对同一损害的发生或者扩大有过错的，可以减轻侵权人的责任”。这正是过失相抵规则在《民法典》中的体现。

对于《民法典》第 1173 条是否体现了“过失相抵”规则，理论上并无争议，但是对于《民法典》第 1174 条是否也属于“过失相抵”规则，学者们则存在不同的

---

① 参见程啸：《侵权责任法》(第 3 版)，法律出版社 2021 年版，第 782～783 页。
② 参见张新宝：《侵权责任法》(第 5 版)，中国人民大学出版社 2020 年版，第 83～84 页。

看法。《民法典》第1174条规定，“损害是因受害人故意造成的，行为人不承担责任”。对于该条是否属于“过失相抵”规则的不同看法，源于对“减轻赔偿义务人相应损害赔偿责任的效果”是否可以达到“免除责任”程度的不同态度，以及对“受害人的故意”是主要致损原因的情况下，是否还能称为“受害人存有过错”这一问题的不同主张。根据习惯，通常将认为“免除责任”不能算作“减轻赔偿义务人相应损害赔偿责任的效果”的这种观点，称为“否定说”；而认为“免除责任”可以被“减轻赔偿义务人相应损害赔偿责任的效果”涵盖其中的，则被称为“肯定说”。最高人民法院的司法解释采“肯定说”主张[①]，而《民法典》则采取了“否定说”的观点，将过失相抵和受害人故意进行了区分，并分别规定在了第1173条和第1174条当中，后者可以将赔偿义务人的责任免除，而前者则只能将赔偿责任减轻。此种区分对实现责任分配的公平性具有非常积极的意义。

3. 公平分担损失规则

《民法典》第1186条规定，“受害人和行为人对损害的发生都没有过错的，依照法律的规定由双方分担损失”。在《民法典》颁布之前，学术界对原《侵权责任法》第24条的适用存在诸多的理论争议，而在实践中也确实出现了裁判标准不明导致的适用范围过宽等问题。因此，《民法典》第1186条将原《侵权责任法》第24条规定的“根据实际情况”的表述修改为了“依照法律的规定”，这样的修改意味着《民法典》施行后，法官只能依据法律的规定，而不能根据所谓的实际情况自行决定适用这一规则，极大地限缩了该规则适用范围的同时，也有效地防止了滥用自由裁量权的可能。需要强调的是，“依照法律的规定”中的“法律”不仅包括《民法典》，也包括其他单行法律，但此处所说的“法律”仅指狭义的法律，因此，不管是法规、规章，还是司法解释，都无权对具体的适用情形作出规定。[②]

（二）赔偿费用的支付

关于赔偿费用的支付，《民法典》第1187条作出了明确规定，即“损害发生后，当事人可以协商赔偿费用的支付方式。协商不一致的，赔偿费用应当一次性支付；一次性支付确有困难的，可以分期支付，但是被侵权人有权请求提供相

① 2003年《人身损害赔偿解释》第2条第1款规定，“受害人对同一损害的发生或者扩大有故意、过失的，依照《民法通则》第一百三十一条的规定，可以减轻或者免除赔偿义务人的赔偿责任”。

② 参见程啸：《侵权责任法》（第3版），法律出版社2021年版，第133页。

应的担保”。该条是在原《侵权责任法》的基础之上作出的修改,将分期支付时“应当提供相应的担保”修改为“被侵权人有权请求提供相应的担保”,从“应当”到“有权”的修改,更加突出了对当事人意愿的尊重。同时,该规定也在实际上允许了当事人可以就赔偿的支付问题进行协商,充分体现了私法自治原则。

从《民法典》第1187条的规定中不难看出,损害赔偿金的支付方式可分为一次性支付与分期支付两种形式,两者各具优势:一次性支付不仅可以做到纠纷的一次性解决,也能避免将来再次发生新的纠纷,还可免予承担因赔偿义务人经济情况的变动而带来的不必要风险;分期支付则可以准确真实地计算出损害赔偿额,排除未来可能会出现的通货膨胀等问题,也能防止受害人可能出现的挥霍赔偿金等行为对其自身利益造成的伤害。

从比较法的角度出发,关于支付方式存在以下几类不同的规定,分别是:绝对的一次性支付;以一次性给付为原则,分期给付为例外;以分期给付为原则,一次性给付为例外;采取何种方式赔偿由法官自由裁量,法律不作强行性规定等。对于支付方式的问题,我国的立法态度是:首先,尊重当事人的意愿,允许其自行协商选择支付方式;若当事人对赔偿费用的支付方式协商不成,则以一次性支付为原则;只有当一次性支付确实存在困难时,方可适用分期支付,且需提供相应的担保。这里所谓的“确有困难”,必须是赔偿义务人能够提出证据证明的,最终是否能够被认定,则需要由法院根据赔偿义务人具体的经济状况等因素进行综合判断。至于所提供的担保,《人身损害赔偿解释》第20条规定,“赔偿义务人请求以定期金方式给付残疾赔偿金、辅助器具费的,应当提供相应的担保……”这里的“担保”应作广义理解,不仅包括物保,也包括人保,以及具有担保功能的其他方式。如果“被侵权人”没有请求提供相应的担保,法院也不能强制侵权人提供担保,对此,《民法典》第1187条的规定与原《侵权责任法》第25条的规定存在不同,这是意思自治原则的体现;如果“侵权人”不提供相应担保,则法院也不能判决分期给付,以免让被侵权人承担不必要的风险。值得注意的是,除侵权人不能提供担保的情形外,还有一些情况法院不能判决进行分期支付,对此,《人身损害赔偿解释》第20条作出了规定,即“一审法庭辩论终结前已经发生的费用、死亡赔偿金以及精神损害抚慰金,应当一次性给付”。可见,对于这三类费用,也是需要一次性支付,不能进行分期支付。

此外,《人身损害赔偿解释》第20条中还提到,“人民法院可以根据赔偿义务人的给付能力和提供担保的情况，确定以定期金方式给付相关费用……”所谓定期金，是指法院判决侵权人在未来的一段时间内按照一定期限向被侵权人支付的赔偿金额，主要适用于残疾赔偿金、被扶养人生活费、更换辅助器具费等场合①。关于定期金的每期标准、给付时间和具体方式需要在法律文书中予以明确，而对于“实际生存年限同法律规定的赔偿期限存在不一致”的情况，《人身损害赔偿解释》第21条作出了规定，即“执行期间有关统计数据发生变化的，给付金额应当适时进行相应调整。定期金按照赔偿权利人的实际生存年限给付，不受本解释有关赔偿期限的限制”。

第二节　人身损害赔偿

一、人身损害赔偿的概念及范围

人身损害赔偿是一种通过金钱赔偿的形式，来补偿被侵权人所遭受的伤、残、死亡等多种损害后果的法律救济措施。所谓的“人身损害”，除了包括轻微伤、轻伤和重伤以外，还包括致残、致死等其他情形。而由“人身损害”所产生的“人身损害赔偿”，其所涵盖的内容，既有对被侵权人的赔偿，也有对被侵权人近亲属的赔偿；既有对已经发生的损失的赔偿，也有对未来将要发生的损失的赔偿；既有对人身权益受到的伤害的救济，也有对实际经济损失的填补，还有对被侵权人及其近亲属的精神利益的保护。

《民法典》第1179条规定的是人身损害赔偿的范围，即“侵害他人造成人身损害的，应当赔偿医疗费、护理费、交通费、营养费、住院伙食补助费等为治疗和康复支出的合理费用，以及因误工减少的收入。造成残疾的，还应当赔偿辅助器具费和残疾赔偿金；造成死亡的，还应当赔偿丧葬费和死亡赔偿金”。依据此条的规定，人身损害赔偿可以按照损害程度分成三个层次：第一层，仅达到人身损害的程度，这时候产生的赔偿范围包括各种合理的费用；第二层，对于已达到残疾程度的，应对辅助器具费和残疾赔偿金予以赔偿；第三层，对于造成了被侵

---

① 参见杨立新：《侵权责任法》（第4版），法律出版社2021年版，第264页。

权人死亡的,丧葬费以及死亡赔偿金也在损害赔偿的范围之内。值得注意的是,现行法律并没有对死者或残疾者的被抚养人的抚养费作出规定,但这并不代表法律对此不再予以考量,根据《人身损害赔偿解释》第16条的规定,“被扶养人生活费计入残疾赔偿金或者死亡赔偿金”。通过将被抚养人生活费并入死亡赔偿金和残疾赔偿金的方式,实现了对被抚养人利益的保障。

二、人身损害赔偿的法定项目

(一)造成人身损害的赔偿

1. 医疗费

医疗费,是指医治受伤的被侵权人所花费的一系列必要费用,包括挂号费、医药费、检查费、治疗费、手术费、住院费等。关于医疗费的计算方式,《人身损害赔偿解释》第6条作出了规定:“医疗费根据医疗机构出具的医药费、住院费等收款凭证,结合病历和诊断证明等相关证据确定。赔偿义务人对治疗的必要性和合理性有异议的,应当承担相应的举证责任。医疗费的赔偿数额,按照一审法庭辩论终结前实际发生的数额确定。器官功能恢复训练所必要的康复费、适当的整容费以及其他后续治疗费,赔偿权利人可以待实际发生后另行起诉。但根据医疗证明或者鉴定意见确定必然发生的费用,可以与已经发生的医疗费一并予以赔偿。”对此需要注意的是,医疗费用的支出需要由受害人来提供证明,但对于治疗的方法、程度、费用等存在“不必要”或“不合理”情形的举证责任,则应由赔偿义务人予以承担,这就表明,若赔偿义务人不能提供反证,则应当认定该医疗支出就是合理的和必要的。并且,在判断是否合理与必要的时候,不能将价格作为唯一考量的因素,比如,受害人必须使用进口药物来治疗自己身体健康受到的严重损伤的,即便药品的价格较为昂贵,也应当被认定为是在合理的范围内①。

---

① 可参考“高某诉上海市第五人民医院医疗损害责任纠纷案”,上海市闵行区人民法院(2010)闵民一(民)初字第12717号民事判决书。在该案中,因被告医院的过错导致受害人的肿瘤成为晚期乳癌,为了治疗癌症,受害人使用了两款名为赫赛汀和拉帕替尼的进口药物,被告医院以受害人用药过于昂贵不符合用药合理的原则,拒绝赔偿。法院认为,对于医疗费因被告的明显医疗过失致原告身体健康严重受损,原告为自己的生命健康而使用较为昂贵的药物,无可厚非。并且经过证实,相关药物在国内尚无替代品,且相关药物的使用有医院的医嘱相佐证,故认为这些药物的使用尚属合理,应予确认。

2. 护理费

护理费,是指受害人因遭受人身损害,由他人进行护理所支出的费用。该费用在住院期间、康复期间和残疾期间都可存在,既包括聘用专业护理人员所产生的费用,也包括亲属等其他人在提供护理时需要的费用。关于护理费的计算标准,《人身损害赔偿解释》第8条第1款作出了规定:“护理费根据护理人员的收入状况和护理人数、护理期限确定。”而关于护理费计算的依据及人员数量,该条第2款规定,“护理人员有收入的,参照误工费的规定计算;护理人员没有收入或者雇佣护工的,参照当地护工从事同等级别护理的劳务报酬标准计算。护理人员原则上为一人,但医疗机构或者鉴定机构有明确意见的,可以参照确定护理人员人数”。至于护理期限的确定,该条第3款规定,“护理期限应计算至受害人恢复生活自理能力时止。受害人因残疾不能恢复生活自理能力的,可以根据其年龄、健康状况等因素确定合理的护理期限,但最长不超过二十年”。最后是有关护理级别的确定,规定在了本条第4款,即“受害人定残后的护理,应当根据其护理依赖程度并结合配制残疾辅助器具的情况确定护理级别”。

3. 交通费

交通费,是指因对受害人所遭受的人身权益的损害进行救济而产生的交通方面的费用。无论是受害人因进行治疗所支出的关于交通的费用,还是必要的陪护人员因受害人的治疗而支出的交通费用,都属于交通费的内容。关于交通费用的计算,《人身损害赔偿解释》第9条规定,“交通费根据受害人及其必要的陪护人员因就医或者转院治疗实际发生的费用计算。交通费应当以正式票据为凭;有关凭据应当与就医地点、时间、人数、次数相符合”。

4. 伙食补助费及营养费

伙食补助费,是指受害人在需要住院治疗期间补助伙食所产生的合理费用,“合理”是对于费用范围的限制。按照伙食补助费使用的情形不同,可以分为住院伙食补助费和应住院而未住院期间产生的食宿费用,对于前者的确定,《人身损害赔偿解释》第10条第1款规定,“住院伙食补助费可以参照当地国家机关一般工作人员的出差伙食补助标准予以确定”。对于后者的确定,该条第2款规定,“受害人确有必要到外地治疗,因客观原因不能住院,受害人本人及其陪护人员实际发生的住宿费和伙食费,其合理部分应予赔偿”。受害人住院期间,受害人近亲属陪护和往来探望时因住宿而支付的费用,只要合理,侵权人也都应予赔偿。除了伙食补助可以主张之外,受害人一方还可依法主张适当的营养费,《人身损害赔偿解释》第 11 条规定,“营养费根据受害人伤残情况参照医疗机构的意见确定”。

5. 误工减少的收入

误工减少的收入,也称误工费,是指在受害人完全康复之前因其遭受损害而无法从事正常的工作和劳动所损失的收入。关于误工费的确定,《人身损害赔偿解释》第 7 条第 1 款规定,“误工费根据受害人的误工时间和收入状况确定”。值得强调的是,只有受害人自己的误工损失才可被计入误工费。而对于误工时间如何确定,该条第 2 款规定,“误工时间根据受害人接受治疗的医疗机构出具的证明确定。受害人因伤致残持续误工的,误工时间可以计算至定残日前一天”。至于以何种标准计算实际收入,该条第 3 款的规定是,“受害人有固定收入的,误工费按照实际减少的收入计算。受害人无固定收入的,按照其最近三年的平均收入计算;受害人不能举证证明其最近三年的平均收入状况的,可以参照受诉法院所在地相同或者相近行业上一年度职工的平均工资计算”。

(二)造成残疾的赔偿

残疾赔偿,主要是指侵权人因其侵害行为致使被侵权人出现了残疾的损害后果时所产生的一系列相关赔偿。至于是否会导致残疾,则必须由相关部门根据其制定的标准,通过鉴定的方式,来对是否残疾以及达到何种等级进行确定。需要指出的是,对于前述第二个层次“已达到残疾程度”的赔偿而言,第一层次的赔偿标准仍然适用,在此基础之上,还要再加上残疾赔偿金、残疾辅助器具费、被侵权人精神损害赔偿等。在此,主要对残疾赔偿金和残疾辅助器具费进行讲解。

1. 残疾赔偿金

所谓残疾赔偿金,是指用来赔偿受害人因身体权或健康权受到侵害而残疾,导致劳动能力丧失或减少所遭受的财产损失。关于残疾赔偿金的性质问题,存在劳动能力丧失说[①]、收入丧失说[②]、生活来源丧失说[③]三种不同解释。《人身损害赔偿解释》第12条第1款规定,残疾赔偿金根据受害人丧失劳动能力程度或者伤残等级计算。可见,我国法律是以"劳动能力丧失说"为原则,在判断残疾赔偿金时,需要对受害人丧失劳动能力程度或伤残等级予以充分的考虑。同时,《人身损害赔偿解释》第12条第2款规定,"受害人因伤致残但实际收入没有减少,或者伤残等级较轻但造成职业妨害严重影响其劳动就业的,可以对残疾赔偿金作相应调整"。可见,这也是在一定程度上吸收了"所得丧失说"中的合理成分,在决定残疾赔偿数额的时候,也可将受害人实际收入有无丧失的情况,作为因素之一予以考量,以对当事人双方的利益进行平衡。

《人身损害赔偿解释》第12条第1款规定了残疾赔偿金的计算标准,即"按照受诉法院所在地上一年度城镇居民人均可支配收入标准,自定残之日起按二十年计算。但六十周岁以上的,年龄每增加一岁减少一年;七十五周岁以上的,按五年计算"。这里需要说明的是,与2003年的《人身损害赔偿解释》第25条规定的"按照受诉法院所在地上一年度城镇居民人均可支配收入或者农村居民人均纯收入标准,自定残之日起按二十年计算"相比,《人身损害赔偿解释》将标准改为"按照受诉法院所在地上一年度城镇居民人均可支配收入标准,自定残之日起按二十年计算",这样一来,无论城镇居民还是农村居民,均采用了同一标准,即"城镇居民人均可支配收入标准"。相比过去的规定,这在一定程度上将赔偿的标准进行了提升和统一,实现了"同价",不仅减轻了受害人的举证负担,也提升了诉讼的效率,对维护被侵权人的权利产生更加积极的作用。值得强调的是,侵权人支付了护理费、残疾赔偿金给被侵权人后(如按20年计),即便被侵权人提前病故,侵权人也不得基于不当得利请求被侵权人的近亲属返还

① 劳动能力丧失说认为,损害赔偿制度的目的在于填补受害人实际受到的损害,因此虽然受害人丧失或者减少了劳动能力,但在没有发生实际损害,或者受伤前与受伤后的收入之间并无差异的时候,不得请求加害人承担赔偿责任。

② 收入丧失说认为,受害人因身体或健康遭受侵害,而完全或部分丧失劳动能力,这本身就是一种损害,不能局限于现实收入的损失。

③ 生活来源丧失说认为,受害人劳动能力丧失与减少,必然会导致其生活来源的丧失,因而应当赔偿受害人的生活补助费,使其生活来源能够重新恢复。

该费用。[①]

残疾赔偿金，不仅包含对受害人自身赔偿的费用，也应将受害人的被扶养人的生活费用计入其中，因此，《人身损害赔偿解释》第16条规定，“被扶养人生活费计入残疾赔偿金或者死亡赔偿金”。所谓被扶养人，根据《人身损害赔偿解释》第17条第2款规定，是指“受害人依法应当承担扶养义务的未成年人或者丧失劳动能力又无其他生活来源的成年近亲属”。而如果被扶养人还存在其他的扶养人进行抚养，赔偿义务人只需对受害人依法应当负担的部分进行赔偿即可。对于存在数个被扶养人的情况，根据《人身损害赔偿解释》第17条第2款后半部分的规定，赔偿义务人所需支付的“年赔偿总额累计不超过上一年度城镇居民人均消费支出额”。这其中涉及了计算标准的问题，针对计算标准，《人身损害赔偿解释》第17条第1款规定，“被扶养人生活费根据扶养人丧失劳动能力程度，按照受诉法院所在地上一年度城镇居民人均消费支出标准计算。被扶养人为未成年人的，计算至十八周岁；被扶养人无劳动能力又无其他生活来源的，计算二十年。但六十周岁以上的，年龄每增加一岁减少一年；七十五周岁以上的，按五年计算”。虽然同样是以“受诉法院所在地上一年度城镇居民人均”为标准，但与《人身损害赔偿解释》第12条的规定不同，第17条规定的是“消费支出”而非“可支配收入”。其合理之处在于，受害人残疾之后，对其自身经济方面的影响主要表现为收入方面，但对其被扶养人来说，可能影响到的则是其消费水平。因此，残疾赔偿金中对于受害人自身赔偿的部分，主要是以“受诉法院所在地上一年度城镇居民人均可支配收入”作为判断标准，但对于赔偿被扶养人的部分，则以“受诉法院所在地上一年度城镇居民人均消费支出”作为标准进行计算。

这里除了“人均可支配收入”和“人均消费支出”的差别需要予以注意之外，还要注意三个关键点，分别是“受诉法院所在地”、“上一年度”和“城镇居民……标准”。其中，以“受诉法院所在地”作为判断的标准只是属于一般原则，但也存在例外的情况。《人身损害赔偿解释》第18条规定，“赔偿权利人举证证明其住所地或者经常居住地城镇居民人均可支配收入高于受诉法院所在地标准的，残疾赔偿金或者死亡赔偿金可以按照其住所地或者经常居住地的相关标

---

① 参见“江苏百锐特贸易公司诉张某某不当得利纠纷案”，载《最高人民法院公报》2018年第5期。

准计算。被扶养人生活费的相关计算标准,依照前款原则确定”。至于对所谓的“上一年度”的判断,根据《人身损害赔偿解释》第 22 条第 2 款,指的是一审法庭辩论终结时的上一统计年度。而所谓的“城镇居民……标准”,无论是计算“人均可支配收入”还是“人均消费支出”,根据《人身损害赔偿解释》第 22 条第 1 款的规定,都是按照政府统计部门公布的各省、自治区、直辖市以及经济特区和计划单列市上一年度相关统计数据进行确定的。

2. 残疾辅助器具费

残疾辅助器具费,也被称为“残疾生活辅助具费”或“残疾者生活辅助具费”,是指被侵权人的身体健康受到侵害导致身体功能全部或部分丧失后,需要配置具有补偿功能的辅助器具而支出的费用。残疾辅助器具包括:肢残者用的支辅器、假肢及其零部件、矫形器、矫形鞋、非机动助行器、代步工具、生活自助具、特殊卫生用品;视力残疾者使用的盲杖、导盲镜、注视器、盲人阅读器;语言听力残疾者使用的语言训练器、助听器;智力残疾者使用的行为训练器、生活能力训练用品等。①

关于残疾辅助器具费的计算标准,《人身损害赔偿解释》第 13 条第 1 款规定,“残疾辅助器具费按照普通适用器具的合理费用标准计算。伤情有特殊需要的,可以参照辅助器具配制机构的意见确定相应的合理费用标准”。而对于相应的周期和期限问题,《人身损害赔偿解释》第 13 条第 2 款则规定,“辅助器具的更换周期和赔偿期限参照配制机构的意见确定”。现实中,可能存在事先确定的赔偿期限与实际需要的给付年限不符的情况,对此,《人身损害赔偿解释》第 19 条规定,“超过确定的护理期限、辅助器具费给付年限或者残疾赔偿金给付年限,赔偿权利人向人民法院起诉请求继续给付护理费、辅助器具费或者残疾赔偿金的,人民法院应予受理。赔偿权利人确需继续护理、配制辅助器具,或者没有劳动能力和生活来源的,人民法院应当判令赔偿义务人继续给付相关费用五至十年”。

(三)造成死亡的赔偿

1. 请求权主体

在一般的侵权损害赔偿诉讼中,原告往往是作为赔偿权利主体的被侵权

① 参见汪治平:《人身损害赔偿若干问题研究》,中国法制出版社 2001 年版,第 62 页。

人。但在被侵权人已经死亡的情形下,如何确定请求权主体就成为一个有待解决的问题。对此,《民法典》在第1181条第1款的前半段作出了规定,即“被侵权人死亡的,其近亲属有权请求侵权人承担侵权责任……”根据此条规定,在被侵权人死亡的情形下,其近亲属拥有请求侵权人承担侵权责任的权利,该请求包括两个方面:一是直接被侵权人已经死亡,无法行使申请赔偿的权利,由其近亲属代其提出请求;二是侵权行为造成了直接被侵权人的死亡,也给其近亲属造成了财产和精神上的损害,因此,其近亲属也有权依法为自己提出让侵权人赔偿财产损失和精神损害的主张。

《民法典》第1181条第2款规定,“被侵权人死亡的,支付被侵权人医疗费、丧葬费等合理费用的人有权请求侵权人赔偿费用,但是侵权人已经支付该费用的除外”。这一部分的规定,主要解决的是在第三人支付费用的情况下,通过赋予第三人损害赔偿请求权的方法,方便第三人向侵权人行使求偿的权利,采用法律规定的方式,避免第三人在请求时遇到障碍。

当被侵权人是组织的时候,该组织作为被侵权人,当然有权提出损害赔偿请求。如果该组织出现了合并或分立的情形,则承继权利的组织享有请求侵权人承担责任的权利。《民法典》第1181条第1款后半段规定,“……被侵权人为组织,该组织分立、合并的,承继权利的组织有权请求侵权人承担侵权责任”。需要注意的是,如果属于被侵权人组织分立成了两个以上组织,且这些分立出来的组织均享有损害赔偿请求权的情况,那么在这些组织之间将会形成连带债权,可以共同行使权利,至于具体份额的确定,则是有约定从约定,没有约定按平均份额享有。①

2. 死亡赔偿金

所谓死亡赔偿金,是指被侵权人因侵权行为而死亡,侵权人应当支付给被侵权人近亲属的金钱赔偿。生命本身不可能亦不必要用金钱进行计算,因此,死亡赔偿金不是对死者生命本身的赔偿,其意义在于抚慰死者的近亲属,维持死者近亲属的物质生活水平与被侵权人死亡前的水平基本相当。对于死亡赔偿金的计算标准,《人身损害赔偿解释》第15条规定,“死亡赔偿金按照受诉法院所在地上一年度城镇居民人均可支配收入标准,按二十年计算。但六十周岁

---

① 参见杨立新:《侵权责任法》(第4版),法律出版社2021年版,第229页。

以上的，年龄每增加一岁减少一年；七十五周岁以上的，按五年计算”。除此之外，被扶养人生活费也要被计算进死亡赔偿金中(《人身损害赔偿解释》第16条)。而对于被扶养人生活费部分的赔偿应如何计算的问题，可以参照《人身损害赔偿解释》在第17条第1款中的规定，有关该条款需要注意的地方，已经在上文关于残疾赔偿金的部分中进行介绍，此处不再赘述。

此外，如果赔偿权利人举证证明其住所地或者经常居住地城镇居民人均可支配收入高于受诉法院所在地标准的，死亡赔偿金也可按其住所地或者经常居住地的相关标准进行计算(《人身损害赔偿解释》第18条)。此种计算方式，可以更有针对性地对被侵权人的实际损害进行弥补。至于死亡赔偿金的具体支付方式，《人身损害赔偿解释》第20条规定，“一审法庭辩论终结前已经发生的费用、死亡赔偿金以及精神损害抚慰金，应当一次性给付”。可见对于死亡赔偿金的支付方式应该是以一次性给付作为原则的。

3. 丧葬费

丧葬费是指在被侵权人因侵害致死的情形下，产生的与火化、安葬等相关的必要费用。关于是否应进行丧葬费的赔偿，不同国家的规定并不一致，有些国家或其特定的州就认为丧葬费是因死亡带来的花销，而死亡是所有人都无法避免之事，因此它不属于由损害带来的成本，也不应由侵权人来承担这一费用。但我国自古便有“烧埋银”的相关制度，因而，自原《民法通则》实施以来，丧葬费就是人身损害致死的赔付项目之一。关于丧葬费用的计算标准，《人身损害赔偿解释》第14条规定，“丧葬费按照受诉法院所在地上一年度职工月平均工资标准，以六个月总额计算”。此处的“上一年度”，也是指一审法庭辩论终结时的上一统计年度。

4. 同一案件适用同一赔偿标准

此前，学界曾有过关于“同命是否应同价”的争议，讨论的是关于因同一侵权行为导致死亡的多人之间，所依据的赔偿标准是否应当同一的问题。不过，“同命同价”这一说法本身其实并不够准确，因为死亡赔偿的本质并不是对生命本身的赔偿，而是对被侵权人近亲属自身受损利益的救济，所以，所谓的“同命同价”或“同命不同价”的说法并不准确。[①] 即便如此，此争议在明确法价值等

① 参见张新宝：《侵权责任法》(第5版)，中国人民大学出版社2020年版，第94页。

方面也存在较为积极的意义。

《民法典》对这一争议的倾向是“同命应当同价”,《民法典》第1180条规定,“因同一侵权行为造成多人死亡的,可以以相同数额确定死亡赔偿金”。该条确立了“同一案件适用同一赔偿标准”的原则,在实践中,同一案件主要是指适用严格责任的案件。[①] “同一案件适用同一赔偿标准”原则的适用存在一定的前提:首先,要求是同一侵权行为,不仅包括行为人实施的同一侵权行为,也包括同一致害原因的准侵权行为。另外,无论是单一原因造成的多人死亡,还是数个原因结合导致的多人死亡,都应属于“同一侵权行为”的范畴。其次,必须是同一侵权行为造成多人死亡的结果。对于多人的理解,学术上存在一定争议,但通常情况下,同一侵权行为导致多人死亡的,往往都是较大规模的侵权案件,采用同一赔偿标准在尊重平等价值的同时,也能很好地提升诉讼效率。最后,是对于“可以”的理解。有学者主张,既然选择了“同一案件适用同一赔偿标准”作为原则,则应当将此处的“可以”理解为“应该”,这样才更能准确地表达立法者的意图。本书认为,这样的理解已经脱离了原有用词的含义,不符合法律解释的规范,如果立法者想要对法官的自由裁量权进行绝对的限制,没有必要在用词上使用“可以”来替代“应当”。此外,如果原《侵权责任法》中的“可以”真的没有表达出立法者的真正意图,那可以在《民法典》制作的过程中进行修改,既然未予修改,则说明此处应为“可以”而非“应当”。既然立法者在此处的用词真意是“可以”,那么就表示将具体裁量的权力交给了法官,立法者只是对此予以了一定的引导。

第三节　财产损害赔偿

一、财产损害赔偿概述

一般来说,对于人身权益或财产权益的侵害都可能会产生金钱上的影响,因此,广义上的财产损害赔偿可以代指能够用财产来代为赔偿的一切损失,包

① 参见王利明:《侵权责任法》(第2版),中国人民大学出版社2021年版,第142页。

括因侵害他人人身权益而产生的财产损害赔偿，以及因侵害他人财产所产生的财产损害赔偿。狭义的财产损害赔偿其含义则受限得多，仅可用来指代人身损害赔偿和精神损害赔偿以外的那些对财产利益损失的赔偿。本节所阐释的财产损害赔偿指的就是狭义的财产损害赔偿。当侵权人的侵害行为给被侵权人的财产利益造成损害时，可以通过支付一定数额金钱的方式予以救济，这样的一种责任承担方式就是所谓财产损害赔偿，也称财产损失赔偿。

对于财产损害赔偿的原则，学理上一般认为存在"完全赔偿"和"适当赔偿"两项原则。其中，完全赔偿原则也被称为赔偿实际损失原则，该原则主要适用于"物损"或其他财产直接损失的情况，直接损失是指现有利益的减损，比如被毁的店铺、被毁的房屋以及因无法营业而多付的工人工资等，属于直接损失。而作为完全赔偿原则的例外——适当赔偿原则主要适用于赔偿存在间接损失、纯粹经济利益损失以及难以确定财产损失数额的这一类案件中，[①]间接损失是指未来可得利益的减少，比如店铺被毁导致不能正常营业所减少的预期利润，便属于间接损失。

直接损失与间接损失的具体区别体现在以下几个方面：首先，直接损失属于"在手而逸去"，但间接损失则是"该得而未得"；其次，间接损失依附于直接损失而存在，而直接损失本身却并不具有依附性；最后，相对于间接损失来说，直接损失的程度和范围都要更加的直观，间接损失则要根据实际情况计算后才能得出。计算直接损失的公式是：财产直接损失 = 赔偿范围 = 原物价值 - 残存价值，其中，残存价值 = 已用时间 × 原物价格/可用时间。计算间接损失的公式是：间接损失 = 单位时间增值效益 × 影响效益发挥的时间。[②]

二、侵害他人人身权益造成财产损失的赔偿

《民法典》第 1182 条规定，"侵害他人人身权益造成财产损失的，按照被侵权人因此受到的损失或者侵权人因此获得的利益赔偿；被侵权人因此受到的损失以及侵权人因此获得的利益难以确定，被侵权人和侵权人就赔偿数额协商不

① 参见张新宝：《侵权责任法》（第 5 版），中国人民大学出版社 2020 年版，第 110 页。

② 参见杨立新：《侵权责任法原理与案例教程》（第 3 版），中国人民大学出版社 2013 年版，第 307 ~ 310 页。

一致,向人民法院提起诉讼的,由人民法院根据实际情况确定赔偿数额”。该条适用的前提是权利人因为人身权益遭受侵害产生财产损失,不适用于“侵害被侵权人的人身权益,只造成精神损害没有造成财产损失”和“仅对被侵权人的财产权益造成损害”等情形。

《民法典》第1182条与《民法典》第993条规定的人格要素商业化利用相衔接,主要适用于人格权许可利用的情形,当侵权人擅自利用权利人的姓名、名称、肖像等人格要素时,权利人可以依据《民法典》第1182条主张人格要素的财产利益损害赔偿。[①] 根据《利用信息网络侵害人身权益纠纷规定》第12条的规定,“被侵权人为制止侵权行为所支付的合理开支,可以认定为《民法典》第一千一百八十二条规定的财产损失”。因此,《民法典》第1182条也适用于权利人因维权所支出的必要、合理费用。

《民法典》第1182条规定了两个损害赔偿标准:一是“按照实际损失赔偿”,即按照被侵权人因此而受到的损失进行赔偿;二是“按照获利数额赔偿”,即按照侵权人因此而获得的利益进行赔偿。这两个赔偿标准是并列的、允许受害人选择的。被侵权人主张财产损失的损害赔偿,需要对其遭受的实际损失或者侵权人因侵权行为而获得的利益进行举证证明:当权利人选择以自己的实际损失作为标准主张赔偿时,就应当证明其在客观上遭受了确定的财产损害,并对具体的财产损失数额进行证明;当受害人主张侵权人对其所获利益予以返还的时候,仅需举证证明侵权人的获利,不需要提供自身实际损失的证明。因此,被侵权人在选择赔偿标准时,通常会重点考虑两个因素,一是可能获得的具体赔偿数额,二是具体的举证难度。由此可见,允许受害人在《民法典》第1182条规定的两种赔偿标准之间做出选择,一方面,充分体现了私法自治精神,有利于实现对受害人意愿的尊重;另一方面,在一定程度上可以减轻受害人的举证负担,从而保障其权利的救济能够得到更好的实现。

除了“按照实际损失赔偿”和“按照获利数额赔偿”两种赔偿标准之外,《民法典》第1182条还规定了“法院酌定标准”,即“被侵权人和侵权人就赔偿数额协商不一致,向人民法院提起诉讼的,由人民法院根据实际情况确定赔偿数

---

① 参见彭诚信、许素敏:《侵害个人信息权益精神损害赔偿的制度建构》,载《南京社会科学》2022年第3期。

额”。法院酌定标准的适用前提是,“被侵权人的实际损失”和“侵权人的获利数额”难以确定,且被侵权人和侵权人就赔偿数额协商不一致。法院酌定在我国司法实践中的运用较为广泛,需要考虑的“实际情况”包括具体的侵权行为和方式、造成的损害后果和影响、侵权人的过错程度等因素,[①]至于在具体的案件中要根据哪些“实际情况”作出判断,则需要具体问题具体分析,针对个案进行考量。

三、侵害他人财产造成的财产损失的赔偿

《民法典》第1184条规定了侵害他人财产时的财产损失计算方式,即“侵害他人财产的,财产损失按照损失发生时的市场价格或者其他合理方式计算”。本条适用的前提是“侵害他人财产”,即本条规定仅适用于侵害财产权益造成财产损失的案件,不适用于侵害人身权益造成财产损失的案件。财产损失的损害赔偿金额的计算标准有两个,一是损失发生时的市场价格;二是其他合理方式。

(一)财产损失发生时的市场价格

财产损失计算的主要标准是“财产损失发生时的市场价格”,其中包含了“市场价格”和“损失发生时”两个要素。首先,市场价格是指市场主体对一个产品或者服务的价值的认可。在市场经济条件下,绝大多数产品或服务的市场价格都是相对确定、客观、公开和透明的,以市场价格为计算标准,充分地体现了财产损失赔偿金额确定的公正性。其次,“损失发生时”是判断市场价格的时间标准。不同的时间标准可能会导致赔偿数额的差距特别巨大,因此确定相对比较合理的时间点来判定侵权人应该承担的赔偿数额是十分必要的。《民法典》没有将财产损失计算时间的标准定为“被侵权人知道或应当知道损害发生时”,也没有定为“侵权行为实施时”或者“一审辩论结束前”,而是将时间节点统一确定为“损失发生时”,该规定排除了当事人或审判者对案件客观事实确定的人为影响,在定分止争的同时突出了损害赔偿责任的补偿性功能。不过,无论是《民法典》还是相关司法解释,均未对市场价格判断的“地点”标准作出规定,本书认为,参照时间标准的确定,将财产损失发生地作为判断市场价格的地

---

① 参见全国人大常委会法制工作委员会民法室编:《中华人民共和国侵权责任法条文说明、立法理由及相关规定》,北京大学出版社2010年版,第76页。

点标准,似乎更能符合立法者的意图。

（二）其他合理方式

《民法典》第1184条在将损失发生时的市场价格作为判断财产损失的标准的同时,也并不否认将市场价格以外的“其他合理方式”作为判断的标准。之所以承认市场价格以外的标准,是因为许多物品本身并不是商品,难以用市场价格进行计算,或者某些物品的流转并没有形成市场,难以发现其市场价值,由此,需要其他的合理方式来确定赔偿数额。除此之外,还有许多物品存在市场价格以外的特别价格,比如寄托情感的特殊纪念物品,若单纯用市场价格计算,对受害人而言明显不公。此时,借助评估的方式代替市场定价来确定其价格,会更加合理。采用“其他合理方式”需要考虑“受损害物的成本价值”“合理的增值或减值”“基于衡平价值观的综合判断”等因素。①

《民法典》第1184条规定的是“损失发生时的市场价格或者其他合理方式”,以“或者”连接两种计算标准,意味着法律并没有规定“损失发生时的市场价格”和“其他合理方式”两个计算标准的适用顺序。本书认为,“损失发生时的市场价格”仍应作为确定财产损害数额的一般标准,而以“其他合理方式”确定损害数额则应作为例外情形,即能适用一般标准,则应优先适用一般标准,只有在无法适用一般标准或适用该标准明显不合理时,才能采用其他合理方式。优先适用“市场价格”计算标准,候补适用“其他合理方式”,在一定程度上能够有效地避免自由裁量权的不当扩大,维护法律的明确性和确定性。

第四节 精神损害赔偿

一、精神损害赔偿概述

精神损害赔偿,也称“非财产损害赔偿”,是指被侵权人在其人身权益受到不法侵害,而遭受严重精神损害后,要求侵权人通过赔偿财产的方式来救济其

---

① 参见张新宝:《中国民法典释评——侵权责任编》,中国人民大学出版社2020年版,第76页。

受损权益的侵权法律制度。[①] 狭义的精神损害赔偿仅包括对精神痛苦、肉体痛苦和其他严重精神反常后果的金钱赔偿；广义的精神损害赔偿，除包含狭义精神损害赔偿的外延，还包括对死亡、残疾的后果的金钱赔偿。我国法律规定的精神损害赔偿属于狭义的精神损害赔偿，其功能主要有两个方面：一是补偿和救济功能，即被侵权人或者其近亲属可以通过精神损害赔偿金享有另外的舒适，借此获得替代性的欢愉，尽快走出损害之阴影；二是抚慰性功能，即稍微减弱被侵权人的报复心理，抚慰被侵权人或其近亲属的愤懑之心。

《民法典》第 1183 条规定，"侵害自然人人身权益造成严重精神损害的，被侵权人有权请求精神损害赔偿。因故意或者重大过失侵害自然人具有人身意义的特定物造成严重精神损害的，被侵权人有权请求精神损害赔偿"。同此前关于精神损害赔偿的法律规范相比，该规定扩大了精神损害赔偿的适用范围。根据《精神损害赔偿解释》的规定，在以下几种情形下，可以适用精神损害赔偿：首先，因人身权益或者具有人身意义的特定物受到损害的情况；其次，亲属关系遭受严重损害的情况；最后，死者的合法权益受到侵害的情况。

二、精神损害赔偿的适用条件

精神损害赔偿有着严格的适用要求，根据《民法典》第 1183 条的规定，其适用需满足以下几个条件：

第一，被侵权人为自然人。只有自然人的人身权益或者其具有人身意义的特定物受到侵害的，作为被侵权人的自然人才有权请求精神损害赔偿。由于法人和非法人组织本身并不存在类似于自然人的精神和情感，无法感受到疼痛和痛苦，因此，根据《精神损害赔偿解释》第 4 条的规定，被侵权人在为法人或非法人组织的时候，不得主张精神损害赔偿。根据相关司法解释的规定，在"相关被侵权人死亡"和"死者的名誉、隐私、姓名、肖像、遗体、遗骨等受到侵害"等特定情形下，被侵权人的近亲属享有精神损害赔偿请求权。

第二，存在侵害他人人身权益或具有人身意义的特定物的行为。精神损害赔偿的适用，需要以侵害生命权、身体权、健康权等物质性人格权以及名誉权、

① 参见杨立新：《侵权责任法》（第 4 版），法律出版社 2021 年版，第 237 页。

隐私权等与核心人格利益紧密相关的精神性人格权为依据。[①] 自然人的人身权益是指其各项人身权和法律保护的人身利益，自然人具有人身意义的特定物是指承载着该自然人某种特殊记忆和情感的具有人格意义的特定物，如老照片、家谱、结婚影像光盘等。精神损害赔偿一般限制适用于侵权类案件中，[②]这意味着，在一般情况下，单纯的因违约行为造成的财产损失并不能适用精神损害赔偿，但是当违约责任与侵权责任竞合的时候，或者当违约方违反的合同是以给对方带来精神愉悦作为主给付义务的时候，学理上认为该类违约案件能够适用精神损害赔偿。[③]《民法典》第 996 条亦规定，“因当事人一方的违约行为，损害对方人格权并造成严重精神损害，受损害方选择请求其承担违约责任的，不影响受损害方请求精神损害赔偿”。这表明，当人格权受到侵害造成严重精神损害时，被侵权人无论提起侵权之诉还是违约之诉，其均可要求侵权人承担精神损害赔偿责任。

第三，在损害结果上，必须造成严重的精神损害后果。按照从轻到重的程度划分，精神损害可以分为轻微精神损害、一般精神损害和严重精神损害。严重精神损害要件的理论基础是侵权法古已有之的“忽略轻微损害”规则和现代侵权法中的“水闸理论”，[④]二者的目的都在于协调侵权法的两种核心价值，即权利保护与行动自由。[⑤] 精神损害属于受害人心理或者精神上的感受，其本身具有无形性，且损害后果往往难以衡量，放宽精神损害赔偿的损害程度要求容易导致大量的滥诉行为。《民法典》规定“严重精神损害”为精神损害赔偿的适用前提，被侵权人需要证明自身存在严重精神损害，这表明损害后果要超出社会一般人的容忍限度，对于轻微的或一般程度的精神损害，不能申请损害赔偿。

第四，根据《民法典》第 1183 条第 2 款的规定，侵害自然人具有人身意义的特定物造成严重精神损害的，被侵权人请求精神损害赔偿还需要满足过错要

---

① 参见田野：《风险作为损害：大数据时代侵权“损害”概念的革新》，载《政治与法律》2021 年第 10 期。

② 参见最高人民法院民事审判第一庭：《最高人民法院〈关于确定民事侵权精神损害赔偿责任若干问题的解释〉的理解与适用》，人民法院出版社 2010 年版，第 12 页。

③ 参见王利明：《侵权责任法》（第 2 版），中国人民大学出版社 2021 年版，第 146 ~ 147 页。

④ 参见李昊：《纯经济上损失赔偿制度研究》，北京大学出版社 2004 年版，第 53 ~ 54 页；彭诚信、许素敏：《侵害个人信息权益精神损害赔偿的制度建构》，载《南京社会科学》2022 年第 3 期。

⑤ 参见谢鸿飞：《精神损害赔偿的三个关键词》，载《法商研究》2010 年第 6 期。

件，即要求侵权人具有故意或者重大过失，侵权人一般过失或者无过错的，即使侵害他人具有人身意义的特定物造成严重精神损害的，被侵权人亦不得主张精神损害赔偿。

第五，在因果关系方面，侵害他人人身权益或具有人身意义的特定物的行为与严重的精神损害后果之间需要具有相当的因果关系。

三、精神损害赔偿的数额确定

《精神损害赔偿解释》第5条规定，“精神损害的赔偿数额根据以下因素确定：(一)侵权人的过错程度，但是法律另有规定的除外；(二)侵权行为的目的、方式、场合等具体情节；(三)侵权行为所造成的后果；(四)侵权人的获利情况；(五)侵权人承担责任的经济能力；(六)受理诉讼法院所在地的平均生活水平”。可见，精神损害赔偿的数额需要对以上因素进行综合考虑才能确定。

第一，侵权人的过错程度包括轻微过失、一般过失、重大过失和故意，根据过错程度不同，侵权人可能会承担的精神损害赔偿的数额也不一样。精神损害赔偿金数额与侵权行为人的过错严重程度成正比，一方面能够平息被侵权人或其近亲属的愤怒，另一方面体现了法律对故意、重大过失等严重主观过错的惩戒。

第二，侵权行为目的、方式、场合不同，给被侵权人造成的心理痛苦程度也不尽相同，如暴力方式的侵害和语言方式的侵害，大庭广众下的侵害行为和人数不多的场合发生的侵害行为，给被侵权人造成的精神损害严重程度显然不同。

第三，在一些情况下，侵权人所获得利益远大于被侵权人所受到的损失，在此情况下，如果对侵权人的获利情况不予考虑，则会导致其从“不法行为中获得利益”，这显然不利于阻止侵害行为的发生且有悖公平正义，因此，侵权行为造成的后果和侵权人的获利情况皆应成为被考虑的因素。

第四，侵权人承担责任的经济能力。一般而言，法人或者其他组织承担责任的经济能力要高于自然人，对于自然人而言，城市居民承担责任的经济能力要强于农村居民，企事业单位工作人员承担责任的经济能力要强于下岗失业人员，将侵权人承担责任的经济能力作为考量要素之一，更有利于充分地救济被侵权人的合法权益。

第五，精神损害赔偿数额的确定不能脱离我国经济发展的实际，确定精神损害赔偿数额要考量受理诉讼法院所在地的平均生活水平，实质上就是考虑各地区之间的经济发展差异和人民生活水平的差异，这使精神损害赔偿更能补偿和救济被侵权人的精神损害。

第五节　惩罚性赔偿

一、惩罚性赔偿概述

所谓惩罚性赔偿，也称示范性的赔偿或报复性的赔偿，是指由法院作出的超出实际损害数额的赔偿。意在通过惩罚来使他人从中吸取教训，不再从事该行为。其特点主要在于以下几个方面：首先，在功能方面具有多样性，不仅能够对受害人所遭受的损失予以补偿，还能发挥对不法行为进行惩罚和遏制的作用；其次，惩罚性赔偿仅在法律有特别规定的时候方可适用，若无法律规定，则不得适用；最后，关于具体的赔偿数额，应由法官对具体情况进行综合考量予以确定。

《民法典》第179条规定，“法律规定惩罚性赔偿的，依照其规定”。法律规定适用惩罚性赔偿的情形包括，故意侵害知识产权的惩罚性赔偿（《民法典》第1185条），明知产品存在缺陷而生产、销售的惩罚性赔偿（《民法典》第1207条），故意污染环境、破坏生态的惩罚性赔偿（《民法典》第1232条）等。其中，关于产品责任和环境污染责任的惩罚性赔偿，会在后面相应的章节中有所涉及，本节仅对侵害知识产权的惩罚性赔偿展开介绍。

二、侵害知识产权的惩罚性赔偿

《民法典》第1185条规定，“故意侵害他人知识产权，情节严重的，被侵权人有权请求相应的惩罚性赔偿”。该条是为了适应改善营商环境的需要、强化对知识产权的保护、加重侵权人的损害赔偿责任而作出的规定，[①]为《著作权法》

① 参见张新宝：《中国民法典释评——侵权责任编》，中国人民大学出版社2020年版，第80页。

《专利法》《商标法》等单行特别法的理解和适用、修改和完善提供了指引。

适用侵害知识产权的惩罚性赔偿,需要具备以下两个条件:

第一,行为人存在“故意”侵害他人知识产权的行为。理解的重点在“故意”二字,对于出于过失给他人的知识产权造成侵害的,不能予以惩罚性赔偿,毕竟,相对于故意行为而言,过失行为在可避免性和可预防性方面显得有所欠缺,对其适用惩罚性赔偿,不仅显得罚责不当,而且难以实现示范或警示的效果。

第二,需要达到情节严重的程度。至于如何判定行为人侵权行为是否达到“情节严重”的程度,可以考虑以下几个方面:首先,看侵权行为人的“手段”是否达到了恶劣的程度,是否有以隐蔽、隐藏、转移等方式逃避调查和处罚的情形;其次,看侵权人的侵权行为是否造成了严重的损害“结果”或巨大的不利影响;再次,看侵权的时间和次数,是否达到了时间长、次数多的程度,以及是否存在经行政处罚或法院判决后仍再次实施侵权行为等情况;最后,在侵害知识产权的相关案件中,行为人若存在以侵权为职业或者主要营业的情形,也可将其作为判断“情节严重”的依据之一。

第 三 章

责任主体特殊规定

第一节 责任主体特殊规定概述

侵权责任法的基本原理是行为人对自己造成的损害承担侵权责任，不对他人造成的损害承担责任。[①] 在例外的情况下，当某一行为人实施侵权行为之后，基于某种既有的法律关系，非致害行为实施者需要对他人的行为承担侵权责任。鉴于侵权责任形态的多样性以及责任主体关系的复杂性，我国《民法典·侵权责任编》在"以保护受害人为中心，强化对受害人全面救济"的理念指导下，根据侵权行为实施主体和侵权责任承担主体发生分离的现象，在第三章围绕特殊的"责任主体"对一些侵权行为作出了规定。从比较法上看，我国《民法典·侵权责任编》专章对特殊责任主体制度进行类型化和具体化是结构和内容上的一大创新，体现了中国特色，一方面进一步提高了《民法典·侵权责任编》的体系化程度；另一方面，有利于司法实践中侵权责任的准确认定。[②]

《民法典·侵权责任编》第三章系统地规定了 5 类责任主体的特殊规定，包括欠缺民事行为能力人及其监护人责任、用人者责任、网络侵权责任、安全保障义务人责任以及教育机构责任，共计 14 个条文(第 1188 条至第 1201 条)。第一，《民法典》第 1188 条至第 1190 条规定的是欠缺民事行为能力人及其监护人

---

① 参见张新宝：《中国民法典释评——侵权责任编》，中国人民大学出版社 2020 年版，第 87 页。

② 参见王利明：《论我国侵权责任法分则的体系及其完善》，载《清华法学》2016 年第 1 期。

责任,其中,第1189条为新增条款,规定了委托监护损害责任分担规则。第二,《民法典》第1191条至第1193条规定的是用人者责任,其中,第1191条第1款增加了用人单位承担损害赔偿责任后的追偿权,第1192条第2款增加了第三人行为造成提供劳务一方损害的责任承担规则,第1193条为新增条款,规定了承揽关系中的侵权责任。第三,《民法典》第1194条至第1197条规定的是网络侵权责任,其中,第1194条新增了“法律另有规定的,依照其规定”这一转介性规定,第1195条增加了避风港原则的通知规则的具体规定,第1196条为新增条款,规定了反通知规则,第1197条明确了红旗规则(知道规则)的主观要件为知道或者应当知道。第四,《民法典》第1198条规定的是安全保障义务人责任,该规定扩大了适用范围、增加了责任主体,新增规定了违反安全保障义务的主体承担补充责任后的追偿权。第五,《民法典》第1199条至第1201条规定的是教育机构责任,其中,第1201条新增了教育机构承担补充责任后的追偿权的规定。

第二节　欠缺民事行为能力人及其监护人责任

一、监护人责任

监护人责任,也被称为法定代理人责任,是指无民事行为能力人或者限制民事行为能力人因自己的不法“行为”导致他人遭受损害,赔偿责任由行为人的父母或者监护人等予以承担的特殊侵权责任。

(一)监护人责任的特征

监护人责任具有以下特征:第一,监护人责任是一种基于特定监护关系而存在的对人的替代责任,包含三个方面的含义:一是基于特定监护关系而形成的义务是监护人责任存在的前提;二是监护人责任是一种替代责任而非自己责任;三是监护人责任是对人的替代责任,而非对物的替代责任。第二,监护人责任所适用的归责原则为无过错责任原则,即无须原告证明监护人存在过错,而是基于亲属间的监护关系,即便监护人尽到监护职责,也应当承担责任。[1] 第三，只要能够证明监护人已对未成年人或者精神病人尽到了监护职责，就可以减轻其侵权责任，此处采用的是公平分担损失责任。[2] 若监护人主张减轻责任，应该对其已经尽到了监护职责承担举证义务，对于监护人是否尽到监护职责的问题，需要根据个案的情况进行判断。第四，监护人责任具有次位性，确定监护人的责任，先要对行为人的财产状况进行判断。《民法典》第 1188 条第 2 款规定："有财产的无民事行为能力人、限制民事行为能力人造成他人损害的，从本人财产中支付赔偿费用；不足部分，由监护人赔偿。"

（二）监护人责任构成要件

确定是否构成监护人责任需要考虑以下几个要件：首先，无民事行为能力人或者限制民事行为能力人实施了不法的"行为"，此处的无民事行为能力人或限制民事行为能力人，主要包括未成年人以及不能辨识自己或不能完全辨识自己行为的成年人。需要注意的是，16 周岁以上且以自己的劳动收入为主要生活来源的未成年人，应被视为成年人。此外，未成年的精神病人属于未成年人，无须进行精神鉴定，亦属于被监护人。作为没有民事行为能力或者被限制了民事行为能力的人，其所做的举动因不具备法律意义上的意思表示，难以被称为有意识的法律行为，故而此处仅可将其记作"行为"，并且该"行为"属于"不法"，即不存在法律上的如正当防卫或紧急避险之类的正当理由，这样方有需监护人代为承担责任之可能和必要。[3] 其次，该不法"行为"造成了一定的损害结果，若未造成损害，则赔偿无从谈起，若损害不是由该"行为"造成的，即不法"行为"与损害之间不存在因果关系，亦无须承担责任，更不需要由监护人代为承担责任了。再次，需要有监护关系的存在，这是监护人责任产生的前提和基础，监护关系不仅会因亲缘关系而产生，也会因委托关系而成立，对此，在《民法典》第 1189 条中给予了特殊强调。最后，被监护人的独立财产不足以赔偿损害也是由监护人承担替代责任的要件之一，若被监护人有独立的财产，那就仍由被监护人承担自己责任。需要指出的是，在确定监护人责任时，并不需要考虑被监护

---

① 《民法典》第 1188 条第 1 款规定，"无民事行为能力人、限制民事行为能力人造成他人损害的，由监护人承担侵权责任……"关于监护人责任归责原则的性质问题，杨立新教授主张属于过错推定责任，但王利明教授、张新宝教授和程啸教授则认为应属于无过错责任，本书更倾向于无过错责任这一观点。

② 《民法典》第 1188 条第 1 款还规定，"……监护人尽到监护职责的，可以减轻其侵权责任"。

③ 参见杨立新：《侵权责任法》（第 4 版），法律出版社 2021 年版，第 281～282 页。

人的责任能力，[①]因此，被监护人或者监护人主观上是否存在过错，并未成为构成监护人责任的要件之一。

(三)监护人的确定

关于监护人确定的问题，根据《民法典》第27条的规定，未成年人的监护人包括父母、祖父母和外祖父母、兄姐、其他愿意担任监护人的个人或者组织。此外，根据《民法典》第28条的规定，无民事行为能力或者限制民事行为能力的成年人的监护人主要包括配偶、父母、子女、其他近亲属、其他愿意担任监护人的个人或组织。并且应根据法定监护、协商监护、指定监护的顺序来对监护人进行选择，以便可以更好地保护被监护人的利益。夫妻离婚之后，未成年子女对他人的权益造成侵害，责任应由同该子女共同生活的一方予以承担，若独立承担存在困难，亦可责令另外一方来共同承担。[②]

二、委托监护中的监护人和受托人侵权责任

(一)委托监护责任概述

委托监护责任，是指无民事行为能力人或者限制民事行为能力人对他人造成损害，监护人将监护职责部分或全部委托给他人的特殊侵权责任。[③] 委托监护不同于《民法典》第33条规定的意定监护，两者的区别体现在以下两个方面：一是意定监护是被监护人自己选择监护人，而委托监护则是监护人为被监护人选择委托的监护人；二是在被监护人造成他人损害的情况下，意定监护人一般要进行完全赔偿，而在委托监护中，受托监护人仅就其过错承担相应的责任。[④]《民法典》第1189条规定："无民事行为能力人、限制民事行为能力人造成他人损害，监护人将监护职责委托给他人的，监护人应当承担侵权责任；受托人有过错的，承担相应的责任。"该条明确了在委托监护情况下，监护人与委托监护人分担责任的新规则，完善了监护人责任体系。

---

① 参见王利明：《侵权责任法》(第2版)，中国人民大学出版社2021年版，第157页。

② 参见张新宝：《侵权责任法》(第5版)，中国人民大学出版社2020年版，第138页。

③ 对此，王利明教授认为从实践来看，不存在将全部监护职责委托给受托人行使的情况，但黄薇教授和杨立新教授则认为存在全部委托的情形，本书对此持一种较具开放性的观点。

④ 参见王利明：《侵权责任法》(第2版)，中国人民大学出版社2021年版，第159～160页。

（二）委托监护责任的适用条件

委托监护责任的适用需要满足以下要件：首先，需要在委托人和受托人之间存在委托协议，该协议有偿与否不影响协议性质；其次，被监护的无民事行为能力人或者限制民事行为能力人实施的行为，造成了他人的损害，这里的“他人”不包括受托人自身的损害，对于后者应当通过委托监护协议解决；再次，行为与损害之间存在因果关系；最后，对委托监护人的过失，需由被侵权人或主张分担责任的监护人予以举证，否则，原则上推定监护人存在未尽监护职责的过失，并因此而承担损害所带来的侵权责任。根据“谁主张，谁举证”的举证责任分配规则，只有监护人或者被侵权人有权对受托监护人的过失提出主张，并由主张者对其主张承担举证责任，最后这一点也是委托监护规定与《民法典》第1188条规定的监护人责任之间的主要区别所在。

（三）委托监护责任的责任分担

关于委托监护责任的责任分担规则，需注意两点：第一，在委托监护中，监护人和受托监护人都是责任的主体，因此，监护人仍然是侵权责任人，并不因其将委托监护职责委托给受托监护人而免除自己的责任。第二，在委托监护中，被监护人造成他人损害，应先由监护人承担责任，委托监护协议只在委托人和受托人之间发生效力，仅影响此二者之间的内部责任分担，对于监护人和他人的外部关系而言，并不产生影响，监护人仍承担监护责任。

三、暂时丧失意思能力损害责任

暂时丧失意思能力损害责任，是指完全民事行为能力人对于因过错引起的暂时心智丧失，或者因醉酒或滥用麻醉、精神药品导致暂时丧失心智，造成他人损害，所应当承担的特殊侵权责任。

（一）暂时丧失心智损害责任的构成要件

《民法典》第1190条对丧失心智侵权责任作出了规定：“完全民事行为能力人对自己的行为暂时没有意识或者失去控制造成他人损害有过错的，应当承担侵权责任；没有过错的，根据行为人的经济状况对受害人适当补偿。完全民事行为能力人因醉酒、滥用麻醉药品或者精神药品对自己的行为暂时没有意识或者失去控制造成他人损害的，应当承担侵权责任。”由此可见，暂时丧失心智损害责任的构成要件包括以下几点：首先，侵权人需要具有完全的民事行为能力，必须是完全民事行为能力人。如果无民事行为能力人或者限制民事行为能力人给他人造成损害，需要由其监护人来承担相应的责任。其次，侵权人须造成实际损害，既可以是人身损害、财产损害，也可以是精神损害，比如恶意诽谤、侮辱的行为给当事人造成的损害，不能凭借心智丧失的理由为其免责。再次，侵权人对他人造成损害的时候须处于暂时丧失心智的状态下，这也是与一般完全民事行为能力人实施侵权行为的区别所在。需要注意的是，暂时丧失心智与间歇性精神病不同，后者应适用《民法典》第1190条关于监护人责任的规定。最后，侵权人是因自己的过错导致其暂时丧失了心智，此种过错，除醉酒或者滥用麻醉药品、精神药品之外，还包括了其他故意或者过失的行为。[①] 如果行为人认为自己没有过错，则应承担相应的证明责任，不能够证明的，要承担相应的赔偿责任。

（二）暂时丧失心智损害的责任承担

在暂时丧失心智损害的责任承担方面，要注意以下两点：第一，完全民事行为能力人因自己的过错导致暂时心智丧失，抑或因醉酒或滥用麻醉药品、精神药品对自己的行为暂时没有意识或失去控制，造成他人损害的，应当为自己的过错对被侵权人承担相应的责任。第二，如果完全民事行为能力人能够证明对自己暂时的心智丧失不存有过错，虽不能完全免除责任，但能够按照公平分担损失责任的要求，根据双方当事人的经济状况，公平负担损失。

第三节　用人者责任

用人责任，也称用工责任、用人者责任、使用人责任、雇佣人责任、雇主责任等，是一种特殊的侵权责任类型，是指被使用人因执行工作或提供劳务造成了他人的损害，用人者所应承担的责任。用人者责任具有以下特征：因执行工作任务而产生；行为人与责任人相脱离；行为人与责任人行为性质相分别；行为人

① 参见杨立新：《侵权责任法》（第4版），法律出版社2021年版，第290～291页。

与责任人过错作用不相同等。[①]《民法典》用3个法条(第1191条至第1193条)对用工关系中的责任承担方式作了规定,具体包括4种责任类型,分别是:用人单位责任、劳务派遣责任、个人劳务损害责任、定作人指示过失责任。

一、用人单位责任

《民法典》第1191条第1款对用人单位责任作了规定:"用人单位的工作人员因执行工作任务造成他人损害的,由用人单位承担侵权责任。用人单位承担侵权责任后,可以向有故意或者重大过失的工作人员追偿。"所谓用人单位责任,是指用人单位的工作人员因执行工作任务造成他人损害,用人单位作为赔偿责任主体,为其工作人员的致害行为承担损害赔偿责任的特殊侵权责任。用人单位责任具有以下基本特征:首先,造成损害后果的行为人必须是用人单位的工作人员;其次,单位工作人员造成他人损害是出于执行工作任务的原因;最后,对于用人单位工作人员在执行工作中对第三人造成的损害,用人单位承担替代责任。[②]

值得强调的是,《民法典》第1191条第1款相较于原《侵权责任法》的规定,增加了"用人单位承担侵权责任后,可以向有故意或者重大过失的工作人员追偿"这一规定。这意味着承认了用工单位的追偿权,符合责任自负的原则,有利于防止侵权行为的发生,实现用人单位与被用工者之间的利益平衡。用人单位行使追偿权主要包括两类情形:其一,用人单位的工作人员存在故意的情形,即被用工者明知实施的行为会导致他人的损害,依旧为之,此种情形下,损害后果的发生主要体现的是被用工者的个人意志,而不是因用人单位的选择或监督的过失导致的,如果由用人单位来承担责任,则违反了责任自负的原则;其二,因用人单位工作人员的重大过失导致损害的情形,此种情形下,应当综合行业、工作性质以及工作环境等因素,对被用工者是否能够被认定为存在重大过失进行判断。

---

① 参见杨立新:《侵权责任法》(第4版),法律出版社2021年版,第296~267页。

② 参见王利明:《侵权责任法》(第2版),中国人民大学出版社2021年版,第298页。

二、劳务派遣责任

劳务派遣，是指劳务派遣单位与被派遣的工作人员签订劳动合同，被派遣的工作人员向接受劳务派遣的实际用工单位提供劳动服务并领取报酬的特殊劳动关系。《民法典》第 1191 条第 2 款对劳务派遣责任进行了规定："劳务派遣期间，被派遣的工作人员因执行工作任务造成他人损害的，由接受劳务派遣的用工单位承担侵权责任；劳务派遣单位有过错的，承担相应的责任。"根据该规定，构成劳务派遣责任需要具备以下几项要件：首先，在当事人之间应当存在劳务派遣关系，这是劳务派遣责任存在的前提；其次，被派遣的人员是在执行工作任务的过程中对他人造成了损害，若非如此，也不构成劳务派遣责任；最后，被派遣的人员所执行的职务与损害事实的发生之间存在因果关系。

根据承担责任主体的不同，可将劳务派遣责任的承担分成"接受派遣用工单位的责任"和"劳务派遣单位的责任"。其一，接受派遣用工单位在劳务派遣关系中，对被派遣工作人员进行实际的支配和管理，同时又从被派遣工作人员的行为中获得利益，因此应被视为主要的用人者，对被派遣工作人员的侵权行为承担无过错责任。[①] 其二，对于劳务派遣单位的责任，在《民法典》颁布之前，原《侵权责任法》第 34 条第 2 款规定，"劳务派遣单位有过错的，承担相应的补充责任"，《民法典》将"相应的补充责任"修改为"相应的责任"，此种修改将劳务派遣单位应按照过错程度直接承担侵权责任的情形涵盖其中。至此，法院可根据实际情况对劳务派遣单位应当承担何种责任进行判定。

三、个人劳务责任

（一）个人劳务责任的概念

个人劳务责任，又被称为个人用工责任、个人劳务关系下的用人者责任等[②]，狭义的个人劳务损害责任是指在个人之间形成的劳务关系中，提供劳务一方因劳务造成他人损害，接受劳务一方应当承担替代赔偿责任的特殊侵权责

---

① 参见张新宝：《侵权责任法》（第 5 版），中国人民大学出版社 2020 年版，第 152 页。

② 参见王利明：《侵权责任法》（第 2 版），中国人民大学出版社 2021 年版，第 174 页；张新宝：《侵权责任法》（第 5 版），中国人民大学出版社 2020 年版，第 153 页。

任[1]。《民法典》第 1192 条第 1 款规定的“个人之间形成劳务关系,提供劳务一方因劳务造成他人损害的,由接受劳务一方承担侵权责任。接受劳务一方承担侵权责任后,可以向有故意或者重大过失的提供劳务一方追偿……”就属于狭义的个人劳务责任。其中,所谓的“个人之间形成劳务关系”,是指类似个人雇佣保姆、司机等形成了私人雇佣关系,而非类似个人与家政公司等订立的承揽合同关系。[2] 而广义的个人劳务责任除了狭义的个人劳务责任之外,还包括提供劳务一方因劳务而遭受损害时,接受劳务一方依法应当承担的责任。[3] 根据《民法典》的规定,本书采用个人劳务责任的广义概念。包括提供劳务一方造成他人损害、提供劳务一方因劳务使自己受到损害和第三人造成提供劳务一方损害三种情形。

(二)个人劳务关系中的侵权责任承担

关于提供劳务一方造成他人损害的责任承担问题,需要注意以下几点:首先,赔偿权利主体是被侵权人,损害赔偿责任主体则为接受劳务一方;其次,必须是提供劳务一方“因劳务”造成他人损害;再次,《民法典》第 1192 条第 1 款没有区分劳务关系的有偿或无偿,所以只要个人间的劳务关系形成了,提供劳务一方因劳务给他人造成的伤害就应由接受劳务的一方来承担;最后,在接受劳务一方对受害人赔偿之后,其可以向有故意或者重大过失的提供劳务一方追偿。《民法典》第 1192 条第 1 款增加了接受劳务一方承担赔偿责任后,可以向有故意或者重大过失的提供劳务一方追偿的规定,这样的修改,一方面,可以弥补接受劳务方的损失;另一方面,能够对提供劳务者的行为进行规范,从而减少损害的发生。

此外,《民法典》第 1192 条第 1 款还对“提供劳务一方因劳务使自己受到损害”的情形进行了规定,即“……提供劳务一方因劳务受到损害的,根据双方各自的过错承担相应的责任”。需要注意的是,个人劳务关系中的工伤事故责任不同于一般的工伤事故责任,在个人劳务关系中,接受劳务者并不负有为提供劳务者购买工伤保险的义务,因此,在一般的个人劳务损害责任中往往都没有

① 参见王利明、杨立新、王轶、程啸:《民法学》(第 5 版),法律出版社 2017 年版,第 925 页。
② 参见张新宝:《侵权责任法》(第 5 版),中国人民大学出版社 2020 年版,第 153 页。
③ 参见程啸:《侵权责任法》(第 3 版),法律出版社 2021 年版,第 443 ~ 444 页。

工伤保险作为保障,所以,提供劳务一方在提供劳务过程中受到的伤害,其责任应根据过错责任原则来决定是否要由接受劳务一方来承担。

另外,《民法典》第1192条第2款增加了关于"第三人造成提供劳务一方损害"情形的规定,即"提供劳务期间,因第三人的行为造成提供劳务一方损害的,提供劳务一方有权请求第三人承担侵权责任,也有权请求接受劳务一方给予补偿……"对于该条款的理解,需要注意以下三点:首先,接受劳务一方给予补偿的责任,不是对第三人的责任,而是对提供劳务一方的责任;其次,接受劳务一方承担的并非赔偿责任,而是补偿责任;最后,接受劳务一方给予补偿,在性质上不属于侵权责任,而属于损失的分担,不是基于过错责任承担的赔偿,而是依据公平原则予以的补偿。此外,《民法典》第1192条第2款还规定,"……接受劳务一方补偿后,可以向第三人追偿"。之所以规定接受劳务一方在补偿后享有追偿权,是因为第三人的侵权行为才是造成提供劳务一方遭受损害的主要原因,若不赋予接受劳务一方追偿权,则相当于是放纵第三人的侵权行为,将导致利益失衡,不利于公平的实现。

四、定作人过失责任

《民法典》第1193条规定的是承揽关系中的侵权责任,即"承揽人在完成工作过程中造成第三人损害或者自己损害的,定作人不承担侵权责任。但是,定作人对定作、指示或者选任有过错的,应当承担相应的责任"。定作人原则上不对承揽人在完成工作过程中造成的损害承担侵权责任,但是定作人有特定过错的,应当依据《民法典》第1193条承担相应的责任。

定作人有特定过错,指的是定作人对定作、指示或者选任有过错,此处的过错应当理解为过失,故而,定作人因其定作、指示或者选任过错而承担的责任为定作人过失责任。定作人过失责任具有以下几个特征:首先,定作人过失责任的责任主体是定作人,不包括承揽人;其次,定作人过失责任是因承揽人在完成工作过程中对自己或第三人造成损害而产生的,不包括其他情形;最后,定作人过失责任属于过错责任的特殊类型。[①]

定作人的过错有三种,包括定作过错、指示过错和选任过错。定作过错是

① 参见王利明:《侵权责任法》(第2版),中国人民大学出版社2021年版,第179~183页。

指项目上的过失，[1]即定作人与承揽人签订的承揽合同本身就不合法或不正当。指示过错是指在承揽工作进行中，定作人对承揽人的工作作出了错误的或者违法违规的不当指示，承揽人根据定作人的不当指示工作。选任过错是指定作人在选任承揽人的过程中，出于疏忽、大意等原因，选择了不具有资质或能力的承揽人。

在责任构成方面，定作人过失责任需具备以下要件：首先，行为主体必须是承揽人等独立契约人，这是定作人指示过失责任存在的前提，所谓独立契约人包括但不限于承揽人；其次，承揽人等独立契约人因完成定作事项而使得其自身或他人受到损害；再次，定作人在定作、指示、选任等环节上存在过错；最后，定作人的过失和损害后果之间存在因果关系。[2]

关于定作人责任的承担，根据《民法典》的规定，损害发生后，定作人应当承担与其过错相适应的责任，承担责任的大小，取决于过错程度以及原因力的大小。

第四节　网络侵权责任

随着计算机科学技术的发展，人类的生活发生了革命性变化。互联网的出现，更是在原本的物理空间外建立起了一个与之并行的网络空间，与网络空间相伴而生的是网络空间的侵权行为。不同于发生在现实生活中的传统侵权行为，网络侵权行为专指发生于网络领域这一传播媒介中的侵权行为。[3] 发生在互联网空间的侵权更加容易和隐蔽，侵权造成的损害持续时间更长、波及范围更广，受害者维权更加困难，鉴于网络侵权行为的上述特点，网络侵权责任备受关注。

网络侵权责任相关的法律规范既要保护民事主体的人身、财产权益，又要平衡网络用户、网络服务提供者双方的不同利益需求。在原《侵权责任法》的基

---

① 参见张新宝：《中国民法典释评——侵权责任编》，中国人民大学出版社 2020 年版，第 105 页。

② 参见程啸：《侵权责任法》（第 3 版），法律出版社 2021 年版，第 487 ~ 488 页。

③ 参见李佳伦：《网络侵权行为的过错问题研究》，载《华东政法大学学报》2017 年第 1 期。

础上,《民法典》积极回应公众加强网络侵权保护的呼声,整合最高人民法院关于网络侵权的司法解释以及《电子商务法》的相关条款,《民法典》通过4个法条(第1194条至第1197条)细化并完善了我国网络侵权责任规则:第1194条规定了网络侵权责任的一般规则;第1195条、第1196条完善了避风港原则,细化通知规则并新增反通知规则;第1197条规定了红旗规则(知道规则)。《民法典》与其他的相关法律、行政法规及司法解释,如《消费者权益保护法》《电子商务法》《信息网络传播权保护条例》《侵害信息网络传播权纠纷规定》《利用信息网络侵害人身权益纠纷规定》等,共同构成了与网络侵权责任相关的法律规范体系。

一、网络用户、网络服务提供者的侵权责任

《民法典》第1194条第1句将从侵权责任一般条款中推出的网络侵权责任的一般规则条文化,增强了法律适用的可操作性。[①] 网络侵权责任一般规则的主要内容包括:一是网络侵权的行为主体是网络用户、网络服务提供者,被侵权人为一般的民事主体,包括自然人、法人、非法人组织;二是侵害了他人的民事权益,一般来讲,网络侵权行为主要造成受害人精神性人格权和知识产权等损害,[②]《利用信息网络侵害人身权益纠纷规定》第1条详细列举了网络侵权侵害的民事权益,包括"姓名权、名称权、名誉权、荣誉权、肖像权、隐私权等人身权益",以"等"字兜底,为法律解释的扩大提供了足够空间,如个人信息权益也是网络侵权可能损害的民事权益;三是网络侵权属于一般侵权行为,网络侵权责任的归责原则为过错责任原则(《民法典》第1165条第1款),行为主体承担的责任属于自己责任。

《民法典》第1194条第2句为新增的转致条款:"法律另有规定的,依照其规定。"《消费者权益保护法》《网络安全法》《个人信息保护法》等法律规范中对网络侵权责任有特别规定的,应当优先适用特别规定。譬如,《消费者权益保护法》第44条针对网络交易平台上侵权行为的责任承担规则作出了特别规定,消费者还可以向不能提供销售者或者服务者的真实名称、地址和有效联系方式的

---

① 参见杨立新:《民法典侵权责任编草案规定的网络侵权责任规则检视》,载《法学论坛》2019年第3期。

② 参见王利明:《侵权责任法研究》(第2版)(下卷),中国人民大学出版社2016年版,第125页。

网络交易平台提供者要求赔偿，该规定应当优先适用。

此外，如果网络用户作为网络服务提供者的工作人员，在工作中实施侵权行为，应当由网络服务提供者承担用人单位责任（《民法典》第 1191 条）。如果网络服务提供者与网络用户共同故意实施侵权行为或者教唆、帮助网络用户实施侵权行为，应当承担连带责任（《民法典》第 1168 条、第 1169 条）。

二、网络侵权责任中的避风港原则

（一）概述

互联网发展初期强调对平台的保护，避风港原则被视为网络服务提供者免受侵权责任风暴的避风港，能够平衡权利人、使用者、网络平台方、受众等各方利益。随着网络平台提供服务模式的复杂化、营利化，强调压实平台责任，要求网络服务平台对平台内的经营者、用户的行为负有一定的责任，是网络治理的新方向。司法实践中，应当警惕避风港原则的过度适用。

避风港原则最初只包含通知规则，[①]2006 年施行的《信息网络传播权保护条例》明确规定，通知规则仅适用于"提供信息存储空间"和"提供搜索、链接服务"的网络服务提供者。2012 年，最高人民法院出台的《侵害信息网络传播权纠纷规定》对"避风港原则"进行了细化，对构成"应知"的标准、构成侵权的条件等作出了具有可操作性的规定。原《侵权责任法》第 36 条将"通知规则"的适用对象一般化，针对所有利用网络服务侵害民事权益的情形中的网络服务提供者适用。[②]

避风港原则若是只有通知规则，相当于在法律层面上直接认定当事人的地位不同等，将导致利益关系的失衡。在规定通知规则的基础上，避风港原则必须辅之以反通知规则，才能合理配置、妥当平衡当事人各方的利益关系。[③]《民法典》弥补了这一不足，通过第 1195 条、第 1196 条的规定完善了网络侵权的避

---

① 避风港原则也称"通知移除规则""通知删除规则""通知与取下程序"。参见黄薇：《中华人民共和国民法典侵权责任编解读》，中国法制出版社 2020 年版，第 123 页；杨立新：《〈中华人民共和国侵权责任法〉精解》，知识产权出版社 2010 年版，第 166 页。

② 参见全国人大常委会法制工作委员会民法室编：《中华人民共和国侵权责任法条文说明、立法理由及相关规定》，北京大学出版社 2010 年版，第 151 页。

③ 参见杨立新：《民法典侵权责任编草案规定的网络侵权责任规则检视》，载《法学论坛》2019 年第 3 期。

风港原则,即避风港原则由通知规则和反通知规则共同构成。具体完善内容包括:一是增加了转达通知(第 1195 条第 2 款)和反通知(第 1196 条第 1 款、第 2 款),合理地平衡了权利人、网络服务提供者、网络用户之间的利益;二是增加了对通知和反通知的内容要求(第 1195 条第 1 款第 2 句),避免权利人滥用通知规则,妨害他人合理的行为自由;三是明确了错误通知的侵权赔偿责任(第 1195 条第 3 款第 1 句);四是规定了网络服务提供者及时采取必要措施的义务(第 1195 条第 2 款)。

避风港原则的通知规则和反通知规则可以适用于所有的网络侵权行为。避风港原则的完善,在保护民事主体合法权益的同时,保障了网络服务提供者、网络用户的合理自由,也使网络服务提供者担起了应负的企业责任。

(二)通知规则

通知规则的适用要满足以下前提条件:一是网络用户利用网络服务提供者提供的网络服务实施了侵权行为;二是网络服务提供者没有直接实施侵权行为。①

1. 权利人通知网络服务提供者

《民法典》第 1195 条第 1 款规定的是网络侵权责任中权利人的通知权以及通知权的使用规则,该条款沿袭了《信息网络传播权保护条例》第 14 条、《电子商务法》第 42 条第 1 款的规定。侵权通知的内容包括侵权的初步证据以及权利人的真实身份信息,这两项通知内容缺一不可。首先,提供侵权的初步证据是网络服务提供者初步判断权利人主张网络用户利用网络服务实施侵权行为并非虚假、恶意编造的基本依据,"初步证据"意味着较低的要求标准,权利人只需指出网络用户的具体侵权行为侵害了自己的民事权益。其次,提供权利人的真实身份信息是为了保障通知的真实性,并为网络服务提供者履行转通知义务提供明确的对象。依据最高人民法院 2017 年 3 月 6 日公布的第 83 号指导案例(以下简称 83 号指导案例),包含"被侵权人身份情况、权属凭证、侵权人网络地址、侵权事实初步证据等内容的"的通知即属有效通知,"网络服务提供者自行

① 参见程啸:《论我国〈民法典〉网络侵权责任中的通知规则》,载《武汉大学学报(哲学社会科学版)》2020 年第 6 期。

设定的投诉规则,不得影响权利人依法维护其自身合法权利"。①

2. 网络服务提供者的转通知义务和采取必要措施义务

《民法典》第 1195 条第 2 款规定了网络服务提供者对通知权人负有的转通知义务和采取必要措施的义务,以及违反采取必要措施义务应承担的侵权损害赔偿责任。该条款使用了"及时将该通知转送相关网络用户,并根据构成侵权的初步证据和服务类型采取必要措施"的表述,据此表述判断,转通知义务和采取必要措施义务之履行没有先后顺序之分,既可以先转通知再采取必要措施,也可以先采取必要措施再转通知,还可以在转通知的同时采取必要措施,只要转通知、采取必要措施是"及时"的即可。网络服务提供者未履行"转通知义务"或者"采取必要措施义务",造成权利人损害的,应当依照《民法典》第 1165 条规定的过错责任原则承担侵权责任。

(1)转通知义务

《民法典》第 1195 条第 2 款将"转送通知"规定为网络服务提供者收到通知后应当及时履行的义务。网络服务提供者是网络用户之间相互沟通的桥梁和媒介,是网络空间的居中信息传递者,仅规定权利人的"通知权"而不规定网络服务提供者的"转送通知义务"的话,很可能导致权利人与侵权网络用户之间出现"信息偏差",使得权利人的"通知权"事实上难以得到保障。"转送通知义务"能够使被采取必要措施的网络用户及时知晓被采取必要措施的情况及原因,进而及时行使反通知权保护自己的合法权益。② 转送是否"及时",应当依据《利用信息网络侵害人身权益纠纷规定》第 6 条的规定,根据网络服务的性质、有效通知的形式和准确程度、网络信息侵害权益的类型和程度等因素综合判断,根据网络服务提供者的类型、发出通知的时间、侵权通知的内容等具体情况判断。转送通知"相关网络用户"指的是权利人通知中指明的,利用网络服务侵害其民事权益的自然人、法人、非法人组织。

(2)采取必要措施义务

《民法典》第 1195 条第 2 款规定,网络服务提供者接到通知后,要根据构成

① 威海嘉易烤生活家电有限公司诉永康市金仕德工贸有限公司、浙江天猫网络有限公司侵害发明专利权纠纷案,83 号指导案例。

② 参见杨立新:《网络服务提供者在网络侵权避风港规则中的地位和义务》,载《福建师范大学学报(哲学社会科学版)》2020 年第 5 期。

侵权的初步证据和服务类型采取必要措施。理解该条要把握的核心点是，判断网络服务提供者是否采取了“必要措施”。

有学者主张，对于什么措施是必要措施，立法者不应、不能、也不必要给出刚性规则，这应当属于网络服务提供者自主判断、决策的领域。[①] 事实上，《民法典》对于必要措施的规定，采取的是“列举＋概括”的立法方式。根据《民法典》第 1195 条第 1 款的规定，必要措施包括删除、屏蔽、断开链接等，以“等”字兜底的概括性规定，表明“必要措施”包括但不限于法律规范明确列出的上述 3 种，还包括其他能够制止侵权行为的措施，如网络直播平台的禁止转发、禁止发言、禁止直播、封停账号等措施，网络购物平台的降低信用评级、责令侵权商品下架、关闭网店等措施。83 号指导案例对于“通知规则”中“必要措施”的理解和判断给出了指导，即网络服务提供者是否有采取“必要措施”，应当结合个案的具体证据，“遵循审慎、合理的原则，根据所侵害权利的性质、侵权的具体情形和技术条件等来综合判定”[②]。具体采取何种措施需要综合考量侵权行为的特点、权益侵害的类型、权益损害的严重程度、网络服务者提供服务的类型、满足需求的技术条件等因素。譬如，通知权利人的通知内容为专利侵权等比较复杂的权益侵害时，网络服务平台完全可以先将侵权通知及时转送给被投诉者，在收到被通知者的反通知后，结合双方通知的内容，决定采取何种措施或者是否采取措施。是否采取“必要措施”需要具体问题具体分析，不可能期待形成一个适用于所有的复杂网络侵权的通用模式。

总结来看，判断措施是否“必要”要遵循比例原则：一是该措施能够取得“在技术能够做到的范围内避免相关信息进一步传播”的效果；[③]二是采取的措施应当是“对网络用户最小损害”的措施，即能够满足保护权利人合法权益的需求即可。此种相对开放式的规定，能够满足实践中网络服务的不同类型、网络侵权行为的多种形态等差异化需求。采取必要措施要“及时”，一般认为，在网络侵

---

① 参见薛军：《民法典网络侵权条款研究：以法解释论框架的重构为中心》，载《比较法研究》2020 年第 4 期。

② 威海嘉易烤生活家电有限公司诉永康市金仕德工贸有限公司、浙江天猫网络有限公司侵害发明专利权纠纷案，83 号指导案例。

③ 参见黄薇：《中华人民共和国民法典侵权责任编解读》，中国法制出版社 2020 年版，第 125 页。

权中的及时概念为24小时。[①]

网络服务提供者一旦及时采取了必要措施，便进入避风港，无论是通知权利人还是网络侵权行为人均不得就此要求其承担侵权责任。[②] 需要注意的是，网络服务提供者仅对其未及时采取必要措施所导致的损害的扩大部分与侵权网络用户承担连带责任，“权利人行使通知权之前所遭受的损害由网络侵权行为人独自承担侵权责任”[③]。

（三）反通知规则

《民法典》第1196条第1款规定了反通知权及其行使规则，[④]第2款规定了反通知权行使的法律后果。实践中，并非所有权利人发出通知指控网络用户实施侵权行为都是客观、真实的，其中可能包含错误指控乃至恶意指控。因此，通知规则要给被指控的网络用户以申辩的机会，即被指控的网络用户可以通过初步证据否认权利人的指控。《民法典》第1196条的规定较好地平衡了网络用户与权利人之间的利益关系，兼顾了双方当事人的权益。

1. 反通知权及其行使规则

原《侵权责任法》第36条仅规定了权利人的通知权，而没有规定反通知规则，这等于剥夺了被通知网络用户的申辩机会。故而，《民法典》新增网络用户的反通知权，以充分保障网络用户的表达自由及合法权益。被通知侵权的网络用户收到侵权通知后，应当向网络服务提供者提交不存在侵权行为的声明，声明的内容包括：一是不存在侵权行为的初步证据；二是网络用户的真实身份信息。

2. 反通知权行使的法律后果

《民法典》第1196条第2款规定了反通知权行使后，网络服务提供者因此而应当负有的转送、告知、及时解除必要措施等相关义务。被通知侵权的网络用户没有向网络服务提供者提交不侵权声明的情况下，网络服务提供者不负有

---

① 参见杨立新主编：《东亚侵权法示范法 中英日韩葡文对照》，北京大学出版社2016年版，第37～38页。

② 参见《信息网络传播权保护条例》(2013修订)第23条第1句；《利用信息网络侵害人身权益纠纷规定》(2020修正)第7条。

③ 杨立新：《网络服务提供者在网络侵权避风港规则中的地位和义务》，载《福建师范大学学报(哲学社会科学版)》2020年第5期。

④ 相关法条如《电子商务法》第43条。

上述义务。网络服务提供者未依法履行上述义务,造成权利人损害的,应当依照过错责任原则承担侵权责任(《民法典》第1165条)。

第一,网络服务提供者负有转送声明给权利人的义务以及告知其可以投诉或起诉的义务,没有根据声明作出实质性审查和判断的义务。网络服务提供者履行转送声明义务和告知义务,能够使权利人及时寻求正当途径解决双方侵权纠纷。"向有关部门投诉"中的"有关部门"是指依法负有查处网络侵权行为职责的行政主管部门。①

第二,网络服务提供者负有及时解除对网络用户权益限制措施的义务。网络服务提供者及时终止所采取的措施需要满足以下三个要素:一是转送声明到达权利人,具体到达时间以《民法典》第137条第2款为判断标准。二是经过合理期限,其他法律规范有特别规定的,从其规定,如《电子商务法》第43条第2款规定的15日,《信息网络传播权保护条例》第17条规定的"立即"恢复。其他法律规范没有特别规定的,网络服务提供者可以根据提供服务的类型、采取的必要措施的类型要求权利人在一定的合理期限内提供起诉或者投诉的相关证明,原则上不应当超过15日,特殊情况下由法院在司法实践中根据案件具体情况界定具体的合理期限。三是未收到权利人已投诉或起诉的通知,即权利人在收到转送声明后没有及时投诉或起诉,并将相关机关受理通知书、法院立案通知书等证明文件提供给网络服务提供者。网络服务提供者在一定的合理期限内未收到相关证明的,应当及时终止所采取的措施。网络服务提供者收到相关证明的,应当维持之前所采取的措施。

(四)权利人错误通知的侵权赔偿责任

《民法典》第1195条第3款规定了权利人错误通知的侵权赔偿责任。既往的相关法律规范仅规定权利人的通知造成"网络用户"损失的,应当承担赔偿责任。②《民法典》在沿袭前述法律、法规和司法解释的基础上新增规定,权利人的错误通知给网络服务提供者造成损害的,同样应当承担侵权责任。

权利人错误通知的侵权赔偿责任具有十分重要的意义:首先,权利人的通

---

① 如网信、电信、公安、监督检查等法定部门。参见《网络安全法》第14条第1款,即对危害网络安全的行为向网信、电信、公安等部门举报。

② 参见《电子商务法》第42条第3款、《信息网络传播权保护条例》第24条、《利用信息网络侵害人身权益纠纷规定》第8条。

知一经到达网络服务提供者,网络服务提供者即应采取必要措施,采取的必要措施很可能给网络服务提供者造成纯粹经济利益等损失,也会对被通知的网络用户享受网络服务产生负面影响,通知权的权利人理应对通知的正确性负有责任。其次,网络世界的虚拟性、复杂性等特征导致很多人对自己的行为缺乏责任感或是有意利用规则漏洞侵害他人合法权益,实践中事实上存在虚假陈述、编造证据投诉等恶意投诉行为。[①] 要求权利人对错误通知承担责任,能够约束网络用户,使其审慎地行使通知权,防止网络用户利用通知规则侵害他人权益或进行不正当竞争。

《民法典》第 1195 条第 3 款“应当承担侵权责任”的表述意味着该款为独立的请求权基础。“错误通知”指通知本身的错误,是一种客观错误,只要“因错误通知造成网络用户或者网络服务提供者损害的”便应当承担侵权责任,不考虑权利人对“错误通知”有无过错。适用无过错责任,有其合理性:一方面,权利人在行使通知权时必然知道该权利的行使必将给网络用户或者网络服务提供者造成损害,故而,权利人无论有无过错,都应当对错误通知负责;另一方面,《民法典》规定通知权的行使条件宽松,只需初步证据和权利人的真实身份信息便能够使网络服务提供者对网络用户采取一系列的必要措施,如此宽松的适用条件使得通知权的行使极易造成负外部性影响。错误通知的侵权赔偿责任适用无过错责任,能够遏制滥用通知权的行为,保护网络用户和网络服务提供者的合法权益,保障网络经济有序发展。

《民法典》第 1195 条第 3 款第 2 句规定“法律另有规定的,依照其规定”,该转介性条款给其他法律规范进一步细化或特别规定错误通知的责任留下了空间。[②] 当错误通知发生在法律无特别规定的网络侵权领域时,适用《民法典》第 1195 条第 3 款第 1 句的规定,当其他法律规范有特别规定时,优先适用特别规定。例如,根据《电子商务法》第 42 条的规定,当电子商务平台发生知识产权侵

---

① 参见《民法典立法背景与观点全集》编写组编:《民法典立法背景与观点全集》,法律出版社 2020 年版,第 786 页。

② 如《电子商务法》第 42 条第 3 款规定恶意发出错误通知之人应当“加倍承担赔偿责任”的惩罚性赔偿规定。《中华人民共和国政府和美利坚合众国政府经济贸易协议》第 1.13 条“打击网络侵权”中要求我国“免除善意提交错误下架通知的责任”,该协议与《民法典》的衔接也有赖于《民法典》第 1195 条第 3 款第 2 句。

权时，权利人的错误通知对“平台内经营者”造成损害的，适用惩罚性赔偿。对“网络服务的提供者——平台”造成损害的，其责任承担适用《民法典》第1195条第3款第1句的规定。

三、网络侵权责任中的红旗规则

《民法典》第1197条规定了网络侵权的“红旗规则”（也称“知道规则”），当网络服务提供者知道或者应当知道发生在自己网络服务中的侵权行为，却无动于衷的，属于放任侵权损害发生，有间接故意的主观心态，其行为相当于共同侵权行为中的帮助行为，应当与网络用户一起承担连带责任。[①] 适用“知道规则”时，需要考虑的主要问题是网络服务提供者是否存在过错，即网络服务提供者是否是“知道或者应当知道”侵权行为而“未采取必要措施”。

（一）知道或者应当知道

原《侵权责任法》第36条规定的主观要件是“知道”，对于“知道”的理解与适用，学界存在不同观点：其一，知道仅限于明知，不包括应知；[②]其二，知道包括明知和应知；[③]其三，知道包括明知和已知，不包括应知。[④]《民法典》第1197条明确“知道规则”的主观要件为“知道”或者“应当知道”，使法律概念更加准确，使这一法律规范完整、具体，一定程度上回应了因原《侵权责任法》第36条规定而产生的争议。

法学理论上，一般用“不知道”“可能知道”“应当知道”“明知”等来表述认知者（民事主体）与被认知对象之间的认知关系，侵权责任法中认定侵权人承担责任的主观要求通常是“明知或者应知”，[⑤]而《民法典》第1197条规定的是“知道”或者“应当知道”。“应当知道”是指依据生活常识、公知事实、“理性”民事主体经验等得出的推论，虽然网络服务提供者可能确实不知道存在网络侵权行为，但是以一个理性、谨慎、具有网络专业知识的网络服务提供者应当有的水准

---

① 参见吴汉东：《侵权责任法视野下的网络侵权责任解析》，载《法商研究》2010年第6期。

② 参见王利明：《侵权责任法研究》（第2版）（下卷），中国人民大学出版社2016年版，第143页。

③ 参见吴汉东：《论网络服务提供者的著作权侵权责任》，载《中国法学》2011年第2期；沈森宏：《论〈侵权责任法〉网络侵权“知道规则”的适用》，载《法律适用（司法案例）》2018年第10期。

④ 参见杨立新：《简明侵权责任法》，中国法制出版社2015年版，第219页。

⑤ 参见张新宝：《中国民法典释评——侵权责任编》，中国人民大学出版社2020年版，第114页。

来判断，网络服务提供者应当知道侵权行为的存在。“知道”究竟是只包括“明知”，还是既包括“明知”也包括“可能知道”，法律并没有作出明确规定，根据司法实践来看，“知道”包括“明知”与“可能知道”。司法实践中，认定网络服务提供者是否“知道”，应当考量《利用信息网络侵害人身权益纠纷规定》第6条规定的相关因素与案件相关的事实进行综合判断：一是考量网络服务者的规模及其提供的服务类型，如“韩某与北京百度网讯科技有限公司侵害著作权纠纷案”中，①法院认为，根据北京百度网讯科技有限公司（以下简称百度公司）对侵权行为的预见水平和实际控制能力，结合其他因素和案件相关证据，百度公司应有合理的理由知道涉案文档侵权，应认定其存在过错；二是考量网络用户侵权的时间、影响范围、影响法益的严重程度，如“林某某、湖北荆楚网络科技股份有限公司名誉权纠纷案”中，②法院认定湖北荆楚网络科技股份有限公司承担侵权责任的重要理由便包括侵权时间长（涉案帖子存续时间达7年之久）和影响大（涉及革命先烈及其后代的名誉）等因素。结合《利用信息网络侵害人身权益纠纷规定》第6条的规定与司法实践来看，“知道”事实上包含了“明知”与“可能知道”，对于反复存在、非常明显、一望可知的侵权行为，网络服务提供者没有躲避责任承担的借口。

网络服务提供者只有在“知道或者应当知道”网络用户利用网络服务从事侵权行为，且没有采取必要措施时，才与侵权的网络用户承担连带责任。被侵权人对此负有举证责任，无法证明的，适用《民法典》第1195条的规定。③

（二）未采取必要措施

网络服务提供者必须是知道或者应当知道网络用户利用其网络服务侵害他人民事权益，且没有采取必要措施，才与该网络用户承担连带责任。如果网络服务提供者知道或者应当知道网络用户利用其网络服务侵害他人民事权益，但及时根据侵权行为的特点采取了诸如断开链接、屏蔽、下架、删除等“必要措施”的，网络服务提供者无须承担侵权责任。“知道规则”中的必要措施与“通知规则”中的必要措施应当作同义理解。

---

① 参见北京市海淀区人民法院民事判决书，（2012）海民初字第5558号。

② 参见沈森宏：《论〈侵权责任法〉网络侵权“知道规则”的适用》，载《法律适用》2018年第10期。

③ 参见王利明主编：《中华人民共和国侵权责任法释义》，中国法制出版社2010年版，第161页；张洪建、徐银波：《侵权责任法法条精义与案例指导》，法律出版社2010年版，第124页。

第五节　安全保障义务人责任

一、概述

(一)安全保障义务责任的发展与完善

安全保障义务源于德国法的“社会安全义务”[①],该义务通过德国法院的一系列判例形成。[②] 我国于21世纪初开始引入安全保障义务,司法实践中首次适用“安全保障义务”的案件是“王某某、张某某诉上海银河宾馆赔偿纠纷案”,法院判定上海银河宾馆违反安全保障义务这一合同义务,应当承担责任。[③] 自此,“安全保障义务人的责任”成为理论界、实务界关注的重点法律问题。

有关“安全保障义务”的规定,最早见于最高人民法院2003年的《人身损害赔偿解释》第6条,[④]随后,在总结司法实践经验与司法解释规定的基础上,原《侵权责任法》第37条对“安全保障义务”作出了明确规定。《民法典》第1198条扩大了安全保障义务人责任的适用范围,并增加规定了安全保障义务主体承担补充责任后的追偿权。

《民法典》第1198条第1款明确规定了两项内容:一是安全保障义务的义务主体;二是未尽到安全保障义务造成他人损害的,安全保障义务人应当承担侵权责任。对于《民法典》第1198条第1款是否有独立的价值,学界存在争议。有学者认为,违反安全保障义务责任的归责原则为一般过错责任原则,与《民法典》第1165条这一一般条款相比没有特殊之处,从请求权基础、立法体系等维度考量,难以证成《民法典》第1198条第1款单独存在的正当性与逻辑自洽性,

① 参见关宁宁、张长青:《客运承运人安全保障义务的合理限度》,载《江西社会科学》2015年第4期。

② 参见[德]马克西米利安·福克斯:《侵权行为法》(第5版),齐晓琨译,法律出版社2006年版,第100~101页。

③ 参见王某某、张某某诉上海银河宾馆赔偿纠纷案,载《最高人民法院公报》2001年第2期。

④ 《人身损害赔偿解释》2020年修正版、2022年修正版已删除了该条规定。

故而认为《民法典》第1198条第1款存在冗余之嫌。[①] 也有学者认为,《民法典》第1165条规定的"行为人"仅指实施了侵害行为的积极行为人,不包括消极行为人,《民法典》第1165条的涵摄范围不包括不作为侵权责任,[②]《民法典》第1198条第1款则是对消极不作为侵权的规制。有学者将上述分歧归结为《民法典》第1165条这一一般条款能否类型化的问题,[③]就一般条款能否、应否类型化,持反对观点的学者认为,类型化的前提是一般条款难以适用,或者有助于法官准确掌握特殊的归责条件,[④]类型化会造成不必要的立法资源浪费。[⑤] 持赞同观点的学者认为,类型化可以使侵权责任法更加具体、明确,便于司法适用,对一般条款应当实行部分类型化。[⑥] 很明显,经过立法者综合考量立法传统、法律适用、正当性与必要性等多种原因,我国《民法典》承继了原《侵权责任法》的规定,仍然对"安全保障义务人责任"这一类型化责任作出了特别规定。

《民法典》第1198条第2款明确规定了第三人介入导致损害发生时的责任承担规则:一是由第三人承担侵权责任;二是未尽到安全保障义务的安全保障义务人承担补充责任;三是补充责任人享有追偿权。

(二)安全保障义务的性质

对于安全保障义务究竟是法定义务还是约定义务,该义务之违反究竟承担侵权责任还是违约责任,学界存在诸多争议。有学者主张安全保障义务是基于

① 参见侯国跃、刘玖林:《安全保障义务:属性识别与责任分配——兼评〈民法典侵权责任编(草案第三次审议稿)〉第973条》,载《北方法学》2020年第1期。

② 参见张新宝:《侵权责任一般条款的理解与适用》,载《法律适用》2012年第10期。持相反观点的学者认为,立法者对原《侵权责任法》第6条第1款的行为人之行为并未区分作为和不作为,所以一般过错责任条款应当包括不作为。参见王利明、周友军、高圣平:《侵权责任法疑难问题研究》,中国法制出版社2012年版,第4页。王泽鉴先生亦认为侵权行为之成立并不仅局限于积极行为,还包括消极行为。参见王泽鉴:《侵权行为》,北京大学出版社2009年版,第89~90页。

③ 参见侯国跃、刘玖林:《安全保障义务:属性识别与责任分配——兼评〈民法典侵权责任编(草案第三次审议稿)〉第973条》,载《北方法学》2020年第1期。

④ 参见王利明:《我国侵权责任法的体系构建——以救济法为中心的思考》,载《中国法学》2008年第4期。

⑤ 参见房绍坤:《论侵权责任立法中的一般条款与类型化及其适用》,载《烟台大学学报(哲学社会科学版)》2009年第3期。

⑥ 参见全国人大常委会法制工作委员会民法室编:《侵权责任法立法背景与观点全集》,法律出版社2010年版,第6页;杨立新:《制定侵权责任法应着力解决的五个问题》,载《河北学刊》2008年第3期。

信赖关系而产生的合同义务,[①]在"王某某、张某某诉上海银河宾馆赔偿纠纷案"中,司法机关的判决即认为双方形成合同关系,安全保障是宾馆的一项合同义务,宾馆未履行对王某某的该项义务,应当承担责任。[②] 有学者主张安全保障义务是法定义务,我国实证法中有大量的法律法规直接规定了安全保障义务,从安全保障义务的主体范围、保障对象、法律后果等维度亦可以证成安全保障义务的法定性。[③] 有学者主张安全保障义务既不是合同义务也不是法定义务,而是与英美法系的注意义务同质。[④] 该观点忽略了英美法上的"注意义务"来源包括的法律仅指公法,限缩了安全保障义务的适用范围。有学者主张应兼采法定义务和注意义务,即安全保障义务源于法律规定、行业习惯、合同约定及基于特定关系而负有的注意义务。[⑤] 还有学者主张安全保障义务既是法定义务,亦是合同义务。[⑥]

无论主张安全保障义务是法定义务,还是合同义务,都有其合理性,却也存在不周延之处,"安全保障义务既是法定义务,亦是合同义务"的观点更加能够兼顾实践中复杂的安全保障需求,通过法定义务、约定义务、附随义务等多种义务来源,能够实现对民事主体人身、财产权益安全的周延保护。

首先,民事主体维护其人身、财产利益的前提是"安全"得到保障。因此,对于特定情形下的特定主体保障他人人身、财产安全的义务,有必要通过法律规

---

① 参见刘言浩:《宾馆对住客的保护义务——王利毅、张丽霞诉上海银河宾馆损害赔偿上诉案评析》,载《法学研究》2001 年第 3 期。

② 王某某、张某某诉上海银河宾馆赔偿纠纷案,载《最高人民法院公报》2001 年第 2 期。

③ 将安全保障义务认定为法定义务符合我国法律法规所建立起来的义务体系模式。参见张新宝、唐青林:《经营者对服务场所的安全保障义务》,载《法学研究》2003 年第 3 期;陈曦、王菁:《户外运动组织者违反安全保障义务的侵权责任》,载《甘肃政法学院学报》2007 年第 6 期;龙著华、吴静煌:《论群众性体育活动组织者的安全保障义务》,载《广东外语外贸大学学报》2018 年第 2 期。

④ 英美法上的"注意义务"是指行为人应采取合理的注意而避免给他人的人身或财产造成损害的义务,对该义务的违反将构成过失侵权。英美法上的"注意义务"的来源包括法律(仅指公法)、习惯和惯例以及理性人的谨慎注意。参见毛大春、王枫:《英国侵权法上的注意义务评述》,载梁慧星主编:《民商法论丛》第 21 卷,金桥文化出版有限公司 2001 年版;麻锦亮、张丹:《论安全保障义务的性质》,载《云南大学学报(法学版)》2005 年第 5 期。

⑤ 参见王利明:《侵权责任法研究》(下),中国人民大学出版社 2011 年版,第 163 页。

⑥ 参见杨立新:《侵权法论》,人民法院出版社 2011 年版,第 434 页;杨立新:《侵权责任法》(第 4 版),法律出版社 2021 年版,第 326 页。违反安全保障义务责任原则上属于侵权责任,但是不排除适用合同责任的情形,以给受害人周全保护。参见周诚友、张伟:《港口企业对非经营业务相对人的安全保障义务》,载《人民司法(案例)》2018 年第 8 期。

范直接作出明确规定。同时，法律直接规定安全保障义务能够避免当事人事先通过约定排除自身安全保障义务，[①]更有助于保护弱者的利益。

其次，通说均认为安全保障义务可源于合同义务。[②] 将合同义务界定为安全保障义务的来源，能够弥补法定安全保障义务之保障不足，有助于充分救济损害。[③] 该合同义务既包括合同约定的注意义务，根据意思自治原则，当事人约定安全保障义务的，当然要尊重当事人的自主意思，如旅客运输合同中，旅客的人身安全保障义务就是合同义务；[④]也包括合同的附随义务，附随义务源于民法中的诚实信用原则，[⑤]不因当事人之约定而改变其性质，如餐厅、宾馆在向顾客提供用餐、住宿服务的同时，按照诚信原则，也应当对接受服务的顾客的人身安全负有保障义务。

综上，负有安全保障义务之主体在违反安全保障义务时，可能会发生侵权责任与违约责任的竞合，根据《民法典》第186条，被侵权人可以基于自己的利益需求，选择行使最有利于自己的请求权以救济自己的权利。

（三）安全保障义务的义务主体

《民法典》第1198条第1款列举了负有安全保障义务的主体，包括："经营场所、公共场所的经营者、管理者"和"群众性活动的组织者"。

1. 经营场所、公共场所的经营者、管理者

鉴于公共场所既包括以公众为对象进行商业性经营的场所，也包括对公众提供服务的场所，[⑥]有学者认为，将经营场所与公共场所在同一法条中并列规定有悖法律逻辑，应当删除"经营场所"。[⑦] 为突出强调经营场所的经营者、管理者属于安全保障义务的主体，《民法典》第1198条第1款将经营场所与公共场

---

① 如《消费者权益保护法》（2013修正）第7条、第18条等规定。

② 参见杨立新：《侵权责任法》（第4版），法律出版社2021年版，第326页。安全保障义务系给付义务还是附随义务，其区别不在于当事人是否予以明确约定，而在于该义务所保护的利益：若为保护或协助实现债权人的履行利益，则为给付义务；若为保护债权人的固有利益，则为附随义务。参见侯国跃：《契约附随义务研究》，法律出版社2007年版，第56～57、73～85页。

③ 参见侯国跃、殷昭仙：《德国附随义务理论诞生的社会背景》，载《法学杂志》2010年第11期。

④ 参见崔建远主编：《合同法》（第5版），法律出版社2003年版，第414页。

⑤ 参见麻锦亮、张丹：《论安全保障义务的性质》，载《云南大学学报（法学版）》2005年第5期。

⑥ 参见王利明主编：《中华人民共和国侵权责任法释义》，法律出版社2010年版，第201页。

⑦ 参见侯国跃、刘玖林：《安全保障义务：属性识别与责任分配——兼评〈民法典侵权责任编（草案第三次审议稿）〉第973条》，载《北方法学》2020年第1期。

所并列规定。

对于经营场所、公共场所的范围,《民法典》第1198条第1款明确列举了“宾馆、商场、银行、车站、机场、体育场馆、娱乐场所”。经营场所、公共场所通常是向公众开放,供不特定主体进出或者活动的地点,不向公众开放或不用于公开经营活动而仅供特定人员出入的地方并非公共场所。以“等”字兜底,意味着“经营场所、公共场所”还包括《民法典》明确列举之外的其他场所,如餐厅[①]、茶楼、洗浴中心、旅游服务机构[②]、建筑物内、生产企业、集贸市场、展览馆、博物馆、图书馆、大学校园、动物园、游乐园、公园、交通运输中心、公共运输工具(汽车、火车、航空、船舶等)的内部空间、电信营业厅、医院等向公民开放的公共场合。

经营者是从事有偿活动,即通过提供商品或者服务而取得金钱对价的自然人、法人、非法人组织。基于风险收益相当的原理,从事有偿活动的经营场所的经营者、管理者应当对进入其经营场所的消费者承担较高的安全保护义务。管理者是指对公共场所具有管理权、掌控力的自然人、法人、非法人组织,是否属于公共场所管理者,并不简单地以物权所有关系为评判标准,主要是看是否管理、控制该公共场所,管理权和控制力的获得,可能基于物权关系,可能基于债权关系,也可能是法律直接规定,如物业服务公司基于与物业所有权人订立的物业服务协议,在物业服务范围内,对业主共有部分行使运营管理权力,负有保障业主的人身、财产利益的安全保障义务(《民法典》第942条)。

2. 群众性活动的组织者

群众性活动是指面向社会公众举办的或者向不特定社会公众开放的文化活动、体育活动、经济活动、教育培训活动等社会活动,如展销会、博览会、人才招聘会、烟花表演、游园会、组团自助游等。群众性活动的组织者是指具体负责组织、实施群众性活动的单位或者个人。对于发生在经营场所、公共场所内的群众性活动,经营场所、公共场所的经营者、管理者和群众性活动的组织者均为安全保障义务人,需根据各自的过错承担违反安全保障义务之责任。

---

① 参见李某、龚某诉五月花公司人身伤害损害赔偿纠纷案,载《最高人民法院公报》2002年第2期。

② 参见焦某某与江苏省中山国际旅行社有限公司、第三人中国康辉南京国际旅行社有限公司旅游侵权纠纷案,载《最高人民法院公报》2012年第11期。

二、安全保障义务人侵权责任的构成要件

安全保障义务人侵权责任的构成要件为：存在违反安全保障义务的行为；行为人具有过错；造成了他人损害的损害事实；侵权行为与损害事实之间存在因果关系。违反安全保障义务责任的归责原则为过错责任原则，没有过错则不承担责任，这在学界的意见较为一致。①

（一）违反安全保障义务的行为

不同的安全保障义务主体在不同的情况下，需要承担的安全保障义务的具体内容也不完全相同。何为违反安全保障义务的行为，应当根据实际情况，综合考虑以下因素进行判断。

1. 法定义务

为保障个人的人身、财产安全，我国许多法律、行政法规、规章、条例都规定了相关主体的具体的安全保障义务性规范，如《消防法》第 20 条、《营业性演出管理条例》第 19 条、《娱乐场所管理条例》第 21 条等明确规定了保证观众在进行重大群众性活动或者经营性演出活动时的安全要求。在判断经营者、管理者、组织者是否尽到安全保障义务时，首先要查阅上述有关法律、法规的条款并根据侵权行为人的具体行为来确定安全保障义务主体是否履行了相关法定义务。由此可见，法定义务是判定安全保障义务主体的行为是否违反安全保障义务的一项关键指标。②

2. 善良管理人的标准

对于法律没有明确规定安全保障义务人的行为标准的情形，法国最高法院的判例采“善良家父”的判断标准。安全保障义务人的安全保障义务，应当考虑义务人防范、遏制危害的能力，应当要求安全保障义务人在其能够承受的必要限度内履行安全保障义务。必要限度的界定，要参照善良管理人的标准，即安全保障义务人的行为只要符合同类安全保障义务人在类似的场合、类似的问题上的知识能力、经验水平、行业规范、习惯行为，即为达到了善良管理人的标准。

---

① 参见张新宝：《侵权责任法原理》，中国人民大学出版社 2005 年版，第 281 页。

② 并非法律、行政法规中对经营者、管理者或组织者施加的所有义务都可以作为判断其是否履行了安全保障义务的标准。纯粹行政管理性的，而非以保护人身财产安全为目的义务，不能作为认定的标准。

例如,在李某、龚某诉五月花公司人身伤害损害赔偿纠纷案中,[①]受害者是因为其他顾客自带的被犯罪分子伪装成酒的爆炸物爆炸而受伤的,饭店接受消费者自带酒水是餐饮行业的惯例,没必要、也没条件要求经营者如同乘坐航班那样严密地检查消费者带进饭店的酒,况且该爆炸品外包装酷似真白酒,一般人单凭肉眼也不易辨认。作为经营者的五月花餐厅达到了"善良管理人"合理、审慎、小心的标准,且显然无法预料与阻止此类危险情况,其行为并没有违反其应负的安全保障义务。

3. 是否获利

基于报偿理论,有偿活动的受益者自然应当承担更多的注意义务,这种高度的义务要求会迫使受益者将收入中的一部分作为预防和制止损害发生的成本。根据利益与风险相当的基本原理,相较于提供有偿活动的主体,提供无偿活动的主体的注意义务应当更低,即要么不要求其具有人身安全保护的义务,要么即使确认其具有生命安全保障之义务,但也要从严把握合理程度。收费儿童游乐园的经营者、管理者,应对游乐园中玩耍的儿童负有生命安全保障义务,包括采取防止儿童受伤的措施的义务、及时检修游乐设施的义务、儿童受到伤害时的协助救治义务等。而免费向公众开放的儿童公园,对公园管理者的安全保障义务,较之收费的儿童乐园要低,一般要求公园的管理者及时消除威胁儿童安全的潜在危险、向公众公示公园的安全须知,公园管理者尽到防范安全风险义务的,不要求其对儿童的人身损害承担责任。

4. 经营场所、公共场所、群众性活动的具体客观情况

群众性活动的规模、危险系数、复杂程度、关涉的不特定主体数量等,以及经营场所从事的经营性活动性质、公共场所的服务目的、上述场合发生各种人身伤害或财产损失的概率等,都会不同程度地影响安全保障义务之标准。根据场所和活动的客观情况进行经验判断,越是可以预料、可以避免的风险,安全保障义务人更应该注意避免、加以控制,如未避免或控制,即为违反安全保障义务。例如,上海世界博览会和某一学校举办的小型展览会相比,由于参加人数、活动场地、社会影响力等各种不可控制因素的差别,对活动的组织者的注意义

---

① 参见李某、龚某诉五月花公司人身伤害损害赔偿纠纷案,载《最高人民法院公报》2002 年第 2 期。

务的要求必然不同,上海世界博览会的举办持续周期更长、面向公众范围更广、参加人数更多、安全隐患更高,前者对于组织者的安全保障义务的要求较之后者显然高得多。旅游区的人群密集、客流量大的公共场合和人迹罕至的公共场合相比,显然前者对管理人的要求更高。

5. 安全保障义务人与被保护人的关系

通常来讲,被保护人进入到特定场所、参加特定活动,可能是基于自主的选择,也可能是基于双方的合意。对于主动进入经营场所、公共场所的人,经营场所、公共场所的经营者、管理者仅负有告知隐蔽性危险的义务和采取必要的措施防范危险发生的义务。对于安全保障义务人与被保护人之间有合同关系的,具体的安全保障义务依双方约定或是合同的附随义务判定,安全保障义务人未履行约定义务或者附随义务的,即为违反安全保障义务。

(二)违反安全保障义务的行为人具有过错

安全保障义务人承担的侵权责任属于过错责任,责任的成立、责任范围、责任分配与安全保障义务人的过错密切相关,被侵权人一方对安全保障义务人的过错负有举证责任。过错在于判定行为人的思想意识是否处于疏忽或不谨慎的态度,[①]包括故意与过失两种心理状态,违反安全保障义务的义务人的过错性质,应是未尽注意义务的过失,不包括故意。安全保障义务人主观具有故意的,属于故意侵权,[②]不适用《民法典》第 1198 条。

法国侵权法将过错表述为"行为人违反他有可能知悉和遵守的义务的行为",我国司法实践中对过错的判断实则也不去真正探究义务人的主观心理状态[③],而是体现为对足以表明行为意志状态的客观事实进行综合性判断。[④] 判断安全保障义务人是否存在过失,可依据以下标准:一是安全保障义务人的行

① 参见周友军:《德国民法上的违法性理论研究》,载《现代法学》2007 年第 1 期。

② 参见杨立新:《侵权责任法》(第 4 版),法律出版社 2021 年版,第 331 页;曹险峰:《〈侵权责任法〉第 12 条之按份责任正当性论证——兼论第 12 条与第 37 条第 2 款的关系》,载《苏州大学学报(哲学社会科学版)》2014 年第 2 期;李中原:《论违反安全保障义务的补充责任制度》,载《中外法学》2014 年第 3 期。

③ 参见江必新、何东宁等:《最高人民法院指导性案例裁判规则理解与适用》(侵权赔偿卷一),中国法制出版社 2014 年版,第 196 页。

④ 参见王卫国:《过错责任:第三次勃兴》,中国法制出版社 2000 年版,第 252 ~ 253 页;江苏省南京市鼓楼区人民法院民事判决书,(2015)鼓民初字第 1012 号。

为是否达到了法律、法规、规章等法律规范要求的注意义务,是否达到了合同约定、行业惯例等要求达到的注意程度,如果达到了,则安全保障义务人不存在过失;二是安全保障义务人是否达到同类安全保障义务人的注意义务,或者善尽"诚信、善良管理人"之注意义务。[①]

(三)损害事实

根据《民法典》第1198条的规定,安全保障义务之违反应当造成"他人损害",损害包括人身损害、财产损害。人身损害包括健康权、生命权、身体权等受到损害的事实,人身损害伴随有精神痛苦损害的,可以就此请求精神损害赔偿。财产损害指违反安全保障义务给他人造成的直接财产损失,不包括债权等其他财产权中的期待利益损失。

(四)因果关系

安全保障义务人违反安全保障义务的行为与他人人身、财产损害的事实之间应当存在引起与被引起的关系。被侵权人无论是因安全保障义务人的行为直接受到侵害,还是因第三人的行为而直接受到侵害,都要求损害事实与安全保障义务人违反安全保障义务的行为存在因果关系。第三人故意侵权的情形下,如果安全保障义务人履行了其安全保障义务,但是损害依然发生的,安全保障义务人不承担侵权责任。

三、违反安全保障义务的责任承担

(一)自己责任

自己责任是行为人为自己的行为承担侵权责任的形态,即行为人和责任人是同一人。[②]《民法典》第1198条第1款规定的责任是自己责任,即安全保障义务人违反安全保障义务造成被保护人的人身、财产损害的,应当承担侵权责任。安全保障义务人的自己责任具有以下特征:一是安全保障义务人自己实施了违反安全保障义务的行为;二是安全保障义务人自己实施的违反安全保障义务的行为造成了损害;三是安全保障义务人对其违反安全保障义务的行为造成的损害承担责任。

---

① 参见张新宝:《侵权责任法原理》,中国人民大学出版社2005年版,第281页。

② 参见梁慧星主编:《中国民法典草案建议稿》,法律出版社2003年版,第310页。

需要注意的是,经营场所、公共场所的经营者、管理者或者群众性活动的组织者所雇佣的工作人员实施了违反安全保障义务的具体行为,符合用人单位责任的,经营场所、公共场所的经营者、管理者或者群众性活动的组织者实质上是根据《民法典》第 1191 条或第 1192 条承担的替代责任。经营场所、公共场所的经营者、管理者或者群众性活动的组织者承担赔偿责任后,可以向有故意或重大过失的工作人员追偿。

(二)补充责任

1. 安全保障义务人的补充责任

《民法典》第 1198 条第 2 款规定了第三人介入造成他人损害的情况下的责任承担问题。第三人是直接责任人,基于自己责任原则,其应当为自己的侵权行为承担全部责任。然而,立法者基于对安全保障义务人与被侵权人利益的衡量,为防止因第三人赔偿能力不足或下落不明等原因,导致被侵权人无法得到充分救济,《民法典》第 1198 条第 2 款规定在第三人介入的情况下,安全保障义务人承担相应的补充责任。

(1)《民法典》第 1198 条第 2 款的适用情形

《民法典》第 1198 条第 2 款的适用情形为,安全保障义务人具有主观过失且第三人具有主观故意。

第一,安全保障义务人的主观态度为过失。违反安全保障义务构成侵权责任时,安全保障义务人的主观心态应当是过失。此外,第三人介入时,安全保障义务人承担的是补充责任,无论是从道德传统还是从法感情上考量,抑或根据比例原则与过错比较规则,都很难认同故意侵权的安全保障义务人仅承担补充责任。源自故意行为的责任和源自过失行为的责任应遵循不同的规则,[①]安全保障义务人故意侵权的,应与第三人承担连带责任。

第二,第三人的过错应当限缩解释为故意。《民法典》第 1198 条第 2 款对第三人的主观心态没有作出明确规定,就主观过错而言,第三人的过错无外乎为故意或者过失。安全保障义务人的过错应当为过失,那么安全保障义务人的主观心态和第三人的主观心态可以有两种组合,“安全保障义务人过失、第三人过失”和“安全保障义务人过失、第三人故意”。一是“安全保障义务人过失、第

---

① 参见邬砚:《侵权补充责任研究》,法律出版社 2015 年版,第 244 页。

三人过失”,同时存在第三人的侵害行为与安全保障义务人违反安全保障义务的行为时,才产生安全保障义务人的补充责任,虽然第三人的侵权行为是损害发生的根源,但安全保障义务人如果履行了安全保障义务,损害可能不会扩大甚至不会发生。[①] 在安全保障义务人和第三人都具有过失的情形下,要求安全保障义务人仅承担补充责任,却要求第三人承担最终责任,显然有悖公平,“安全保障义务人过失、第三人过失”的情形应当直接适用《民法典》第1172条。[②] 二是“安全保障义务人过失、第三人故意”,补充责任具有从属性,意味着安全保障义务人在承担责任顺位、责任赔偿等方面都从属于第三人主导的直接责任,第三人具有故意的情形下,即使安全保障义务人尽到了安全保障义务,可能也无法避免损害的发生。第三人故意、安全保障义务人过失时,安全保障义务人的主观可责难性较低,使其仅承担补充责任具有正当性与合理性。因此,应对第三人的过错形态作出限缩解释,安全保障义务人承担补充责任以第三人故意为前提。[③]

(2)相应的补充责任

“补充责任”首次规定于最高人民法院于2003年公布的《人身损害赔偿解释》第6条,对于补充责任的性质,学界众说纷纭。一是新型责任说,认为补充责任是与按份责任、连带责任相对应的一种新型责任,[④]补充责任与按份责任、连带责任、不真正连带责任虽有相似,但并不等同,具有独立的地位。[⑤] 二是不真正连带责任说,认为补充责任是不真正连带责任中的一个类型。[⑥] 三是多元责任体系说,认为违反安全保障义务的责任是一个责任体系,该责任体系包括按份、连带、不真正连带责任多种责任形态。[⑦] 无论采何种学说,都充分表明了

---

① 若安全保障义务人积极作为仍会发生损害,安全保障义务人的行为与损害间也就没有因果关系,也就不会发生安全保障义务人的补充责任。参见郭明瑞:《补充责任、相应的补充责任与责任人的追偿权》,载《烟台大学学报(哲学社会科学版)》2011年第1期。

② 参见郭明瑞:《侵权责任法适用中的问题及对策》,载《法制日报》2015年12月30日,第9版。

③ 郭明瑞:《补充责任、相应的补充责任与责任人的追偿权》,载《烟台大学学报(哲学社会科学版)》2011年第1期。

④ 参见张新宝:《我国侵权责任法中的补充责任》,载《法学杂志》2010年第6期。

⑤ 参见李凤翔:《论安全保障义务人之相应的补充责任》,载《东南大学学报(哲学社会科学版)》2017年12月增刊。

⑥ 参见杨立新:《论不真正连带责任类型体系及规则》,载《当代法学》2012年第3期。

⑦ 参见李中原:《论违反安全保障义务的补充责任制度》,载《中外法学》2014年第3期。

补充责任的独特性，依据文义解释，“补充”有补足、充实之意，补充责任的实质为补足直接责任人责任承担之不足，故而，被侵权人须先向直接侵权人请求赔偿，在无法向直接侵权人索赔或者直接侵权人赔偿能力不足时，才可以要求安全保障义务人承担补充责任。“相应的”表明，安全保障义务人并不对全部的损害后果承担赔偿责任，补充责任的承担范围，应当以因其过错造成的应当能避免却并未避免的损害范围来确定，[①]同时还要综合考量原因力的大小、能够防止或制止损害的范围等多种因素加以判断。[②]

2. 安全保障义务人的追偿权

对于安全保障义务人的追偿权，2003 年公布的《人身损害赔偿解释》第 6 条第 2 款作出了明确规定，原《侵权责任法》第 37 条却并未规定。原《侵权责任法》未作出与《人身损害赔偿解释》第 6 条第 2 款相同的规定，是否表明立法者未接受司法解释关于安全保障义务人追偿权规定的精神，在《民法典》制定前，学界对此颇有争议。[③]《民法典》编纂过程中，立法者更倾向于肯定安全保障义务人的追偿权，[④]因此，《民法典》第 1198 条第 2 款第 2 句明确规定了安全保障义务人享有向第三人追偿的权利，实为合理、妥当的方案。

第一，第三人故意侵权的情形下，第三人的侵权行为是损害发生的主要原因、根本原因。要求怠于履行义务的安全保障义务人承担补充责任，是为了更加充分地救济被侵权人，不是为了免除故意侵权的第三人的侵权责任，否定安全保障义务人的追偿权可能导致第三人故意侵害他人合法权益时，恶意利用安全保障义务人的过失规避承担责任。故意侵权具有强烈的反社会性，故意侵权

---

① 参见郭明瑞：《补充责任、相应的补充责任与责任人的追偿权》，载《烟台大学学报（哲学社会科学版）》2011 年第 1 期。

② 参见李凤翔：《论安全保障义务人之相应的补充责任》，载《东南大学学报（哲学社会科学版）》2017 年 12 月增刊。

③ 对于安全保障义务人是否有追偿权，持肯定论观点，参见侯国跃：《中国侵权法立法建议稿及理由》，法律出版社 2009 年版，第 220 页。持否定论观点，参见王利明主编：《中国民法典学者建议稿及立法理由 · 侵权行为编》，法律出版社 2005 年版，第 71 页；王利明：《侵权责任法研究》（下），中国人民大学出版社 2011 年版，第 182 页；郭明瑞：《补充责任、相应的补充责任与责任人的追偿权》，载《烟台大学学报（哲学社会科学版）》2011 年第 1 期；程啸：《侵权责任法》（第 2 版），法律出版社 2015 年版，第 468 页。

④ 《民法典 · 侵权责任编（草案民法室室内稿）》第 34 条、《民法典 · 侵权责任编（草案第一次审议稿）》第 973 条、《民法典 · 侵权责任编（草案第二次审议稿）》第 973 条、《民法典 · 侵权责任编（草案第三次审议稿）》第 973 条皆规定了补充责任人的追偿权。

人最终承担全部责任是比较法上较为共同的规则,[①]因此,赋予安全保障义务人追偿权,将第三人作为最终责任人,[②]彰显了法律对故意侵权行为的彻底否定,有利于威慑直接侵权的第三人,实现侵权责任法的预防功能。[③]

第二,安全保障义务人享有追偿权,并不意味着安全保障义务人没有因其过失而承担任何责任。事实上,安全保障义务人也因其过错而承担资金占用、利息损失、律师费支出、追偿不能等损失与风险,即体现了法律对过失侵权行为的否定性评价。[④] 由此可见,要求安全保障义务人承担补充责任并肯定其追偿权实质也体现了安全保障义务人自己责任的承担。[⑤] 此外,基于安全保障义务人的上述损失与风险,安全保障义务人亦会积极履行安全保障义务,避免损害发生。[⑥] 总之,肯定追偿权,对于安全保障义务人而言更为公平合理。[⑦]

第三,否定补充责任人的追偿权不具有体系上的自洽性和逻辑上的合理性。首先,基于侵权责任体系中补充责任与按份责任的互异性,承担补充责任的安全保障义务人当然享有对第三人的追偿权。[⑧] 在数人侵权的情形下,无论是基于《民法典》第 1168 条(共同侵权)还是第 1172 条(分别侵权承担按份责任),具有过错的侵权行为人都需要根据具体情况承担侵权责任。若是承担补充责任的责任人不能追偿,意味着安全保障义务人实质上承担的是最终责任,安全保障义务人因过失侵权而承担最终责任,[⑨]第三人故意侵权却无须承担责任,显然有悖于比较可责难性原则和责任与违法相适应的比例原则。[⑩]

---

① 参见谢鸿飞:《违反安保义务侵权补充责任的理论冲突与立法选择》,载《法学》2019 年第 2 期。

② 参见周友军:《我国民法典侵权责任编的编纂研究》,载《政治与法律》2018 年第 5 期。

③ 参见张新宝:《民法分则侵权责任编立法研究》,载《中国法学》2017 年第 3 期。

④ 参见曾世雄:《损害赔偿法原理》,中国政法大学出版社 2001 年版,第 36 页;郇砚:《侵权补充责任研究》,法律出版社 2015 年版,第 52 ~ 53 页。

⑤ 有论者对补充责任人的追偿权表示担忧,认为其有违自己责任原则。参见刘海安:《侵权补充责任类型的反思与重定》,载《政治与法律》2012 年第 2 期。

⑥ 参见郇砚:《侵权补充责任研究》,法律出版社 2015 年版,第 50 页。

⑦ 参见梁慧星:《中国民法典草案建议稿附理由·侵权行为编》,法律出版社 2013 年版,第 31 页。

⑧ 参见孙维飞:《论安全保障义务人相应的补充责任——以〈侵权责任法〉第 12 条和第 37 条第 2 款的关系为中心》,载《东方法学》2014 年第 3 期。

⑨ 将终局责任的承担建立在他人责任能力的基础上,无论在逻辑层面还是价值层面均无法证成其合理性。参见郇砚:《侵权补充责任研究》,法律出版社 2015 年版,第 296 页。

⑩ 参见王竹:《侵权责任分担论——侵权损害赔偿责任数人分担的一般理论》,中国人民大学出版社 2009 年版,第 193 ~ 195 页;张文显:《法律责任论纲》,载《吉林大学社会科学学报》1991 年第 1 期。

第六节 教育机构责任

一、教育机构侵权责任概述

(一)教育机构侵权责任的概念

教育机构侵权责任是指无民事行为能力人或限制民事行为能力人在幼儿园、学校及其他教育机构学习、生活期间受到人身损害,幼儿园、学校及其他教育机构因负有法定管理职责及安全保障义务而承担侵权责任的责任形式。承担责任主体中的“幼儿园”,包括政府、集体、社会组织和个人依法设立的幼儿园。“学校”包括政府、企事业单位、社会组织和个人依法开办的普通教育学校和特殊教育学校。“其他教育机构”,是指幼儿园、学校以外的传授文化知识和技能的教育单位。[①]

(二)教育机构侵权责任的立法沿革

学生属于社会的弱势群体,尤其是处于幼儿园、义务教育阶段的未成年学生或特殊成年学生,其心理发育、智力能力及自我保护意识相较于完全民事行为人存有一定差距,而幼儿园、学校的生活又是他们成长过程中不可或缺的经历。学生在学校学习和生活期间也常会发生伤害事故,当学生在幼儿园或学校受到伤害时,家长通常会认为其孩子在空间上脱离了自己的管理范围,他们除作为孩子的监护人负有监护职责外,更多的幼儿园或学校对孩子履行管理职责与保护责任的缺失,因此在责任的追究与划分上常常引发纠纷。通过立法赋予幼儿园、学校及教育机构管理职责及安全保障义务,一方面有利于强化幼儿园或学校对学生的管理教育,为保障学生人身安全、确保学生健康成长提供壁垒;另一方面,为解决实践中发生的校园伤害事故提供了法律依据和准则。

我国关于教育机构侵权责任较早的规定是1988年最高人民法院通过的原《民通意见》,该意见第160条规定在幼儿园、学校生活、学习的无民事行为能力

① 最高人民法院民法典贯彻实施工作领导小组主编:《中华人民共和国民法典侵权责任编理解与适用》,人民法院出版社2020年版,第297页。

人受到伤害或者给他人造成损害,存在过错的单位应承担责任。其后,教育部于2002年专门颁布了《学生伤害事故处理办法》,2006年又颁布了《中小学幼儿园安全管理办法》,均对学校及相关教育机构对学生造成损害应承担的责任作出规定,这对幼儿园、学校及其他教育机构的学生安全保障及管理起到了积极作用。但国民教育意识的增强、社会频发的校园伤害事故的警示,以及近几十年司法实践中凸显的社会问题,让人们对学生的保护意识与管理认识提升到新的高度。这种高度在原《侵权责任法》立法时得以充分体现,原《侵权责任法》在吸纳原有法律、法规等相关规定的基础上通过第38条、第39条分别规定了无民事行为能力人、限制民事行为能力人在学校或其他教育机构学习、生活期间受到损害时,学校或其他教育机构承担责任的情形,且在规定中区分无民事行为能力人与限制民事行为能力人的保护力度,具体体现在适用的归责原则方面。《民法典》立法时,基本承袭了原《侵权责任法》的立法目的与立法规定,通过3个法条(第1199条至第1201条)对教育机构的责任进行了规定。

二、教育机构侵权责任的归责原则

教育机构责任应采用何种归责原则是我国立法过程中修改较大,学者争议较多的问题。原《民通意见》第160条规定适用过错责任原则,2003年最高人民法院通过的《人身损害赔偿解释》第7条也规定适用过错责任原则。[①] 原《侵权责任法》关于幼儿园、学校及其他教育机构侵权责任适用归责原则相较于前述的规定作出了较大修改,根据受侵害主体的差别采用了区分原则:一是无民事行为能力人受到人身损害时,教育机构承担责任适用过错推定责任原则,原《侵权责任法》第38条规定,无民事行为能力人在幼儿园、学校或者其他教育机构学习、生活期间受到人身损害的,幼儿园、学校或者其他教育机构承担赔偿责任适用过错推定责任原则;二是限制民事行为能力人受到人身损害的,教育机构承担责任适用过错责任原则,原《侵权责任法》第39条规定,限制民事行为能力人在学校或者其他教育机构学习、生活期间受到人身损害,学校或者其他教

① 2003年通过的《人身损害赔偿解释》第7条第1款规定,"对未成年人依法负有教育、管理、保护义务的学校、幼儿园或者其他教育机构,未尽职责范围内的相关义务致使未成年人遭受人身损害,或者未成年人致他人人身损害的,应当承担与其过错相应的赔偿责任"。

育机构承担责任适用过错责任原则。原《侵权责任法》采区分原则体现出弱者倾斜保护理念及公平原则，即对于无民事行为能力人受到侵害的，减轻其证明责任，学校等教育机构只有证明自己对无民事行为能力人所受伤害没有过错才能免责，若不能证明其对无民事行为能力人所受伤害尽到了教育和管理义务，则应承担不利后果。

《民法典》立法过程中承袭了原《侵权责任法》的立法精神，继续采用区分原则，通过2个条文即第1199条及第1200条分别规定了无民事行为能力人、限制民事行为人在学校或其他教育机构学习、生活期间受到人身损害，学校或其他教育机构分别适用过错推定责任原则及过错责任原则承担损害赔偿责任。

三、教育机构侵权责任的构成要件

(一)受侵害的主体须是无民事行为能力人或限制民事行为能力人

我国《民法典》规定，无民事行为能力人是指不满8周岁的未成年人，以及8周岁以上不能辨认自己行为的未成年人或成年人。限制民事行为能力人是指8周岁以上，不满18周岁的未成年人以及不能完全辨认自己行为的成年人。

依据自然人对自己实施的民事行为的辨认程度，我国法律区分了无民事行为能力人、限制民事行为能力人与完全民事行为能力人。限制民事行为能力人相比于无民事行为能力人，其心智发育程度、生活的独立性及自我保护意识更强，但二者的心智发展及社会能力与完全民事行为能力人相比还存有一定差距，故从倾斜保护的立法目的出发，需对无民事行为能力人和限制民事行为能力人进行特殊保护，以体现立法的公平正义。

(二)须是在幼儿园、学校或其他教育机构学习、生活期间受到人身损害

《教育法》规定，学校对学生负有教育、管理及保护的职责，学生仅在幼儿园、学校或其他教育机构学习、生活期间与学校成立管理与保护的关系，当其离开学校后，作为无民事行为能力人或限制民事行为能力人的学生由其家长或其他依法负有监护职责的人对其履行监护责任。故立法规定强调损害须发生在校学习及生活期间，以明确学校职责义务的履行期间。同时，《民法典》规定学生所受的损害为人身损害，主要表现为人身伤害、精神伤害和死亡，遭受的财产损失亦是因人身损害而引起的医疗费、护理费、营养费、伤残用具费和丧葬费、

精神损害赔偿金等间接费用支出。此外,《民法典》第 1199 条、第 1200 条的规定仅适用于学生在教育机构受到人身损害的情形,并不适用学生致他人人身损害的情形。

(三)幼儿园、学校或者其他教育机构存在过错

幼儿园、学校或者其他教育机构承担责任的前提是其主观上存在过错,存在过错的表现形式为未履行或未完全履行应履行的法定义务,法定义务主要源于《民法典》《教育法》规定的学校应对学生承担的教育、管理及安全保障义务。

实践中,认定学校管理义务及安全保障义务需注意以下两点:一是学生人身损害结果的产生是基于学校疏于对学校活动的管理,而非疏于对学生的管理,即学生受到人身损害是因学校自身行为所致;二是学校对学生负有安全保障义务,而非监护义务,该安全保障义务是对学生在校期间的人身安全注意义务或救助义务,除此之外,此种安全保障义务的注意程度亦是评价教育机构过错大小的标准。

四、教育机构侵权责任的责任主体

(一)教育机构责任

1. 无民事行为能力人受到损害的教育机构责任

《民法典》第 1199 条规定了无民事行为能力人受到人身损害时,幼儿园、学校或者其他教育机构适用过错推定责任原则承担侵权责任,即首先推定其对无民事行为能力人所受伤害存在过错,其次由幼儿园、学校或其他教育机构承担举证责任,证明其已经尽到了教育、管理职责,如不能证明的,则承担举证不能的不利后果。

2. 限制民事行为能力人受到损害的教育机构责任

《民法典》第 1200 条规定了限制民事行为能力人受到人身损害时,学校或者其他教育机构适用过错责任原则承担侵权责任,即确定学校或其他教育机构的过错,举证责任不再倒置给学校或其他教育机构承担,而是由限制民事行为能力人及其监护人承担,若限制民事行为能力人及其监护人不能举证证明学校或其他教育机构存在过错,则需承担不利后果。

(二)第三人责任

《民法典》第1201条规定了第三人对无民事行为能力人及限制民事行为能力人在幼儿园、学校或者其他教育机构学习、生活期间造成损害的侵权责任的承担。相比于原《侵权责任法》第40条的规定,本条明确使用“第三人”概念涵盖教育机构以外实施侵权的主体,同时增加了“幼儿园、学校或者其他教育机构承担补充责任后,可以向第三人追偿”的规定,将侵权责任的承担精确化、具体化。根据《民法典》的规定,无民事行为能力人及限制民事行为能力人在幼儿园、学校或者其他教育机构学习、生活期间,第三人对其造成人身损害的,应由第三人对该损害承担直接损害责任。幼儿园、学校或者其他教育机构对损害的发生存在过错的,应当承担与其过错程度相当的补充责任。基于公平正义,幼儿园、学校或者其他教育机构承担补充责任后,有权向实际侵权的第三人追偿。

第四章

产品责任

第一节　产品责任概述

民法上的“产品责任”主要指产品上的侵权责任，即因产品存在缺陷造成他人损害时，产品生产者、销售者应当承担的侵权责任。比较法上，大陆法系、英美法系两大法系的国家和地区都对产品责任作出了规定，如《美国侵权法重述·产品责任》(第3版)、《英国消费者保护法》[①]、《法国民法典》[②]、《日本制造物责任法》等。在我国，1986年的《民法通则》中就规定了产品责任条款，[③]1993年实施的《产品质量法》对产品责任作出了更为明确的规定。2009年通过的《侵权责任法》对既往经验进行了系统性的总结和继承性的吸收，作出了产品责任的专章规定，逐渐形成了较为完备的产品责任制度。

比较法上，对于产品责任是否纳入民法典，有两种立法例：一是法国、荷兰等国家在民法典中规定产品责任；二是德国、瑞士、日本等国家在民法典之外通过特别法的方式规定产品责任。我国在编纂《民法典》时，亦面临是否将产品责

---

① 《英国消费者保护法》(Consumer Protection Act 1987)第2条规定了全部或部分由产品缺陷造成的损害的民事责任，责任落在：(a)产品的生产者；(b)在产品上署名或者使用与该产品有关的商标或者其他显著标志，表明自己是该产品的生产者的人；将产品进口到英国以及在其任何业务过程中供应予他人的人。第7条规定，责任是严格的，不需要代表生产者证明过错或疏忽，责任不能被排除条款“写出”。

② 《法国民法典》第1386—1条：“生产者对其产品的缺陷所造成的损害负有责任，无论其是否与受害人订立了合同。”

③ 1986年《民法通则》第122条规定，“因产品质量不合格造成他人财产、人身损害的，产品制造者、销售者应当依法承担民事责任。运输者、仓储者对此负有责任的，产品制造者、销售者有权要求赔偿损失”。

任纳入民法典的选择。基于法典中心主义、法的稳定性的要求,以及产品责任作为侵权责任制度组成部分的重要性,《民法典》承继了原《侵权责任法》中已有的产品责任制度,继续设专章规定并进行了适当的修改和完善。

《民法典·侵权责任编》关于产品责任的法条共计 6 条(第 1202 条至第 1207 条):第 1202 条规定了产品生产者的责任规则,第 1203 条规定了被侵权人请求损害赔偿的途径和先行赔偿人追偿权,第 1204 条规定了生产者和销售者对有过错第三人的追偿权,第 1205 条规定了危及他人人身、财产安全的责任承担方式,第 1206 条规定了产品投入流通后发现有缺陷的停止销售、警示、召回等补救措施和侵权责任,第 1207 条规定了产品责任惩罚性赔偿的适用。《民法典》关于产品责任的规定,在一定程度上弥补了原《侵权责任法》关于产品责任规定得不完整、不全面的问题。

虽然今天我们所倡导的法典中心主义,不可能强调"以法典作为唯一法律渊源",但至少也应当强调"要构建以民法典为中心的民事立法体系"。[①] 因此,《民法典》关于产品责任的规定具有统领性作用。但是,《民法典》的规定也不能完全替代《产品质量法》,《民法典》对产品责任中诸如产品的定义、缺陷的界定、抗辩事由、诉讼时效等问题都没有作出规定,这些问题依旧要适用《产品质量法》的规定。作为产品责任领域的基本法律,《产品质量法》有着不可替代的作用。《民法典·侵权责任编》关于产品责任的有关规定与《产品质量法》和其他相关法律规范交叉互补,共同构筑了我国完整的产品责任法律制度。

第二节 产品责任的归责原则

产品责任归责原则的确定关乎产品责任的构成、举证责任的分配、免责(抗辩)事由的界定等产品责任的重要问题,是产品责任法律体系构建的核心。[②] 域外国家的产品责任归责原则经历了从过错责任到无过错责任(严格责任)的发

① 参见王利明:《论法典中心主义与我国民事立法的体系化》,载《云南大学学报(法学版)》2009 年第 2 期。

② 参见王利明:《侵权行为法研究》(上卷),中国人民大学出版社 2004 年版,第 194 页以下。

展历程,[1]简化了确定责任所需的证明过程,充分体现了保护受害人合法权益、抑制市场的缺陷产品生产、实现社会公平正义等目标和价值。[2]

一、生产者、销售者的无过错责任

比较法上,诸如德国、[3]法国等欧盟成员国根据《欧盟缺陷产品责任指令》第 1 条的规定,[4]都在本国法律中明确了生产者对缺陷产品损害承担无过错责任,即生产者对有缺陷的产品负责,而不管缺陷是否是他们的过错造成的。美国各州也基本要求,生产商出售的具有缺陷的产品导致他人损害的,应当负侵权责任。根据我国《产品质量法》第 41 条第 1 款、《民法典》第 1202 条的规定,生产者就缺陷产品给他人造成的损害,承担的亦是无过错责任。

根据《产品质量法》第 43 条、《民法典》第 1203 条的规定,销售者对被侵权人事实上承担的是无过错责任。即便缺陷与销售者毫无关系,销售者也没有任何过错,当被侵权人要求其赔偿时,其也要先承担责任,即销售者应当同生产者一样,向被侵权人承担无过错责任,之后再向生产者追偿。由此可见,销售者的过错只是决定销售者是否需要承担最终责任的依据。

二、生产者、销售者承担无过错责任的合理性

生产者、销售者在产品的产销流程中居于特殊地位,在立法上要求生产者、销售者就产品缺陷致人损害承担无过错责任具有正当性、合理性和科学性。

---

① 参见高圣平主编:《中华人民共和国侵权责任法立法争点、立法例及经典案例》,北京大学出版社 2010 年版,第 467 页。

② 参见杨立新:《〈中华人民共和国侵权责任法〉条文释解与司法适用》,人民法院出版社 2010 年版,第 259 页。

③ 1990 年 1 月 1 日起生效的《德国产品责任法》依据该指令明确了生产者对于缺陷产品的损害承担无过错责任。该责任制度与《德国民法典》(第 833 条第 1 款)、德国的《赔偿义务法》《航空交通法》《水务法》《药品法》中已经规定的危险责任是一致的。[德]马克西米利安·福克斯:《侵权行为法》(第 5 版),齐晓琨译,法律出版社 2006 年版,第 302 页。

④ 《欧盟缺陷产品责任》(Liability of defective products)(指令 85/374/EEC)于 1985 年通过,1999 年的“指令 1999/34/EC”将责任范围扩大到农产品和渔业产品。该指令以下简称《欧盟缺陷产品责任指令》。《欧盟缺陷产品责任指令》第 1 条规定,“生产者应当对其产品的缺陷所造成的损害承担责任”。See https://eur-lex. europa. eu/LexUriServ/LexUriServ. do? uri = CELEX:31985L0374:en:HTML.

第一,基于报偿理论,[1]产品的生产者通过生产并出售了缺陷产品而获利,销售者也因缺陷产品的销售而获得了相应的利益,通过具有一定危险性的缺陷产品获利而给他人造成损害的,当然要承担因产品缺陷给他人造成损害的责任。正因如此,美国法上产品责任的严格责任适用于产品分配商业链条上的所有当事人[2],从缺陷零部件供应商到生产商、中间经销商以及零售商。[3]

第二,较之消费者和产品的使用者,产品的生产者、销售者更有能力预防缺陷产品流入市场,从而预防损害的发生和扩大,实现侵权责任法的预防功能。大多数消费者无论是在专业能力还是在信息掌握上都处于弱势地位,无法及时发现产品缺陷和防止产品缺陷造成的危险,而生产者对产品有无缺陷具有专业的认知能力和实际的控制能力。让生产者承担严格责任,一方面能及时认识产品存在的缺陷并能设法避免,另一方面能够激发产品的生产者严格控制产品质量,不断完善生产工艺、提高生产水平,尽量降低缺陷产品的产出概率,预防缺陷产品的费用摊入产品价格之中由广大消费者群体分摊。让销售者承担严格责任,能够激励其更加审慎负责地选择合作的生产厂商,避免其为追逐暴利而选择质劣、价廉的厂商,由此形成产销链条的良性循环,更有利于保护消费者及产品的使用者。

第三,较之消费者和产品的使用者,产品的生产者、销售者更有能力通过保险、产品定价等方式分散产品责任的损害。因产品缺陷致人损害发生的损害赔偿,销售者有能力向产品销售链条的源头(产品生产者)或其他有过错的第三人追及产品责任的损失,生产者可以通过购买产品责任保险分摊产品责任的损失。

第四,如果要求被侵权人只有证明生产者、销售者具有过错且因该过错导

---

① 报偿理论源于罗马法中"获得利益的人负担危险"的法谚,从事危险活动或占有、使用危险物品的人从活动中获得了利益,基于享受利益者承担风险的原则,其应当承担责任。

② 截至2008年,美国只有五个州(特拉华、马萨诸塞、密歇根、北卡罗来纳以及弗吉尼亚)在形式上拒绝侵权之严格产品责任原则。参见[美]戴维·G.欧文:《产品责任法》,董春华译,中国政法大学出版社2012年版,第100页。

③ 《美国侵权法重述·产品责任》(第3版)第1条规定,"凡从事产品销售或者分销经营活动,销售者或者分销缺陷产品者,应当对该缺陷造成的人身或者财产损害承担责任"。美国法学会对该条的评注指出:"本节所述规则仅仅适用于从事对该缺陷产品进行销售业务或者其他分销业务活动的制造者以及其他商业销售者或者分销者,它不适用于对该产品的非商业性的销售者或者分销者。所以,规则既不适用于邻里之间的食物买卖行为,也不适用于私有车主将自己的车转卖给他人的行为。"

致产品存在缺陷时,才能令其承担侵权责任,显然证明难度过高。一旦被侵权人无法加以证明,就将无法获得救济。如果仅要求生产者承担无过错责任,那么被侵权人只有证明销售者具有过错并因该过错导致产品存在缺陷时,才能主张其承担侵权责任,这种做法一方面与《民法典》第1203条第1款的规定相悖,另一方面在生产者没有赔偿能力时,受害人的损害无法得到补偿。要求生产者和销售者对被侵权人皆承担无过错责任,能够在生产者、销售者的一方无力赔偿时,将最终承担赔偿责任的风险归于另一方,而非消费者或产品的使用者,这样更有利于保护消费者的合法权益。

三、产品责任的无过错责任归责原则

对于产品责任的归责原则,学界存在争议。有学者认为,产品责任分为直接责任、最终责任,直接责任是缺陷产品的生产者、销售者直接向受害人承担的责任,最终责任是产品责任的最终归属,包括:生产者的制造责任、销售者的过错责任、产品运输存储者的过错责任等。由此主张我国产品责任既适用无过错责任原则,也适用过错责任原则,以无过错责任原则为主导。① 也有学者认为,产品责任归责原则的本意是要解决被侵权人的损害由谁承担责任的问题。生产者、销售者、其他第三人之间的责任分担(《民法典》第1203条、第1204条),"不是产品责任归责原则所能解决的问题,而是产品责任归责原则之外的合同法上的责任分担问题"。② 事实上,上述两种观点并不必然矛盾,只是讨论的角度不同而已。产品责任整体(外部)意义上是要解决缺陷产品给受害者造成损害由谁来直接担责的问题,讨论产品责任的归责原则,实则是在讨论缺陷产品的生产者、销售者直接向受害人承担责任时(直接产品责任)的归责原则,因此,是无过错责任原则。产品责任外部责任问题解决后,就要解决内部责任问题,即生产者、销售者承担侵权责任之后,生产者、销售者、第三人之间内部的责任分担,这事实上是谁最终承担责任的问题(最终产品责任),归责原则为过错责任原则。

---

① 参见张新宝:《侵权责任法原理》,中国人民大学出版社2005年版,第403页。

② 参见高圣平:《产品责任归责原则研究——以〈侵权责任法〉第41条、第42条和第43条为分析对象》,载《法学杂志》2010年第6期。

本书从整体(外部)意义上讨论产品责任的归责原则,采现行通说的无过错责任原则。① 只要产品缺陷致使他人损害的,生产者与销售者都应当承担无过错责任,即不需要考虑产品的生产者或者销售者主观上是否存在过错。被侵权人无论是要求生产者承担赔偿责任,还是要求销售者承担赔偿责任,都无须证明他们存在过错。生产者或者销售者也不能通过证明自己主观上没有过错而不承担侵权责任。

第三节 产品责任的构成要件

一、概述

依据《民法典》的规定,只有当产品存在缺陷,造成他人损害时,产品的生产者、销售者才承担产品责任。可见,产品责任的构成要件有三:一是产品存在缺陷;二是存在人身、财产受到损害的事实;三是产品缺陷与损害事实之间有因果关系。

我国《产品质量法》虽未明文规定如何举证,但按一般法律原则,也应是由受害人举证证明产品责任构成的三个要件。过错不属于产品责任的构成要件,故无需举证。域外立法例亦是如此。② 原告需要证实被告正是产品的生产者,其通常可以通过提交商品发票、收据、商品的标志标识等来加以证实。③ 假如原告无法证实产品正是被告所制造的,或是被告证实缺陷产品不是自己制造的,而是别人假冒其名义制造的,那么原告针对受害人的侵害索赔请求权将无法实

① 参见王利明:《侵权责任法研究》(下),中国人民大学出版社 2011 年版,第 223 页;梁慧星:《我国〈侵权责任法〉的几个问题》,载《暨南学报(哲学社会科学版)》2010 年第 3 期;杨立新:《侵权法论》(下),人民法院出版社 2013 年版,第 720 页;王利明主编:《中华人民共和国侵权责任法释义》,法律出版社 2010 年版,第 221 页。

② 《欧盟缺陷产品责任指令》第 4 条规定,"受害人应当对损害、缺陷及两者之间的因果关系负举证责任"。《法国民法典》第 1386—9 条规定,"原告必须证明损害、缺陷以及缺陷与损害之间的因果关系"。美国在产品责任之诉中,原告只需要证明三个要件即可:被告出售了缺陷产品、产品缺陷导致了原告的伤害且产品在出售时即有缺陷。参见[美]戴维·G. 欧文:《产品责任法》,董春华译,中国政法大学出版社 2012 年版,第 96 ~ 97 页。

③ 《产品质量法》第 27 条第 1 款第 2 项规定,商品和其包装物上的标记应当正确,并包括中文标注的品名、生产商厂名和厂址。这样,才能按照商品标记中注明的制造厂名称判断商品的生产者。

现。在司法实践中，通过举证责任倒置的方法，减轻受害人的举证责任，也是十分必要的。

二、产品存在缺陷

（一）产品

1. 概述

“产品”是缺陷的载体，明确产品责任制度的适用范围，首先要界定“产品”概念的内涵及外延。[①] 对于“产品”的内涵，《产品质量法》第 2 条第 2 款初步界定为“产品是指经过加工、制作，用于销售的产品”。对于“产品”的外延，《产品质量法》第 2 条第 3 款规定排除了不动产，《产品质量法》第 73 条第 2 款规定排除了核设施、核产品，[②]《民法典》第 1223 条规定，医疗产品为特殊的产品，血液视为产品。除此之外，还有其他单行法律、法规及司法解释对产品法律定义的外延作出扩张性规定。[③] 由此可见，现行法对产品的法律定义采“概括 + 列举”的规范模式。

由于《民法典》并没有明确“产品”的法律定义，因此，需要以《产品质量法》为基础，借鉴比较法的相关经验，整合其他单行法律、法规及司法解释，通过系统性的理解才能廓清“产品”的内涵和外延。

2. 产品的内涵

我国《产品质量法》对“产品”内涵的一般性界定存在较多缺陷：一是以“产品”定义“产品”，同语反复使概念的定义实际上陷入了逻辑循环的状态；二是“加工”与“制作”两个词语尽管含义并不完全相同，但实践中很难做出准确区分，且“加工、制作”并非专门的法律用语，社会意义上理解的广泛性、多样性也

① 参见温世扬、吴昊：《论产品责任中的“产品”》，载《法学论坛》2018 年第 3 期。

② 《产品质量法》第 73 条第 2 款规定，“因核设施、核产品造成损害的赔偿责任，法律、行政法规另有规定的，依照其规定”。该规定表明，核产品造成损害的赔偿责任，与一般的产品责任有所不同。

③ 对产品法律定义的外延作出扩张规定的单行法律法规及司法解释如下：《缺陷汽车产品召回管理条例》《食品安全法》《农产品质量安全法》《农药管理条例》《农业机械产品修理、更换、退货责任规定》《药品管理法》《医疗器械监督管理条例》《传染病防治法实施办法》《计量法》《铁路专用设备缺陷产品召回管理办法》《城市供水水质管理规定》《化工产品质量责任实施细则》《石油工业部产品质量责任条例实施细则（试行）》等。

导致学界对其判断标准无法形成一致观点;[①]三是现代社会产品进入市场流通的方式并非都是“销售”,而是呈现多样化的状态,“用于销售”做定语修饰“产品”,实际上缩小了产品的范围;四是不适用于“建设工程”的表述所指之意并不精准。上述缺陷很明显给法律的理解和适用带来了困难。通过考察和借鉴比较法对于“产品”界定的相关规定,对我国产品责任中的“产品”作出以下的解释性界定,即可弥补现行法律规范的不足。

首先,产品原则上是动产。比较法上,《欧盟缺陷产品责任指令》第 2 条将“产品”界定为“所有的动产”,主要欧盟国家在该指令的影响下均采取了“动产”的表述。[②]《美国统一产品责任示范法》第 102 条 C 款规定采“物品”的表述,《美国侵权法重述 · 产品责任》(第 3 版)第 19 条(a)规定,“产品是经过商业性销售以供使用或消费的有形动产”。我国法律规范中没有明确规定,只是以“产品”定义了“产品”,但在《产品质量法》第 2 条第 3 款排除了“不动产”的适用。有学者主张,选择“物品”这一更为中性的且不过多体现商品交换目的的概念用词替代“产品”的表述,更为妥当。[③] 但“物品”一词并非法律用语,且包含范围极其广泛,是否会有泛化产品范围的可能,尚不可知。本书采通说,认为产品原则上是动产,动产即使存在于另一动产或不动产之中成为其组成部分,仍然属于产品,不影响产品的生产者和销售者承担产品责任。特殊类型的产品可通过“列举”的方式另行规定。

其次,产品是“经过加工、制作”的动产。比较“加工”与“制作”的区别:“加工”意在指“从有到有”,即不改变物的基本形态而提升原物的价值的生产活动;“制作”为“从无到有”,即彻底改变物的基本形态,从无到有的创造出新的价值的生产活动。本书采扩大“加工、制作”概念涵盖范围的目的性扩张解释观点,

---

① 有学者认为,仅为“机械化的、工业生产”的加工、制作,并不包括“手工业”的加工、制作。参见梁慧星:《中国产品责任法——兼论假冒伪劣之根源和对策》,载《法学》2001 年第 6 期。有学者认为,包括工业品、手工业品、经加工的农产品,但天然形成的能源与能够自主生长的农牧、水产产品不应被囊括其中。参见房维廉、赵惜兵主编:《新产品质量法释义及问答》,中国工商出版社 2000 年版,第 11 页。有学者认为,包括由于生产者人为因素介入进而对产品质量造成影响的一切行为。参见孙宏涛:《产品责任立法中的产品概念分析》,载《海南大学学报(人文社会科学版)》2012 年第 4 期。

② 如《法国民法典》第 1386—3 条规定,“一切动产物品,即使其与不动产结合成一体,都是产品”。《德国产品责任法》第 2 条规定,“产品是指一切动产,包括构成另一动产或不动产的一部分的物……”等。

③ 参见温世扬、吴昊:《论产品责任中的“产品”》,载《法学论坛》2018 年第 3 期。

基于“明确产品质量责任,保护消费者的合法权益”的立法目的(《产品质量法》第1条)之规范价值,“加工、制作”包括“由于生产者人为因素介入进而对产品质量造成影响的一切行为”[①],是否改变物质的性质、具体的加工方法为何在所不问。[②]

最后,产品是“用于销售的”动产。基于文义解释,“用于销售的”是一种目的性表述,意在表达只有以销售为目的所产出的才属于产品。对此,有观点认为,自己使用或赠与他人不属于用于销售,即便造成他人损害,也不适用《产品质量法》的规定。[③] 这明显排除了“赠与、试用”等同样基于商业目的的手段,此种解释未免失之过窄。国外立法例有用“商品”“为了进入市场”来解释产品,[④] 较少直接使用“销售”的表述。进而,有学者主张,销售只是产品进入流通领域的方式之一,产品还可以通过赠与、试用、租赁和借用等方式进入流通领域,应当将“用于销售”理解为“投入流通”或者“以合法方式交付”,不考虑投入流通或者交付是基于有偿的法律关系,还是无偿的法律关系。[⑤] 而有的学者认为,“流通”为“销售”更广义的概念,除了具有销售的含义外,当然地包括“运输”“仓储”等含义,会使法律关系复杂化,而且过于抽象,既不利于司法适用,也不符合法律用语习惯。因此,应当通过对销售作扩张解释来满足法律适用的需求,即无论生产者主观上具有销售的目的还是在客观上构成了促进销售的表征,都属于“用于销售的”。[⑥] 本书采扩张解释,认为“用于销售的”是指基于商业营销目的的流转。

综上,借鉴学界观点及比较法上的经验,结合《民法典》及其他相关法律规范,基于目的解释、体系解释、比较法解释,本书认为:产品实质上是经过加工、

---

① 孙宏涛:《产品责任立法中的产品概念分析》,载《海南大学学报(人文社会科学版)》2012年第4期。

② 参见程啸:《侵权责任法》(第2版),法律出版社2017年版,第487页。

③ 参见全国人大常委会法制工作委员会经济法室:《中华人民共和国产品质量法实用讲话及疑难问题解答》,中国言实出版社2000年版,第10页。

④ 1987年《英国消费者保护法》第1条(2)(c)中以“商品”解释产品的概念;1979年《美国统一产品责任示范法》第102条C款用的表述为“为了进入市场”。

⑤ 参见谭玲:《“产品”范围的比较分析》,载《政法学刊》2004年第1期;何桢等:《产品责任立法中的产品范畴比较研究》,载《天津大学学报(社会科学版)》2009年第3期;程啸:《侵权责任法》(第2版),法律出版社2017年版,第488页。

⑥ 参见温世扬、吴昊:《论产品责任中的“产品”》,载《法学论坛》2018年第3期。

制作等人为因素介入的行为活动后,基于商业营销目的而投入到流通领域的动产。

3. 产品的外延

(1)产品不包括不动产

比较法上,仅有少数立法例将不动产纳入产品责任的保护范围,比如《美国侵权法重述·产品责任》(第3版)第19条(a)的规定,而"不动产的销售及使用与有形动产的销售及使用足够类似时,也是产品。从该规定看,不动产认定为产品,需要类比有形动产的限定条件"①。大多数国家和地区的立法都将产品限定为动产,不动产自然排除在产品责任适用范围外。《法国民法典》第1386-6条规定,"可以按照本法典第1792条至第1792-6条与第1646-1条之规定追究其责任的人,不视为本编意义上的产品生产者"。该法典第1792条至第1792-6条与第1646-1条都是与工程建设相关的规定,第1792条规定的是工程建造者的严格责任。根据《法国民法典》第1386-6条的规定,工程建造者不是产品生产者,②建设工程也不适用产品责任。我国《产品质量法》第2条采用的是"产品责任不适用于'建设工程'"的表达,该表述与《法国民法典》的上述规定相似。在建筑学中,"建设工程"是指为人类生产生活提供物质技术基础的各类建筑物和工程设施的统称,虽然与我国《民法典》第十章中的"建筑物、构筑物或者其他设施"的表述不同,但其内涵实质上皆是指不动产。由此可见,我国《产品质量法》第2条意在将不动产排除在产品的范围之外。

(2)特殊类型的产品

一是电力。比较法上对于电力是否属于产品,有的国家采否认态度,如日本③。多数国家和地区持肯定的观点,包括英国、德国、奥地利等国家,《欧盟缺

① 《美国侵权法重述·产品责任》(第3版)第19条(b):"服务,即使是商业性提供的,也不是产品。"

② 《法国民法典》第1792—1条:"下列人员应被视为工程的建造者:(1)任何建筑师,承包商,技术员或与雇主有合同关系的其他人;(2)任何人在完成后出售他所建造或已安排建造的工程;(3)任何人,虽然是工程所有人的代理人,但执行的任务与工程出租人的任务相当。(由1998年第25号第2条修订;由1998年第25号第2条修订;由1998年第25号第2条修订;由1998年第25号第2条修订)。"

③ 参见[日]吉村良一:《日本侵权行为法》,张挺译,中国人民大学出版社2013年版,第206页。

陷产品责任指令》第2条明确指出“本指令中的产品包括电力(electricity)”。[①]《美国侵权法重述·产品责任》(第3版)第19条(a)则通过类比的方式来确定电力是否属于产品,即“电的销售及使用与有形动产的销售及使用足够类似时,也是产品”。

有观点主张,从严重损害结果发生与否的可能性大小对高压电、低压电适用不同的归责原则,高压电致损的后果非常严重,往往非死即残,适用无过错责任原则。低压电未流经心脏,一般不会造成死亡或残疾,受害人有自救的可能,适用过错责任原则。[②] 有学者认为,仅根据损害结果的严重性来确定归责原则,并不妥当。[③] 事实上,无论是高压电还是低压电,电力本身就具有高度的危险性,都可能致人伤害甚至死亡。物权法上,电力是广义的无体物,是人类可以支配的自然力。同时电力是经过人类制造、生产、控制、输送后用于销售的一种能源,可解释为“产品”。

将电力解释为“产品”适用“产品责任”,[④]有其正当性与合理性:首先,供电属于高度专业化领域,发电、输电、配电分属于不同主体,被侵权人很难确定导致电力缺陷产生的责任主体,也难以证明造成电力缺陷的责任者的主观过错,电力缺陷侵权适用无过错责任原则更有助于保护被侵权人的合法权益。其次,电力存在缺陷主要表现为“电压、电频不稳等供电质量问题”[⑤](不符合国家标准和行业标准)和“电能的载体存在缺陷”(发电企业、电网公司等提供的电力设备或导线存在缺陷)。无论是何种缺陷,要求发电企业、电网公司等生产者、

---

① 参见1987年《英国消费者保护法》第1条;胡雪梅:《英国侵权法》,中国政法大学出版社2008年版,第195页;《德国产品责任法》第2条、《法国民法典》第1386—3条等;[德]克雷斯蒂安·冯·巴尔:《欧洲比较侵权行为法》(下卷),焦美华译,法律出版社2001年版,第504~505页。

② 参见最高人民法院侵权责任法研究小组编著:《〈中华人民共和国侵权责任法〉条文理解与适用》,人民法院出版社2016年版,第504页。司法实践中,对于低电压致损的案件一般适用过错责任原则。例如,上诉人刘某某与国网湖南省电力公司祁东县供电分公司触电人身损害赔偿纠纷民事判决,(2016)湘04民终200号;董某某、董某、崔某某、阎某某与国网山东胶州市供电公司触电人身损害责任纠纷民事判决,(2015)胶民初字第3298号。

③ 参见温世扬、吴昊:《论产品责任中的“产品”》,载《法学论坛》2018年第3期。

④ 最高人民法院《关于审理触电人身损害赔偿案件若干问题的解释》(已废止)曾规定,高压电致人损害适用《侵权责任法》规定的高度危险责任,适用无过错责任原则。常见的低电压,如居民日常生活用电单相220伏、三相380伏适用何种归责原则并没有相应的规定。该司法解释的废止,意味着将“电力”解释为产品,适用产品责任,不存在实证法上的障碍。

⑤ 《供电营业规则》第五章明确了供电质量与安全供用电的标准,明确了合理的供电质量范围。

销售者承担产品责任都合乎法律规定。

二是农产品。比较法上,有的国家将初级农产品纳入了产品的范畴,如法国。[①] 多数国家和地区都认为初级农产品(种植业、畜牧业、渔业产品)原则上不属于产品,除非这类农产品经过了初步加工,例如,德国、瑞士、日本等国家都采此立场。[②] 其理据在于,人类几乎无法介入并影响自然物的生长过程,要求生产者对其无法掌控的初级农产品缺陷造成的结果负责,将导致生产者对非由自己行为导致的损害承担责任的结果。[③] 我国《农产品质量安全法》第2条第1款对农产品的概念进行了界定,且适用无过错责任。[④] 也有学者从提高我国农产品的质量、安全以及国际竞争力的角度阐述,认为应当将初级农产品纳入产品范畴。[⑤] 本书认为,随着农业科技的发展,目前人类的活动事实已经能够对自然产出物的生产施加较大的影响,如人类可以通过使用农药、兽药、保鲜剂、防腐剂、添加剂等化学物质对农产品的生长产生作用,甚至可以通过转基因技术"创造"新品种的农产品,上述人为介入的活动皆可解释为"加工、制作"。因此,无论是从消费者保护角度,还是从产品概念构成角度,将农产品纳入产品范畴都有其合理性。

三是医疗产品。医疗产品包括药品、消毒产品、医疗器械等,我国相关法律规范分别对药品、消毒产品、医疗器械进行了界定。[⑥] 医疗产品属于特殊的产品,直接作用于人的身体,医疗产品存在缺陷给患者的生命安全和身体健康造成的损害要更加严重。医疗产品一般经由专业的生产商和销售商提供给医疗机构,由医疗机构、医生在提供医疗服务行为时,一起提供给患者。实践中,较

---

① 如《法国民法典》第1386-3条规定,"产品包括土地的产品、畜产品、猎获物与水产品"。

② 参见《欧盟缺陷产品责任指令》第2条:产品不包括初级农产品和狩猎产品,即使该产品存在于另一动产或另一不动产中。初级农产品,是指土壤、畜牧业和渔业之产品,但经过初次加工的产品除外;《德国产品责任法》第2条;《瑞士联邦产品责任法》第3条第2款;[日]吉村良一:《日本侵权行为法》,张挺译,中国人民大学出版社2013年版,第206页。

③ 参见[瑞士]海因茨·雷伊:《瑞士侵权责任法》,贺栩栩译,中国政法大学出版社2015年版,第325页。

④ 《农产品质量安全法释义》编写组编著:《中华人民共和国农产品质量安全法释义》,中国法制出版社2006年版,第126页。

⑤ 参见周新军:《产品责任立法中的利益衡平——产品责任比较研究》,中山大学出版社2007年版,第322页。

⑥ 参见《药品管理法》第2条第2款、1992年《消毒管理办法》第32条第5项、《医疗器械监督管理条例》第3条。

之于患者,医疗机构更有能力向生产者主张赔偿。因此,为了便于诉讼和充分地救济患者,医疗产品责任作为产品责任的特殊形态,被规定在了《民法典·侵权责任编》"医疗损害责任"一章,将医疗机构视为"销售者",要求医疗机构作为产品责任的直接责任主体承担无过错责任。医疗产品缺陷发生损害时,受害人有选择权,可以选择向药品上市许可持有人、生产者、医疗机构中的任何一方或者是多方主张损害赔偿。

四是血液。比较法上,一般认为血液不属于产品,如《美国侵权法重述·产品责任》(第3版)第19条(c)明确将血液排除产品责任的适用。[①] 对此,我国有学者持相同观点,认为分装、保管、运输血液,不构成"加工",血液不属于产品。[②] 也有学者认为血液属于产品,[③]不合格的血液也会产生类似产品缺陷一样的危险,将不合格的血液作为一种类似产品责任的形态来规定具有其合理性。[④] 基于法律政策考量,我国现行法律规范更倾向于强化对输血者的保护,《民法典》第1223条规定输入不合格的"血液"造成患者损害的,适用无过错责任。实际上,通过法律拟制的立法技术,将血液"视为"产品。[⑤] 但血液并非一般的产品,而是用于诊疗活动的特殊产品,故《民法典》将血液侵权责任作为特殊的产品责任规定于"医疗损害责任"一章,而非"产品责任"一章。

五是智力产品。原则上,基于对言论自由等基本权利的保护,无形的智力成果本身无法纳入产品的范畴,也不适用产品责任。然而,计算机科学技术的发展拓展了无形智力成果的种类,人工智能时代,无形的智力成果本身也可以成为智力产品。智力产品往往有一定的物质载体,这种载体可能是有体物,也可能是无体物(电磁记录)。我国现行法律规范对于智力产品是否属于"产

---

① 《美国侵权法重述·产品责任》(第3版)第19条(c)规定:"人类血液及人类组织器官,即使是商业性提供的,也不受本重述规则的约束。"

② 参见王竹:《论医疗产品责任规则及其准用——以〈中华人民共和国侵权责任法〉第59条为中心》,载《法商研究》2013年第3期;梁慧星:《消费者法及其完善》,载《工商行政管理》2000年第21期。

③ 参见杨立新:《医疗产品损害责任三论》,载《河北法学》2012年第6期;王利明:《侵权责任法研究》(下卷),中国人民大学出版社2011年版,第244页。

④ 参见王道发:《我国产品责任制度法律问题研究》,载《现代管理科学》2016年第7期。

⑤ 全国人大常委会法制工作委员会民法室编:《中华人民共和国侵权责任法条文说明、立法理由及相关规定》,北京大学出版社2010年版,第241页。

品”,并没有作出明确规定。[①] 既有的司法实践中,倾向于将智力产品中的软件认定为产品,[②]还有学者证成了智力产品符合产品的概念要件,并主张智力产品适用产品责任需要满足两个条件:一是通过一定的物质载体承载;二是包含技术信息,具有技术性。[③] 信息技术加持下的智能时代的智力成果不同于传统上体现言论和思想的单纯的智力成果,很多智力成果都是基于社会需求设计的、通过人类智慧形成的、凝聚着人类思考与创新的、具有一定工具性、技术性、商业目的性的智力产品。以自动驾驶汽车内置的自动驾驶软件程序为例,自动驾驶软件程序这一智力产品不再是单纯的智力成果,而是包含技术性信息,能够在市场上通过电磁记录载体大规模地批量销售,应当被视为产品。[④]

(二)缺陷

1. 产品缺陷的认定

(1)产品缺陷的界定标准

产品责任属于无过错责任,不需要生产者或销售者存在过错。因此,对于“缺陷”的界定,就成为产品责任的核心。对于产品“缺陷”的概念,我国《民法典》、原《侵权责任法》皆没有做出详细的解释,仅在《产品质量法》第 46 条规定了相应的标准,根据该规定,产品“缺陷”的界定包括两类标准:“形式性标准”和“实质性标准”。

一是形式标准。产品不符合“保障人体健康和人身、财产安全的国家标准、行业标准”。对于引入“国家标准和行业标准”,有学者持肯定意见,[⑤]亦有学者持否定意见,认为应当确立产品缺陷的单一认定标准。[⑥]

---

① 我国各民法典专家建议稿有对“计算机软件和类似的电子产品”的列举。参见杨立新:《中华人民共和国侵权责任法草案建议稿及说明》,法律出版社 2007 年版,第 224 ~ 236 页;王利明:《中国民法典学者建议稿及立法理由》,法律出版社 2005 年版,第 224 ~ 236 页;侯国跃:《中国侵权法立法建议稿及理由》,法律出版社 2009 年版,第 357 ~ 387 页。

② 参见北京北信源自动化技术有限公司、上海林皓网络技术有限公司诉金信证券有限责任公司东阳吴宁西路证券营业部产品责任纠纷案。载最高人民检察院民事行政检察厅编:《人民检察院民事行政抗诉案例选》第 8 集,法律出版社 2005 年版。

③ 参见温世扬、吴昊:《论产品责任中的“产品”》,载《法学论坛》2018 年第 3 期。

④ 参见王乐兵:《自动驾驶汽车的缺陷及其产品责任》,载《清华法学》2020 年第 2 期。

⑤ 参见石慧荣:《产品缺陷研究》,载《法学杂志》1996 年第 4 期。

⑥ 参见张新宝:《侵权责任法》,中国人民大学出版社 2006 年版,第 289 页;周友军:《民法典编纂中产品责任制度的完善》,载《法学评论》2018 年第 2 期。

二是实质性标准。比较法上对于"缺陷"的实质性界定有两种模式:欧盟国家采纳的"消费者合理期待"模式[①],根据《欧盟缺陷产品责任指令》第6条、《法国民法典》第1386－4条的规定,产品若是不能提供一个人有权合理期望的安全,就被认为有缺陷。这考虑到了所有的情况,包括产品的展示、合理的预期产品用途、产品投入流通的时间。在衡量何为"合理期望的安全"时,必须兼顾所有情况,特别要顾及商品的介绍和人类能够合理期望的用途,并且充分考虑商品投入流通领域的时机。如果后来投入市场流通的商品在性能上比较完善,就不能单纯地根据这一事实来判断某一种产品的质量问题。[②]《德国产品责任法》第3条规定,充分考虑到以下因素,如果产品无法实现人类期望的安全性,则该产品具有瑕疵:(a)产品的现状;(b)被合理期望的用途;(c)投入流通领域的时间。[③] 美国法采"不合理的危险"模式,强调缺陷产品对消费者和产品的使用者的人身、财产具有不合理的危险。[④] 但《美国侵权法重述·产品责任》(第3版)同时承认,消费者对产品性能的期望和产品使用带来的危险可能被视为风险效用平衡测试的一部分,[⑤]这似乎又有兼采"消费者合理期待"的趋势。可见,两种模式并非非此即彼,而是彼此交融。

我国立法上更倾向于"不合理的危险",规定"存在危及他人人身、财产安全的不合理的危险"的产品为具有缺陷的产品。首先,危险必须是"不合理的"。一般而言,缺陷产品都存在一定的危险性,但并非存在危险性的产品都是缺陷产品,诸如炸药、危险品、药品等产品因其自身的功能、性质等特殊原因本就具

---

① 参见《欧盟缺陷产品责任指令》第6条规定,"1.若某产品不能具备人们对产品合理预期的安全性能,该产品即存在缺陷,考虑到一切情形,包括:(a)对产品的说明;(b)对产品用途的合理预期;(c)将产品投入流通的时间。2.不能仅仅因为后来有更好的产品投入流通而认定为(以前的)产品存在缺陷"。

② 参见《法国民法典》第1386—4条的规定,即"产品,在其不能提供人们可以合理期待之安全时,按本编之意义,为有缺陷的产品。在评判何为可以合理期待的安全时,应当考虑各种情形,尤其要考虑到产品的介绍与人们可以合理期待的用途,以及考虑产品投入流通的时间。如果后来投入流通的产品在性能上更为完善,不得仅仅依据这一事实就认定某一产品有缺陷"。参见《法国民法典》(下册),罗结珍译,法律出版社2005年版,第1116页。

③ 参见《德国产品责任法》第3条的规定,即"考虑到以下因素,如果产品不能提供人们有权期待的安全,则该产品存在缺陷:(a)产品的现状;(b)产品能够被合理预期的用途;(c)产品投入流通的时间"。See https://www.dpac.org.cn/flfg/gwfg/202003/t20200311_89895.html.

④ 参见张新宝:《侵权责任法》,中国人民大学出版社2006年版,第288页。

⑤ *Restatement of the Law Third*:*Torts—Products Liability*, Softcover Edition, American Law Institute Publishers, 1998, p. 227－230.

有一定危险性。通常,以下情况认为危险是合理的:在合理的可能预见的情况下使用,便无危险;或者虽有危险,但综合考量产品本身的性质、产品的说明、产品能够合理期待的使用、产品投入流通的时间、产品价格等因素,[①]危险性是被容许的。其次,不合理的危险必须危及了他人的人身、财产安全,具体包括他人的生命、健康、财产(不包括缺陷产品本身)面临被侵害的危险。

(2)产品缺陷界定标准的适用

《产品质量法》对产品缺陷的判断看似双重标准,实为一元标准,即在产品缺陷的实际判定上,"形式标准"与"实质标准"的适用是有层次的。国家标准和行业标准一般是对产品最低的、基本的要求,且标准的制定与修改相对滞后,通常代表生产者的需求而非消费者的需求。[②] 因此,"形式标准"仅应当作为产品缺陷认定的底线标准。如果有产品保障的国家标准和行业标准,且产品的设计、制造或者营销等违反了上述标准,则直接推定为产品存在缺陷。[③] 不符合标准直接推定产品存在缺陷,属于形式上的判断,如果有足够的证据证明相反事实时,基于国家标准和行业标准的判断可被推翻。盖因依据形式标准,只能进行形式审查,无法进行实质审查,且标准的制定可能存在滞后性,如果产品实质上没有任何不合理的危险,仅因不符合国家标准和行业标准而被绝对认定为缺陷产品,将与立法目的背道而驰。如果没有产品保障的国家标准和行业标准,则直接依据"实质性标准"判断,存在危及人身、财产安全的不合理危险的,应认定该产品存在缺陷。需要注意的是,有国家标准和行业标准,且产品的设计、制造、营销等符合标准的,并不能当然地认定产品不存在缺陷。《法国民法典》第1386—10条即规定,尽管产品的制造符合了技术规定或现有标准,或者产品的

---

① 参见《德国产品责任法》第3条、《奥地利损害赔偿法学者建议稿草案》第1334条第1款、《欧洲示范民法典草案》(DCFR)第6—3:204条、《日本制造物责任法》第2条第2款。[瑞士]海因茨·雷伊:《瑞士侵权责任法》,贺栩栩译,中国政法大学出版社2015年版,第327页。

② 参见最高人民法院侵权责任法研究小组编著:《〈中华人民共和国侵权责任法〉条文理解与适用》,人民法院出版社2010年版,第302页。

③ 如《农产品质量安全法》第33条规定了不得销售不符合农产品质量安全标准的农产品,并规定了四种具体情形。《农产品质量安全法》第54条规定,生产、销售本法第33条所列农产品,给消费者造成损害的,依法承担赔偿责任。据此,《农产品质量安全法》第33条所列的农产品可直接推定为缺陷产品,致人损害的应当适用产品责任。

制造获得了行政许可,其制造商对产品的缺陷仍然应负责任。[①] 此时要进行实质性的判断,如果产品存在"不合理的危险",即使满足了形式标准,也应当认定产品具有缺陷,司法实践中亦是如此认定。

(3)人工智能产品存在缺陷的认定——以自动驾驶汽车为例

人工智能是一组技术的统称。一般认为,人工智能是研究、开发用于模拟、延伸、扩展人的智能的理论、方法、技术以及应用系统的一门新的技术科学,人工智能的实质是对人的思维的信息过程的模拟。人工智能产品则是应用了人工智能技术制造的产品。目前,我国以及其他各国政府都把人工智能当做未来的战略主导,出台战略发展规划,从国家层面进行整体推进,迎接即将到来的人工智能社会。每一次人工智能的突破,都会带来伦理、法律的挑战,诸如智能机器人、自动驾驶汽车、人脸识别设备等人工智能产品的产生与普及,给时代带来机遇的同时,也给法律带来了新的挑战。

人工智能时代的产品责任有不同于传统时代产品责任的特点。以自动驾驶汽车侵权责任为例,自动驾驶汽车是产品这毋庸置疑,自动驾驶汽车相较于传统汽车,有很大差别:其一,传统汽车为机械的组合与安装,即使有嵌入的内置系统,也是预设好的、可预测的、具有透明度的指令性系统,传统汽车的硬件缺陷较易察觉和查证。自动驾驶汽车为软、硬件合成之产品,其设计、制造、使用更为复杂,自动驾驶汽车内置的自动驾驶系统应用了人工智能技术,该系统有自主学习之能力且存在算法黑箱、欠缺可解释性。因此,自动驾驶系统的缺陷更为隐蔽、不易察觉,造成的后果更为严重且不可预防,这直接导致自动驾驶汽车的不确定性风险因素激增。其二,传统汽车的驾驶决策权和控制权归属于驾驶者,自动驾驶汽车的驾驶决策权和控制权部分乃至全部转移给了自动驾驶汽车的自动驾驶软件。

当前我国的法律体系中,对于如何认定自动驾驶汽车产品的缺陷依旧空白,导致对其生产者如何适用产品责任颇具争议。作为人工智能产品的范例,自动驾驶汽车的产品缺陷应当采用何种标准进行认定,《产品质量法》第46条确立的"不合理危险"和"违反国家、行业标准"已出现不适应性和缺乏可操作

---

① 参见《法国民法典》第1386-10条规定,"即使产品的生产遵守了技艺规则或现有规范,或者产品的生产得到行政批准,其生产者对产品的缺陷仍应负责任"。

性。鉴于人工智能产品的缺陷认定复杂程度远超过传统的工业产品,简单的通过两种过于抽象的标准认定缺陷变得愈加困难。由此,基于不同的缺陷作出功能性的类型化规定,并根据具体的智能产品,采纳相应的不同认定标准,修改和完善我国的相关法律规范,更有利于我国科技产品的创新和发展。

2. 产品缺陷的类型

域外立法例有对产品缺陷进行明确的分类,[①]我国《民法典》《产品质量法》等法律规范并没有直接对产品缺陷进行分类,为了给司法实践提供必要指引,以实证法为依据,借鉴我国学界通说以及比较法经验,将产品缺陷总结为设计缺陷、制造缺陷、营销缺陷三类。

(1)设计缺陷

设计缺陷是指对于产品导致损害的可预见的风险,生产者或销售者本可以通过采纳合理的替代设计而减少或避免,但因为疏忽大意没有采纳替代设计而使产品具有不合理的危险。生产者在设计产品时,产品的结构、配方等方面存在不合理的危险性,如食品添加剂的含量不符合国家安全标准。认定产品是否存在设计缺陷,需要在将其用于其所设计的用途时存在不合理的危险的情况下才能做出决定。[②] 对于设计缺陷的证明,《美国侵权法重述·产品责任》(第3版)要求原告证明存在合理的替代产品设计,很明显,该条款的规定对制造商更加友好。《美国侵权法重述·产品责任》(第3版)第2条的注释d进一步根据"风险—效用平衡测试"对"合理的替代产品设计"进行了定义。"风险—效用平衡测试"是确定"一种合理的替代设计是否以合理的成本降低了产品造成的可预见的损害风险,如果是这样,卖方对替代设计的遗漏是否……使产品产生了不合理的危险"。注释f阐述了在确定合理替代设计的遗漏是否会导致产品产生不合理的安全风险时需要考量的相关因素,这些因素包括:消费者对产品的期望和替代设计的相对优势,包括其生产成本,对产品寿命、维护、维修和美观的影响;关于产品的说明、警告;可以预见的伤害风险的幅度、概率;消费者对产品的选择范围等。

---

① 《美国侵权法重述·产品责任》(第3版)的核心条款第2条规定,"当产品在销售或分销时包含制造缺陷、设计缺陷或由于说明或警告不充分而存在缺陷时,该产品即存在缺陷"。

② 参见张新宝:《中国民法典释评——侵权责任编》,中国人民大学出版社2020年版,第136页。

设计缺陷造成的影响通常比较广泛,因为设计缺陷会导致基于该设计方案的全部批量产品均存在缺陷,而批量存在设计缺陷的产品投入市场流通后,受害者往往人数众多,在实践中可能会形成集体诉讼。①

(2)制造缺陷

制造缺陷与设计缺陷不同,制造缺陷发生在产品的具体生产、加工环节中。制造缺陷产品的问题在于,制造该产品的原材料以及配件的质量和产品整体工艺的质量,②偏离了产品预期设计的情况或者欠缺产品设计时原本所期待具有的功能、属性与质量,即使生产者在制造产品时已尽到所有可能的注意。具体而言,制造缺陷可能体现为以下情形:产品存在物理上的缺陷,导致产品存在不合理的危险性;产品原材料或者配件存在物理上的缺陷,导致产品存在不合理的危险性;产品在安装、组合过程中出现某种错误,导致产品存在不合理的危险性。

(3)营销缺陷

营销缺陷是指生产者在将产品投入流通的过程中,未尽充分说明和警示之义务,致使产品存在不合理的危险。换言之,产品所导致的可预见的损害风险,本可以通过由生产者或销售者提供合理的指导教育或警示而减少或避免,但因为生产者的说明或警示不充分,导致产品产生了不合理的危险。产品的说明和警示必须充分,是否充分的判断要根据产品的性质、产品的流通领域、产品的用途功能等要素结合具体案情进行综合考量分析。我国《产品质量法》规定了相对具体的说明和警示规则,③制造商有义务依靠其警告和说明以及用户的常识来避免可能的伤害风险,教育或者警示主要指向生产者的行为,生产者的说明和警示义务限于“预见其正常使用的可能结果或者其能够合理预测的用途”。④但需要注意的是,即使生产者充分尽到了说明和警示的义务,产品不存在营销

---

① 如美国 DES 案等。参见张新宝:《美国有害物体侵权行为法介评》,载《外国法译评》1994 年第 1 期。

② 参见张新宝:《中国民法典释评——侵权责任编》,中国人民大学出版社 2020 年版,第 136 页。

③ 《产品质量法》第 27 条规定产品或者其包装上的标识必须真实且符合法定要求;第 28 条规定危险物品及有特殊要求的产品,包装质量必须符合相应要求,且依照国家相关规定进行警示,标明存储、运输等注意事项。

④ See McLaughlin v. Sears, Roebuck & Co. ,111 N. H. 265,268,281 A. 2d 587,588(1971). 参见王乐兵:《自动驾驶汽车的缺陷及其产品责任》,载《清华法学》2020 年第 2 期。

缺陷,其产品仍然可能存在其他的缺陷,如设计缺陷。

(三)对产品缺陷的补救:产品跟踪观察义务

法国、德国、美国等诸多国家都认可产品跟踪观察义务。[①] 对于产品跟踪观察义务,有广义和狭义两种理解,广义的产品跟踪观察义务包括“生产者负有持续观察了解产品是否存在危险的义务(狭义的产品跟踪观察义务)”和“在发现产品存在缺陷后,生产者负有及时采取补救措施避免危险实现的义务(反应义务)”。[②]《民法典》第1206条接受新的理论观点,规定了广义的产品跟踪观察义务以及义务违反之侵权责任承担。[③]

第一,生产者、销售者对产品缺陷负有跟踪、补救义务。从我国《民法典》第1206条的规定来看,负有产品的跟踪观察义务的主体为产品的生产者、销售者。义务主体对于跟踪观察发现的产品缺陷不能置之不理,应当采取停止销售、警示、召回等补救措施。[④]

第二,未履行跟踪补救义务之责任。为了避免对生产者、销售者苛责过重,影响其生产、创新的积极动力,未履行产品跟踪观察义务的责任是过错责任,[⑤] 只有在以下两种情形下,对损害承担侵权责任:一是未及时采取补救措施造成损害;二是补救措施不力造成损害扩大。

第三,采取召回措施导致被侵权人支出的必要费用,应当由生产者、销售者负担,其理据在于,采取召回措施是因为产品存在缺陷。该规定更有利于保障被侵权人的合法权益,有利于发展和完善我国的缺陷产品召回制度。

---

① 《法国民法典》第1386—12条第2款规定,生产者没有尽到产品跟踪观察义务的,不能援引发展风险抗辩。德国的产品的跟踪观察义务被理解为交往安全义务的次类型,生产者违反该义务应当依《德国民法典》第823条第1款的规定承担侵权责任。《美国侵权法重述·产品责任》(第3版)第10条和第11条对产品跟踪观察义务也有明确规定。参见周友军:《民法典编纂中产品责任制度的完善》,载《法学评论》2018年第2期。

② Haac, SchuldrechtBT4, 5. Aufl., Münster2005, S. 150f. 转引自周友军:《民法典编纂中产品责任制度的完善》,载《法学评论》2018年第2期。

③ 相关法条参见《消费者权益保护法》第18条第2款;《食品安全法》第63条第1款、第2款。

④ 警示是指针对产品存在某种危险或就产品应有的正确使用方法给予说明、提示。召回是指为避免产品缺陷给他人造成损害而采取的撤回、退货、更换、修理、销毁等预防、控制、消除产品缺陷的方式。参见程啸:《侵权责任法》(第2版),法律出版社2017年版,第504页。

⑤ 从比较法上来看,德国、美国等国家都将违反产品跟踪观察义务的责任设计为过错责任。参见周友军:《民法典编纂中产品责任制度的完善》,载《法学评论》2018年第2期。

三、人身财产受到损害

(一)损害赔偿范围概述

域外立法通常会明确规定产品责任的损害赔偿范围,[①]我国《产品质量法》对产品责任救济的损害范围亦进行了界定(第41条、第44条第2款),依据规定,产品责任中的损害事实包括:人身损害、财产损害和严重的精神损害。

(二)不包括产品自身的损害

对于产品责任救济的对象是否包括产品自身的损害,学界存在争议。《产品质量法》明确规定,产品责任的救济范围不包括产品自身的损害(第41条第1款),原《侵权责任法》第41条、第43条没有明确规定究竟是包括还是不包括,立法者所持的观点是,产品责任救济的对象包括缺陷产品以外的其他财产的损害和缺陷产品本身的损害。[②] 有学者也对此持相同观点,认为把缺陷产品的损失全部排斥在产品质量责任补偿范围以外是不合理的。[③]《民法典》第1202条、第1203条承继了原《侵权责任法》第41条、第43条的规定,依旧语焉不详。

通说认为,产品责任中的损害不应包括缺陷产品本身的损害,[④]盖因产品缺陷所导致的缺陷产品本身的损害对应的是违约责任,因产品缺陷而造成人身伤害和缺陷产品以外的其他财产损害的,对应的才是侵权法中的产品责任。[⑤] 本书采通说,理由如下:

一是《民法典》内部体系和谐的要求。按照《民法典》的侵权责任编与合同

---

① 《美国统一产品责任示范法》第102条规定,损害包括财产损害、人身肉体伤害、疾病和死亡以及由此引起的精神痛苦或情感伤害、由于索赔人被置于人身危险的境地而引起的并表现为实际存在的他觉症状的精神痛苦和情感伤害。《欧盟缺陷产品责任指令》第9条规定的损害赔偿包括人身损害和财产损害,损害的具体形式包括致人死亡、人身伤害、财产损失、精神损害。同时,允许各成员对非物质损害即精神损害予以规定。在财产损害方面,规定仅限于缺陷产品以外属于通常用于个人使用或消费的财产,排除了为商业目的使用的财产损害。

② 参见全国人大常委会法制工作委员会民法室编:《〈中华人民共和国侵权责任法〉条文说明、立法理由及相关规定》,北京大学出版社2010年版,第174页。

③ 参见程啸:《侵权责任法》(第2版),法律出版社2017年版,第512页。

④ 参见王道发:《我国产品责任制度法律问题研究》,载《现代管理科学》2016年第7期;周友军:《民法典编纂中产品责任制度的完善》,载《法学评论》2018年第2期;张新宝:《中国民法典释评——侵权责任编》,中国人民大学出版社2020年版,第138页。

⑤ 参见杨立新:《侵权责任法》(第4版),法律出版社2021年版,第351页。

编并列的体系来看,两编各有其适用领域和功能,产品缺陷导致产品自身的损害,固然是财产损失,但应属合同法的救济范围,将缺陷产品本身的损害纳入侵权责任法调整,会给《民法典》的体系和谐带来冲击。[①]

二是比较法的启示。域外诸多国家的产品责任制度都不救济纯经济损失,[②]缺陷产品自身的损害属于纯经济损失,主要通过违约责任救济。[③] 虽然域外不救济并不等于我国不济,但显而易见的是,将"引起产品侵权责任损害后果的原因事实(缺陷产品本身)"作为侵权责任法的保护对象,未免存在本末倒置、因果混乱的逻辑悖论。[④] 况且,我国《民法典》虽然没有明确规定不包括"缺陷产品的自身损害",但《产品责任法》相对于《民法典》而言属于特别法,应以《产品责任法》第 41 条的限制性规定为依据,不救济产品自身的损害。由此可见,并不存在突破不救济纯经济损失原则的合理理据和必要性。

三是不影响及时救济受害人的合法权益。有观点主张产品责任的救济范围包括缺陷产品的损害,有利于在一次诉讼中便捷、及时地救济受害人。但是,缺陷产品的损害是否纳入产品责任的救济范围,在实践中,并不影响受害人分别依据《民法典》侵权责任编和合同编的相关规定一并提起合同诉讼与产品责任诉讼。[⑤]

四、因果关系

产品责任中的因果关系,是指产品的缺陷与被侵权人的人身、财产损害之间存在引起与被引起的关系。"产品缺陷"为因,"损害事实"为果,只有两者之间存在因果关系,生产者、销售者才承担无过错责任。

产品责任中的因果关系是"产品存在缺陷"的事实与损害后果之间的相互

---

① 参见王道发:《我国产品责任制度法律问题研究》,载《现代管理科学》2016 年第 7 期。

② 如德国、美国、日本、瑞士等。参见[德]马克西米利安 · 福克斯:《侵权行为法》(第 5 版),齐晓琨译,法律出版社 2006 年版,第 303 页;Reinhard Zimmerann & Mathias Reimann(eds.),*Oxford Handbook of Comparative Law*,Oxford University Press,2007,p. 1014.;于敏:《日本侵权行为法》,法律出版社 1998 年版,第 330 页;《瑞士联邦产品责任法》第 2 条。

③ 参见[德]格哈特 · 瓦格纳:《当代侵权法比较研究》,高圣平、熊丙万译,载《法学家》2010 年第 2 期;詹森林:《民事法理与判决研究》(第 4 册),中国政法大学出版社 2009 年版,第 98 页。

④ 参见王道发:《我国产品责任制度法律问题研究》,载《现代管理科学》2016 年第 7 期。

⑤ 参见杨立新:《侵权责任法》(第 4 版),法律出版社 2021 年版,第 351 页。

关系,要证明产品的缺陷与损害之间存在因果关系并不容易:一是现有科技水平无法准确地证明缺陷与损害之间的关系,尽管产品存在缺陷,但损害产生的原因却无法必然认定为是由该缺陷所导致,只能认为有可能存在因果关系或者存在某种联系;二是受害人遭受的损害与产品缺陷之间的因果关系很可能是多因一果或多因多果,受害人使用缺陷产品遭受的损害未必一定是产品缺陷所致或者完全是产品缺陷所致。① 因此,对于产品责任的因果关系认定,在司法实践中,往往不要求存在必然性的因果关系,仅要求损害事实与缺陷产品之间存在一定关联性,或者有条件地利用因果关系推定来确定因果关系。

第一,证明损害事实与产品缺陷存在一定的关联。被侵权人只要证明产品缺陷有可能造成其损害或者与其损害存在一定的关联性即可,不要求证明缺陷就是造成损害的唯一的、确定的、必然的原因。被侵权人证明此点后,应当由产品的生产者或销售者证明产品不存在缺陷,或者虽然有缺陷,但该缺陷并不是造成损害的原因。《审理食品药品纠纷规定》第 5 条第 2 款规定的初步证明"因果关系"采用盖然性学说,即受害人如果有购买不健康食物、药物的初始凭证,包括购买发票、使用的牛奶瓶或药物包装袋等,就足以证明二者之间存在因果关系。由食品或药物的制造商或销售商证实消费者所受到的伤害,并非因服用了这些食品或药物而引起的。②

第二,有条件的利用因果关系推定。司法实践中,依据举证责任分配的诚实信用原则和公平原则,确定产品责任的因果关系,往往有条件地利用因果关系推定而非因果关系的认定来实现。③ 根据案件事实,在满足相应要求的情形下,推定产品的缺陷与损害之间的因果关系,只要证明了产品存在缺陷,且能够排除其他造成损害的因素的,即使不能确切地证明缺陷与损害之间存在因果关系,也可以推定缺陷与损害之间的因果关系,由生产者、销售者提交证明反驳因果关系的推定。如果不能推翻,则要承担举证不能的不利后果。

① 参见程啸:《侵权责任法》(第 2 版),法律出版社 2017 年版,第 506 页。

② 参见最高人民法院民一庭编著:《最高人民法院关于食品药品纠纷司法解释理解与适用》,人民法院出版社 2014 年版,第 85 ~ 86 页。

③ 参见杨立新:《侵权责任法》(第 4 版),法律出版社 2021 年版,第 368 页。

第四节　产品责任的责任承担

一、产品责任的承担主体

（一）概述

比较法上，欧盟规定的产品责任主体是生产者，德国法在例外情况下，将销售者拟制为生产者。[①] 美国规定的产品责任主体包括产品的生产者和销售者。[②] 我国对于产品责任主体的规定，一是将生产者作为直接责任主体。依据《民法典》的规定，生产者是承担产品责任的直接责任主体（第1202条），在销售者和第三人无过错的情况下，也是最终责任主体（第1203条、第1204条）。特殊情况下，将销售者视为生产者。[③] 二是将销售者作为直接责任主体。根据《民法典》第1203条、第1205条的规定，对于被侵权人而言，销售者同样是直接责任的承担主体。不同于产品生产者的是，销售者在无过错的情况下，有权向生产者追偿，要求生产者承担最终责任，无论生产者有无过错。综上所述，无过错产品责任的承担主体为生产者、销售者，产品责任的外部主体原则上只能是被侵权人、生产者或者销售者。

---

① 《德国产品责任法》第1条规定，产品责任的主体是生产者。

② 《美国侵权法重述·产品责任》（第3版）第1条和第20条指出，其产品责任的主体是"商业销售者或者分发者"。第1条规定："从事商业性的产品销售或者以其他方式分发的经营者，销售或者分发缺陷产品，应对该缺陷所造成的人身或者财产损害承担责任。"第20条规定："（a）在商业情形下向他人转让所有权，或是为了使用或消费，或是为了指向最终使用或消费的转售，该行为人是在销售产品。商业产品销售者包括但不限于制造商、批发商及零售商。（b）在非销售性商业交易中，不是为了使用或者消费，也不是作为导向最终使用或消费的预备步骤，向他人提供产品，该行为人是在以其他方式分发产品。商业性非销售产品分发者包括但不限于出租人、寄托人及将其作为促进此类产品的使用、消费或者其他商业活动的一种方式而提供产品者。（c）如果在商业交易中提供产品和服务的结合体，或是该交易作为一个整体，或是其中的产品，符合第a款或第b款规定的标准，该行为人也是在销售或以其他方式分发产品。"

③ 《产品质量法》第42条第2款规定："销售者不能指明缺陷产品的生产者也不能指明缺陷产品的供货者的，销售者应当承担赔偿责任。"原《侵权责任法》第42条第2款与该规定相同，《民法典》已删除。依据《产品质量法》第42条第2款的规定，当被侵权人在损害后果发生后无法找到生产者，销售者又无法指明时，销售者被视为生产者，直接承担责任且在第三人无过错的情况下承担最终责任。

（二）生产者

《民法典》与《产品质量法》对生产者的责任主体地位作了原则性规定，但没有明确界定生产者的范围。对于“生产者”范围的界定，可以参考域外立法例，《欧盟缺陷产品责任指令》第 3 条规定，“本指令中，生产者指产品的制造者、原材料的生产者或者部件的制造者以及任何以生产者名义出现，并将自己的姓名、商标或标识标记标注于产品上的人。不影响生产者的责任，任何在其商业活动范围内进口产品到共同体内部用于出售、出租、长期租赁或者其他任何形式的分派的人，都应当被视为本指令定义的生产者并承担与生产者相同的义务。如果无法识别产品的生产者，供货商将被视为生产者，除非该供货商能在合理的期限内向受害者说明生产者的身份或者指出向他提供产品的人。如果进口产品未标明进口商名称，即使标明了生产者的名称，本条第 2 款的规定仍然适用”。总结该规定，生产者包括：产品的制造者；原材料的生产者或者部件的制造者；任何以生产者名义出现，并将自己的姓名、商标或标识标记标注于产品上的人；进口商；销售无法识别生产者的产品且无法在合理期限内注明生产商或上级供应商的供货商。

结合域外立法例，综合分析我国的学界观点和司法实践，本书将生产者划分为“实质的生产者”和“拟制的生产者”：“实质的生产者”包括最终产品的生产者，零部件和原材料的生产者；“拟制的生产者”包括表见生产者，产品的进口商，特定条件下的销售者。①

1. 实质的生产者

“最终产品的生产者”是产品责任中的生产者，这是毋庸置疑的。问题是，原材料和零部件的生产者是否属于产品责任中生产者的范畴，域外的立法对此问题持肯定的态度。② 在我国，有学者认为，从保护被侵权人利益的角度出发，

---

① 《德国产品责任法》第 4 条规定，拟制的生产者包括进口商、表见生产者、出售无生产者标识产品的销售商三类。《法国民法典》第 1386－6 条规定，“以专业名义、制成品的制造者、原材料的生产者、各种部件的制造者，均为产品的生产者。为适用本编之规定，任何人以专业名义属于下列情况者，视同生产者：(1)以生产者的面目出现，产品上加有其名称、商标或者其他区别标识者；(2)为销售、租赁（不论是否带有买卖预约）或者其他任何形式的销售，在共同体内进口产品者。可以按照本法典第 1792 条至第 1792－6 条与第 1646－1 条之规定追究其责任的人，不视为本编意义上的产品生产者”。

② 《欧盟缺陷产品责任指令》第 3 条规定：“‘生产者’指产品的制造者、原材料的制造者或者零部件的制造者……”《德国产品责任法》第 4 条第 1 款明确规定，原材料和零部件的生产者（供应商）也包括在内。

提供配件、原材料的厂商一般不属于该最终产品的生产者。[①] 也有学者认为,当因原材料或零部件具有缺陷而造成产品存在缺陷的,原材料和零部件的生产者亦是产品责任中的生产者,应承担侵权责任。[②]

产品责任中的生产者应包括原材料和零部件的生产者,理由在于:其一,既然原材料或零部件是最终产品缺陷存在的根源,将实际上有过错的零部件生产者、原材料生产者排除于生产者的范围之外,却要求对产品缺陷事实上无过错的最终产品生产者单独向被侵权人承担无过错责任,不具有合理性。其二,销售者对产品存在的缺陷之形成可能毫无过错,都要对被侵权人承担无过错责任,而对产品缺陷的产生有过错的原材料生产者、零部件生产者却潜藏在幕后,销售者或者最终产品生产者只有在向被侵权人赔偿后才能向其追偿,亦不具有正当性。其三,将零部件生产者、原材料生产者纳入生产者的范围,与最终产品生产者和销售者共同对被侵权人承担责任,一方面具有正当性与合理性,避免因无法区分真正造成损害的商品部分,使受害人求偿无门,强化了各个生产环节中生产者的责任,有助于预防损害的发生;[③]另一方面转移或分散了损失,整体上增强了责任承担者的赔偿能力,更有利于保护消费者和产品使用者的合法权益。

当然,零部件生产者、原材料生产者承担责任也应当受到必要限制:当原材料和零部件的缺陷是因最终产品的设计造成的或者是因最终产品生产者的指示造成的,原材料和零部件的生产者应当可以免责。[④]

2. 拟制的生产者

(1)表见生产者

所谓"表见生产者",顾名思义,是指表面所见的生产者,即产品标注于外的

---

① 参见王利明教授主持起草的《民法典·侵权行为法(草案)》第42条:"向生产者提供有缺陷的原、辅材料,生产者用该材料制造的产品存在缺陷致人损害的,由生产者承担侵权责任。生产者有权向原、辅材料提供者追偿。";张新宝:《中国民法典释评——侵权责任编》,中国人民大学出版社2020年版,第139页。

② 参见杨立新:《侵权责任法》(第4版),法律出版社2021年版,第382页;[德]布吕格迈耶尔、朱岩:《中国侵权责任法学者建议稿及其立法理由》,北京大学出版社2009年版,第103页。

③ 参见詹森林:《民事法理与判决研究》(第4册),中国政法大学出版社2009年版,第83页。

④ 参见《德国产品责任法》第1条第3款:"如果产品的缺陷可归因于产品的设计,或可归因于产品制造者对零部件制造者发出的指令,则装配进该产品的零部件的制造者不在产品制造者之外承担责任。对原材料的生产者亦比照适用前述规定。"

生产者,而非产品的事实生产者。“表见生产者”允许他人在产品上标注自己标识的事实,使人们产生了“表见生产者”就是生产者的印象,[①]故而其应当承担责任。司法实践中,亦认可了“表见生产者”的拟制生产者地位,最高人民法院《关于产品侵权案件的受害人能否以产品的商标所有人为被告提起民事诉讼的批复》指出,任何将自己的姓名、名称、商标或者可资识别的其他标识体现在产品上,表示其为产品制造者的企业或个人,均属于《民法典》和《产品质量法》中规定的“生产者”。

(2)进口商

当缺陷产品是由国外进口时,产品的进口商也应当被视为产品的生产者。[②]对于进口商的概念,我国法律规范并没有作出界定,有域外立法例可供参考。德国法采扩大解释,把“将产品输入或带入建立欧洲经济共同体合同的适用范围者”视为产品的生产者。[③] 由此可见,进口商即为产品在国内经营链上的第一位企业。[④] 之所以将产品的进口商视为产品的生产者,一方面是因为,经过转卖、运销等渠道后,很难追查国外输入的产品的生产者;另一方面在于,即使查明了明确的生产者,因为管辖权等障碍,被侵权人向外国产品生产者起诉请求赔偿也比较难以实现。将产品的进口商视为产品的生产者能够使受害人依据国内法及时获得救济。

(3)出售无生产者标识产品的销售商

综观域外立法例,瑞士、奥地利等国家均要求销售者在合理期限内提供生产者或前手供应商的信息,否则视为生产者。[⑤] 我国也有学者主张,如果销售商在接到受害人的请求之日起经过1个月,不能指明生产者或上一级供货商,其

---

① 参见[德]马克西米利安·福克斯:《侵权行为法》,齐晓琨译,法律出版社2006年版,第307页。

② 参见梁慧星主编:《中国民法典草案建议稿》,法律出版社2003年版,第322页。《美国侵权法重述·产品责任》(第3版)规定,为出售、出租、转让等营业目的的进口商也视为生产者。*Restatement of the Law Third Torts: Products Liability*, Softcover Edition, American Law Institute Publishers, 1998, p. 227 – 230.

③ 《德国产品责任法》第4条第2款规定,“以出卖、出租、租卖或其他具有经济目的的营利方式为目的,在其营业活动范围内,将产品输入或带入建立欧洲经济共同体合同的适用范围者,也视为产品的生产者”。

④ 参见[德]克雷斯蒂安·冯·巴尔:《欧洲比较侵权行为法》(下卷),焦美华译,法律出版社2001年版,第501页。

⑤ 参见《瑞士联邦产品责任法》第2条第2款。《奥地利损害赔偿法学者建议稿草案》第1333条。

就应被视为产品的生产者。[①] 对此,我国原《侵权责任法》第42条第2款以及《产品质量法》第42条第2款作出了类似的规定,原《侵权责任法》第42条第2款规定,"销售者不能指明缺陷产品的生产者也不能指明缺陷产品的供货者的,销售者应当承担侵权责任"。值得注意的是,由于我国法律对于销售者也采无过错责任,被侵权人依据《民法典》第1203条第1款的规定可以选择向产品的生产者或销售者请求赔偿,故《民法典》删除了原《侵权责任法》第42条第2款的规定。

目前,仅有《产品质量法》第42条第2款对于"出售无生产者标识产品的销售商"的责任承担作出了特别规定。尽管《民法典》删除了原《侵权责任法》第42条第2款的规定,但《产品质量法》第42条第2款的规定仍然有效。依据《民法典》第1203条的规定,销售者在无过错时有权向生产者追偿。事实上,销售者只有在有过错的情况下才承担最终责任,《产品质量法》第42条第2款规定的"不能指明缺陷产品的生产者也不能指明缺陷产品的供货者的"的销售者是被拟制为了生产者,该销售者直接作为产品责任的最终责任人,无论其有无过错都要承担最终责任。

(三)销售者

《民法典》第1203条和《产品质量法》第42条对销售者的责任主体地位作出了规定,销售者应当对被侵权人承担无过错责任。销售者是指生产者(包括实质的生产者、拟制的生产者)以外的产品经销商,[②]具体而言,销售者可能包括批发零售商,以提供产品为目的而履行合同义务、法定义务的人,提供产品以换取任何非金钱代价的人等。

我国法律规范还规定了一些较为特殊的产品销售者:一是医疗机构——医疗产品的销售者。域外立法例和司法实践多主张,医疗机构并非销售者,医疗机构提供医疗产品是医疗服务的一部分,并非从事医疗产品的销售,是医疗产

---

① 参见周友军:《民法典编纂中产品责任制度的完善》,载《法学评论》2018年第2期。

② 《美国侵权法重述·产品责任》(第3版)规定了销售者应当满足的条件:以经营该产业为业;经营应当是长期的,而非临时或偶尔;不要求该致害产品是其主营业或者唯一的营业。*Restatement of the Law Third: Torts—Products Liability*, Softcover Edition, American Law Institute Publishers, 1998, p. 227 – 230.

品的使用者和消费者。[①] 美国的判例多认为医疗产品的提供完全附属于医疗机构的医疗服务，医疗机构不应当作为医疗产品的销售者。欧盟法院亦确认《欧盟缺陷产品责任指令》只适用于生产商，而不适用于可能使用被发现有缺陷的产品的服务提供商。[②] 但是，鉴于医疗机构通常能够评估、防范和控制医疗产品缺陷所带来的危险，基于分散风险和强化对受害人救济的需求，我国《民法典》第1223条将医疗机构也作为医疗产品的销售者对待，规定其承担无过错责任。二是法律拟制的销售者，即法律规范规定了非实际销售者被视为销售者的情形，如非法经营者利用他人营业执照提供商品或者服务的，营业执照的所有者（《消费者权益保护法》第42条）；消费者在展销会、租赁柜台购买产品的，展销会的举办者、柜台柜面的租赁者（《消费者权益保护法》第43条）；向消费者提供采购渠道的互联网交易平台（《食品安全法》第131条第2款、《审理食品药品纠纷规定》第9条）。在法定情形下，消费者因缺陷产品遭受损害时，被法律拟制视为销售者的民事主体负有先行向消费者赔偿的义务，先行赔偿后再向销售者追偿。

根据《民法典》第1203条，销售者并非一定承担产品责任的最终责任。无过错的销售者赔偿后，有权向缺陷产品的生产者或是对造成产品缺陷具有过错的第三人追偿，原则上是将产品责任的最终责任指向有过错的责任主体。

二、产品责任的责任分担

无过错责任是指生产者、销售者在向外部的被侵权人承担责任时，不考虑责任主体是否存在过错，但这并不意味着在产品责任中相关主体实际上不存在过错。被侵权人的请求得到满足后，产品的生产者、销售者以及第三人之间应当基于过错（对产品缺陷的产生存在主观上的故意或者过失）的大小，进行内部的最终责任分担，分别承担相应的赔偿责任。最终责任的分担，以各自过错确定责任大小，超出应担份额的，有权就超出部分向其他内部责任主体追偿。产品责任的外部责任承担和内部责任分担规则，一方面充分救济了被侵权人的合

① 参见赵西巨：《医事法研究》，法律出版社2008年版，第153、167页。参见苏永钦等：《民法七十年之回顾与展望纪念论文集（一）》（总则·债编），中国政法大学出版社2002年版，第237页。

② Judgment of 21 December 2011，Case C－495/10.

法权益,另一方面将产品责任最终归属于最终责任人,保障了生产者、销售者等责任主体的切身利益。

(一)生产者之间的责任分担

现代工业体系极其复杂,一个最终成品产品往往是由多个零部件共同装配而成,而零部件、原材料往往由不同的供应商提供。就特定的缺陷产品来说,其进入流通领域前,往往需要数个直接、间接的生产者分工协作。然而,产品的生产分工不应成为中间环节生产者不对消费者或者产品使用者承担责任的理由,产品生产流程中的所有独立生产者都应当成为产品责任的直接责任主体,受害人应当有机会向生产链条中最具有赔偿经济能力的人行使请求权,①这样能切实保护消费者、产品使用者的合法权益。例如,《德国产品责任法》第 5 条规定,所有的生产者要承担连带责任。由此可见,生产者之间也存在责任分担的问题。对生产者之间的责任分担,具体可以分为以下情形。

1. 最终产品生产者与原材料、零部件生产者之间的责任分担

存在缺陷的只是产品的一个或者部分零部件、原材料,而有缺陷的零部件或原材料是其他人生产时,被侵权人既可以要求整个产品的生产者承担责任,也可以要求存在缺陷的特定零部件、原材料的生产者承担责任。如果是最终产品生产者承担了责任,有权向有缺陷零部件或者原材料的生产者追偿。例如,甲公司生产的热水器发生了爆炸,经鉴定引起爆炸的原因在于该热水器中的某一零部件存在缺陷,而具有缺陷的零部件是由乙公司生产的,受害人可以选择要求甲公司或者乙公司承担责任,如果是甲公司承担了责任,其可以向乙公司追偿。综上所述,最终产品生产者与原材料、零部件生产者承担的实则为不真正的连带责任。

2. 表见生产者与实质生产者之间的责任分担

在许可使用商标的情形下,如果产品存在缺陷造成他人损害的,商标使用许可的许可人(表见生产者)和被许可人(实际生产者)都是产品的生产者,二者应当向被侵权人承担连带赔偿责任。商标使用许可人在向被侵权人赔偿后,可以依据其与被许可人之间签订的许可合同,向被许可人追偿。表见生产者与实质生产者承担的是不真正连带责任。

---

① 参见[德]克雷斯蒂安·福克斯:《侵权行为法》,齐晓琨译,法律出版社 2006 年版,第 307 页。

3. 数个生产者共同危险行为的责任分担

同类缺陷产品造成了侵权后果，生产这种产品的生产者不是一个而是数个，但是不能确定是谁生产的产品造成的实际损害。数个生产者之间的责任分担，要按照"市场份额"规则，即首先确定各个生产者在生产时，其产品所占的市场份额，其次根据生产者生产的产品在市场份额中所占的比例确定每个生产者应当分担的责任。①

（二）生产者与销售者之间的不真正连带责任

1. 生产者与销售者之间承担的责任的性质

依据《民法典》第 1203 条第 1 款、《产品质量法》第 43 条第 1 句的规定，因产品存在缺陷造成损害的，被侵权人可以向产品的生产者或者销售者请求赔偿。对于生产者与销售者承担产品责任的责任形态，学界有不同观点。

有观点认为，为了更有效地保护受害人，生产者与销售者应当作为共同侵权行为人承担连带赔偿责任，二者内部责任的大小，按照各自的过错予以确定。此种观点不当之处在于：首先，连带责任须由法律规定或者当事人约定（《民法典》第 178 条第 3 款），我国现行法律并未规定生产者与销售者承担连带责任。其次，《民法典》第 1203 条第 1 款、《产品质量法》第 43 条第 1 句之所以规定被侵权人有权要求生产者或销售者承担赔偿责任，目的在于保护被侵权人，便于其请求损害赔偿，并非因为产品的生产者与销售者构成共同侵权行为。最后，要求生产者与销售者承担连带责任，与《民法典》第 1203 条第 2 款及《产品质量法》第 43 条第 2、3 句的规定不符。还有观点认为，生产商与销售商对缺陷产品给他人带来的损害负担的并非真正的连带责任，而是不真正连带责任。② 本书亦持该观点，依据法律规定，产品销售者在无过错的情况下，仍有义务替代生产者先行承担责任。无论是生产者还是销售者，向被侵权人承担赔偿责任后，产品产销一方对被侵权人的损害赔偿责任即消失，而转为生产者与销售者之间的

① See Sindell v. Abbott Laboratories. 2d, 924 (1980), p. 607. 转引自杨立新：《侵权责任法》（第 4 版），法律出版社 2021 年版，第 384 页。

② 侵权法上的不真正连带责任，是指多数行为人对一个受害人施加侵害行为，或者不同的行为人基于不同的行为而致使受害人的权利受到损害，各个行为人产生的同一内容的侵权责任，各个行为人皆负全部赔偿责任，其中任意一行为人的履行而使全体责任人的责任归于消灭的责任形态。参见杨立新：《侵权责任法》（第 4 版），法律出版社 2021 年版，第 382 页。

内部追偿,与不真正连带责任同质。

2. 生产者与销售者之间的追偿

依据《民法典》第1203条第2款、《产品质量法》第43条,如果是因销售者的过错使产品存在缺陷的,如销售者没有将产品中应有的配件出售给消费者导致产品存在缺陷、销售者因保管上的欠缺使产品损坏或变质等,生产者赔偿后,有权向销售者追偿。[①] 当销售者对产品缺陷的产生并无过错时,销售者承担赔偿责任后,有权向生产者追偿。

(三)生产者、销售者承担先付责任与追偿权

《民法典》第1204条规定了生产者、销售者向有过错第三人的追偿权。"第三人"指除生产者、销售者以外的其他对产品缺陷产生具有过错的主体,"等"字概括式兜底的表述,意味着除法律规定列举的运输者、仓储者外,第三人还有扩展解释的空间,如供货者。

即使是第三人的过错导致产品存在缺陷,也直接要求生产者、销售者直接向被侵权人承担产品责任,其依据在于:被侵权人难以知悉产品的运输者、仓储者、供货者是谁,也难以证明产品的缺陷是由于运输者、仓储者等第三人的过错所致。因此,针对被侵权人而言,较为简单有效的方式是请求产品的制造商或销售商先行赔偿。因运输者、存储者等第三人的过错使产品存在缺陷,造成他人人身、财产损害的,生产商或销售商承担的赔偿责任是中间责任,生产商或销售商赔偿后,有权要求具有过错的第三人承担最终责任。产品的运输者、存储者、供货者等第三人,既不是生产者也不是销售者,只是产品流通的一个中间环节,产品的运输者、保管者、供货者等第三人承担的不是产品责任,它们仅仅与产品的制造商或销售商间存在运输协议、仓储合同等合同法律关系,向先行赔偿的生产商或销售商承担的赔偿责任是合同责任。

(四)网络交易平台提供者特定条件下的先行赔付责任

现代社会是网络信息社会,通过各种网络交易平台销售商品、提供服务的情形极为普遍。无论民事主体是在线下还是线上销售商品,其作为生产者、销

① 相关法律规范:《食品安全法》第148条第1款甚至规定,"消费者因不符合食品安全标准的食品受到损害的,可以向经营者要求赔偿损失,也可以向生产者要求赔偿损失。接到消费者赔偿要求的生产经营者,应当实行首负责任制,先行赔付,不得推诿;属于生产者责任的,经营者赔偿后有权向生产者追偿;属于经营者责任的,生产者赔偿后有权向经营者追偿"。

售者的法律地位不发生变化。生产者通过自行建立的网络或者其他网络服务而销售所生产的商品，如果因产品缺陷造成损害，依然要作为生产者承担产品责任。

产品的生产商、销售商通过第三方提供的网络交易平台销售产品时，交易形态中存在三方主体：一是产品的生产商、销售商（平台内经营者）；二是购买产品的消费者或其他民事主体；三是网络交易平台的提供者（电子商务平台经营者）。[①] 此种通过互联网等信息网络来销售产品的经营活动就是电子商务。

为更好地保障消费者的合法权益，进一步强化互联网知识产权交易平台服务提供者的民事责任，我国对互联网交易平台服务提供者的民事责任作出了诸多专门规定，其中与产品责任有关的法律规定包括：《消费者权益保护法》第44条第1款、《食品安全法》第131条第2款、《审理食品药品纠纷规定》第9条等。上述法律规范和司法解释规定了网络交易平台提供者在特定条件下的先行赔付责任，网络交易平台提供者先行赔偿后，有权向销售者、生产者追偿。

三、责任承担方式

（一）停止侵害、排除妨碍、消除危险

《民法典》第1205条规定："因产品缺陷危及他人人身、财产安全的，被侵权人有权请求生产者、销售者承担停止侵害、排除妨碍、消除危险等侵权责任。"该条规定实则是依据《民法典》第1167条，专门针对产品责任的重申。预防功能是侵权责任法的重要功能之一，行之有效的法律保护，应当能够在实际损害发生之前介入，以尽量避免法益损害。当产品存在缺陷，危及他人人身、财产安全时，通过停止侵害、排除妨碍、消除危险等责任承担方式，可以有效地预防损害，为民事主体的合法权益提供更加全面的保护。

根据《民法典》第1206条的规定，产品投入流通后发现存在缺陷的，生产者、消费者负有及时采取停止销售、警示、召回等补救措施之义务。上述义务之履行，也是排除妨碍、消除危险等责任承担方式的具体化。

---

① 《电子商务法》第9条第2款规定，"本法所称电子商务平台经营者，是指在电子商务中为交易双方或者多方提供网络经营场所、交易撮合、信息发布等服务，供交易双方或者多方独立开展交易活动的法人或者非法人组织"。

(二)损害赔偿

缺陷产品造成他人人身、财产损害的,生产商、销售商应当承担损害赔偿责任。其一,缺陷产品造成他人人身损害的,应当赔偿由于人身损害而发生的直接财产损失,包括医疗费、护理费、交通费、营养费、住院伙食补助费等为治疗和康复支出的合理费用,以及因误工减少的收入。造成残疾的,还应当赔偿辅助器具费和残疾赔偿金。造成死亡的,还应当赔偿丧葬费和死亡赔偿金(《民法典》第 1179 条)。其二,缺陷产品造成他人财产损失的,侵权人应当恢复原状或者折价赔偿。

(三)精神损害赔偿

《民法典》第 1183 条第 1 款规定了精神损害赔偿制度。精神损害赔偿制度的适用前提是损害人身权益且造成严重精神损害,在产品责任中,精神损害赔偿也有很大的适用空间。《产品质量法》第 44 条第 2 款规定的“其他重大损失”可理解为受害人遭受的精神损害,亦即受害人因产品缺陷遭受精神损害的,侵害人应当予以赔偿。

(四)惩罚性赔偿

惩罚性赔偿,是指在赔偿了被侵权人的实际损失之后,再加罚一定数额或者一定倍数的赔偿金,[①]其目的在于遏制、惩罚侵权行为人,弥补补偿性损害赔偿责任的不足。欧洲诸多国家主张,产品责任中生产者已经承担了极为严厉的无过错责任,不应当再适用惩罚性赔偿责任。美国产品责任法坚持惩罚性赔偿原则,以惩罚生产、销售中的恶意、轻率行为,预防类似行为的发生。

侵权责任法的功能主要在于填补损害,因此我国立法对侵权责任中惩罚性赔偿制度的适用本就采取谨慎的态度,对于其适用范围和适用条件有严格限制。适用惩罚性赔偿制度需要由法律明确规定(《民法典》第 179 条第 2 款),产品责任中也仅在法律规定的情形下才能适用惩罚性赔偿,以维护产品安全,保护广大人民群众的人身权、财产权。《民法典》第 1207 条规定了产品责任的惩罚性赔偿,即“明知产品存在缺陷仍然生产、销售,或者没有依据前条规定采取有效补救措施,造成他人死亡或者健康严重损害的,被侵权人有权请求相应的

---

① 参见黄忠顺:《惩罚性赔偿消费公益诉讼研究》,载《中国法学》2020 年第 1 期。

惩罚性赔偿”。原《侵权责任法》第47条仅规定了“明知产品存在缺陷仍然生产、销售”的情形，适用惩罚性赔偿，《民法典》第1207条增设了“没有依据前条规定（《民法典》第1206条）采取有效补救措施”的情形，同样适用惩罚性赔偿。

根据《民法典》第1207条的规定，产品的生产者、销售者承担惩罚性赔偿责任，应当满足以下条件：其一，“明知产品存在缺陷仍然生产、销售”或者“没有采取有效补救措施”，两者符合一项即可。“明知”表明侵权人在主观上存在故意或者重大过失。采取的补救措施应当符合《民法典》第1206条的规定，补救措施需要有效，即能够补救缺陷产品可能造成的损害。其二，造成他人死亡或者健康严重损害。该条件是对损害程度的客观要求，其中的“健康严重损害”是指残疾、完全或大部分丧失劳动能力、永久病痛等情况。[①] 只有同时满足上述两项条件的，被侵权人才有权请求相应的惩罚性赔偿。

除《民法典》第1207条之外，我国《消费者权益保护法》和《食品安全法》也规定了产品责任的惩罚性赔偿：一是《消费者权益保护法》第55条第2款规定了缺陷产品或服务造成他人死亡或者健康严重损害时的惩罚性赔偿责任。此种惩罚性赔偿适用的前提条件是经营者要“明知”商品或者服务存在缺陷，仍向消费者提供，“明知”意味着经营者有故意或重大过失的主观态度，造成的损害必须是人身损害，且损害程度须达到“死亡或健康严重损害”，符合上述要件的，只要是因为缺陷商品或缺陷服务遭受损害的人（包括消费者、其他受害人），皆有权请求经营者承担惩罚性赔偿责任，惩罚性赔偿的范围为所受损失的2倍以下。“因缺陷产品造成他人死亡或健康严重损害”在性质上属于产品责任，是《民法典》第1207条的具体化。二是《食品安全法》第148条第2款，该条款规定的惩罚性赔偿不以消费者遭受实际损害为前提，只要食品不符合食品安全标准，消费者就有权主张生产者或者经营者按照该规定承担惩罚性赔偿责任。相较于《民法典》第1207条，该条款对食品生产者和销售者提出了更为严格的安全性要求。

由于惩罚性赔偿中的具体计算标准非常复杂，故《民法典》第1207条并未规定如何确定惩罚性赔偿数额，有待于相关司法解释作出进一步规定，以便法官结合具体案件确定赔偿数额。

---

① 参见张新宝：《中国民法典释评——侵权责任编》，中国人民大学出版社2020年版，第149页。

四、免责事由

(一)概述

严格责任并非绝对责任,从比较法的角度来看,许多国家和地区的法律都对产品责任的免责事由作出了明文规定。《欧盟缺陷产品责任指令》第7条规定,生产者能够证明以下情形的,可以不承担责任:(a)其并未将产品投入流通领域;(b)根据情况,其在将产品投入流通领域时,造成损失的缺陷并不存在,或该缺陷是在后来产生的;(c)所生产的商品既不能基于买卖和其他具体经营目的分派,也不能在其商业范围内制造或者分销;(d)证明产品质量的缺陷起因于公权机关对同类产品所颁布的强制规范;(e)其将产品投入流通领域之后,由于限于当时的科技条件还不能确认有缺陷的存在;(f)对部件的生产者来说,其部件的缺陷应当归咎于产品的设计和产品制造商的指示错误。[①]《法国民法典》第1386-11条规定,"生产者应负严格责任,除非他证明:1. 他没有将产品投入流通;2. 造成损害的缺陷在产品由其投入流通时并不存在,或者该缺陷是在该产品投入流通之后产生的;3. 该产品不打算销售或以其他方式分销;4. 在他将产品投入流通时,科学和技术知识的状况不允许发现缺陷的存在;5. 缺陷是由于产品符合强制性的立法或法规规则。如果部件的生产者确定缺陷可归因于包含该部件的产品的设计或该产品的生产者的指示,则该部件的生产者也不承担责任"。《美国统一产品责任示范法》规定甘冒风险为抗辩事由,消费者发现了产品缺陷而愿意承受的,生产者不承担责任。同时也规定,产品的误用可以成为抗辩的理由。至于"发展风险",即将产品投入流通时的科学技术水平尚不能发现缺陷是否为抗辩理由,多数州将其作为免责条件。

我国产品责任的免责事由,由一般民事责任的免责事由和专门产品责任的免责事由共同组成。首先,我国《民法典》产品责任一章以及原《侵权责任法》都没有专门规定产品责任的免责事由,《民法典·总则编》和《民法典·侵权责任编》规定的一般免责事由,产品责任亦适用。其次,《产品质量法》第41条第2款规定了三种仅适用于产品责任的特殊免责事由:一是产品未投入流通;二是产品投入流通时,引起损害的缺陷尚不存在;三是将产品投入流通时的科学技

① 《欧盟缺陷产品责任指令》同时规定,成员国可对发展风险作为抗辩事由作出保留。

术水平尚不能发现缺陷的存在。上述三种情形亦是欧盟国家立法普遍认可的抗辩事由,但我国法定的免责事由较之域外立法例,其范围相对较窄。

(二)未将产品投入流通

所谓“产品未投入流通”,就是指商品没有根据生产商的意志或者意愿加以流动,具体而言,应做如下理解:一是产品并未实际投入到流通领域。判断标准是“生产者完成产品的交付”,当产品生产者完成制造活动后,将产品投入到市场营销中时,产品即为实际投入到流通领域。二是产品并非基于生产者的自主意愿投入到流通领域。无论产品通过何种具体方式、途径进入到流通领域,①其前提要求是,要基于生产者的自主意愿。产品非基于生产者意愿,如因遗失、被欺诈、侵占、盗窃、抢夺等情形进入流通领域的,仍然属于“未将产品投入流通”。例如,小偷甲潜入某公司的仓库偷走了数个存储在仓库中的充电宝,后将窃取的充电宝中的一个卖给了毫不知情的乙,一旦充电宝因存在缺陷而爆炸导致他人人身伤害,乙仅可以追究甲的责任,不可追究某公司的责任。因为,该公司并非基于自主意愿将充电宝投入到流通领域。

即便“未投入流通”的产品因存在缺陷造成了他人的损害,生产者也无须负责。其法理基础在于,产品责任是一项风险责任,所以只有商品的制造商是根据自身意愿把产品投入流动中的,它才进入了一个风险状态。反之,一旦商品没有投入流动,或者投入流动的人和制造商、生产商并不一致,商品缺陷问题引起了他人损害的,生产商将不负责。生产者没有将产品投入流通,就没有制造危险,就不应当被归责。这种豁免措施不但适用于产品的制造商,也适用于产品的销售商。

(三)产品投入流通时,引起损害的缺陷尚不存在

该免责事由是指产品在脱离生产者的占有时并不存在缺陷,缺陷是在产品脱离生产者控制后,由其他人造成的。根据生产者到消费者的产品流转流程判断,缺陷的产生可能基于以下两种原因:一是在运输、储存、保管产品过程中的不当行为所致,依据《民法典》第 1204 条的规定,仍然要由生产者、销售者承担赔偿责任,然后再向运输者、仓储者等第三人进行追偿。“产品投入流通时,引

---

① 产品投入流通具体包括出售、出租、抵押、出质、典当等形式。参见张新宝:《侵权责任法》,中国人民大学出版社 2006 年版,第 405 页。

起损害的缺陷尚不存在”不包括此种情形。二是由于受害人对产品的不正当安装、使用所致,例如,由于产品的使用者擅自改造产品、不当维修产品、未按照说明书使用和存储产品等个人原因而导致产品产生缺陷。“产品投入流通时,引起损害的缺陷尚不存在”具体指的便是,产品缺陷完全是由受害人自身的原因所造成的情形。由产品的使用者对因产品使用而产生的危险负责,符合责任自负的基本理念。

(四)将产品投入流通时的科学技术水平尚不能发现缺陷的存在

该免责事由也被称为“发展风险抗辩”,是指产品符合其投入流通领域当时的科技水平,其后,随着科学技术的发展而被发现存在缺陷。首先,根据产品投入流通领域时的科技水平,产品的生产者如果竭尽全力满足了产品制造所需要的一切要求,就缺乏可谴责性。[①] 其次,要求产品的生产者达到其无法预见到的未来科技水平,并因未达到而承担责任,显然不具有合理性。发展风险抗辩对于兼顾消费者利益和生产者利益,促进科技生产力发展、鼓励科学技术创新具有积极的意义。

1.“产品投入流通时”的认定

“产品投入流通时”的科学技术水平,意味着“不能发现缺陷存在”的判断基准时间点采“产品投入流通时”的标准,而非“缺陷被发现时”或者“案件审理时”的标准。从“产品投入流通时”到“缺陷被发现时”,再到“案件审理时”,科技水平在此期间已经有了新发展。如果以“缺陷被发现时”或者“案件审理时”的标准判断,就等于是以“未来的标准”要求“现在的产品”。故而,只有在“产品投入流通时”的知识水平、认知能力完全达不到能够发现这种缺陷及其伴随的潜在产品风险的情况下,才能排除产品生产者、销售者应当承担的产品责任。[②]

2.“科学技术水平”的判定

对于“科学技术水平”的判定:一种观点采国家的社会整体标准,该科技水平既不是指生产者自身所掌握的科学技术水平,也不是当时世界上最先进的科

---

① 参见[德]马克西米利安·福克斯:《侵权行为法》,齐晓琨译,法律出版社2006年版,第122页。

② 参见[德]汉斯—贝恩德·舍费尔、克劳斯·奥特:《民法的经济分析》,江清云、杜涛译,法律出版社2009年版,第340页。

学技术水平,而是一个国家社会整体具有的科学技术水平。[1] 另一种观点采客观标准,主张生产者必须能够证明,在所涉产品投入流通时的科学技术知识水平的客观状态,不足以发现该缺陷的存在。"科学技术水平"的判定应以当时社会具有的、能够为人们应用于产品设计与制造的、最先进的科学技术水平为依据,不是依据生产者掌握的科技水平。为了能够更好地维护广大消费者的人身、财产安全,促进科技发展,生产者有义务使自己的专业知识技术接近世界普遍认知的最新科技水平。[2] 因此,应采客观标准,以"国际范围内相关领域已经为专业人员认可所能掌握并加以利用的,最先进的科学技术知识水平"作为判定能否发现产品有缺陷的标准,有助于激励生产者研发新技术、新产品,将科技成果转化为现实生产力。

3. 发展风险抗辩的例外

对于发展风险抗辩的例外,我国法律规范没有作出规定。比较法上,有以下情形的产品生产者不允许主张发展风险抗辩:一是不允许药品生产者主张发展风险抗辩。[3] 考虑到药品对于患者的生命、健康的严重影响,《德国产品责任法》第 84 条规定,不允许药品的生产者主张发展风险抗辩,[4]《匈牙利民法典》也规定,任何药品的生产商都负有责任,即使该产品投入流通时的科学和技术知识状况不能检测到缺陷的存在。[5] 二是基因产品的生产者要对发展风险抗辩负责。依据《德国基因技术法》第 32 条第 1 款的规定,[6]基因技术产品的生产者也要承担对于发展风险的责任,盖因基因技术的后果具有无法预测性。三是供

---

① 参见卞耀武主编:《中华人民共和国产品质量法释义》,法律出版社 2000 年版,第 93 页。

② 参见[瑞士]海因茨·雷伊:《瑞士侵权责任法》,贺栩栩译,中国政法大学出版社 2015 年版,第 334 页。

③ 日本认可药品生产者的发展风险抗辩。参见杨立新主编:《世界侵权法学会报告(1)产品责任》,人民法院出版社 2015 年版,第 153 页。

④ Arzneimittelgesetz, http://dejure.org/gesetze/AMG. 转引自周友军:《我国〈侵权责任法〉修订入典的初步构想》,载《政治与法律》2018 年第 5 期。

⑤ See Report From The Commission to the European Parliament, the Council and The European Economic and Social Committee on the Application of the Council Directive on the Approximation of the Laws, Regulations, and Administrative Provisions of the Member States Concerning Liability for Defective Products (85/374/EEC) COM/2018/246 final. https://eur-lex.europa.eu/legal-content/EN/TXT/?uri=COM:2018:246:FIN.

⑥ Gentechnikgesetz, http://www.buzer.de/gesetz/4911/index.Htm. 转引自周友军:《我国〈侵权责任法〉修订入典的初步构想》,载《政治与法律》2018 年第 5 期。

人类消费的食品。2007 年 11 月 16 日西班牙皇家法令第 1/2007 号法令规定，供人类消费的药品、食品或食品的生产商不能援引《欧盟缺陷产品责任指令》第 7(e)条规定的豁免。[①]

① 《欧盟缺陷产品责任指令》第 7(e)条规定："当他将产品投入流通时的科学技术知识状况并不能使他发现缺陷的存在"。

第五章

机动车交通事故责任

第一节　机动车交通事故责任的立法及完善

一、立法发展与沿革

我国最早关于交通管理的法律规范是1955年实施的《城市交通规则》(已废止),该规则为后续的立法实践奠定了良好的基础。1988年实施的《道路交通管理条例》(已废止),从“规则”到“条例”,在法律位阶上发生了很大改变,内容亦有了大幅度增加。1991年实施的《道路交通事故处理办法》(已废止)在处理交通事故方面发挥着重要作用,使对道路交通事故的处理真正实现了有法可依。

随着我国机动车保有量的增加,机动车交通事故的发生率也不断攀升,机动车交通事故已成为“世界第一害”。与机动车道路交通事故数量不断增加成正比,交通事故所引发的损害赔偿纠纷也快速攀升,这一问题不仅是某个国家所面临的问题,更是一个全球广泛关注的问题。鉴于机动车交通事故中交通主体的多样化、过错类型的复杂化,我国亟须一部专门的道路交通安全基本法来减少机动车事故的发生,减轻机动车事故造成的损害。因应社会发展需求,我国于2003年制定了《道路交通安全法》[①],该法的出台标志着我国关于机动车交通事故的立法进入了成熟与完善阶段,2004年国务院制定了配套的《道路交通

① 《道路交通安全法》于2004年5月1日开始实施,并于2007年、2011年、2021年历经三次修订,无论从立法技术,还是从立法内容方面均有了较大进步,更加准确完善。

安全法实施条例》[1]。随后，2010 年施行的《侵权责任法》、2012 年发布的《道路交通事故损害赔偿解释》、2021 年实施的《民法典》都对机动车交通事故责任进行了系统化的规定和完善。

二、《民法典》对机动车交通事故责任的修改与完善

相较于之前的法律规范，《民法典》更为清晰、有条理地概括了机动车交通事故责任的认定与处理规则，更为全面、细致地回应了司法实践中处理交通事故责任所遇到的难点、热点问题，做到民有所呼，法有所应，极大地满足了人们的生产生活需求，突出了《民法典》的权威地位和作用。《民法典 · 侵权责任编》第五章用了共计 10 个法律条文（第 1208 条至第 1217 条）对机动车交通事故责任进行规定。

首先，《民法典》第 1208 条规定了机动车交通事故责任的法律适用，即“机动车发生交通事故造成损害的，依照道路交通安全法律和本法的有关规定承担赔偿责任”。该规定明确了处理机动车交通事故责任的法律概念与渊源问题，有利于统一机动车交通事故责任的认定尺度和标准。

其次，《民法典》第 1209 条至第 1212 条规定了机动车所有人与使用人不一致时的责任承担问题，其中：第 1209 条与原《侵权责任法》第 49 条相比较，新增了“机动车管理人”为机动车交通事故的责任主体，删除了强制保险部分内容；第 1210 条规定了机动车买卖过程中发生交通事故的责任承担规则；第 1211 条规定了挂靠机动车侵权责任的责任承担规则，该条为《民法典》的新增规定；第 1212 条规定的是未经允许驾驶他人机动车侵权责任的责任承担规则。

最后，《民法典》第 1213 条至第 1217 条规定了机动车交通事故责任的其他相关规则，其中：新增第 1213 条，规定了机动车交通事故责任案件中强制保险、商业保险与侵权人承担赔偿责任的顺序；第 1214 条至第 1215 条规定了拼装车、盗抢车的交通事故责任认定；第 1216 条规定了交通事故逃逸时的强制责任保险人和救助基金的先付责任；新增第 1217 条，规定了好意同乘之责任承担

---

① 《道路交通安全法实施条例》第 115 条同时废止了 1960 年经国务院批准、交通部发布的《机动车管理办法》，1988 年国务院发布的《道路交通管理条例》以及 1991 年国务院发布的《道路交通事故处理办法》。

规则。

《民法典》是民事领域的基本法，不能事无巨细地对机动车交通事故责任进行规范，且《道路交通安全法》中已经有诸多关于机动车交通事故责任的规定。故而，机动车交通事故责任主要适用《道路交通安全法》的相关规定，《民法典》中的规定为基础性、原则性、辅助性、补充性的规定。同时，最高人民法院对于道路交通事故责任的司法解释，也是机动车交通事故责任认定的重要依据。

第二节　机动车交通事故责任的一般规定

《民法典》第 1208 条规定了机动车交通事故责任的法律适用问题，即"机动车发生交通事故造成损害的，依照道路交通安全法律和本法的有关规定承担赔偿责任"。根据该规定，机动车发生交通事故造成损害的，要同时适用《道路交通安全法》和《民法典》的相关规定。研究机动车交通事故责任的一般规定，首先要研究《道路交通安全法》中的相关规定，而最为关键的一条为《道路交通安全法》第 76 条。机动车交通事故责任的一般规定，要结合《民法典》第 1208 条和《道路交通安全法》第 76 条进行综合性理解和适用。

一、机动车交通事故责任的概念及特征

(一)机动车交通事故责任的概念

1. 交通事故的概念

关于机动车交通事故的概念，立法上曾几经修改、完善，不同时期有不尽相同的规定。早在《道路交通安全法》制定、实施之前，1991 年的《道路交通事故处理办法》第 2 条就对道路交通事故给出了定义，即"本办法所称道路交通事故，是指车辆驾驶人员、行人、乘车人以及其他在道路上进行与交通有关活动的人员，因违反《道路交通管理条例》和其他道路交通管理法规、规章的行为，过失造成人身伤亡或者财产损失的事故"。

机动车交通事故，是指机动车与非机动车驾驶人员、行人、乘车人以及其他在公路、城市道路和虽在单位管辖范围但允许社会机动车通行的地方以及广场、公共停车场等用于公众通行的场所上进行交通活动的人员，因违反道路交

通相关管理法规、规章的行为，过失或者意外造成的人身伤亡或者财产损失的事件。为使这一概念更加简洁，便于被公众所认知、理解、掌握、遵守和执行，《道路交通安全法》将机动车交通事故概念进行了凝练和概括，该法第119条规定，交通事故是指车辆在道路上因过错或者意外造成的人身伤亡或者财产损失的事件。要正确理解与适用该规定，需要进一步对该规定中的相关概念进行界定：一是“车辆”的认定，此处的车辆应当按照法律规定理解为包括“机动车”和“非机动车”；二是“道路”的认定，应当作广义的解释，包括公路、城市道路、广场、公共停车场等用于公众通行的场所；三是“造成人身伤亡或者财产损失”的认定，此处人身伤亡和财产损失的主体是指在交通事故中受到损害的所有人，包括机动车驾驶人、非机动车驾驶人、乘车人、行人以及其他在交通事故中受损的人。

2. 机动车交通事故责任

广义的机动车交通事故责任是指由于发生交通事故而产生的法律责任，包括刑事责任、行政责任和民事责任。狭义的机动车交通事故责任，是指发生道路交通事故时，事故责任人应当承担的侵权损害赔偿责任。《民法典》规定的“机动车交通事故责任”是狭义的机动车交通事故责任。

（二）机动车交通事故责任的特征

相较于其他侵权责任，机动车交通事故责任具有明显的特点，具体体现为：一是特定领域。不同领域民事责任的特征通常各不相同，尤其在特殊侵权责任方面，彼此往往存在明显差异，机动车交通事故责任发生在机动车道路交通领域。二是特定行为。必须有机动车在道路上行驶并因此而发生交通事故的行为。三是特定事故处理要求。道路交通法律规范明确规定，在道路上发生交通事故，车辆驾驶人应当立即停车，保护现场；造成人身伤亡的车辆驾驶人应当立即抢救受伤人员，并迅速报告执勤的交通警察或者公安机关交通管理部门。四是特定人员。机动车交通事故的发生一定与机动车驾驶人有着必然联系，无论驾驶人与肇事车辆的所有人还是管理人是否为同一人，车辆驾驶人员必然为一方责任的当事人。五是特定时地。机动车交通事故发生后，必须记录发生时相对准确的时间和地点，无论车辆或者受害人是否在事故发生后离开事故现场，事故现场具有特定性和唯一性。六是特定的责任分担方式。在机动车交通事故发生时，即使机动车一方没有过错，非机动车驾驶人或者行人因为其自身过错造成了损害,机动车一方也应当按一定比例承担责任。根据责任主体的不同,机动车交通事故责任的责任形态可以分为单方责任、双方责任、混合责任和第三方责任。

二、机动车交通事故责任的归责原则及构成要件

比较法上,对机动车交通事故责任的归责原则,有四种立法模式:一是无过错责任原则,如德国、日本等;二是过错责任原则,如美国、英国等;三是多元化归责原则,如法国、意大利等;四是绝对赔偿原则,如新西兰。[①] 我国机动车交通事故责任实际采多元化的归责原则,旨在充分地应对实践中较为复杂的道路交通事故纠纷。根据《道路交通安全法》第76条的规定,机动车发生交通事故造成人身伤亡、财产损失的,根据"双方是机动车"还是"一方是机动车",对机动车交通事故责任的归责原则进行了区分:"双方是机动车",即机动车之间发生交通事故,适用过错责任原则;"一方是机动车",即机动车与行人、非机动车之间发生交通事故,适用无过错责任原则,由机动车一方承担无过错责任。

(一)机动车之间发生交通事故的归责原则:过错责任原则

机动车之间发生交通事故适用过错责任原则。依据《道路交通安全法》第76条第1款第1项,机动车与机动车之间发生交通事故的,采过错责任原则,由有过错的一方承担赔偿责任。在道路上,机动车之间具有相同的法律地位,并不存在特别保护某一方的必要。举证责任之承担为"谁主张,谁举证"。若存在机动车一方的所有人、管理人与使用人不一致的情况,则使用人与所有人、管理人承担的责任的归责原则可能存在不一致的情况,使用人承担的是无过错责任,所有人、管理人承担的则是过错责任。规定所有人与管理人有过错要承担侵权责任,旨在要求所有人与管理人履行好机动车适于道路行驶的管理义务以及使用人的选任义务。机动车所有人与管理人在管理和使用人选任方面具有他人无法替代的作用:在机动车管理方面,所有人与管理人对机动车性能与状况了解相对较多,应确保机动车能够正常行驶;在使用人选任方面,机动车所有人、管理人更应知道或者应当知道驾驶人有无驾驶资格、驾驶人是否存在不能驾驶机动车的情形,驾驶人是否存在可能给自身以及公众造成危险的其他不宜

---

① 参见杨立新:《侵权责任法》(第4版),法律出版社2021年版,第419页。

驾驶车辆的情形。

(二)机动车与行人、非机动车发生交通事故的归责原则:无过错责任原则

通常情况下,大部分机动车交通事故是在车辆驾驶人无过错情况下造成的,为促使车辆驾驶人履行好自身的注意义务,机动车交通事故责任确定了较为严格的归责原则,即无过错责任原则。依据《道路交通安全法》第76条第1款第2项,在机动车与行人、非机动车之间发生交通事故时适用无过错归责原则,由机动车一方承担无过错责任。这一归责原则决定了在非机动车驾驶人和行人存在重大过失的情况下,也只能减轻机动车一方责任而不能免除其责任,机动车一方没有过错的,也要承担不超过10%的赔偿责任。当然,依据《道路交通安全法》第76条第2款的规定,如果交通事故损失是由非机动车驾驶人以及行人故意碰撞机动车造成的,则机动车一方可免除赔偿责任。可以确定机动车一方免责的"故意",通常是指非机动车驾驶人和行人因自杀、自残甚至是"碰瓷"等行为使自己受到人身伤害的故意,并非违反《道路交通安全法》安全注意的义务。现实中常见的行人或非机动车闯红灯的行为,属于违反注意义务的行为,并非故意要造成自身伤害。在这种情形下造成机动车交通事故,闯红灯的非机动车、行人遭受损害,机动车一方的责任只能适当减轻,不能免除。

即使适用无过错责任原则,对于机动车一方"有过错"和"无过错"两种不同情形,仍然要加以区分,按照其具体过错和过错程度确定相应的责任。这一点早在《民法典》颁布实施之前,《道路交通事故损害赔偿解释》就有了明确规定,不仅解决了挂靠、多次转让、试乘与机动车培训等常见的赔偿主体认定问题,还回答了所有人、管理人的过错认定问题。机动车发生交通事故,应根据《道路交通安全法》和《民法典》所确立的归责原则,先行确定机动车交通事故中各方的责任。

(三)机动车交通事故责任的构成要件

根据《道路交通安全法》第76条第1款第1项的规定,机动车之间发生交通事故时,由过错方承担责任,双方都有过错的,按照各自过错的比例分担责任。根据《道路交通安全法》第76条第1款第2项的规定,机动车与非机动车、行人之间发生交通事故时,由机动车方承担责任,不要求机动车方具有过错。按照侵权责任构成要件的一般理论,结合机动车交通事故责任的自身特点,机

动车交通事故责任的成立一般需要满足以下构成要件。

第一，存在道路交通事故违法行为。违法行为，即违反以保护他人为目的之法律的行为。一般而言，机动车交通事故责任中的违法行为指的就是违反道路交通安全法规中的以保护他人为目的之法律的行为，包括作为和不作为。[①]机动车交通事故责任中存在违法行为的一个隐含前提是，机动车“在道路上”。所谓“在道路上”是指机动车在公路、城市道路、乡村道路、允许机动车通行的公共场所，被作为交通工具运行。机动车的运行包括启动、行驶、转弯、倒车等运动状态，也包括暂停、熄火停在道路交通领域的静止状态。《道路交通安全法》明确规定了机动车在道路上的行驶规则：第 14 条、第 21 条规定了对机动车适驾状态的要求；第 19 条、第 22 条规定了机动车驾驶人应当遵守的驾驶行为要求；第 43 条、第 45 条规定了机动车在道路上的通行规则和应当遵守的交通秩序；第 48 条、第 49 条、第 50 条规定了机动车载人、载物的具体要求及数量限制。任何机动车的所有人、驾驶者违反上述规定，都属于存在违反以保护他人为目的之法律的违法行为。机动车之间发生交通事故时，要求机动车至少有一方存在违法行为。机动车与非机动车、行人之间发生交通事故时，要求机动车方存在违法行为，违反了道路交通安全的相关法律规范，实施了造成非机动车或者行人损害的行为。

第二，存在损害事实。机动车交通事故的损害事实，是指道路交通活动的参与者对权利主体的人身、财产造成的不利状态，交通活动的参与者包括驾驶员、行人、乘客等。依据《道路交通安全法》第 76 条的规定，交通事故的损害包括人身伤亡和财产损失。“人身伤亡”中的“伤”指身体权、健康权、生命权及人格利益受到的伤害，“亡”指造成了权利人的死亡，基于“人身伤亡”而引发的损害既包括财产损害，也包括精神损害。财产损失是指财产因交通事故而遭受的损害，《道路交通事故损害赔偿解释》第 12 条对交通事故中的财产损失进行了列举式的规定，具体包括：车辆的维修费用、车上物品的损失、车辆救助费用、车辆毁损灭失的重新购置费用、从事经营性活动车辆的合理停运损失、非经营车辆无法继续使用产生的替代性交通的合理费用等。

第三，违法行为与损害事实之间存在因果关系。权益侵害人的违法行为与

---

① 参见杨立新：《侵权责任法》（第 4 版），法律出版社 2021 年版，第 421 页。

损害事实之间应当存在客观联系，客观联系的判断要依据“必要条件理论”。具体到机动车交通事故中，即如果没有机动车的违法行为，就不会有损害的产生，则视为违法行为与损害之间存在因果关系；如果没有机动车的违法行为，损害依然会发生，则机动车的违法行为并非损害之肇因。鉴于机动车交通事故中的因果关系往往错综复杂，故而，有学者主张兼采“直接因果关系说”“相当因果关系说”“法规目的说”三种理论，对因果关系是否存在进行综合判断。①

第四，机动车之间发生交通事故的，要求至少有一方具有过错。仅在机动车之间发生交通事故时要求过错要件，机动车与非机动车、行人之间发生交通事故时，不要求过错要件。机动车至少有一方具有过错，才由过错方向无过错方承担侵权责任，机动车交通事故责任中的过错，一般情况下表现为“过失”，即道路交通事故中的致害人对受害人负有注意义务，却疏忽或大意。如果机动车双方或者多方均有过错的话，则由具有过错的各方当事人承担与其过错程度相当的侵权责任；如果机动车各方均没有过错的话，则互不承担赔偿责任。

三、责任承担

（一）概述

机动车交通事故责任中，纷争较大的问题之一便是：机动车发生交通事故造成人员伤亡或财产损失后，如何进行救济。无论如何确定机动车交通事故的责任主体，如何确定归责原则，最终采取无过错责任还是过错责任进行认定，一个核心的问题就是对受害方如何进行救济。

根据道路交通安全法律法规和《民法典》的相关规定，机动车交通事故的救济有如下方式：其一，事故双方自行和解。对于轻微的、责任明确的机动车交通事故，通常鼓励事故双方现场快速解决，快速驶离现场，避免因为交通事故各方的纠缠而堵塞交通，甚至引发次生交通事故。《道路交通安全法》第 70 条明确规定，在道路上发生交通事故，仅造成轻微财产损失，并且基本事实清楚的，当事人应当先撤离现场再进行协商处理。其二，由公安机关交通管理部门调解。《道路交通安全法》第 73 条规定，“公安机关交通管理部门应当根据交通事故现场勘验、检查、调查情况和有关的检验、鉴定意见，及时制作交通事故认定书，作

---

① 参见杨立新：《侵权责任法》（第 4 版），法律出版社 2021 年版，第 426 页。

为处理交通事故的证据。交通事故认定书应当载明交通事故的基本事实、成因和当事人的责任,并送达当事人”。在此基础上,《道路交通安全法》第74规定,对交通事故损害赔偿的争议,当事人可以请求公安机关交通管理部门调解。其三,诉讼。交通事故发生后,当事人可以不经调解程序直接向人民法院提起民事诉讼。经公安机关交通管理部门调解,当事人未达成协议或者调解书生效后不履行的,当事人也可以向人民法院提起民事诉讼。

(二)责任主体

确定一起机动车交通事故的责任,无不将事故责任主体的认定作为首要的问题来考虑。过去由于机动车交通事故责任的主体比较单一,不同时期的立法并未将交通事故责任主体放在更为重要的地位加以考量。随着时代的发展,参与道路交通的主体呈现多样化的特点,导致机动车交通事故责任主体也呈现多样化,而不再是过去的事故责任主体与车主在大多情况下为同一主体的情形。责任主体的多样化发展趋势,从立法的新旧更迭可以看出端倪。

越是新近立法,其所规定的机动车交通事故责任主体越丰富详尽,在数量上呈现越来越多的趋势。《民法典》以及《道路交通事故损害赔偿解释》中体现得最为明显,二者均把机动车交通事故责任主体的确定作为首要解决的问题,只有责任主体明确,在确定损害赔偿责任时才有实际意义。实践中,发生机动车交通事故,经常出现相关联的主体相互推诿,导致责任主体难以确定,甚至是责任主体被相关部门确定后却缠访缠诉,这与过去的一定时期内,参与机动车道路交通主体多元复杂,而相关立法工作呈现滞后局面有关。

根据《道路交通安全法》第76条的规定,机动车交通事故的责任主体为“机动车一方”。按照《民法典》的规定,“机动车一方”并非单一的主体,而是包括机动车所有人、管理人、使用人。而对于发生交通事故造成损害后,如何确定承担机动车交通事故责任的具体主体的问题,《民法典》则作出了更为详尽的规定,《民法典》第1209条规定,因租赁、借用等情形,机动车所有人、管理人与使用人不是同一人时,发生交通事故造成损害,属于该机动车一方责任的,由机动车使用人承担赔偿责任,这体现了谁受益谁担责的原则,同时,该条还规定了所有人、管理人对损害的发生有过错的,承担相应的赔偿责任;第1210条规定,对于机动车转让未及时办理更名过户的,属于该机动车一方责任的,则由受让人承担赔偿责任;对于实践中经常出现的营运挂靠情形,第1211条规定由挂靠人与被挂靠人承担连带责任；第1212条规定，未经允许驾驶他人机动车发生交通事故造成损害，属于该机动车一方责任的，由使用人承担赔偿责任。“利益之所属即责任之所归”，上述规定体现了谁使用谁受益谁担责的公平原则。当然也并未因此免除车辆所有人的过错赔偿责任，通常情况下，机动车所有人、管理人对损害的发生有过错的，要承担相应的赔偿责任。

（三）责任承担规则与免责事由

1. 机动车之间发生交通事故的责任承担规则与免责事由

机动车之间发生交通事故的，责任由过错方承担。机动车之间发生交通事故时，不止一方存在过错的，要按照各自的过错程度按比例分担责任，难以确定过错程度的，由各方平均承担赔偿责任。侵权行为人可以主张不可抗力、正当防卫、紧急避险、第三人过错、受害人过错等抗辩免责事由。

2. 机动车与行人、非机动车发生交通事故的责任承担规则与免责事由

机动车与非机动车驾驶人、行人之间发生交通事故，由机动车一方承担无过错责任。具体可以分为以下情形：一是非机动车驾驶人、行人无过错，机动车方承担全部赔偿责任；二是非机动车驾驶人、行人存在过错，在机动车方有证据能够证明非机动车驾驶人、行人有过错的，可以根据过错程度适当减轻机动车一方的赔偿责任；三是机动车一方如果没有过错，不需要就全部的损害进行赔偿，只承担不超过10%的赔偿责任；四是非机动车驾驶人、行人故意碰撞机动车造成交通事故的损失，机动车一方不承担赔偿责任。

（四）承保机动车保险的保险人先行承担赔偿责任

《民法典》第1213条规定了交通事故责任承担主体的赔偿顺序：“机动车发生交通事故造成损害，属于该机动车一方责任的，先由承保机动车强制保险的保险人在强制保险责任限额范围内予以赔偿；不足部分，由承保机动车商业保险的保险人按照保险合同的约定予以赔偿；仍然不足或者没有投保机动车商业保险的，由侵权人赔偿。”由此可见，机动车发生交通事故造成损害，责任属于机动车一方时，机动车交通事故责任承担的顺序为：承担强制保险责任的保险人、承担商业保险的保险人、侵权人。

《机动车交通事故责任强制保险条例》第2条明确规定，机动车的所有人、管理人应当按照《道路交通安全法》的规定，投保机动车交通事故责任强制保

险。机动车的所有人、管理人违反此等规定,不投保交强险的,除了应当依法承担其他法律责任外,首先应承担交强险应当赔偿部分的赔偿责任。没有投保第三者责任商业保险的,由侵权人承担交强险赔偿后剩余的应当赔偿的部分。《机动车交通事故责任强制保险条例》第 22 条规定,保险公司垫付和向致害人追偿,并规定了保险公司不承担赔偿责任的三种情形,第 23 条规定,“机动车交通事故责任强制保险在全国范围内实行统一的责任限额”,体现了责任限额问题在全国范围内的统一性。

《民法典》与《机动车交通事故责任强制保险条例》对交通事故责任承担主体的赔偿顺序作出了详尽规定,目的是保障机动车道路交通事故受害人依法得到及时、充分、有效的赔偿,体现了以人民为中心的制度设计理念。

第三节　机动车交通事故责任承担的特别规定

为应对日益多样化的机动车交通事故,更好地解决机动车交通事故责任的认定问题,《民法典》对一些特殊情形下的机动车交通事故责任承担规则,作出了特别规定。

一、机动车使用人与所有人、管理人不一致时的责任承担

《民法典》第 1209 条规定了机动车所有人、管理人与使用人不一致时的侵权责任承担规则。原则上,因租赁、借用等情形使机动车所有人、管理人与使用人不是同一人时,发生交通事故造成损害,属于该机动车一方责任的,由机动车使用人承担赔偿责任。但是,当机动车所有人、管理人对损害的发生有过错时,机动车的所有人、管理人亦应当承担相应的赔偿责任。

1. 适用条件

适用《民法典》第 1209 条需要满足一定的前提条件:

第一,适用于任何机动车使用人与所有人、管理人不一致的情形。《民法典》第 1209 条中体现兜底性规定的“等情形”,表明该规定的适用包括但不限于租赁、借用两种情形所造成的所有人、管理人与使用人不是同一人的情形。

第二,机动车一方对交通事故负有侵权责任。机动车一方是否对交通事故

负有侵权责任,其判断依据是《民法典》第 1208 条和《道路交通安全法》第 76 条之规定。机动车所有人、管理人对损害的发生承担过错责任的前提是机动车一方对交通事故负有责任。

第三,机动车所有人、管理人对损害的发生有过错。《民法典》第 1209 条规定的机动车所有人、管理人之责任为过错责任,如果机动车所有人、管理人对损害的发生不存在过错,则不适用本条规定。

第四,损害的发生与机动车所有人、管理人的过错之间存在因果关系。尽管《民法典》第 1209 条中没有明确的表述因果关系的文字,但是“对损害的发生有过错”本就蕴含了因果关系要件,如果机动车所有人、管理人存在过错,但损害的发生却并非因该过错所导致,机动车所有人、管理人不具有被归责的合理性与正当性。

2. 机动车所有人或管理人的过错之认定

对于机动车所有人或管理人对损害的发生具有过错的认定情形,《道路交通事故损害赔偿解释》第 1 条作出了“列举 + 概括”式的规定。认定机动车所有人或管理人具有过错的情形具体列举为其知道或者应当知道以下三种情况:一是机动车存在缺陷,且该缺陷是交通事故发生的原因之一;二是驾驶人无驾驶资格或者未取得相应驾驶资格;三是驾驶人因饮酒、服用国家管制的精神药品或者麻醉药品,或者患有妨碍安全驾驶机动车的疾病等依法不能驾驶机动车。概括式规定为“其他应当认定机动车所有人或者管理人有过错的”,对于“其他”的判断可以从两个方面入手:一是相关法律规范明确规定了机动车所有人、管理人应尽的注意义务,机动车所有人、管理人未履行其注意义务或是未达到注意义务要求的标准;二是按照“理性人”的标准,该机动车所有人、管理人是否达到一般的机动车所有人、管理人在同等情形下应当达到的注意程度。

3. 所有人、管理人的相应赔偿责任

所有人、管理人的责任承担为“相应的赔偿责任”。依据《民法典》第 1209 条的规定,被侵权人依法应当获得的全部损害赔偿,应当是“机动车使用人承担的赔偿责任”和“所有人、管理人因其过错应当承担的相应赔偿责任”之总和。这意味着,所有人、管理人并非对交通事故造成的所有损害承担赔偿责任,其承担的损害赔偿责任,应当与其过错程度相当,即具有过错的所有人、管理人承担的赔偿数额或是比例与其过错大小和程度相应,此为“相应的”赔偿责任。

二、转让并交付但未办理登记的机动车侵权责任

《民法典》第1210条规定了机动车登记制度对机动车交通事故责任的影响,转让并交付但是尚未办理登记的机动车造成损害的,属于该机动车一方责任的,由受让人承担赔偿责任。

1. 机动车登记制度及其物权效力

在分析机动车登记制度对机动车交通事故责任影响之前,先对机动车登记制度及其物权效力进行初步分析。首先,机动车登记是一项法定义务。根据《道路交通安全法》及《机动车登记规定》的相关规定,我国实行机动车登记制度,机动车在道路上行驶,必须经公安机关交通管理部门登记,机动车所有权发生转移的,应当办理转移登记。其次,机动车未经登记不影响其所有权的转移。根据《民法典·物权编》的规定,机动车的物权变动采登记对抗主义,即未经登记的机动车因缺乏公示手段而不能对抗善意第三人,但是并不影响机动车的所有权转移。

2. 转让并交付但是尚未办理登记的机动车的责任承担问题

当通过买卖、赠与等方式已经转让交付机动车,但尚未办理登记的机动车发生交通事故时,究竟谁来承担赔偿责任,是一个实践中经常发生且亟待解决的问题。事实上的实际所有人应当承担赔偿责任是毋庸置疑的,争议点在于"名义所有人"是否应当承担责任。对于该问题,主张名义所有人也应当承担相应责任的观点认为,机动车名义所有人没有履行法定义务办理转移登记,应当承担相应的风险,且要求名义所有人与实际所有人承担连带责任更有利于受害人的保障。[①] 主张名义所有人不应当承担责任的观点认为,机动车的名义所有人除了登记在册的名字外,对机动车事实上不具备管理、支配、收益等权利,对机动车发生交通事故自然不具有防范和控制的能力,要求其对机动车交通事故承担赔偿责任不具有合理性。

为了解决实践中常见的登记名义所有人和实际所有人不一致时的机动车交通事故责任判定问题,司法解释的态度是认为机动车的实际所有人为赔偿义

① 参见解读最高人民法院请示与答复编选组:《解读最高人民法院请示与答复》(民事卷),人民法院出版社2004年版,第119页。

务人，未办理过户手续违反有关行政管理法规的，应受其规定的调整，不影响损害赔偿义务的转移。[①] 原《侵权责任法》第 50 条吸纳了该观点，2012 年发布的《道路交通事故损害赔偿解释》第 4 条进行了细化，规定了多次转让但未登记的机动车发生交通事故时的责任承担问题。

《民法典》第 1210 条的规定未改初衷，依然秉持实际所有人（受让人）承担责任之观点。较之原《侵权责任法》第 50 条，《民法典》第 1210 条删除了关于保险公司的责任，之所以删除保险公司责任并不意味着保险公司不承担责任，而是因为该条之意旨在于明确由实际所有人（受让人）承担责任，保险公司承担责任的问题仍然依据《道路交通安全法》第 76 条之规定。

3.《民法典》第 1210 条的理解与适用

《民法典》第 1210 条的适用前提是"当事人之间已经以买卖或者其他方式转让并交付机动车但是未办理登记"。首先，必须已"转让"机动车。具体的转让方式包括买卖或其他方式，"其他方式"之表述实则为兜底性规定，实践中可能包括赠与、抵债、继承等多种转让方式。其次，必须已"交付"。交付包括实际交付、简易交付、占有改定。此外，需要注意的是，由受让人承担交通事故造成损害的赔偿责任，以该机动车一方应当承担责任为前提，该责任之判断，依据《民法典》第 1208 条及《道路交通安全法》第 76 条之规定。

三、挂靠机动车侵权责任

原《侵权责任法》对于挂靠机动车的侵权责任承担并没有作出明确规定，2012 年发布的《道路交通事故损害赔偿解释》第 3 条对此作出了明确规定，以挂靠形式从事道路运输经营活动的机动车，发生交通事故造成损害的，属于该机动车一方责任的，由挂靠人和被挂靠人承担连带责任。《民法典》第 1211 条在吸纳司法解释成果的基础上，规定了挂靠机动车侵权责任的承担问题。

《民法典》第 1211 条的理解与适用，需要把握以下要点：一是机动车以挂靠形式从事道路运输经营活动。机动车挂靠经营是我国交通运输行业中普遍存在的经营方式，何为"挂靠"，法律对此并没有作出明确规定。实践中的"挂靠经

---

① 《最高人民法院关于连环购车未办理过户手续，原车主是否对机动车发生交通事故致人损害承担责任的复函》，(2001)民一他字第 32 号。

营”,一般是个人或者企业出资购买机动车,将自己购买的机动车登记在具有运输经营资质的运输企业名下,以该运输企业的名义从事交通运输经营活动。挂靠人是机动车的出资购买人和实际经营者,被挂靠人是具有运输经营资质的运输企业,挂靠人与被挂靠人之间的权利义务关系由双方通过缔结协议确定。二是挂靠经营的机动车发生交通事故,造成他人的人身伤亡或者财产损失。三是机动车交通事故的责任属于该机动车一方,机动车交通事故责任的认定依据《民法典》第1208条及《道路交通安全法》第76条的规定。

满足上述三个条件的情况下,承担机动车交通事故责任的具体主体为挂靠人和被挂靠人,二者承担连带责任。要求挂靠人和被挂靠人承担连带责任,其合理性在于:一是挂靠人挂靠在被挂靠人名下从事运输经营活动,基于外观主义原则和信赖原则,被挂靠人应当与挂靠人共担风险,对受害人的损失负有赔偿责任;二是挂靠活动本就是基于被挂靠人的同意,这证明其对可能产生的风险有清楚的预知,并愿意为此承担相应的责任;三是被挂靠人通常会从挂靠行为中获取一定的利益,风险与收益相伴,获得收益自然要承担相应的风险;四是由挂靠人和被挂靠人承担连带责任,有利于充分地保护和救济受害人的合法权益,符合侵权责任法的精神和功能。①

四、未经允许驾驶他人机动车侵权责任

《民法典》第1212条规定了未经允许驾驶他人机动车侵权责任。根据机动车交通事故责任的一般规定,原则上,未经允许驾驶他人机动车,发生交通事故造成损害,属于该机动车一方责任的,由机动车的实际使用人承担赔偿责任。只有在机动车所有人、管理人具有过错的情形下,才承担相应的赔偿责任。由此可见,机动车所有人、管理人此时承担的是过错责任。

依据《民法典》第1212条的规定,由机动车所有人、管理人承担交通事故的相应的赔偿责任的前提是:第一,未经允许驾驶他人机动车,指行为人未经机动车的所有人或者管理人的同意而私自驾驶他人机动车的行为。未经允许驾驶他人机动车的行为本身属于无权占有和使用他人之物的侵权行为,与盗抢他人

① 参见杜万华、贺小荣等:《〈关于审理道路交通事故损害赔偿案件适用法律若干问题的解释〉的理解与适用》,载《法律适用》2013年第3期。

机动车的行为相比，该行为不具有取得机动车所有权或者永久使用该机动车的目的。第二，发生交通事故造成损害，且交通事故责任属于该机动车一方。未经允许的行为人驾驶他人机动车发生了交通事故，且依据《民法典》第1208条和《道路交通安全法》第76条的规定，应当由未经允许驾驶他人机动车一方承担责任。第三，机动车所有人、管理人对损害的发生有过错。此处的过错是指机动车所有人、管理人对机动车的管理未达到一个"理性人"应当尽到的注意义务，譬如遗忘机动车的启动钥匙、将机动车停在了不应当停靠的地方等。机动车所有人、管理人有过错的，承担"相应的赔偿责任"是指承担与其过错相当的损害赔偿责任。

五、拼装车或报废车侵权责任

《民法典》第1214条规定了拼装车或报废车侵权责任，以买卖或者其他方式转让拼装或者已经达到报废标准的机动车，发生交通事故造成损害的，由转让人和受让人承担连带责任。

我国相关法律规范对于拼装车或报废车及其管理制度作出了规定，《道路交通安全法》第16条规定，任何单位或者个人都不得拼装机动车或者擅自改变机动车，不得改变的内容包括：已经登记的结构、构造或者特征，机动车的车型号、发动机号、车辆识别代号等机动车出厂的基本设置。《机动车强制报废标准规定》第2条规定，根据机动车的使用和安全技术、排放检验状况，国家对达到了报废标准的机动车实施强制报废。《道路交通安全法》第100条规定，驾驶拼装机动车或者已经达到报废标准的机动车在道路上行驶的，公安机关交通管理部门应当予以收缴，强制报废。

在责任认定上，《民法典》第1214条确定了转让人和受让人承担连带责任，《道路交通事故损害赔偿解释》第4条进一步规定，拼装车和已达到报废标准的机动车被多次转让的，由所有的转让人和受让人承担连带责任。法律及司法解释作如此严苛的规定，是因为转让人与受让人皆违反了国家的禁止性规定，属于违法行为，也意在强调共同故意侵权行为人应当承担更重的责任。

六、盗窃、抢劫或抢夺机动车侵权责任

机动车被盗窃、抢劫或者抢夺后发生交通事故造成损害的，根据《民法典》

第1215条的规定,由盗窃、抢劫或者抢夺人承担赔偿责任。机动车被盗抢,客观上发生所有、管理与使用相分离,该分离并非基于机动车所有人、管理人的意愿或过错而发生。所有人与管理人脱离了对机动车的控制,并非基于其自身过错,这与所有人、管理人将机动车借用给他人具有本质上的不同,所有人与管理人对于机动车被盗抢后能否发生交通事故无法控制,也无法预见和预防。在此种情形下,如果要求所有人与管理人承担赔偿责任,有悖公平原则。故原《侵权责任法》(第52条)以及最高人民法院《关于被盗机动车辆肇事后由谁承担损害赔偿责任问题的批复》(已失效)都明确规定机动车被盗抢之后发生交通事故,机动车所有人、管理人不承担赔偿责任。

若机动车发生交通事故,所有人、管理人由此主张免除其责任,通常应该举示被盗抢的相关证据,通过严格的证据审查,确认机动车被盗抢的相关事实。如果案件已经进入刑事程序,则要根据先刑后民原则,确定肇事机动车是否属于盗抢物。当盗窃人、抢劫人或者抢夺人与机动车使用人不是同一人,发生交通事故造成损害,属于该机动车一方责任的,由盗窃人、抢劫人或者抢夺人与机动车使用人承担连带责任。机动车发生交通事故,驾驶人为盗抢人本人的,《民法典》第1215条规定,由盗抢人承担责任,但在盗抢人与驾驶人不一致情况下,发生机动车交通事故,法律规定并不免除盗抢人的责任,而是由二者承担连带赔偿责任。这既体现了公平原则,也符合风险控制理论,因为盗抢人允许他人使用盗抢车辆是造成机动车交通事故的直接原因,由盗抢人承担连带责任,体现了由使用人承担责任的一般原则,同时对盗抢人也将起到惩戒作用,其目的还是更好地保护受害人的权益。

为了及时保护受害人的人身与财产权益,同时又达到惩戒、制裁机动车盗抢人的目的,《民法典》第1215条第2款规定了交强险保险公司垫付抢救费的义务以及追偿的权利,即保险人在机动车强制保险责任限额范围内垫付抢救费用的,有权向交通事故责任人追偿。这一款明确规定了保险公司履行的是先行垫付抢救费用而非赔偿义务,保险公司承担的并非终局性赔偿责任,其依法享有追偿权。交强险存在的目的和价值在于风险发生后能够给予受害人及时、有效的救济,因此,机动车被盗抢之后发生交通事故造成损害的,保险公司仍应基于其保障的功能先行垫付,优先保障受害人的权利,而后再向盗抢人追偿。

七、肇事后逃逸责任及受害人救济

《民法典》还进一步以基本法的形式确立了道路交通事故社会救助基金制度,以实现肇事人逃逸后的受害人救济。《民法典》第 1216 条的规定与《机动车交通事故责任强制保险条例》第 24 条的规定是一致的,即机动车驾驶人发生交通事故后逃逸,机动车不明、该机动车未参加强制保险或者抢救费用超过机动车强制保险责任限额,需要支付被侵权人人身伤亡的抢救、丧葬等费用的,由道路交通事故社会救助基金垫付。道路交通事故社会救助基金垫付后,其管理机构有权向交通事故责任人追偿。

机动车驾驶人在发生交通事故后逃逸属于违法犯罪行为,本身应当承担行政和刑事责任。对此,《道路交通安全法》第 101 条规定,交通肇事后逃逸的,吊销肇事者的机动车驾驶证并终生禁止其重新取得驾驶证。《民法典》第 1216 条则规定了两种情形:一是保险人承担责任限额范围内的赔偿责任。肇事机动车的所有人、管理人明确的情况下,机动车参加强制保险的,由“保险人在机动车强制保险责任限额范围内予以赔偿”,这意味着保险人对超出责任限额的部分不承担赔偿责任。二是启用道路交通事故社会救助基金垫付。《道路交通安全法》第 17 条明确规定国家设立道路交通事故社会救助基金,《道路交通事故社会救助基金管理办法》第 2 条规定了道路交通事故社会救助基金的概念及使用目的。道路交通事故社会救助基金制度有助于充分地保护被侵权人的合法权益,使其在遭受交通事故受到严重损害时能够获得及时救助。道路交通事故社会救助基金垫付需要满足以下要求:存在“机动车不明”“该机动车未参加强制保险”或者“抢救费用超过机动车强制保险责任限额”情形之一,且需要支付被侵权人人身伤亡的抢救、丧葬等费用的,由道路交通事故社会救助基金垫付。由于道路交通事故社会救助基金制度设立的目的是及时救助被侵权人,而不是为了免除交通事故责任人原本应当承担的侵权责任,故而,道路交通事故社会救助基金垫付后,其管理机构有权向交通事故责任人追偿。

八、“好意同乘”的责任承担

《民法典》新增了好意同乘的责任承担规则,其第 1217 条规定,“非营运机动车发生交通事故造成无偿搭乘人损害,属于该机动车一方责任的,应当减轻其赔偿责任,但是机动车使用人有故意或者重大过失的除外”。无偿搭乘也称为“好意同乘”,这一规定较好地解决了实践中“好意同乘”遭遇交通事故不幸后,受害方的利益损失究竟应该由谁承担这一较具争议的问题。

“好意同乘”本质上是机动车使用人给搭乘人提供的一种免费便利和好意施惠,该行为不存在对价,因此,施惠一方对接受恩惠一方所应当达到的注意义务也相对较低。《民法典》新增好意同乘规则,一方面,体现了社会主义核心价值观的法治价值,即法治是治国理政的基本方式,通过法律规定来解决现实中存在的事故纠纷,有助于更好地维护和保障公民的根本利益,实现自由平等、公平正义。另一方面,好意同乘规则是德润法治的重要体现,该规则提倡了人与人之间友善互助,强调公民之间应互相尊重、互相关心、互相帮助、和睦友好,努力形成社会主义新型人际关系,即不能通过立法将人与人之间的关系搞得过于僵化、呆板,要提倡建立和谐互爱的社会环境。

《民法典》第1217条的适用需要满足以下条件,缺一不可:其一,发生交通事故属于机动车一方的责任;其二,仅适用于非营运机动车,凡是从事营运的机动车以及实际上收费或者有对价的机动车(如分摊汽油费、过路费等)发生的相关损害,不适用该规定;其三,发生交通事故造成无偿搭乘人受到损害。

好意同乘是人与人之间互帮互助建立和谐人际关系的表现,如果在好意同乘时只要发生交通事故,责任主体就要进行赔偿,不利于形成乐善好施、助人为乐的良好社会氛围,亦不符合我国社会主义核心价值观中的和谐、友善等价值追求。鉴于此,《民法典》第1217条明确规定,在使用人不存在故意或者重大过失的情形下,应当减轻其赔偿责任。当然,对于使用人存在严重过错的好意同乘,好意并不能完全抵消严重过错,在现实中经常出现的“不具备驾驶资格”或者“不得驾驶车辆情况”等情形中,违法使用人同意他人搭乘便属于具有严重过错,不能减轻其赔偿责任。

第六章

医疗损害责任

第一节　我国医疗损害责任制度的发展

一、发展历程的概述

“民惟邦本、本固邦宁”。由高技术、高风险的医疗行为引起，基于医患关系而产生的医疗损害赔偿纠纷，关乎民事主体的生命、健康、财产等切身利益，是对社会和谐、秩序安定影响最为巨大的纠纷。在科技发展突飞猛进，公众维权意识不断增强的社会转型期，依法公平、公正、合理地解决好各种医疗损害责任纠纷，对保障和维护医生、患者的权益具有重要意义，反映了国家法治的进步和社会治理能力的提升。

自改革开放以来，我国医疗损害责任制度的发展历经了以下三个阶段：

一是保护医疗机构、限制受害患者权利阶段。国务院于 1987 年发布的《医疗事故处理办法》（已失效）是最早规范医疗机构医疗行为的法律规范，该行政法规对医疗机构在医疗活动中造成患者人身损害的赔偿责任采严格限制政策，包括医疗责任事故构成的限制和赔偿数额的限制。①

二是加重医疗机构举证责任，强化患者权益保护阶段。2001 年 12 月 21 日，最高人民法院出台《民事诉讼证据的若干规定》第 4 条第 1 款第 8 项明确规定，医疗机构要对“医疗行为与损害结果之间不存在因果关系”和“不存在医疗

---

① 参见杨立新：《侵权责任法》（第 4 版），法律出版社 2021 年版，第 461 页。

过错”承担举证责任,加重了医疗机构的证明负担。2002 年 4 月 4 日,国务院将《医疗事故处理办法》修订为《医疗事故处理条例》,依然没有改变限制医疗事故损害赔偿的基本做法,呈现偏袒医疗机构的立法倾向,加重医疗机构的举证责任和患者个人权益的保护,某种程度上是一对矛盾体。2003 年 1 月 6 日,最高人民法院出台《关于参照〈医疗事故处理条例〉审理医疗纠纷民事案件的通知》(已失效),规定法院在审理因医疗事故引起的医疗赔偿纠纷民事案件时,参照《医疗事故处理条例》第 49 条至第 52 条的规定办理。2003 年 12 月 26 日,最高人民法院《人身损害赔偿解释》颁布,该解释规定的人身损害赔偿标准大大高于《医疗事故处理条例》规定的标准。司法实践中,受害的患者开始倾向于以“医疗过错”的案由向法院提起诉讼,而不以“医疗事故责任”为案由提起诉讼,以避开《医疗事故处理条例》的适用。受害患者在司法实践中的双轨制选择,司法机关对以“医疗过错”为案由提起诉讼的支持,在强化患者权益保护的同时,加重了医疗机构的负担,出现了过度医疗、医患纠纷等一系列的负面社会现象,使医患关系变得越发紧张。医患关系的紧张使医疗机构耗费更多的精力、投入更多的资金用于在诉讼中进行自我保护,而增加的成本,事实上都转化为患者的医疗费用,损害了全体患者的利益。由此可见,“医疗事故”和“医疗过错”的双轨差别化规制,使完整的医疗损害责任制度在公法规制、私法保护上各行其是,司法实践中出现了“同案不同判”的现象,实质上损害了全体患者的利益,使社会层面、司法层面的医患矛盾日益激化。

三是统一协调的医疗损害责任之构建与完善。总结司法实践经验,“医患关系”的调和,需要妥善平衡、统筹协调医疗机构、患者以及全体患者等各方利益,通过公私法合力,构建统一协调、平等保护、专门化规制的医疗损害责任制度。原《侵权责任法》设医疗损害责任专章,改善了之前医疗损害赔偿案件在实际办理过程中存在的法律适用“双轨化”现象,以过错责任原则为医疗损害责任的一般归责原则,对特殊的医疗损害责任辅之以特别规定,“标志着我国医疗损害责任制度进入了平衡医患利益的阶段,有关医疗损害案件的法律适用、赔偿范围与标准、举证责任等最终得到协调、统一”[①]。《民法典》作为维护最广大人民根本利益的基本法,可谓现阶段我国医疗损害责任完善的集大成者。我国立

---

① 张新宝:《中国民法典释评——侵权责任编》,中国人民大学出版社 2020 年版,第 184 页。

法机关编纂和制定《民法典·侵权责任编》时,充分借鉴域外的先进立法,结合学术研究的理论成果和司法实务的经验总结,在坚持原《侵权责任法》对医疗损害责任制度规定的基本规则的基础上,进一步修改和完善了医疗损害责任制度,构建了兼具科学性、系统性、可操作性的医疗损害责任法律规则体系。

二、《民法典》对医疗责任制度的修改与完善

《民法典》中关于医疗损害责任的相关规定,是诊疗活动不能逾越的红线:一方面能够约束医疗机构、医务人员,保证其依法依规行医,防范医疗损害侵权的发生;另一方面能够约束患者行为,保证其合理、合法维权,维护医疗机构正常的医疗秩序,保障医务人员的合法权益。完备的医疗责任制度,是实现医患双赢,营造文明、和谐的医疗环境的重要助力。

我国《民法典·侵权责任编》的"医疗损害责任"一章,系统地规定了广义的医疗损害责任,共计 11 个条文(第 1218 条至第 1228 条)。首先,规定了医疗损害责任的一般条款(第 1218 条)、医疗过错的直接认定情形(第 1222 条)、医疗损害责任的免责情形(第 1224 条),适用于法律没有另行特别规定的全部医疗损害责任。其次,规定了基于不同医疗过错的特别条款,以及其他医疗损害责任相关的特别规定。如医疗技术损害责任(第 1221 条)、医疗产品损害责任(第 1223 条)、医疗伦理损害责任(第 1219 条、第 1226 条)、医疗机构对病历资料按照规定填写并妥善保管的义务(第 1225 条)、医疗机构的紧急救助义务(第 1220 条)、禁止医疗机构及其医务人员违规过度检查(第 1227 条)以及医疗机构及其医务人员的合法权益受法律保护(第 1228 条)等。

《民法典·侵权责任编》对医疗损害责任规则进行了修改、完善和创新,具体如下:

一是《民法典》第 1218 条将原《侵权责任法》第 54 条中规定的"医疗机构及其医务人员有过错的",修改为"医疗机构或其医务人员有过错的"。从逻辑上讲,"及"为两者兼有之意,"或"为二者择一之意。一字之差,严格了医方的侵权责任,降低了患方的维权难度。

二是《民法典》第 1222 条对原《侵权责任法》第 58 条推定医疗机构有过错的情形,进行了细微修改。将"因下列情形之一"中的"因"改为"有","有"为存在之意,表明无论"下列情形之一"与"患者在诊疗活动中受到的损害"有无因

果关系,只要存在该条所规定的情形,就直接推定医疗机构有过错。该变化要求医疗机构和医务人员必须进一步加强医疗管理,严格落实诊疗程序规范,因为一旦出现《民法典》第1222条规定的情形,就可能被直接推定有过错。增加了遗失病历资料的情形,对医疗机构的病历管理提出了更高的要求,强化了对患者权益的保护。将"销毁病历资料"修改为"违法销毁病历资料",意味着医疗机构符合相关法律规定销毁病历资料的,不能直接认定医疗机构有过错。

三是《民法典》第1223条将负有责任的"药品上市许可持有人"纳入了侵权赔偿责任人的范围,拓宽了患者的维权渠道,更有利于患者权益得到充分的救济。

四是《民法典》第1226条完善了医方对患者隐私、个人信息、病历资料的保护规则。一方面,相比原《侵权责任法》,增加了对患者"个人信息"的保护,规定"泄露患者的隐私和个人信息"应当承担侵权责任;另一方面,删除了"造成患者损害的"这一前置性规定,加大了对患者隐私和个人信息的保护力度。

然而,基于《民法典》的基本民事立法地位,不可能对所有医疗损害责任问题作出细致全面的规定,无法涵盖医疗损害责任纠纷审判实践中出现的全部新问题。为满足司法实践的需要,还需要配套的相关法律规范进一步创设或细化远程医疗损害责任、医疗机会丧失损害责任、医疗管理损害责任等方面的法律规则。

整体来看,《民法典·侵权责任编》中规定的医疗损害责任回应了时代发展需求,反映了国家对人民切身利益的保障和维护,平衡了医患双方的利益关系,为构建更为和谐的医患关系、推动医疗卫生事业的发展提供了制度支持,体现了"和谐""平等""敬业""诚信"等中国特色社会主义核心价值观。

第二节　医疗损害责任的一般规定

一、《民法典》第1218条的理解与适用

《民法典》第1218条规定了医疗损害赔偿的一般条款。[①] 医疗机构或者医

① 《民法典》第1218条规定,"患者在诊疗活动中受到损害,医疗机构或者其医务人员有过错的,由医疗机构承担赔偿责任"。

务人员,在诊疗活动中,因医疗过错(过失,不包括故意)行为,造成患者死亡、身体损害、精神损害的,应当承担以损害赔偿为主要方式的侵权责任。

《民法典》第 1218 条并不是封闭的法律规范,而是具有广泛的包容性,除包括该法第 1219 条、第 1221 条、第 1223 条、第 1226 条明文规定的医疗损害责任类型外,还将第 1220 条、第 1225 条、第 1227 条规定的行为对患者造成的损害责任包括在内,甚至还将“医疗损害责任”这一章中没有具体规定的,但符合第 1218 条规范要求的医疗损害责任包括在内。① 第 1218 条相对于医疗损害责任一章的其他法律规范,属于普通条款和特别条款的关系,第 1218 条为全部医疗损害责任提供了请求权法律基础。相较于第 1218 条,第 1219 条、第 1221 条、第 1223 条、第 1226 条属于特别条款,明文规定了医疗损害责任类型,可直接作为请求权基础,即在司法实践中,符合第 1219 条、第 1221 条、第 1223 条、第 1226 条规定的医疗损害责任构成要件时,直接以上述条文确定医疗损害责任,排除第 1218 条的适用。其他情形,符合第 1218 条规定的医疗损害责任构成要件时,可以直接适用第 1218 条作为请求权基础。

二、构成要件

侵权责任的构成要件是指构成侵权责任所必须同时具备的条件,医疗损害责任的构成要件包括违法医疗行为、损害事实的存在、因果关系、行为人主观上有过错等要件。依据“谁主张,谁举证”的举证责任分配一般规则以及《医疗损害责任纠纷适用法律解释》第 4 条的规定,患者需举证证明就诊经历、医疗机构及其医务人员的诊疗行为存在过错等。

(一)患者在诊疗活动中受到损害

1. 患者受到的损害必须是发生在诊疗活动中

鉴于医疗损害纠纷的特殊性,医疗损害责任较之一般侵权责任和其他特殊侵权责任,有其特别性。故而,医疗损害责任认定的前提是《民法典》第 1218 条适用的前提,即医疗损害发生在诊疗活动中,发生的空间在就诊的医疗机构区域内。

《医疗机构管理条例实施细则》第 88 条对诊疗活动作出了界定。“诊疗活

① 参见杨立新:《侵权责任法》(第 4 版),法律出版社 2021 年版,第 520 页。

动，主要是医疗机构和医务人员根据其专业知识与专业技能，从事的紧急救治、检查、诊断、治疗、护理、保健、医疗美容以及为此服务的后勤和管理等维护患者生命、身体健康所必要的专业性活动。”①所有人均负有不得侵犯他人合法权益的义务，医疗机构和医务人员的诊疗活动亦不例外，诊疗活动亦不能违反法定义务。医疗损害中的权益侵害诊疗行为包括作为和不作为：作为的权益侵害行为，如手术部位错误，违反诊疗规范实施不必要的过度检查或治疗等；不作为的权益侵害行为，是指医疗机构和医务人员负有特定的作为义务，而不履行其义务，并致他人损害，如应当做的医疗检查没有做，应当及时转诊的却未及时转诊等。

由于急救、转院等医疗服务的存在，医疗机构派出的急救、转院专用车辆，是所属医疗机构区域的扩展，患者在医疗机构的急救车辆上因医疗机构或者随车医务人员的过错受到损害的，属于医疗损害。值得注意的是，发生在医疗机构区域内的侵害未必是诊疗活动导致的侵害，如患者在医院挂号看病，因地砖湿滑而摔伤导致的损害，就与诊疗活动无关，应适用《民法典》第1198条规定的违反安全保障义务侵权责任，而非医疗损害责任。

2. 存在患者在诊疗活动中受到损害的事实

损害事实是指他人合法权益所遭受的不利影响，包括财产损害、非财产损害。医疗损害中的损害事实一般指患者的生命、身体、健康受到不法侵害，造成的伤害、残疾、死亡等人身损害，也包括患者心理、感情、人格权益遭受创伤和痛苦，造成的精神损害。损害结果不能仅仅是主观感受，应当是客观真实的。值得注意的是，患者在诊疗活动中受到的损害，未必都是医疗损害，譬如医务人员利用职务之便公报私仇，因其故意行为导致患者损害的，追究行为人的刑事责任及其附带民事责任，医疗机构承担雇主责任后可向医务人员追偿。

3. 侵害权益的诊疗活动与损害事实之间有因果关系

侵权责任法上的因果关系包括责任成立因果关系和责任范围因果关系。医疗损害责任成立与否，需要考量的是责任成立因果关系，当过错诊疗活动与患者损害之间存在因果关系时，医疗损害侵权责任成立。判断责任成立因果关系时，“无须考虑有过错的诊疗活动引发患者损害的可能性或概率是否高于不

---

① 参见程啸：《侵权责任法》（第2版），法律出版社2017年版，第558页。

会引发损害的可能性或概率”[①]。

患者在诊疗活动中受到损害，其致害原因常常较为复杂。医疗机构或者医务人员的过失诊疗活动、患者自身体质或疾病、医疗技术水平的局限性等都可能引发损害后果，在确定责任成立因果关系时，无须考量其他的因素，只要因过失诊疗活动造成损害即可。[②] 在确定责任范围因果关系时，需要厘清各种致害因素发挥的作用力大小，如根据过错诊疗行为之间、过错行为和患者自身疾病之间发挥的不同作用力，确定医疗损害在损害结果中所占比重，即原因力大小。以此来确定医疗机构、医务人员在多大比重范围内承担医疗侵权责任。

（二）加害行为人是医疗机构或者其医务人员

医疗损害中一般涉及三方主体，即医疗机构、医务人员和患者，可以从内部关系和外部关系两个范畴来讨论三方主体之间的关系。“外部关系”是指从医患关系的角度看，医疗机构、医务人员是提供医疗服务的一方，患者是接受医疗服务的一方。“内部关系”是指医疗机构、医务人员之间的内在劳动人事关系，“内部关系”主要用来考量侵害发生后的责任承担问题。讨论患者在诊疗活动中受到侵害，主要是从“外部关系”的视角出发。侵害患者权益的具体医疗行为，行为主体可能是法定的医疗机构，也可能是法定的医务人员，还可能是医疗机构和医务人员同时侵权。

法定的医疗机构是指取得了医疗机构执业许可证，从事疾病诊断、治疗活动的医院、卫生院、疗养院、门诊部、诊所、卫生所（室）以及急救站等。法定的医务人员应当作广义理解，除医生、护士外，还包括医院后勤人员在内的医疗辅助人员。非法行医致患者损害的，不属于医疗损害，应追究非法行医者的刑事责任并要求其承担一般侵权责任。

（三）医疗机构或者其医务人员有过错

医疗损害责任在大多数情况下都适用过错责任原则，即患者在诊疗活动中受到损害的，医疗机构或医务人员仅在有过错的情况下才承担民事责任，没有过错就不承担民事责任。不对医疗机构和医务人员施加过重的无过错责任，有

① 参见程啸：《侵权责任法》（第2版），法律出版社2017年版，第558页。

② 依据《医疗事故处理条例》第49条第1款第3项，医疗事故损害后果与患者原有疾病状况之间的关系是确定医疗事故侵权赔偿数额的参考因素，而非决定因果关系的依据。

其正当性和合理性。虽然医疗行为客观上造成了患者的权益损害,但造成该损害的前提是医方为病患提供了具有公共服务性质的诊疗救治行为,而受制于医疗技术的发展,该行为本身就具有一定程度的致害危险性和结果不可预测性,对医疗主体苛责过重必将挫伤医疗机构、医务人员救死扶伤的积极性,产生诸多负面的社会影响,不利于保护全体患者的整体利益,不利于促进医学医药卫生事业的发展。

有过错的诊疗行为包括直接过错和推定过错。[①] 直接过错(《民法典》第1165条第1款)需要患者举证证明医疗机构或医务人员存在过错。推定过错(《民法典》第1165条第2款)是指依照法律规定推定行为人有过错,举证责任发生倒置,由医疗机构或医务人员证明其诊疗活动不存在过错,如不能证明,则应当承担侵权责任。过错作为侵权行为构成要件中的主观心态因素,可以分为故意和过失两种。医务人员之职责所在就是救死扶伤,医疗损害责任中所指的"过错",应当是过失,不包括故意。医务人员基于故意伤害患者的应当适用《民法典》规定的一般侵权责任,医疗机构依据《民法典》第1191条承担雇主责任后,可以向故意造成患者损害的医务人员追偿。针对医疗损害责任,根据行为主体的不同,可以将医疗过错分为医疗机构过错和医务人员过错。

1. 医疗机构过错

《民法典》第1218条规定了医疗机构的过错责任。医疗机构维持正常、有序运转应当履行相关法律规定的诸多义务,[②]法定义务之未履行或履行有瑕疵,可以作为判定医疗机构存在过错的依据。

一是医疗机构的医务人员选任是否妥当。医务人员的筛选、雇用需要符合相关法律规范的规定,如原《执业医师法》《护士条例》等法律、法规明确禁止医

---

① 对于医疗机构或医务人员的过错之理解和认定,《医疗损害责任纠纷适用法律解释》第16条提供了考量认定的诸多参考标准,而"对医疗机构或者其医务人员的过错,应当依据法律、行政法规、规章以及其他有关诊疗规范进行认定,可以综合考虑患者病情的紧急程度、患者个体差异、当地的医疗水平、医疗机构与医务人员资质等因素"。

② 《基本医疗卫生与健康促进法》《医疗纠纷预防和处理条例》《医疗机构管理条例》等法律规范规定了诸多医疗机构组织义务,其中包括安全管理义务、人事组织义务等,如院内卫生安全感控、仪器设备维护、药品安全管理、院内医护作业标准、医务人员的配备与培训等,以上规定都要求医疗机构建构严密健全的组织体系,以有效降低可预见且可避免的医疗风险。参见侯英泠:《从"往来义务"建构医疗机构之组织义务》,载《台大法学论丛》2012年第1期。

疗机构任用无执照的医务人员。“医务人员专业能力的考察与培养应当与医疗机构的定位相适应”[①]，医务人员的专业知识、临床经验、身体状况应当与岗位要求的水准相匹配。医疗机构应设置实习医师、住院医师等医疗管理制度，避免新手医务人员单独实施复杂的诊疗活动。医务人员的选任不符合相关法律规范规定导致患者损害的，医疗机构具有过错。

二是医疗机构的医务人员水平、团队能力，医疗设备和环境是否能够达到“当时医疗水平”，从而履行“相应的诊疗义务”。医疗机构的级别不同，对医疗人员的专业素质的要求、医务人员的诊疗水平、医疗资源的配置都不尽相同。不同级别医疗机构的医务人员应当根据“当时的医疗水平”的要求，通过学习不断提升自己的专业能力。基于现代医疗的复杂性、高科技性，一方面，医疗机构应当配备与其等级相称、与岗位需求相称、数量充足的医务人员，保证医务人员分工、协作的积极能动性，确保需要医务人员团队协作的诊疗活动有序开展；另一方面，医疗机构应当确保配备的高科技诊疗仪器的先进程度能够满足该医疗机构中医务人员进行符合“当时的医疗水平”的医疗行为的需求。[②] 医疗机构装备的维护、升级，应当与医疗机构的级别需要的医疗水平相匹配，确保医疗设备正常、安全运转。医疗机构无法满足患者治疗需求的，应当及时将病人转诊。

三是医疗机构是否有设置科学、合理的管理机制。医疗机构的有序运转，离不开各项管理机制，如医务人员的轮岗轮休、应急危机防范、患者病历的管理、高科技诊疗设备的操作、医疗环境的管控等机制。未配备科学、合理的管理制度或者没有依据相关的管理制度从事诊疗活动，给患者造成损害的，可作为判定医疗机构具有过错的准据。

2. 医务人员有过错

医务人员的过错判定，[③]可依据“理性人”理论。医务人员不同于普通个人，属于法律意义上的“专家”，受到严格专门的医学技术训练、依据专业的医学

---

① 窦海阳：《〈民法典〉中医务人员过错规范的限缩解释》，载《北方法学》2020 年第 5 期。

② 参见河南省开封市中级人民法院民事判决书，(2012)卞民初字第 1052 号。

③ 涉及医务人员过错的具体规定包括：“医疗过错的一般条款”(《民法典》第 1218 条)、“医疗人员未尽说明义务的过错”(《民法典》第 1219 条)、“未尽与当时的医疗水平相应的诊疗义务的过错”(《民法典》第 1221 条)、“过错推定的情况”(《民法典》第 1222 条)等。

知识和临床经验从事诊疗活动、以向社会公众提供医疗服务为职业。医学领域专家的“理性”标准,要求医疗人员应当具有与所要求的资格相符的高度的能力、技能,应当尽到医务人员的合理审慎的注意义务,是否尽到合理审慎的注意义务,要在诊疗活动中就个别状况进行具体的判断。如果医务人员在从事诊疗活动时导致了损害,而与该医务人员从事相同诊疗活动的其他医务人员,依据业内必有的技术和知识,在同类情况下可以避免损害的发生,那么该医务人员可以认定为具有过失。

医务人员从事诊疗行为除依靠自身专业知识与诊疗经验外,还要受制于诸如医疗机构的医疗团队、诊疗设备先进程度、医疗管理相关制度等因素,而且医疗机构的制约因素,可能是医务人员诊疗行为致害的根本原因。加之在实践中,由于医疗机构在承担责任之后会根据判决中确定的医务人员过错进行内部追责,对医务人员过错规范过于宽泛的理解,将使医务人员动辄得咎,挫伤医务人员的诊疗积极性,导致医疗过错制度规范目的难以实现。故而,医务人员个人过错的判断在遵循“理性人”标准的同时,要进行必要的限缩解释,即在具体个案中厘清医疗机构的过错因素,将“医疗机构因素导致医务人员诊疗行为致害”排除在医务人员个人过错之外。

三、法律后果

(一)责任主体

依据《民法典》第1218条的规定,医疗损害的责任主体是医疗机构。医疗机构承担责任有“自己责任”和“替代责任”两种类型,医疗机构因其自身的诊疗过错而损害患者的权益时,医疗机构承担的是自己过错责任。当医务人员因其过错诊疗行为致使患者权益受损时,医疗机构对医务人员的过错致害承担的是替代责任。从医疗机构、医务人员之间存在劳动人事关系的“内部关系”视角来看,医务人员是雇员,在特定的医疗平台上,实施具体的诊疗行为。医疗机构是雇主,雇佣医务人员以医疗机构的名义实施诊疗行为,同时承担着确保医务人员诊疗行为合法、合规的监管责任。基于内部的劳动人事关系的存在,于患者而言,医疗机构和医务人员是提供医疗服务的有机整体,从责任承担的角度看,由医疗机构对其医务人员的不当诊疗行为造成患者一方损害所承担的侵权责任,为雇主责任(民法学上的“替代责任”)。此时,无论医疗机构是否有过错,都应当对患者权益侵害承担责任。患者在医疗机构的急救车辆上因医疗机构或者随车医务人员的过错受到损害的,由派出车辆的医疗机构承担赔偿责任。医疗机构外聘专家的医疗损害赔偿责任由发出邀请的医疗机构承担责任。①

值得注意的是,《民法典》第 1191 条规定用人单位在承担侵权责任后,可以向有故意或重大过失的工作人员追偿,《民法典》第 1218 条规定的是"由医疗机构承担赔偿责任"。"由"字表明,法律直接确定由医疗机构担负责任之意,没有规定医疗机构向有过错的医务人员追偿的权利。对于医疗机构承担侵权责任后,能否向有过错的医务人员追偿的问题,要根据医务人员的过错类型区分为以下情形:

一是医务人员故意侵害患者合法权益。此种情形要适用《民法典》的一般侵权责任和《民法典》第 1191 条的雇主责任,医疗机构在承担侵权责任后,可以向医务人员追偿。

二是医务人员一般过失侵害患者合法权益。无论是依据《民法典》第 1218 条,还是《民法典》第 1191 条的规定,均未规定医疗机构(雇主)可以向医务人员追偿。故而,最终责任由医疗机构承担。

三是医务人员重大过失侵害患者合法权益。此种情况下,《民法典》第 1218 条的规定和《民法典》第 1191 条的规定发生了冲突,第 1218 条规定的医疗机构属于特殊类型的雇主,第 1191 条规定的是雇主这一群体类型的普遍责任。从一般法与特别法的角度来看,第 1218 条相对于第 1191 条而言,属于特别规范。故而,对于医务人员重大过失侵害患者合法权益的情形,基于特别法优于一般法,应以第 1218 条为法律依据,医疗机构承担责任后,不能向医务人员追偿。

(二)医疗损害责任的赔偿范围

医疗损害责任中,医疗机构承担赔偿责任的范围包括:一是医疗机构、医务人员在诊疗活动中的过失行为造成的人身损害,适用依据为《民法典》第 1179 条和第 1180 条;二是医疗机构、医务人员在诊疗活动中的过失行为造成的财产损失,适用依据为《民法典》第 1182 条;三是医疗机构、医务人员在诊疗活动中

① 《医疗损害责任纠纷适用法律解释》第 20 条。

的过失行为造成的精神损害,适用依据为《民法典》第1183条。

第三节 医疗技术损害责任

一、医疗技术损害责任概述

《民法典》第1221条规定,医务人员未尽到诊疗义务造成患者损害,医疗机构应当承担赔偿责任。医疗技术损害责任适用过错责任原则,其构成要件包括:一是医务人员在诊疗活动中实施违法行为,如在诊疗、护理等诊疗活动中,医疗机构或医务人员违反了不得侵害患者的生命权、健康权、身体权的法定义务。二是医务人员存在过错,此处的过错是过失。医疗技术过失的形式,既可以是疏忽大意没有预见,也可以是预见了但轻信能够避免或心存侥幸心理的懈怠,上述主观要素违反了诊疗活动中应尽的高度注意义务。存在医疗技术过失才承担侵权责任,既是对医务人员医疗行为中主观要素的谴责,也是对医务人员实施诊疗活动的保护。三是患者遭受人身损害。四是医务人员的过错诊疗行为与患者遭受的损害之间存在因果关系。医疗技术损害责任的构成要件,须由受害患者一方提供证据加以证明。

医疗技术损害责任的责任主体是医疗机构。医疗机构承担的是替代责任,即医务人员在诊疗活动中,违反医疗技术的高度注意义务,造成患者人身损害的,直接责任人是医疗机构,而非医务人员。故而,患者应直接向医疗机构请求赔偿,并依据《民法典》第1179条、第1180条的规定确定损害赔偿范围,而赔偿数额的计算标准和计算方法则依据《人身损害赔偿解释》的详细规定。

二、医疗技术过错的认定标准和考量要素

医务人员未尽到“与当时的医疗水平相应的诊疗义务”,即可以认定其具有过错。实践中,《民法典》第1221条规定的“当时的医疗水平”是我国法院判断涉案医务人员在诊疗活动中是否存在医疗技术过错的主要依据。对“当时的医疗水平”的理解,要综合相关要素进行考量。

(一)医疗技术过失认定的客观标准

医疗技术过失存在与否,不以患者是否能够治愈或者是否达到患者的预期

效果为标准，只要求医务人员、医疗机构在诊疗活动中遵循法律、行政法规、规章以及诊疗规范的有关要求，尽责完成医疗行为。《医疗损害责任纠纷适用法律解释》第16条规定，违反法律、行政法规、规章以及其他有关诊疗规范的行为，就构成医疗技术过失。需要注意的是，医务人员或医疗机构的诊疗活动完全合法合规，并不能推出医务人员或医疗机构一定尽到了必要的诊疗义务，还要考虑其他因素，如诊疗行为与"当时的医疗水平"具有相当性。因此，即使医务人员或医疗机构的诊疗活动合法合规，事后仍然有可能被证明未尽到诊疗义务，是有过错的。但是，如果医务人员、医疗机构的诊疗行为"违反法律、行政法规、规章以及其他有关诊疗规范的规定"，依据《民法典》第1222条的规定，可以直接认定医疗机构有过错。

（二）当时的医疗水平

"当时的"医疗水平是一个相对概念，医疗技术是有差异的，不能以一个统一的标准来要求。"当时"当然包含了时间要素，指医务人员实施医疗行为的时间，不是损害结果发生的时间，也不是争议发生的时间或案件诉讼的时间。因为医疗技术随着医学发展不断进步，不能苛责医务人员掌握未来的医学技术，不能依据事后已经进一步发展的医疗技术、更先进的诊疗水平去评判"当初发生的医疗行为"是否符合注意义务。问题是，我国幅员辽阔，医疗资源分布极其不均衡，即使在同一时间，不同级别、不同地域的医疗机构或医务人员，其医疗水平事实上也存在差异。理解《民法典》第1221条所规定的"当时的"，是只包含时间要素，还是同时包括空间要素，既承认地域和个体的差异，也要综合考察实施诊疗行为的医务人员所在的地域级别和医疗机构的类别、医疗资源状况。依据《医疗损害责任纠纷适用法律解释》第16条的规定，认定医疗技术过失"可以综合考虑患者病情的紧急程度、患者个体差异、当地的医疗水平、医疗机构与医务人员资质等因素"。故而，对于"当时"医疗水平的理解，应采取"国家标准+差别"的标准，[①]以国家标准（全国统一的医疗水平）为基本要求，同时考虑医疗行为实施时，医疗机构的客观条件、该机构医疗人员的平均水平，以及该机

① 《侵权责任法（草案）》三次审议稿曾经规定了"国家标准+差别"标准，但在全国人大常委会审议时删除了这一差别对待的内容。

构所处的特定地域的医疗水平,[1]因时、因地、因场景区别判断。

(三)医务人员的诊疗行为"达到"当时的医疗水平

在医疗技术损害案件中,医务人员的具体诊疗行为是否"达到"当时的医疗水平,取决于侵权行为人是否尽到了应尽的注意义务。在我国的司法实践中,对医务人员个体过错的判断,"当时医疗水平"等条款规范所适用的标准实际上就是"理性人"标准。[2] 医务人员或医疗机构是否达到"理性人"的判断标准,要在职称、专业方向、医疗机构级别等客观条件上确定与其具有相当性的比较对象。[3] 医务人员的诊疗行为达到当时的医疗水平,要求实施医疗行为的医务人员,达到同行医务人员"平均"的或者"一般"的医疗水平之注意程度,在同时、同样的诊疗场景下,同行其他医务人员能想到、做到的,涉案医务人员也应当想到、做到,其他的医务人员一般不会犯的错误,涉案医务人员也应当避免。

第四节　医疗伦理损害责任

"法律与高级道德无涉,与低级道德则出现交叉。违反基本道德,要受到法律的惩罚。低级道德有时候称为职业道德,如医生的道德等,这是构成法律要求的一个组成部分。"[4]"法安天下,德润人心",现代医疗环境下医患关系日益紧张,更多的是源于医患之间沟通、交往时道德规范的缺失与不足。医疗伦理损害责任融合了社会主义核心价值观中的文明、和谐、敬业、诚信、友善等重要价值观,是德润法治,法治与德治相得益彰的一种体现。

一、医疗伦理损害责任概述

伦理指在处理人与人、人与社会相互关系时应当遵循的道理和准则。医疗伦理一般溯源到希波克拉底的誓言,誓言强调要善待病人,要求自我约束,蕴涵

---

① 参见杜月秋、孙政编:《民法典条文对照与重点解读》,法律出版社2021年版,第479页。

② 参见窦海阳:《法院对医务人员过失判断依据之辨析——以〈侵权责任法〉施行以来相关判决为主要考察对象》,载《现代法学》2015年第2期。

③ 窦海阳:《〈民法典〉中医务人员过错规范的限缩解释》,载《北方法学》2020年第5期。

④ 徐爱国:《医疗伦理的法律规制》,载《民主与科学》2021年第5期。

隐私的保护义务。"'希波克拉底誓言'延续至今,成为每一位医疗职业活动从业者的内心确信,是约束自己行为的神圣准则。"①由此可见,医疗伦理指医方与患方之间的关系要符合某种道德标准及行为准则,包括但不限于医疗职业良知、医疗职业伦理规则、医师学会的医疗伦理准则等。②

医疗机构及医务人员从事医疗活动时未严格履行医疗伦理义务,有悖医疗伦理的基本原则,具有医疗伦理过失的,医疗机构应承担侵权责任,即构成医疗伦理损害责任。譬如未向患者充分告知病情、未取得患者同意即采取某种医疗措施、未保守与患者个人信息或病情有关的各种秘密等,侵害患者医疗知情权、自主决定权、隐私权、个人信息权益等合法权益的,医疗机构也应当承担侵权责任。

医疗伦理损害责任具有以下法律特征:

第一,医疗伦理责任是因医疗伦理过失而产生的侵权责任。《民法典》中明确规定了两种医疗伦理责任:一是医务人员未尽告知义务或侵害患者知情同意权,造成患者损害的,应当承担赔偿责任(《民法典》第1219条);二是医疗机构及医务人员侵害患者隐私权或个人信息的,应承担侵权责任(《民法典》第1226条)。

第二,医疗伦理损害不仅包括患者的人身损害,还包括其他民事权益的损害。在很多情况下,医疗伦理损害也侵害患者的其他民事权益,如患者的知情权、自决权、隐私权等人格权益。

第三,医疗伦理损害责任采过错推定的归责方式,对于医疗伦理过错,由医疗机构承担举证责任。医疗机构认为自己不存在医疗伦理过失的,须举证证明自己的主张成立,并承担举证不能的不利后果。③

第四,医疗伦理损害责任的构成要件,包括:一是要存在医疗伦理过失行

---

① 誓言强调要善待病人,永不伤害他人,不做不当之事;为病家谋幸福,不做任何故意伤害和错误之事;无任男女,无任贵贱,不得虐待与滥用。誓言要求自我约束,不得将危害药品给与他,不为妇人施堕胎手术。誓言蕴涵隐私的保护义务,与人交流后的所见所闻,凡不应公开之事,我永不泄漏。参见徐爱国:《医疗伦理的法律规制》,载《民主与科学》2021年第5期。

② 参见杨立新:《医疗损害责任概念研究》,载《政治与法律》2009年第3期。

③ 依据《医疗损害责任纠纷适用法律解释》第5条的规定,"患者依据《民法典》第一千二百一十九条规定主张医疗机构承担赔偿责任的,应当按照前条第一款规定提交证据。……医疗机构提交患者或者患者近亲属明确同意证据的,人民法院可以认定医疗机构尽到说明义务,但患者有相反证据足以反驳的除外"。

为;二是要造成患者合法权益的损害、期待利益的损害等损害事实(如因说明不及时而导致的患者最佳治疗机会的丧失);三是医疗伦理过失行为与损害事实之间存在因果关系。

第五,医疗伦理损害责任的责任承担。当医疗伦理损害侵害的是患者的知情权、同意权、自我决定权、隐私权、个人信息权益等精神性民事权益时,应当依据《精神损害赔偿解释》相关规定支付精神损害赔偿金。精神损害赔偿金应当设定必要的限度区间,以避免医疗机构承担过重的医疗损害赔偿责任,进而将负担转嫁给全体患者。[①] 造成人身损害的,依法承担人身损害赔偿,造成财产损失的,依法赔偿财产损失。

二、知情同意规则

"知情同意规则是指医务人员对患者进行诊疗行为时,要向患者就医疗行为的处置方案、医疗风险、治疗效果、医疗的必要性以及其他可能替代的医疗行为等事项向患者详细说明,并在此基础上取得患者的同意。"[②]医疗过程中的知情同意体现着医患双方动态的权利义务关系,《民法典》第1219条第1款规定了医务人员的说明义务和患者知情同意权,[③]第2款规定违反说明义务或侵害患者知情权、同意权,造成患者损害的,应承担赔偿责任。

(一)说明义务与知情同意权

知情同意规则实际上蕴含两层权利义务关系:一是医方的说明义务与患者的知情权,此种情形,医方只要履行了法定的说明义务即可,保障的是患者的知情权;二是医方的说明义务与患者的知情同意权,此种情形,医方在向患者履行说明义务后,必须要获得患者的明确同意,方能采取诊疗措施,保障的是患者的自主决定权。知情权和同意权密切相连,共同组成了知情同意权。《民法典》第1219条第1款对知情同意规则的适用作出了规定。

---

① 美国加州《医疗损害赔偿改革法》在医疗损害赔偿责任中即设定了抚慰金赔偿的最高限额,对精神损害抚慰金的赔偿进行限制。

② 参见艾尔肯:《论医疗知情同意理论》,载《河北法学》2008年第8期。

③ 《医疗损害责任纠纷适用法律解释》第5条第2款规定,实施手术、特殊检查、特殊治疗的,医疗机构应当承担说明义务并取得患方书面同意。

1. 说明义务与知情权

有学者主张,《民法典》第 1219 条第 1 款规定的“医务人员在诊疗活动中应当向患者说明病情和医疗措施”是不必要的,我国《民法典·侵权责任编》应对此不作规定。[①] 实际上,医患关系的恶化主要源于医方患方的信息不对称,患者担心医方隐瞒相关信息,损害其合法权益。在诊疗活动中,患方只有充分地了解诊疗活动相关信息,才能作出更有利于医疗行为的决定。知情同意规则的前提是知情,患者享有知情权,对应的是医疗机构及其医务人员法定的说明义务。说明义务是医务人员应当依法履行的职业义务、医疗伦理义务。《民法典》第 1219 条第 1 款第 1 句不仅是必要的,而且起到了作为说明义务的一般条款的作用,促进和保护医方充分地披露诊疗活动相关信息给患方,有助于实现患者知情权,重塑医患之间的信任。

(1)说明的时间

应当“及时”说明,表达了立即、马上、随时之意。“及时”说明,首先要做到按照诊疗规范进行常规的说明,做到应说尽说。其次针对诊疗活动中的具体诊疗行为、相关事项等的动态变化,做到动态、随时说明,即有变化的第一时间说明。即使说明了,因说明不及时而造成患者损害的,医疗机构也应当承担赔偿责任。

(2)说明的内容

医务人员要对与诊疗活动相关的重要内容进行说明,并且应当向患方说明白、讲清楚。依据《民法典》第 1219 条第 1 款规定,医务人员在诊疗活动中,应当告知的内容为患者的病情、医疗措施、医疗风险、替代医疗方案等。[②]

一是患者的病情:诊疗活动中,医务人员须向患者或其近亲属说明有关患者病情的事项,诸如患者所患疾病的诊断、性质、变化、愈后效果、注意事项等。

二是医疗措施:医务人员应当向患者或其近亲属告知患者要接受的各种检查措施、治疗措施,患者治疗所用的血液、医疗产品以及各种医疗辅助用品的使用方法、注意事项、收费类别、收费标准等,给病患及时提供有用的医疗建议。

---

① 参见周友军:《我国〈侵权责任法〉修订入典的初步构想》,载《政治与法律》2018 年第 5 期。

② 《民法典》之前,《执业医师法》、《医疗机构管理条例》、《医疗事故处理条例》、《侵权责任法》、《医疗纠纷预防和处理条例》以及《医疗损害责任纠纷适用法律解释》等法律规范都对医务人员的告知、说明义务进行了规定。

对于超出医疗机构、医务人员专业领域或治疗能力的患者，应当及时向其说明需要转医或转诊的可能性或者必要性。

三是医疗风险：医疗行为具有结果的未知性和不确定性，且任何医疗行为在治病救人的同时对人体都有一定的副作用，医疗行为可以视作一种“两害相权取其轻”的选择。正因如此，医疗活动必然存在一定的风险，如术后并发症、用药的副作用、器官移植的排斥效应等，医务人员应当将医疗行为可能产生的风险告知患者或其近亲属。当医疗不良后果发生时，医方有义务告知患方不良后果的性质、发生原因、后续救治方案等。①

四是替代医疗方案：对患者的治疗方案通常不是唯一的，可能会同时并存多种可行的治疗方案（如放射疗法、物理疗法、化学疗法等）、医疗方法（如中医、西医等），医务人员应当将可能的治疗、用药、手术等多种具体诊疗方案向患者或者其近亲属说明并分析利弊，根据患者的病情和现有条件给出治疗建议。

（3）说明的程度

“说明”意在强调，不仅要有说之行为，而且要说得明白、清楚，说得越全面、越充分越好。但是，由于医疗行为具有特异性、专业性、未知性等特点，苛责医务人员事无巨细地说明，必然会降低诊疗效率，耽误患者的治疗，延误病情。说明的程度应当是“应说尽说”，“应说尽说”有两个层次的判断标准：首先，通常法律规范、诊疗规范和医疗机构内部医疗质量监控管理标准会对医务人员的说明义务有一定的要求，医务人员要将法律规范、诊疗规范、医疗管理制度要求说明的予以说明。其次，从患者的角度出发，采用“理性人”标准。医务人员是否履行说明义务的判断，以患者所掌握的信息是否足以使其作出正当合理的判断为标准。尽管是从患者的角度出发，但不意味着完全以患者的主观判断为标准。“患者掌握的信息足以使其作出正当合理的判断”意味着患者没有掌握全部相关信息的必要性，医务人员也没有没完没了、无穷无尽说明的必要性，医务人员告知患者其所掌握的信息，只要足以使一般“理性人”能够据此作出正当、合理的判断即可。具体而言，对于常识性问题，可只作一般性的说明，无须过分强调。对于常规诊疗行为，达到一般患者能够理解的说明程度。对于病症复

---

① 参见艾尔肯：《论我国医疗损害责任制度的修改与完善——以〈民法典·侵权责任编草案（三审稿）〉的规定为视角》，载《河北法学》2020年第1期。

杂、风险难测，病情危重、预后不良，需要及时转诊治疗，需要实施高风险的特殊诊疗措施，术中发现新的严重病症，术后有需要特别注意的问题等情形，医务人员应当详尽说明。

2. 说明义务与知情同意权

应当向患者说明、让患者知情的，并不都应当取得患者同意。一般来讲，患者的病情和诊疗措施是仅需向患者说明的情况，无需接受患者的回应。《民法典》第1219条第1款第2句明确规定了需要医疗机构及其医务人员说明并取得患者同意的情形，即在"需要实施手术、特殊检查、特殊治疗的"情况下，"具体的医疗风险、替代医疗方案等"是医务人员应当及时向患者或其近亲属说明并取得"明确同意"的内容。向患方说明并取得患方的明确同意，是保障患方自主决定权的体现。

（1）知情同意规则的适用前提

依据《民法典》第1219条的规定，"知情同意规则"不适用于一般的诊疗活动，仅适用于实施手术、特殊检查、特殊治疗的情形。《民法典》仅对上述三种情形进行了列举，而没有"等"字作为兜底。故而，仅在上述三种情形下，医疗机构或医务人员需要向患者说明，并取得明确同意。对于特殊检查、特殊治疗的内涵的确定可参照《医疗机构管理条例实施细则》第88条第3款之规定。①

（2）说明并取得同意的内容

依据《民法典》第1219条的规定，告知并取得同意的内容包括"医疗风险、替代医疗方案等情况"，以"等"字作为概括性表述，为告知同意内容范围的扩展解释提供了法律依据。"医疗不良后果"即可以解释进"等情况"中，当发生医疗不良后果时，医方亦负有向患者告知的义务，最大程度地尊重患者及时获得医疗信息的知情权，以及据此作出自主医疗决定的自决权，使医患双方之间仍处于对等地位，建立和维持医患之间的信任度。告知的内容应当包括医疗不良后果的性质、可能的原因、后续将采取的补救和治疗方案、预后疗效等信息，并

① 《医疗机构管理条例实施细则》第88条规定，"特殊检查、特殊治疗：是指具有下列情形之一的诊断、治疗活动：（一）有一定危险性，可能产生不良后果的检查和医疗；（二）由于患者体质特殊或者病情危笃，可能对患者产生不良后果和危险的检查和治疗；（三）临床试验性检查和治疗；（四）收费可能对患者造成较大经济负担的检查和治疗"。

告知患者所享有的相关权利。①

(3)同意的形式为“明确同意”

《医疗事故处理条例》、《医疗机构管理条例》、《执业医师法》、《医疗纠纷预防和处理条例》以及《侵权责任法》规定的同意形式是“签署书面意见”或者“书面同意”,《民法典》第1219条改为“明确同意”,改变后的同意形式更加灵活,传统的纸质知情同意书,口头同意,录音、录像、文字形式(如手机短信、微信聊天记录等)的同意等形式皆可,只要患者或其近亲属明确同意即可,扩大了同意形式的范围,有利于应对不同的情形。“口头同意”有其弊端,医方需有音像资料、证人证言等铁证才能避免诉讼引发的对医方的不利。因此,医方在诊疗活动中更倾向于选择能够留存有证据材料的同意方式。在医疗实践中,除非在特殊紧急情形下,医方更倾向于选择白纸黑字式的“书面同意”方式——签订医疗知情同意书。“医疗知情同意书是指医方在进行医疗行为之前充分告知患方相关医疗信息,征得患方同意后与其签订的医疗文书”②,是记录医疗机构及其医务人员依法履行说明义务,患者行使知情权、自主决定权的法定医疗文书。对医方而言,签订知情同意书更有助于维护其自身权益。③

3. 说明的对象

(1)患者本人

医务人员在诊疗活动中,理所当然地应首先向患者说明,《民法典》的规定亦是如此。诊疗行为维护的是患者的生命权、健康权,患者比任何人都明白生命、健康对其的意义。向患者说明并征得患者的同意,是临床实际的需求,是法、理、情的高度融合。

(2)患者的近亲属

《民法典》第1219条新增了“不能”向患者说明的情形,填补了原《侵权责任法》第55条的法律漏洞,进一步完善了知情同意规则其规定,“不能或者不宜

---

① 参见满洪杰:《医疗道歉法与医疗纠纷解决机制的发展——美国经验与中国进路》,载《当代法学》2017年第6期。

② 艾尔肯、秦永志:《论医疗知情同意书——兼评〈侵权责任法〉第55条、第56条的规定》,载《东方法学》2010年第3期。

③ 依照《医疗损害责任纠纷适用法律解释》第5条的规定,发生纠纷时,医疗知情同意书是医疗机构必须提交的证据材料之一,一旦被人民法院采信,即具有证据效力,人民法院可以认定医疗机构尽到说明义务,除非患者有相反证据足以反驳。

向患者说明的,应当向患者的近亲属说明,并取得其明确同意"。近亲属的判断依据《民法典》第 1045 条的规定,包括配偶、父母、子女、兄弟姐妹、祖父母、外祖父母、孙子女、外孙子女。医务人员按照以上顺位,向患者的近亲属履行说明义务,需要取得同意的,应当取得同意。患者的意见与其近亲属的意见不一致时,在患者为具有民事行为能力人的情况下,原则上优先遵从患者的意见。

医疗实践中,"不能或不宜"向患者说明,并取得其同意的情形可能包括但不限于以下情形。

第一,患者有意识障碍,或者存在其他失能情况,如患者有严重的智力障碍、精神障碍。要求这些障碍需要影响到医务人员与患者的正常交流沟通,影响到患者对自己躯体疾病进行合乎常理的正常陈述,使医务人员不宜向其说明。如果失能者就其病情能够与医务人员良好沟通,配合诊疗的,一般认为依然应当向患者本人说明和取得其同意。

第二,患者是未成年人。依据《民法典》的规定,不满 18 周岁的自然人为未成年人。未成年人的民事行为能力又可分为三个区间:一是不满 8 周岁的未成年人为无民事行为能力人,医务人员需向其法定监护人说明。二是年满 8 周岁不满 18 周岁的未成年人为限制民事行为能力人,针对这个年龄段的未成年人,说明义务的履行对象需依具体情况区别对待。只需实施常规诊疗,且患者病情一般、沟通良好的,可直接向其说明,取得其明确同意;病情危重或须实施重大、高风险诊疗措施的,需向其法定监护人说明,取得其明确同意。三是年满 16 周岁不满 18 周岁,以自己的劳动收入为主要生活来源,或者独自生活的,可以直接对其说明并取得其同意。

第三,其他特殊情形。例如,医务人员在诊疗活动中发现患者罹患严重疾病,出于保护患者的目的对其隐瞒病情,向其近亲属说明。法律对于特殊情形没有硬性规定,医务人员可以基于当时的情境,考量患者是否属于适宜的说明对象,如果向其说明可能导致不良后果,可以选择向其近亲属说明。

(二)未尽说明义务的法律责任

《民法典》第 1219 条第 2 款规定了未尽说明义务的法律责任。说明义务是医务人员的法定义务,义务是必须履行而不能放弃的,医务人员在不向患方说明、未取得患方同意的情况下进行诊疗活动,则违反其法定职业义务,造成损害的,须承担相应的法律责任。

医疗机构及其医务人员未完全履行、未妥当履行说明义务，侵害患者知情权、选择权，可以概括为以下情形：一是完全未履行说明义务。在诊疗活动中，医务人员依法应当向患方说明的却没有说明。二是未准确、充分、及时地履行说明义务。未准确履行，如说明的语言表述不清、逻辑不清、敷衍了事、用词不当、产生歧义等。未充分履行，如未说明治疗过程中的并发症、药物的不良反应、手术后必要的复查等。未及时履行，如未及时向患方说明诊疗行为的相关重要信息，导致患者错失最佳治疗时机。三是履行了说明义务，但未取得患方同意就实施诊疗行为。

诊疗活动中医务人员的说明义务为有限义务。说明义务的不履行，造成患者损害的，才承担医疗侵权责任，未造成患者损害的，不承担赔偿责任。[①]

(三)紧急医疗救助知情同意规则的特殊规定

1. 实施紧急救助的前提条件

《民法典》第1220条规定的是紧急情况下知情同意的特殊规定，该条的适用需要同时满足以下条件：一是时间条件。仅在“紧急情况”下，医方才能在未获取患方明确同意的情况下，实施诊疗行为。《民法典》规定的是“抢救生命垂危的患者等紧急情况”，意味着包括抢救生命垂危的患者的情况，但又不限于此。其他具有严重侵害患者的生命权、健康权的紧急情形，如因交通事故、突发灾害、恶性案件等引发的重大人身伤害，如不及时采取紧急措施，可能导致患者生命面临重大危险的情况，亦可适用该条。二是不能取得患者或其近亲属的意见。不能取得患者近亲属意见情形的判断，依据《医疗损害责任纠纷适用法律解释》第18条第1款的规定。[②]

2. 实施紧急救助的程序要件

紧急情况下实施的医疗措施，需要有程序的合法性，必须经过医疗机构负责人或者授权负责人批准。程序化的要求，一方面能够集医疗机构医疗团队成

---

① 《医疗损害责任纠纷适用法律解释》第17条规定，“医务人员违反《民法典》第一千二百一十九条第一款规定义务，但未造成患者人身损害，患者请求医疗机构承担损害赔偿责任的，不予支持”。

② 《医疗损害责任纠纷适用法律解释》第18条第1款规定，“因抢救生命垂危的患者等紧急情况且不能取得患者意见时，下列情形可以认定为《民法典》第一千二百二十条规定的不能取得患者近亲属意见：(一)近亲属不明的；(二)不能及时联系到近亲属的；(三)近亲属拒绝发表意见的；(四)近亲属达不成一致意见的；(五)法律、法规规定的其他情形”。

员的共同智慧和力量,避免医务人员的个人不当决策,对患者造成损害;另一方面能够明确职责,最大化地调动医疗资源,统筹协调诊疗行为,实现对患者合法权益的最大化保护。

3. 实施紧急救助的时间和措施要求

“立即实施相应的医疗措施”,应当理解为以诊疗规范为依据,为满足抢救生命垂危患者生命等紧急情况的诊疗需求,而不得不采取的、最为基本的、与治疗本病相关的医疗措施,不得有与治疗本病无关的医疗行为。

依据《医疗损害责任纠纷适用法律解释》第 18 条第 2 款规定,在满足该解释第 18 条第 1 款规定的情况下,医务人员经医疗机构负责人或者授权的负责人批准立即实施相应的医疗措施,患者以“医方未履行告知、获取患方同意的义务”,请求医疗机构承担赔偿责任的,法院不予支持。当然,上述条件满足的情况下,医方仅是不承担医疗伦理责任,若是医疗机构或是医务人员在紧急诊疗活动过程中存在医疗技术过错、医疗产品过错或是其他医疗过错,导致患者出现不良结果的,在符合《民法典》第 1221 条、第 1223 条、第 1218 条构成要件的情况下,依然可以请求医疗机构承担赔偿责任。

4. 违反紧急救助义务的责任

《民法典》第 1220 条既是紧急情况下知情同意的特殊规定,也是对医疗机构紧急救助义务的规定,体现了医疗机构以及医务人员救死扶伤的人道主义精神。[①]《医疗损害责任纠纷适用法律解释》第 18 条第 2 款明确规定,“医疗机构及其医务人员怠于实施相应医疗措施造成损害,患者请求医疗机构承担赔偿责任的,应予支持”。《民法典》第 1220 条的规定,一方面对医疗机构及其医务人员依法履行紧急救助义务时的合法权益给予了保护;另一方面,将医务人员未遵守“首诊负责制”,或者未积极履行抢救义务所造成损害的情形列入受案范围,可为“赏罚分明”。

三、患者隐私权和个人信息的保护

《民法典》第 1226 条规定了医疗机构及其医务人员对患者隐私和个人信息

① 《民法典》第 1220 条规定:“因抢救生命垂危的患者等紧急情况,不能取得患者或者其近亲属意见的,经医疗机构负责人或者授权的负责人批准,可以立即实施相应的医疗措施。”

的保密义务，以及义务违反之责任承担。[①]《民法典》新增"患者的个人信息"为医方应当保密的内容，扩大了保密义务的范围，删除了"造成患者损害"才承担侵权责任的前置条件，降低了责任承担门槛及患方的维权难度，强化了对患者隐私和个人信息的保护。

《民法典》第110条、第111条、第1032条、第1033条、第1034条，明确了对自然人个人隐私和个人信息的保护。隐私权既是一种人格权，亦是自然人的一项基本权利，尽管患者的病历资料大多属于患者不愿他人所知晓的私密信息，但并非所有的患者个人信息都属于患者的隐私，《民法典》新增对"患者个人信息"的保密义务正是基于此种原因。《民法典》第1034条规定，个人信息是以电子或者其他方式记录的能够单独或者与其他信息结合识别特定自然人的各种信息。患者的姓名、电话号码、家庭住址等都属于患者的个人信息，但上述信息是个人社交生活中与他人交往沟通的媒介，并非个人的隐私。

医疗机构、医务人员在诊疗过程中会掌握患者的诸多信息，既包括患者的一般个人信息，也包括患者的身体秘密、个人病史、家族病史、活动轨迹、生活经历和习惯、亲属关系等事关患者隐私的个人信息。故而，仅规定对患者隐私的保护，无法实现对患者合法权益的全面保护，《民法典》专设条文对患者的隐私和个人信息予以保护。

诊疗活动中常见的侵犯患者隐私和个人信息的情形为，未经患者许可，公开其病历资料或个人信息：如医疗机构、医务人员未经患者许可，将患者的病历资料、个人信息提供给新闻媒体、自媒体平台或在微博、微信等社交平台公开传播，将患者个人信息提供给药品供应商、医疗器械生产商、摄影机构等公司企业。未经患者同意，医疗机构、医务人员在撰写专著、论文、教案中引用病历资料，未删除或隐去患者的个人信息等。依据《个人信息保护法》的规定，个人信息处理的合法性基础除个人同意外，还有"为履行法定职责或者法定义务所必需"。患者的个人信息，除患者同意可以公开外，医疗机构依法向有关管理部门报告病情、向司法部门依正当程序提供患者的私密信息或病历资料的，也不构

---

① 《民法典》第1226条规定，"医疗机构及其医务人员应当对患者的隐私和个人信息保密。泄露患者的隐私和个人信息，或者未经患者同意公开其病历资料的，应当承担侵权责任"。我国《宪法》《刑法》《执业医师法》《传染病防治法》《精神卫生法》《基本医疗卫生与健康促进法》等多部法律对于患者隐私的保护作出了专门规定。

成侵权。

对患者的隐私和个人信息依法负有保密义务的主体为医疗机构、医务人员（包括医生、医疗辅助人员、安保人员等所有在医疗机构内从业的人员）。《民法典》第1226条并没有明确规定责任承担的主体为医疗机构，但基于雇主责任，医疗机构当然应当承担相应的侵权责任。医疗机构承担责任后，对于故意或重大过失泄露个人隐私和个人信息的医务人员，可以追责。医疗机构或其医务人员违反保密义务的，责任承担方式包括但不限于损害赔偿责任。

第五节　医疗产品损害责任

一、医疗产品损害责任概述

《民法典》第1223条规定的是医疗产品缺陷或输入不合格血液的侵权责任，即医疗产品损害责任。[①] 该侵权责任既是医疗损害责任也是产品责任，是兼具两种性质的侵权行为类型。[②]

《医疗损害责任纠纷适用法律解释》多处有关于“医疗产品的缺陷或者输入不合格血液”的表述，《医疗损害责任纠纷适用法律解释》第25条第2款将医疗产品的概念界定为“本解释所称的‘医疗产品’包括药品、消毒产品、医疗器械等”。该解释第3条第1款、第2款明确了患者因缺陷医疗产品受到损害提起诉讼的规定，第3款规定患者因输入不合格的血液受到损害提起侵权诉讼的，参照适用前两款规定。从上述规定中可以解读出两层含义：一是在《医疗损害责任纠纷适用法律解释》中，医疗产品和血液是两个并列的、相互独立的概念，血液并不包含在医疗产品的范围之内，但是因输入不合格血液侵害患者合法权益的，参照医疗产品责任。正如有学者指出的，“血液的所有权属于血液提供机构，血液提供机构将血液出卖给医院，医院又将其出卖给

---

① 《民法典》第1223条规定：“因药品、消毒产品、医疗器械的缺陷，或者输入不合格的血液造成患者损害的，患者可以向药品上市许可持有人、生产者、血液提供机构请求赔偿，也可以向医疗机构请求赔偿。患者向医疗机构请求赔偿的，医疗机构赔偿后，有权向负有责任的药品上市许可持有人、生产者、血液提供机构追偿。”

② 参见杨立新：《侵权责任法》（第4版），法律出版社2021年版，第500页。

患者,具有产品特征,应当视为产品或者准产品"①。血液不合格致人损害的责任在性质上仍然属于产品责任。② 二是"医疗产品"包括药品、消毒产品、医疗器械等。以"等"字兜底概括,表明除了药品、消毒产品、医疗器械外,医疗产品还有其他的可能性。

相较之下,原《侵权责任法》以及《民法典》都没有明确规定医疗产品的概念,《民法典》第 1223 条的表述是"因药品、消毒产品、医疗器械的缺陷,或者输入不合格的血液造成患者损害的"。《民法典》完全列举了"药品、消毒产品、医疗器械"和"血液",且没有兜底性的概括性规定。

对照《医疗损害责任纠纷适用法律解释》和《民法典》的规定,可以看出《民法典》并没有给医疗产品的扩展解释留有空间。从法律规范通过的时间看,《医疗损害责任纠纷适用法律解释》最后修正于 2020 年 12 月 23 日,并规定是"根据《中华人民共和国民法典》《中华人民共和国民事诉讼法》等法律规定,结合审判实践,制定本解释"。由此可见,最高人民法院通过司法解释对"医疗产品"的范围进行了扩大解释,使法律规范能够因应医学技术的进步和医疗产品的创新。因此,可以适用《民法典》第 1223 条的情形包括:药品、消毒产品、医疗器械缺陷导致患者损害的;输入不合格的血液导致患者损害的;其他医疗产品缺陷导致患者损害的。鉴于此,将《民法典》第 1223 条规定的损害责任统称为医疗产品损害责任。

二、构成要件及归责原则

(一)构成要件

医疗产品损害责任构成要件应当具备产品侵权责任的构成要件要求,③具体如下:

一是医疗产品存在缺陷。医疗产品存在缺陷包括:药品、消毒产品、医疗器

① 杨立新主编:《民法物格制度研究》,法律出版社 2008 年版,第 79 页。

② 参见杨立新:《医疗产品损害责任三论》,载《河北法学》2012 年第 6 期。

③ 依据《医疗损害责任纠纷适用法律解释》第 7 条的规定,只要受害患者能够证明使用医疗产品或者输入血液、受到损害、使用医疗产品或者输入血液与损害之间具有因果关系,即可认定医疗产品损害责任成立。医疗产品的生产者、销售者、药品上市许可持有人或者血液提供机构主张不承担责任的,应当对医疗产品不存在缺陷或者血液合格等抗辩事由承担举证证明责任。

械等医疗产品存在缺陷,或输入的血液不合格。"医疗产品缺陷"指医疗产品存在危及人身、财产安全的不合理危险因素。对于医疗产品的合格标准,都有法律规范、国家标准、行业标准予以规范,不符合相关法律规范和标准的医疗产品为有缺陷的医疗产品。我国《药品管理法》对药品的生产、管理作出了详尽的规定,[①]我国对于血液的采集、检验、加工、保管、储存、运输、分装等过程,要求血液提供者、医疗机构按照《血液制品管理条例》《血站基本标准》《单采血浆站基本标准》等法律规范和技术性规范进行。血液提供者及医疗机构严格遵守上述规范的,血液为合格血液;血液提供者及医疗机构未严格遵守上述规范的,血液为不合格血液。具体而言,医疗产品缺陷可能体现为产品的研发设计缺陷、产品的原材料缺陷、产品的制作流程缺陷、产品的跟踪观察缺陷等。

二是患者遭受损害的事实。构成医疗产品损害侵权的,患者的合法权益必须因医疗产品的使用、医疗产品的缺陷而遭受了损害,这种损害主要是人身损害,也可能同时伴有财产损害、精神痛苦的损害。

三是医疗产品缺陷与患者的损害事实有因果关系。医疗产品损害责任的成立,要求医疗产品缺陷与患者的损害事实有因果关系,患者的损害事实必须是因诊疗活动中使用的医疗产品的缺陷、输入的血液不合格而产生,因医疗技术、医疗伦理而产生的损害不属于医疗产品损害。

(二)归责原则

因医疗产品损害责任兼具医疗损害责任和产品责任两种性质,故而对医疗产品损害责任采无过错责任原则。此处的无过错,并不是指医疗产品的生产者、销售者没有过错,因为缺陷医疗产品存在的本身就证明生产者、销售者的行为不符合《产品质量法》《药品管理法》等相关法律规范的规定,违法行为本身就是一种过错。而是指医疗损害责任的构成,无需考虑缺陷产品的生产者、药品的上市许可持有人、不合格血液的提供者是否有过错。无过错责任原则有利于更好地保护患者的合法权益。

需要注意的是,产品责任的承担分为中间责任和最终责任,依据《民法典》第 1202 条、第 1203 条的规定,在产品责任中,生产者承担责任时无须考虑其是

---

① 《药品管理法》规定了药品评审与质量检验、医疗器械监督管理、药品生产经营管理、药品使用与安全监督管理、医院药学标准化管理、药品稽查管理、药品集中招投标采购管理等内容。

否具有过错，而销售者承担中间责任时无须考虑其是否具有过错，但销售者承担最终责任时，要求销售者具有过错。由此可见，由医疗机构、医疗产品的销售者承担最终责任时，医疗机构、医疗产品的销售者应当具有过错。

三、医疗产品损害责任的法律后果

（一）新增“药品上市许可持有人”作为责任主体

《药品管理法》第6条引入了药品上市许可持有人制度，以此为基础，《民法典》第1223条扩大了赔偿责任主体的范围，新增了“药品上市许可持有人”，更有利于维护患方的合法权益。基于《药品管理法》第30条、第33条等相关法律规范，药品上市许可人是药品质量、安全的最终守门人。故而，对于药品存在缺陷造成患者损害的，药品上市许可人难辞其咎。药品上市许可人和药品的生产者应当对缺陷药品的损害赔偿承担连带责任。

（二）最终责任主体

患者因使用缺陷医疗产品受到损害，可以起诉产品供销全链条上的某一个或所有相关民事主体请求赔偿，具体的最终责任主体则应当结合具体的案件情况分析。一是医疗机构是缺陷药品、消毒产品、医疗器械的生产者时，医疗机构既是销售者又是生产者，对患者因缺陷医疗产品而造成的损害承担无过错赔偿责任。二是医疗机构仅是缺陷医疗产品的销售者时，缺陷医疗产品的生产者、药品的上市许可持有人、血液提供机构为其他主体的，医疗机构在具有过错的情况下，与其他责任主体共同承担最终的责任。医疗机构对于缺陷产品的使用没有过错时，损害责任的最终责任承担者是负有责任的缺陷医疗产品的上市许可持有人、生产者，不合格血液的提供机构。三是医疗机构无法指明缺陷医疗产品的具体生产者、药品上市许可持有人、血液提供机构的，责任由医疗机构承担。

（三）责任主体之间的追偿

尽管患者因缺陷医疗产品受到损害，其请求权行使的对象可以是药品上市许可持有人、生产者，血液提供机构，也可以是医疗机构。[①] 但在实践中，由于患

---

① 依据《医疗损害责任纠纷适用法律解释》第3条的规定，因缺陷医疗产品受到损害，患者无论是起诉部分还是全部医疗产品的生产者、销售者、药品上市许可持有人和医疗机构的，法院都应予受理。

者是经由医疗机构而使用缺陷医疗产品、输入不合格血液的，因此患者往往首先选择将医疗机构告上法庭。依据《医疗损害责任纠纷适用法律解释》第 21 条的规定，医疗机构承担赔偿责任后，有权向缺陷医疗产品的生产者、销售者，药品上市许可持有人或者血液提供机构追偿。

实践中，也可能发生"医疗产品的生产者、销售者、药品上市许可持有人或者血液的提供机构"与"医疗机构"构成无意思联络的数人侵权责任情形。此种情形的发生，存在两个侵权行为：一是医疗产品的生产者、销售者提供的产品有缺陷或者血液提供机构提供的血液不合格；二是医疗机构有过错的诊疗行为。两个行为的行为主体之间没有共同的意思联络，两种侵权行为是基于特定的情形相互结合，共同造成了患者的同一损害。当发生无意思联络的数人侵权时，首先，医疗机构与医疗产品责任主体承担连带责任。受害患方有权在连带责任中选择责任主体，既可以请求连带责任人中的一人或数人赔偿其损失，也可以请求全体连带责任人赔偿其损失。[①] 其次，医疗机构或者医疗产品责任主体在承担连带责任后有追偿权。先承担赔偿责任者，如果其承担的赔偿责任超出了其应当承担的责任份额，有权就其不应当承担的责任份额向其他连带责任人进行追偿。[②] 总之，要将责任之承担归之于最终责任者。

第六节　医疗损害责任的其他问题

一、医疗过错的直接认定

"现代侵权法理论认为，行为违法可以直接认定行为人有过错，因为行为人知道或者应当知道广义的法及其相关的义务要求。在知道或应当知道法定义

① 《医疗损害责任纠纷适用法律解释》第 22 条第 1 款规定："缺陷医疗产品与医疗机构的过错诊疗行为共同造成患者同一损害，患者请求医疗机构与医疗产品的生产者、销售者、药品上市许可持有人承担连带责任的，应予支持。"

② 《医疗损害责任纠纷适用法律解释》第 22 条第 2 款、第 3 款规定，"医疗机构或者医疗产品的生产者、销售者、药品上市许可持有人承担赔偿责任后，向其他责任主体追偿的，应当根据诊疗行为与缺陷医疗产品造成患者损害的原因力大小确定相应的数额。输入不合格血液与医疗机构的过错诊疗行为共同造成患者同一损害的，参照适用前两款规定"。

务却不履行时，行为人当然有过错。”[1]《民法典》第1222条便规定了直接推定医疗机构有过错的情形。学界一般认为，此处所谓的推定，并不是指《民法典》第1165条第2款的过错推定——法律事先拟制行为人具有过错，行为人证明其没有过错的，可推翻该推定。而应当理解为“认定”更为妥当，在出现《民法典》第1222条规定的三种法定情形之一时，“直接认定为医疗机构具有过错，且这种过错的认定不能推翻”[2]，“医疗机构不得以其他方式或途径来证明自己一方尽管违反了法律、行政法律或规章，也没有过错”[3]。《民法典》第1222条规定的都是程序上的过错，由于全国医疗机构诊疗程序的相关制度都是标准化的，对于诊疗活动中程序性的过错直接认定，能够减轻患方的证明责任，督促医方尽职履责，倒逼医疗机构提升医疗管理水平，有效防范医疗程序过错的发生。

二、医疗机构免责情形

《民法典》第1224条规定了医疗机构在诊疗活动中的免责事由和医方免责的例外，[4]该条规定与《民法典》第1173条和第1174条规定的行为人减免责任情形形成了逻辑连接。[5] 一方面，《民法典》第1224条对医疗机构的免责情形作出了更为具体的法律规定，为医疗损害责任的免责提供了更为明确的指引；另一方面，当实践中出现《民法典》第1224条规定之外的情形时，医疗机构也可能不承担赔偿责任，依据便是《民法典》第1173条和第1174条的规定。

（一）患者或者其近亲属不配合医疗机构进行符合诊疗规范的诊疗

构成此种免责情形，需要同时满足以下两点：一是“患者或者其近亲属不配合医疗机构的诊疗”。《医疗纠纷预防和处理条例》第20条规定了患者的配合义务，[6]然而，实践中存在多种患者或者其近亲属不配合诊疗的表现形式，如不

---

① 张新宝：《中国民法典释评——侵权责任编》，中国人民大学出版社2020年版，第195页。

② 全国人大常委会法制工作委员会民法室编：《中华人民共和国侵权责任法条文说明、立法理由及相关规定》，北京大学出版社2010年版，第232页。

③ 张新宝：《中国民法典释评——侵权责任编》，中国人民大学出版社2020年版，第196页。

④ 依据《医疗损害责任纠纷适用法律解释》第4条第3款的规定，医疗机构主张不承担责任的，应当就《民法典》第1224条第1款规定情形等抗辩事由承担举证证明责任，向法院提交证据。

⑤ 《民法典》第1173条“被侵权人对同一损害的发生或者扩大有过错的，可以减轻侵权人的责任”和《民法典》第1174条“损害是因受害人故意造成的，行为人不承担责任”。

⑥ 《医疗纠纷预防和处理条例》第20条规定，“患者应当遵守医疗秩序和医疗机构有关就诊、治疗、检查的规定，如实提供与病情有关的信息，配合医务人员开展诊疗活动”。

如实提供病史、不配合检查、不执行医嘱、不服从医院管理等，产生的原因可能是患方医学相关知识的匮乏或出于其他因素的担忧。因患者或者其近亲属不配合符合诊疗规范的诊疗造成损害的，患者理应责任自负。二是医疗机构的诊疗应当“符合诊疗规范”，这一点很重要。如果医疗机构或者医务人员对患者实施的诊疗行为不符合诊疗规范，患者及其近亲属有权拒绝。

（二）医务人员在抢救生命垂危的患者等紧急情况下已经尽到合理的诊疗义务

此项免责事由适用的大前提是“紧急情况下”，非紧急情况不适用。“紧急情况下”通常理解为时间紧急或处理的事项紧急，如抢救生命垂危的患者，医疗实践中也可能包括其他紧急情况。紧急情况下，医务人员不可能考虑周全、安排周密，其诊疗行为难免有缺陷。医务人员必须“已经尽到合理诊疗义务”，“合理的诊疗”通常理解为，医务人员在紧急情况下能够采取的、符合诊疗护理规范的、对于保全患者生命健康最为有利的应急措施。紧急情况下能够通过谨慎的作为、不作为避免患者受到损害的，即视为医务人员尽到合理诊疗义务。

（三）限于当时的医疗水平难以诊疗

诊疗水平是否达到应有的水平，以“当时的医疗水平”为评判标准，“当时的医疗水平”包含了时间、空间要素。时间要素，是依据诊疗活动发生时的医学理论、诊疗方法、诊疗技术去评价的。空间要素，要以诊疗活动发生时的医疗机构的诊疗水平为标准，要考量开展诊疗活动的医疗机构配备的诊疗设备的先进程度、聘用的医疗人员的技术水平，以及是否别无其他诊疗机构可供转诊等综合因素。此项免责事由，是对《民法典》第1221条认定技术过错情形的排除。

三、多个医疗机构的损害责任

患者如果就诊于两个以上的医疗机构，就会涉及多个医疗机构进行的医疗行为共同造成患者损害后果的情形。《民法典》没有特别规定多个医疗机构的诊疗活动造成患者同一损害时的责任承担问题，依据《医疗损害责任纠纷适用法律解释》第 19 条的规定,[①]应当区分情况适用《民法典》第 1168 条、第 1171 条、第 1172 条,确定各医疗机构承担的赔偿责任。

一般来讲,医疗损害责任为过失责任,多个医疗机构不具有共同故意,多个医疗机构的医疗过失也不是基于一致意思而做出的共同行为。由此可见,可以排除《民法典》第 1168 条的一般性适用[②]。多个医疗机构的损害责任之承担,通常包括以下两种情形:一是累积因果关系中无意思联络的多个医疗机构侵权损害的责任承担,适用《民法典》第 1171 条。[③] 两个以上医疗机构及其医务人员无意思联络分别进行诊疗活动,造成了患者的同一损害,每个医疗侵权行为都足以造成患者的全部损害,所有的医疗机构承担连带责任。二是部分因果关系中无意思联络的多个医疗机构侵权损害的责任承担,适用《民法典》第 1172 条。[④] 两个以上的医疗机构无意思联络分别进行诊疗活动,多个医疗机构的侵权行为叠加共同造成患者同一损害的,如果能够确定责任大小,按各自比例承担责任,如果难以确定责任大小,平均承担赔偿责任。责任份额的大小,可以根据各个医疗机构及其医务人员的侵权行为造成损害后果的可能性来确定。

四、违反病历资料管理职责致害责任

《民法典》第 1225 条第 1 款规定了医疗机构对病历资料按照规定填写并妥善保管的义务,第 2 款规定了医疗机构向患者提供病历资料的义务。[⑤]《民法典》第 1225 条未直接对违反这种义务应当承担的责任作出规定,不构成独立的裁判规则。医务人员在诊疗过程中诊疗技术完美无缺,但医疗机构或者其医务人员未按规定规范填写、保管病历,或是存在上级医师未及时签字、说明不到位

① 《医疗损害责任纠纷适用法律解释》第 19 条规定,"两个以上医疗机构的诊疗行为造成患者同一损害,患者请求医疗机构承担赔偿责任的,应当区分不同情况,依照《民法典》第一千一百六十八条、第一千一百七十一条或者第一千一百七十二条的规定,确定各医疗机构承担的赔偿责任"。

② 参见满洪杰:《论院外会诊的医疗损害责任》,载《法学论坛》2019 年第 3 期。

③ 《民法典》第 1171 条规定,"二人以上分别实施侵权行为造成同一损害,每个人的侵权行为都足以造成全部损害的,行为人承担连带责任"。

④ 《民法典》第 1172 条规定:"二人以上分别实施侵权行为造成同一损害,能够确定责任大小的,各自承担相应的责任;难以确定责任大小的,平均承担责任。"

⑤ 《民法典》第 1225 条第 1 款规定,"医疗机构及其医务人员应当按照规定填写并妥善保管住院志、医嘱单、检验报告、手术及麻醉记录、病理资料、护理记录等病历资料"。第 2 款规定,"患者要求查阅、复制前款规定的病历资料的,医疗机构应当及时提供"。

等诊疗程序上的瑕疵，造成患者损害的，法院推定医务人员的诊疗行为存在过错，适用《民法典》第 1218 条一般条款，判决医疗机构承担过错责任。

（一）按规定填写并妥善保管的义务

病历是医疗机构、医务人员为患者提供的诊疗活动进行记录后形成的材料。病历是医患双方、法官、律师以及卫生行政管理部门、医疗纠纷调解机构处理医疗纠纷的事实依据，是医疗机构、医务人员在法律上证明诊疗行为有无过错的重要证据。依据《民法典》第 1225 条第 1 款的规定，医疗机构、医务人员应当按照《病历书写基本规范》《医疗机构病历管理规定》等相关规范性文件，严谨规范、实事求是地填写病历。《医疗机构病历管理规定》对病历的内容、填写格式，病历资料的保存单位、保存期限等作出了规定，《病历书写基本规范》第 7 条对病历错误记录的修改作出了明确规定，①《医疗纠纷预防和处理条例》第 15 条对紧急抢救等特殊情况的病历书写规范进行了规定。② 医疗机构和医务人员应当严格遵守病历书写及保管的相关规范。

（二）提供病历的法定义务

《民法典》第 1225 条第 2 款规定的医疗机构提供病历的义务，同时对应着患者对病历资料的查阅、复制权利。法律规定患者对其病历资料的查阅、复制权，一方面能够倒逼医疗机构及其医务人员严格规范填写和管理病历，提高医疗机构诊疗活动的规范性，防范遗失、伪造、篡改或者违法销毁病历资料等不良事件，减少因病历书写、管理不规范引起的医疗纠纷；另一方面能够切实地保障患者的合法权益。

医疗机构履行提供病历义务要把握以下三个要素：一是义务指向的对象，即查阅、复制权的权利主体。原则上是患者本人，但依据《医疗纠纷预防和处理条例》第 16 条第 3 款的规定，③在患者死亡的情况下，其近亲属也有查阅、复制

---

① 《病历书写基本规范》第 7 条第 1 款规定，“病历书写过程中出现错字时，应当用双线划在错字上，保留原记录清楚、可辨，并注明修改时间，修改人签名。不得采用刮、粘、涂等方法掩盖或去除原来的字迹”。

② 《医疗纠纷预防和处理条例》第 15 条规定：“医疗机构及其医务人员应当按照国务院卫生主管部门的规定，填写并妥善保管病历资料。因紧急抢救未能及时填写病历的，医务人员应当在抢救结束后 6 小时内据实补记，并加以注明。任何单位和个人不得篡改、伪造、隐匿、毁灭或者抢夺病历资料。”

③ 《医疗纠纷预防和处理条例》第 16 条第 3 款规定：“患者死亡的，其近亲属可以依照本条例的规定，查阅、复制病历资料。”

病历资料的权利。二是权利行使和义务履行的时间要素。对于查阅、复制权行使的时间,《民法典》明确患者可以随时要求查阅、复制病历资料,而医疗机构应当“及时”提供。三是查阅、复制的病历资料的范围。《医疗纠纷预防和处理条例》第16条第1款对患者查阅、复制的病历资料的具体范围进行了“列举+概括”式的规定,[①]“国务院卫生主管部门规定的其他属于病历的全部资料”即《病历书写基本规范》所规定的全部病历资料。

需要注意的是,依据《医疗损害责任纠纷适用法律解释》第6条第2款的规定,[②]在医疗损害责任纠纷诉讼过程中,如无不可抗力等客观因素,医疗机构未在法院指定期限内提交病历资料的,将承担败诉的后果,即法院直接推定医疗机构的诊疗行为有过错。

五、不必要检查的禁止义务

《民法典》第1227条规定禁止违规过度检查,[③]该规定具有价值宣示及行为规范的意义。禁止医疗机构及其医务人员实施的检查必须同时具备“违反诊疗规范”和“不必要”这两个要素。医疗机构及其医务人员实施的检查虽然违规但有必要的,医疗机构及其医务人员不承担责任。医疗机构及其医务人员实施的检查同时具备“违规”“不必要”两个要素的,就违反了“不必要检查的禁止义务”,应承担责任。《民法典》对于该义务之违反行为应当承担何种责任未作出明确、具体的规定,因此有学者指出,为了保证法律规范的具体实施,有必要完善这些条文的责任性条款,明确规定承担责任的方式。[④] 笔者认为,《民法典》第1218条为医疗损害责任的一般条款,违反“不必要检查的禁止义务”对患者造成损害的,可以直接适用该规定,未给患者造成损失的,可以考虑从医疗服务

---

① 《医疗纠纷预防和处理条例》第16条第1款规定,“患者有权查阅、复制其门诊病历、住院志、体温单、医嘱单、化验单(检验报告)、医学影像检查资料、特殊检查同意书、手术同意书、手术及麻醉记录、病理资料、护理记录、医疗费用以及国务院卫生主管部门规定的其他属于病历的全部资料”。

② 《医疗损害责任纠纷适用法律解释》第6条第2款规定,“患者依法向人民法院申请医疗机构提交由其保管的与纠纷有关的病历资料等,医疗机构未在人民法院指定期限内提交的,人民法院可以依照《民法典》第一千二百二十二条第二项规定推定医疗机构有过错,但是因不可抗力等客观原因无法提交的除外”。

③ 《民法典》第1227条规定,“医疗机构及其医务人员不得违反诊疗规范实施不必要的检查”。

④ 参见艾尔肯:《论我国医疗损害责任制度的修改与完善——以〈民法典·侵权责任编草案(三审稿)〉的规定为视角》,载《河北法学》2020年第1期。

合同的角度寻求救济。

六、医疗机构及其医务人员的权益保护

《民法典》第1228条旨在维护医疗机构及其医务人员的合法权益,属于行为规范、指引性条款、宣誓性条款。[①]《民法典》较之原《侵权责任法》第64条增加了“侵害医务人员合法权益”的限制条件,使本条规定与其他侵权责任的规定相契合。

该条规定的“依法承担法律责任”,所依之法包括民事、行政、刑事等领域的相关法律规范,应承担的法律责任包括民事责任、行政责任以及刑事责任。[②] 针对此条规定,学术界存在很大的争议。部分学者认为,该规定的内容不属于医疗损害侵权的内容,占用《民法典》的立法资源,应当予以删除。[③] 但大部分学者和立法者认为,尽管该条规定不是专门调整医疗损害责任的规则,而是维护医疗秩序、保护医务人员人身安全的规定,但考虑近些年来扰乱医疗秩序和伤医事件频发,亟需有效治理。[④] 将该规定写入《民法典》,能够充分引起社会的重视,为有关部门惩治扰乱医疗秩序,侵害医疗机构及其医务人员合法权益的行为提供明确的法律指引,有利于依法果断处置伤医、闹医等各类行为,严厉打击伤害医务人员的违法犯罪行为,[⑤]符合我国国情。

---

① 《民法典》第1228条规定,“医疗机构及其医务人员的合法权益受法律保护。干扰医疗秩序,妨碍医务人员工作、生活,侵害医务人员合法权益的,应当依法承担法律责任”。

② 《民法典》《刑法修正案(九)》对医方合法权益保护的规定;《关于进一步做好维护医疗秩序工作的通知》《基本医疗卫生与健康促进法》《医疗纠纷预防和处理条例》《治安管理处罚法》等诸多行政法律规范,为医疗机构、医务人员合法权益受到侵害的维权,提供了系统化的法律依据。

③ 参见艾尔肯:《论我国医疗损害责任制度的修改与完善——以〈民法典·侵权责任编草案(三审稿)〉的规定为视角》,载《河北法学》2020年第1期。

④ 参见杨立新:《侵权责任法》(第4版),法律出版社2021年版,第544页。

⑤ 参见黄薇主编:《中华人民共和国民法典释义及适用指南》(下册),中国民主法制出版社2020年版,第1873页。

第七章

环境污染和生态破坏责任

第一节 环境污染和生态破坏责任概述

一、环境污染和生态破坏责任的立法现状

自工业革命以来，人类用于生产生活的科技水平发展迅猛，工业化促进经济发展、推动社会进步、提高人类生产生活水平的同时，也给环境和生态带来了巨大的负担。全球变暖、资源危机、海洋污染、生态破坏等环境问题，已经对人类的生存与发展构成了直接威胁。我国作为发展中国家，一方面有环境资源开发利用之迫切需求，另一方面又面临环境污染、生态破坏的严峻问题，环境问题已成为我国所面临的事关民生的重要问题。基于时代的发展趋势以及国家富强、民族发展、人民安居之需求，我国必须不断强化生态环境保护观念，防止生态环境进一步恶化。由此可见，侵权责任法有必要对生态环境本身的损害提供更多救济方式。①

鉴于此，我国《民法典》在总结原《侵权责任法》立法经验的基础上，针对环境保护的需求，作出了一定的修改和完善。

首先，《民法典·侵权责任编》第七章着重强调破坏生态侵权行为，首次从立法角度规定环境侵权行为包括污染环境和破坏生态两种行为类型，均受《民法典·侵权责任编》规制。《民法典》第1229条规定了污染环境、破坏生态致损

① 参见李承亮：《侵权责任法视野中的生态损害》，载《现代法学》2010年第1期。

的侵权责任,即"因污染环境、破坏生态造成他人损害的,侵权人应当承担侵权责任"。该规定与原《侵权责任法》的"环境污染责任"相比较,可以看出明显区别:一是侵权责任名称由"环境污染责任"更名为"环境污染和生态破坏责任";二是明确增加了"破坏生态"类侵权行为,将"生态破坏"与"环境污染"作为两种平行的环境侵权类型。

其次,《民法典》第1230条至第1235条对环境污染和生态破坏责任作出了更为细致的规定。第1230条规定了环境污染、生态破坏侵权举证责任,第1231条规定了两个以上侵权人的责任大小确定,第1232条规定了环境污染、生态破坏侵权的惩罚性赔偿,第1233条规定了因第三人的过错污染环境、破坏生态的侵权责任,第1234条规定了生态环境修复责任,第1235条规定了公益诉讼的损害赔偿范围。《民法典·侵权责任编》规定的环境污染和生态破坏责任,突破了传统环境侵权责任以私益为中心的限制,[①]将保护范围从私益扩大到了公益,为环境公益诉讼提供了制度基础,充分地体现了《民法典》的绿色原则,展现了对社会主义核心价值观中的和谐、文明等价值的追求,彰显了时代特色和中国特色。

环境问题关乎人类的生存与发展,环境污染和生态破坏责任制度具有其特殊性,仅靠《民法典》无法实现对环境和生态的充分保护。故而,《民法典》应当与《环境保护法》《湿地保护法》《噪声污染防治法》《草原法》《水污染防治法》等与环境保护相关的单行法律规范共同建构起全面、协调、一致的环境侵权法律法规体系,以实现对人类赖以生存的生态环境的保护。

二、环境污染和生态破坏责任的概念和特征

(一)概念

"环"为环顾四周之意,"境"为状况之意。"环境"一词即指人类赖以生存与发展的周围的自然因素。[②]《环境保护法》第2条对该法所指的环境,通过"列举+概括"的方式作出了明确规定,环境的本质为"自然因素的总体",环境

① 参见周峨春、吕靖文:《〈民法典〉中环境污染和生态破坏责任的内部逻辑与外部衔接》,载《中州学刊》2021年第12期。

② 参见张新宝:《中国民法典释评——侵权责任编》,中国人民大学出版社2020年版,第208页。

具体包括：水、大气、土地、海洋、草原、森林、湿地、矿藏、野生动物、自然遗迹、人文遗迹、风景名胜区、自然保护区、城市和乡村等，“等”字表明，包括但不限于法律明确列举的上述内容。

对于环境污染和生态破坏责任的基本含义，有着不同的表达方式。有学者认为，环境侵权是行为人污染环境造成他人合法权益遭受侵害后应承担法律责任的一种侵权行为。环境侵权民事责任，是从私权角度出发，由侵权责任法规制的社会成员因污染环境、破坏生态，给其他社会主体造成人身财产损失时所应承担的民事责任。[①] 也有学者认为，人类生产生活等活动中对自然环境和生态平衡造成破坏，危害了居民的公共环境权益，不利于生存发展的侵权行为就是环境侵权行为。环境权有两方面特性，一方面是公民个人享有的基本人权，另一方面则是人类共同享有的对自然环境的公共权利，是一种兼具公权与私权色彩的复杂权利。[②] 还有学者主张，环境侵权责任是侵权人违反法律规定的义务，以作为或者不作为的方式，污染环境、破坏生态，造成他人损害，依法不问过错，应当承担损害赔偿等责任的特殊侵权责任。[③]

《民法典》第1229条对环境和生态的规定具有宽泛的含义，不仅包括一般的环境问题，还包括生态的保护问题。[④] 由此可见，环境侵权责任实际上包括两种类型：“环境污染责任”和“生态破坏责任”。

其一，环境污染责任，是指环境污染行为造成他人损害时，侵权人应当承担的侵权责任。环境污染行为注重自然环境产生的不利变化，是指人们对自然资源的不合理利用，使可用的资源变为有害的废物进入自然环境的活动，由于这些活动将超过环境自我调控能力阈值的废物排入，使自然环境中的生化成分发生了不利变化。其二，生态破坏责任，是指生态破坏行为造成他人损害时，侵权人应当承担的侵权责任。生态破坏是指人类不合理地开发与利用一个或几个物质和能量，破坏了自然环境各类组成物之间的平衡状态，使环境自我调节能力下降，阻碍人类和其他生物生存与发展。环境污染行为与生态破坏行为具有

① 参见曹明德：《环境侵权法》，法律出版社2000年版，第18页。

② 参见吕忠梅：《沟通与协调之途——论公民环境权的民法保护》，中国人民大学出版社2005年版，第314页。

③ 参见杨立新：《侵权责任法》（第4版），法律出版社2021年版，第547页。

④ 参见杨立新：《侵权责任法》（第4版），法律出版社2021年版，第546页。

相关性，环境污染严重到一定程度，会引起自然界生物的大范围死亡，进而破坏生态平衡，而生态被破坏以后，会降低自然环境的自我调控能力，加剧环境污染行为所引发的不利后果。无论是环境污染行为还是生态破坏行为，都可能不同程度地导致生态环境遭受损害，所以环境污染和生态破坏侵害的不仅是私益，而且包括公益。基于此，《民法典》的保护范围不再局限于私益，而是向公益保护转变，确立了公益诉讼制度，为维护生态环境、为人民群众创造良好生产生活环境提供了制度保障。[①]

（二）特征

民事侵权责任一般具有以下要件：第一，侵权行为；第二，损害后果；第三，侵权行为与损害后果之间有因果关系；第四，行为主体有过错。作为一种特殊形态的民事侵权责任，环境污染和生态破坏责任不仅在上述构成要件方面均具有自身的鲜明特点，也在诸如价值取向、损害请求权主体等方面有特殊性。

1. 责任主体的不平等性和不确定性

环境污染和生态破坏侵权责任主体的第一个特点是不平等性。在传统民事侵权责任类型中，侵权人与受害人一般不会在经济、社会力量等方面存在巨大悬殊，二者的地位实质上较为平等，但在环境污染和生态破坏类侵权案件中，受害者一般为分散的个人，保护自身权益的力量弱小。与之相比，侵权行为人常为体量庞大的法人组织，经济、社会力量强大。例如，在2011年6月4日发生的康菲石油泄漏事故中，受事故影响遭受经济损失的几百户渔民作为个体养殖户，与跨国巨型企业康菲石油公司在社会资源调动、有效信息收集能力等方面有着巨大差距，康菲石油公司也依仗自己的优势地位，不断推卸责任，弄虚作假，态度十分傲慢。可以看出，尽管在环境污染和生态破坏侵权责任的法律应然规定中侵权行为人与受害人处于平等地位，但在法律实然运行过程中，却无法在实质上保证二者的平等地位，这使大量此类案件中的受害者无法通过法律适用而得到足额救济。为解决这一问题，立法者也在力图通过制度设计来尽力弥补二者之间的实力差距，如在证明责任方面，通过举证责任倒置的方式来强化对受害者利益的保护，通过设置惩罚性赔偿提高法律威慑性，使潜在的侵权

① 参见王利明：《〈民法典〉中环境污染和生态破坏责任的亮点》，载《广东社会科学》2021年第1期。

人在日常生产、生活中以更高的标准尽到注意义务,避免其滥用自身的优势地位。

环境污染和生态破坏侵权责任主体的第二个特点是不确定性。自然环境和生态环境有着复杂的运行机制,现实生活中若环境遭到污染、生态平衡被打破,准确地找到责任主体往往具有很大的难度。大气污染、水污染、土壤污染等污染形式互相关联,牵一发而动全身,现有的科学技术水平无法准确地定位污染源头及污染链条中的每一个侵权主体,这给确定加害主体甚至受害者带来了极大的困难。

2. 损害结果的隐蔽性、蔓延性和滞后性

污染环境和破坏生态的损害后果一般不易通过人类的感官察觉,或者即使发现,也无法准确地判断出具有何种危害性,受害者需要借助专门仪器或专业人员的帮助,才能知晓自身受到的损害。例如,化工厂在土壤中掩埋生产废料,农民无法通过肉眼看出该区域土壤受到了污染,只有在农作物大面积死亡时才会发现损害结果的存在。自然界各种组成成分之间彼此关联,且动植物有着繁殖、迁徙的需要,从空间角度来看,环境和生态一旦遭到污染和破坏,损害结果往往不会只停留在初始发生地,而是会蔓延开来,直至损害后果、危害程度再次降低到某一临界值以下或采取有效防控手段阻止其扩散。由于正常运转的自然环境和生态系统有着比较强大的自我调控、洁净能力,微小的损害后果不会马上表现出来,需要一段时间后才能被人们发现,因此,环境污染和生态破坏行为的损害结果还具有滞后性。

3. 价值取向的双重性

大多数侵权行为的可归责性基础在于,它们超越了法律许可的自由行动边界,违反了人类社会的道德准则,如对他人进行殴打,损害了他人的身体健康,天然地不被社会认可。而仔细推敲环境污染与生态破坏行为会发现,此类行为的最终目的均是为了满足人类生产、生活的需要,所造成的损害也可以看作为了维持人类社会正常运转和发展进步而不得不承担的风险,这一特点使环境污染与生态破坏行为“在相当程度上具有阻却违法之性质”。但面对日益恶化的环境与生态状况,严厉打击环境污染与生态破坏行为已成为全世界公民的基本共识。环境污染与生态破坏责任的立法,就是要在自由与安全、发展与保护等相互矛盾的价值取向中找到利益最大化的平衡点。

第二节　环境污染和生态破坏责任的归责原则

对于环境污染和生态破坏责任的归责原则，有三种主张：一是适用过错责任原则；二是适用无过错责任原则；三是将环境污染和生态破坏责任分为两类，破坏环境责任适用过错责任原则，污染环境责任适用无过错责任原则。① 在比较法上，世界大多数国家都同时采用过错责任原则和无过错责任原则对环境侵权行为进行归责，如德国、日本等。我国《民法典》第 1229 条明确规定，“因污染环境、破坏生态造成他人损害的，侵权人应当承担侵权责任”。据此可知，我国环境污染和生态破坏责任的归责原则为无过错责任原则。当污染环境、破坏生态造成他人损害时，不论侵权人在主观上是否存在过错，都应当承担侵权责任。

环境污染和生态破坏责任采无过错责任作为归责原则具有合理性：其一，环境污染和生态破坏责任适用过错责任原则的局限性。过错责任原则是侵权责任法的一般归责原则，该原则在保护个人自由、淳化道德风尚、区分侵权行为人应负责任大小等许多方面都有重要意义。但在环境污染和生态破坏侵权责任领域，过错责任原则有其局限性，主要表现为适用过错责任原则导致受害人举证困难，无法对已经造成损害的自然环境和生态平衡进行有效救济，某些环境污染和生态破坏行为本身并不违法，这与违法性要求存在矛盾。其二，环境污染和生态破坏责任适用无过错责任原则的优势。根据无过错责任原则，只要污染环境或破坏生态的行为人的行为在事实上造成了被害人人身、财产或者其他权益的损害，不管侵权行为人对该客观事实发生的主观态度如何，都应当承担相应的民事责任。无过错责任原则通过对社会上所存在的各种利益，尤其是社会整体利益的综合考量，来实现民法填补损害的功能。适用无过错责任，一方面，可以减轻被侵权人的举证责任，加重加害人的举证责任，有利于保障被侵权人的合法权益；另一方面，有利于增强社会关系参加者的环境保护意识，强化污染环境者、破坏生态者的法律责任，使其严格控制和积极治理污染。②

---

① 参见杨立新：《侵权责任法》（第 4 版），法律出版社 2021 年版，第 551 页。

② 参见杨立新：《侵权责任法》（第 4 版），法律出版社 2021 年版，第 551 页。

第三节　环境污染和生态破坏责任的构成要件

在侵权责任法中，侵权责任的构成要件是判断行为人应否承担侵权责任的标准。对于环境污染和生态破坏侵权责任的构成要件，有的学者主张，污染环境、破坏生态的行为，损害事实，污染环境、破坏生态的行为与损害之间存在因果关系。① 还有的学者主张，污染环境、破坏生态的行为必须具有违法性，违法行为与损害事实之间存在因果关系。②

根据《民法典》第1229条的规定，环境污染和生态破坏侵权责任行为人应对其行为负责，而行为人之所以应对法律后果负责，是因为其行为和危害直接存在因果关系。故而，环境污染和生态破坏侵权责任的构成要件包括：环境污染、生态破坏的行为，客观的危害事实，环境污染、生态破坏的行为与客观损害之间存在因果关系。

一、环境污染、生态破坏的行为

环境污染、生态破坏行为，是指工厂、企业等单位将废气、废水、废料、垃圾等有害物质排放或传播到大气、水、土地等环境中，或者虽未排放污染，但实施的破坏行为使人类生存环境和生态受到危害的行为。③ 需要注意的是，环境污染、生态破坏行为本身即使符合法律、法规规定的标准，但是只要造成他人损害的，亦不能免除责任。

环境污染、生态破坏行为可以由作为和不作为构成，总体来看，具有以下特征：一是持续性。与一般侵权行为相比，环境污染和生态破坏行为在时间上呈现出持续性特征，即侵权行为往往不是一次性完成的，而是在一段时间内以间断或者不间断的形式处于持续状态，如化工厂向河流中排放污水，要么是通过安设的管道持续不断地排污，要么是利用监管力量薄弱的时间点（如深夜）有规

---

① 参见张新宝：《中国侵权行为法》（第2版），中国社会科学出版社1998年版，第93页。

② 参见钱水苗：《污染环境侵权行为民事责任的特点》，载《杭州大学学报（哲学社会科学版）》1993年第2期。

③ 参见杨立新：《侵权责任法》（第4版），法律出版社2021年版，第551页。

律地排污。无论是哪一种侵权行为模式,一般都超过一次,且有一定的时间跨度。二是间接性。环境侵权行为是通过自然环境中的各种介质相互之间不断作用后,最终将污染行为的负外部性作用于受害者或生态系统。由此特征可以将一些普通侵权行为排除于环境污染和生态破坏行为之外,如在森林公路发生一起交通事故,事故引发的大火将周围树木燃烧殆尽,显然机动车驾驶人的行为客观上对环境造成了损害,但因其是直接对环境造成了损害,故不被看作典型的环境侵权行为。三是种类多样性。环境侵权行为侵犯的对象遍布自然界,水、空气、土壤、海洋、野生动植物等这些自然界的组成成分均会成为环境污染和生态破坏行为的侵犯对象,侵犯对象的多样性直接决定了环境污染和生态破坏行为的多样性。在实践中,具体的环境污染和生态破坏行为可能包括:转基因农产品污染侵权行为、大气污染侵权行为、水污染侵权行为、海洋污染侵权行为、能量污染侵权行为、有毒有害物质污染侵权行为、环境噪声污染侵权行为以及生态破坏行为等。

二、客观的危害事实

环境污染和生态破坏造成他人"损害",这种损害可以是已经发生的,也可以是潜在的危险状态。因此,用"危害事实"来替代传统侵权责任法的"损害事实"更为确切。"损害事实"表示法律只能在损害结果发生时或发生后进行救济,而无法在已构成危险,但尚未造成实际损害之前就采取预防性手段。这不符合尽量避免环境污染和生态破坏损害结果发生的污染防治理念,也会提高社会治理环境污染和生态破坏问题的经济成本。"危害事实"包括未然的危险状态和已然的损害后果。未然的危险状态是指有危险但无实际损害的状态,比如煤矿企业违规开采致使地质结构空心化,对地面建筑造成了塌陷的危险状态。已然的损害后果是指环境侵权行为的实际损害,比如造纸厂向河流排放污水导致养殖鱼类大量死亡,给鱼塘所有人带来了财产损失。

环境污染和生态破坏侵权责任构成要件中的危害事实有许多特点,主要表现在以下方面:其一,复杂性。危害事实的复杂性源于"危害事实肇因的复杂性"和"危害过程的复杂性","危害事实肇因的复杂性"是指环境污染和生态破坏行为大部分为人类日常生产活动,致害原因来自人类生产生活的方方面面、各个领域,致害物质种类繁多,有化学污染,也有物理污染;"危害过程的复杂性"是指在环境污染和生态破坏侵权责任中,污染物质往往会经过转化、富集、迁移等环节后再造成损害。其二,潜伏性。环境污染和生态破坏所造成的损害一般不会立即表现出来,而要经过一定的潜伏期,经过时间累积后才会逐渐显现。其三,广泛性。自然环境和生态系统互相连通、互相影响,因此,环境污染和生态破坏侵权责任的危害事实不会局限于单一区域或单一对象,往往呈现扩散趋势,受到损害的地域和民事权益范围十分广泛。

三、环境污染、生态破坏的行为与损害之间具有因果关系

因果关系问题在侵权责任法和法哲学中都是重要命题。因果关系是两个客观事实之间的一种引起与被引起的关系,是物质世界变化过程中显现的必然联系。侵权责任法中的因果关系可以看作哲学上的因果关系的一种特殊形式,而环境污染和生态破坏侵权责任构成要件中的因果关系也因侵权行为的诸多特征而发展出更为特殊的理论。我国实行推定因果关系规则,即在环境污染和生态破坏责任中,只要证明企业已经排放了可能危及人身健康或造成财产损害的物质,公众的人身或财产已在排污后受到或者正在遭受损害,就可以推定这种危害是由该污染行为所致。[①]

(一)因果关系认定的困境

自人类工业革命之后,无论是传统的"一元"因果关系认定理论,还是"二元"因果关系认定理论,都无法适应环境污染和生态破坏类案件的隐蔽性、复杂性、长期性等特征,这给此类案件的因果关系认定带来了困难。

第一,环境污染和生态破坏危害的致害原因复杂。同一损害结果常常是由若干个复合的侵权行为共同引起的,这些侵权行为产生的污染物又会在危害环境和生态的过程中互相作用,进行富集、扩散、转化,各种成分交织在一起,给因果关系认定造成困难。

第二,环境被污染、生态被破坏后,一般不会立即显现出危害后果,而要经过时间的推移,侵权行为造成的危害超过了自然环境自我调节能力阈值后,才会被人们所认知。这种危害后果的长期性,使人类在探寻因果关系时,无法在第一时间深入案件现场查明事实,因果关系表现得十分隐蔽。

第三,环境污染和生态破坏侵权责任的损害后果评估查证过程需要高度专

① 参见杨立新:《侵权责任法》(第4版),法律出版社2021年版,第553页。

业化的人员和设备,而受害者一方一般没有相应的能力进行调查取证,再加上侵权行为人多为占据优势地位的企业,不愿配合受害人调查,使大部分受害人甚至是公权力机关都无法对因果关系认定得出清晰的结论。

第四,受限于现有的科学技术水平,人类尚无法对生产、生活过程中的环境污染和生态破坏行为进行有效控制,更无法对污染物的迁移、转化和扩散情况做到精准循迹。

(二)因果关系举证责任倒置

1. 因果关系举证责任倒置的意义

侵权责任法上的因果关系可以分为两种:责任成立的因果关系,用来认定事实;责任范围的因果关系,用来划分赔偿责任。侵权责任构成要件中的因果关系是指责任成立的因果关系。对于环境污染与生态破坏责任成立因果关系的认定,在原《侵权责任法》时期,举证责任倒置成为主流观点。《民法典》对环境污染因果关系的认定与原《侵权责任法》第 66 条及相关司法解释规定表述相同,《民法典》第 1230 条规定,“因污染环境、破坏生态发生纠纷,行为人应当就法律规定的不承担责任或者减轻责任的情形及其行为与损害之间不存在因果关系承担举证责任”。这种因果关系举证责任倒置的做法,实际上是一种因果关系推定方法。立法采用举证责任倒置的因果关系推定方法,正是出于维护社会公平正义的价值考量,对环境污染和生态破坏类案件中处于举证劣势地位的受害人进行保护,免除其没有能力负担的因果关系证明责任,从而实现救济受害人,保护自然环境和生态平衡的社会价值。

2. 因果关系推定中被侵权人的证明责任

需要注意的是,因果关系推定并不等于被侵权人不承担任何举证因果关系的责任,根据最高人民法院公布的《环境侵权责任纠纷案件适用法律解释》第 6 条,被侵权人在请求赔偿时,应当提供证据材料证明“侵权人排放的污染物或者其次生污染物、破坏生态行为与损害之间具有关联性”,虽然要求非常低,但其实质仍然是对因果关系存在的一种举证要求。[①] 对于需要污染者举证证明其污

---

① 参见最高人民法院:《最高人民法院研究室负责人就〈最高人民法院关于审理环境侵权责任纠纷案件适用法律若干问题的解释〉答记者问》,载最高人民法院官网 2015 年 6 月 1 日,https://www.court.gov.cn/zixun-xiangqing – 14616.html。

染行为与损害之间不存在因果关系的情形,《环境侵权责任纠纷案件适用法律解释》第7条通过“列举+概括”的方式进行了明确。实践中处理环境污染和生态破坏案件的因果关系推定方法,还要考虑案件当事人的社会地位、损害性质等多方面因素。换言之,在具体案件中,需要法官以事实上的因果关系为基础进行价值判断,最终得出因果关系结论。

3. 举证责任倒置的实践效果

虽然采用因果关系证明责任倒置理论上可以更好地救济受害人受损利益,保护自然环境和生态平衡,但在以往的司法实践中,这种预期并没有很好地实现。其原因有如下几点:

第一,适用因果关系证明责任倒置,需要由受害人先证明侵权行为和危害事实两个构成要件,而侵权责任的各构成要件在实际生活中彼此之间的界限并不清晰。比如危害事实这一构成要件,受害人在证明其存在时往往暗含着一个前提条件:该危害事实是环境污染和生态破坏行为所造成的损害,而非受害人所受的一切损失。这种以危害事实要件吸收因果关系要件的做法实际上会导致环境污染和生态破坏侵权责任的因果关系证明责任无法倒置,有些学者认为对原告作出“证明损害事实存在”的要求,等同于让其对因果关系进行证明。

第二,法院对于因果关系的认定,仍以鉴定机构出具的鉴定意见为主要依据,很少适用因果关系倒置举证责任。鉴定机构一般只会出具“具有因果关系”和“无法认定存在因果关系”两种鉴定意见,如果严格适用因果关系举证责任倒置,侵权人胜诉的唯一途径就是得到鉴定机构的“不存在因果关系”的鉴定意见,但从科学角度出发,没有鉴定机构会冒着如此之高的风险给出这样的结论。

第三,因果关系证明责任倒置只是一种因果关系推定方法,对法官来说,通过因果关系倒置得出的有无因果关系的裁判依据,仍然属于传统的必然因果关系理论,如前文所述,这种必然因果关系理论已经显得陈旧,无法适应环境污染和生态破坏侵权责任的复杂性、隐蔽性等特征,不利于解决此类纠纷。

(三)因果关系的其他证明理论及方法

环境污染和生态破坏侵权责任案件的责任复杂且多样,针对不同案件均一概适用因果关系证明责任倒置的因果关系推定方法无法适应所有案件的需要。应该看到,每一种因果关系证明方法都有其自身特定的适用范围,环境污染和生态破坏侵权责任的因果关系应综合运用多种证明方法。目前,一些国家,以日本和德国为代表,在这个问题上的理论和做法值得借鉴。

1. 高度盖然性学说

高度盖然性学说认为,在环境污染和生态环境纠纷中,不必像刑事诉讼一样采用严格的科学依据来认定因果关系,只需要一方当事人提交的证据相较对方达到了"更优"的程度即可,"更优"的数学界限为50%的证明度。这种学说主张以更轻的心证程度来降低受害者的证明责任,使受害者得到合理的救济。在环境污染和生态破坏纠纷中,原告只要对因果关系的证明达到了高度盖然性的程度,就已经完成了举证,除非被告侵权行为人提出相应反证,否则就要承担侵权责任。该学说不足之处在于,对于侵权人来说,举证责任过于严苛,法官会出于同情受害人的心理无限制减小受害人的证明责任。

2. 疫学因果关系学说

疫学因果关系学说,是指在环境污染和生态环境责任案件因果关系认定时模仿疫学的做法,通过分析大量统计数据,判断某因素与结果之间的因果关系状况。[①] 疫学因果关系的存在需符合以下条件:第一,在发病前该因素曾发生作用;第二,该因素作用提高则病患增多或病情加剧,反之则病患减少或病情减弱,二者呈现正相关性;第三,该因素经过科学判断足以引起疾病的发生或恶化。满足以上条件,就可以判定某因素与结果之间具有因果关系。该学说将高度盖然性转化成了一种更为具体的标准,能够更准确地界定因果关系。但此说也有其不足之处:其一,该学说只适用于危害结果为受害者生命健康权受损的案件,很多造成其他后果的环境污染和生态破坏类案件无法适用;其二,疫学方法只能将众多受害者作为一个整体判断是否具有因果关系,不能具体到每一个受害者分析有无因果关系。针对此问题,又发展出了个别因果关系学说,个别因果关系学说认为,只要有污染和损害之间存在因果关系的可能性,就可以将整体因果关系判断运用在个案中,由侵权行为人承担证明责任。

3. 间接反证法

间接反证法,是指当因果关系链条复杂时,只需要受害人证明一部分事实,就推定其余部分事实也真实存在,得出因果关系成立的结论,再由侵权行为人

① 参见钱水苗:《污染环境侵权行为民事责任的特点》,载《杭州大学学报(哲学社会科学版)》1993年第6期。

负责提出反证来证明因果关系不存在。因为这种方法不是直接对举证事实的反证所以得名间接反证。日本的水俣病诉讼中使用了间接反证法,裁判书中认为,受害人不必对所有事实承担证明责任,只需证明几个事实,其余事实可根据经验法则加以推定。自水俣病后,间接反证法在日本学界得到赞誉和更为深入的研究,日本学者提出,可将公害因果关系的事实类型分为三部分:第一,导致损害发生的污染物质;第二,污染物质影响受害人的路径和过程;第三,侵权行为人的行为。受害人只需要对其中两部分加以证明,就可以推定存在因果关系。

除了上述的因果关系证明理论外,还有姑且推定说、部分因果关系理论等许多学说尝试更好地适应环境污染和生态破坏类案件因果关系证明的复杂性。针对不同类型的环境污染和生态破坏纠纷,甚至针对某一个案件,都可能需要综合运用不同的因果关系证明方法,在减轻受害人证明责任和追求法律的公平正义之间寻求最大的平衡,故而,不应将某一种方案作为环境污染和生态破坏案件因果关系证明的"终极方法"。

第四节　环境污染和生态破坏的责任承担

一、环境污染和生态破坏的责任承担方式

我国《环境保护法》《大气污染防治法》《水污染防治法》等法律规范皆规定,环境污染和生态破坏责任的承担方式包括排除危害、生态环境修复、赔偿损失、惩罚性赔偿等,其中,生态环境修复仅适用于社会公共利益受到损害的情形。

(一)排除危害

我国保护环境的基本法律规范中规定的"排除危害"与《民法典》中规定的"排除妨碍、消除危险、停止侵害"等在表述上尽管有所不同,[1]但其规范目的和

[1] 1989 年发布的《环境保护法》第 41 条规定,"造成环境污染危害的,有责任排除危害,并对直接受到损害的单位或者个人赔偿损失"。

内容实质是一致的,都是意在防止损害结果的发生或者避免已经造成的损害进一步扩大,起到预防侵权损害之功能。排除危害是指国家强制命令已经造成或者可能造成环境危害、生态破坏的人,及时停止已经发生的危害或者排除可能发生的危害,并消除其影响的民事责任承担方式。排除危害的责任承担方式适用于环境保护的私益受到侵害,也适用于环境保护的公共利益受到侵害。排除危害可以单独适用,但在实践中,多与赔偿损失或其他民事责任形式合并适用。

鉴于环境污染和生态破坏一经发生,不仅侵害被侵权人的权益,而且还会对人类赖以生存的环境造成不可逆的损害,因此,排除危害责任承担方式的适用对于环境保护具有重要意义。

(二)生态环境修复

《民法典》第1234条规定了生态环境修复责任,该条的立法意旨在于救济被侵害的生态环境利益,包括与生态环境相关的社会利益和国家利益。对于该条的理解与适用,应当准确地把握适用的前提条件、请求权主体以及请求权实现的时间条件等。

1. 前提条件:违反国家规定造成生态环境损害,且生态环境能够修复

其一,违反国家规定造成生态环境损害。《民法典》第1234条的特别之处在于,造成生态环境损害的行为需"违反国家规定",这意味着造成生态环境损害,但是并未违反国家规定的情形,不适用该条。"违反国家规定"中的"国家规定",既包括国家有关环境、生态保护的法律、行政法规、部门规章、地方性法规等法律意义上的规定,如《环境保护法》《森林法》《审理生态环境损害赔偿案件的若干规定(试行)》等,也包括关于生态环境保护的国家政策和标准化规定,如《生态环境损害赔偿制度改革方案》。

其二,"生态环境能够修复"。《民法典》第1234条适用于生态环境能够修复的情形,即被破坏的生态环境可以通过修复治理等手段得以恢复原状,恢复生态环境的质量标准和功能程度,应当达到未被污染、破坏前的水平。生态环境已无法修复的,不适用该条。

2. 请求权主体:国家规定的机关或者法律规定的组织

依据《民法典》第1234条的规定,生态环境损害修复责任的请求权主体有两大类:"国家规定的机关"和"法律规定的组织"。由于生态环境侵害的不是一般民事主体的人身或者财产,自然人、法人、非法人组织不得依据该条提起恢

复原状或者损害赔偿的一般侵权诉讼。

其一,"国家规定的机关"。主要指法律规范、司法解释、国家政策中明确规定的、有权提起环境公益诉讼或者生态环境损害赔偿诉讼的国家机关,具体包括行政机关、检察机关。一是行政机关,如《生态环境损害赔偿制度改革方案》规定的"省级、市地级政府及其指定的部门或机构",《审理生态环境损害赔偿案件的若干规定(试行)》第1条规定的"受国务院委托行使全民所有自然资源资产所有权的部门"等。具体到不同的生态环境中,不同的法律规范也作出了具体的规定,如《森林法》规定,破坏森林资源造成生态损害的,损害赔偿请求权的请求主体为"县级以上人民政府自然资源主管部门、林业主管部门"。二是检察机关,《民事诉讼法》第58条规定,检察机关在履行职责中发现破坏生态环境和资源保护领域损害社会公共利益的行为,可以提起检察公益诉讼。检察机关提起公益诉讼起到的是补充之作用,即在没有法定机关和组织或者法定机关和组织不提起诉讼的情况下,检察机关才可以提起公益诉讼。

其二,"法律规定的组织"。《环境保护法》第58条列举规定了可以对"污染环境、破坏生态,损害社会公共利益的行为"向人民法院提起诉讼的社会组织,具体包括:依法在设区的市级以上人民政府民政部门登记的社会组织;专门从事环境保护公益活动连续5年以上且无违法记录的社会组织。《环境民事公益诉讼案件适用法律解释》第2条补充规定,"在设区的市级以上人民政府民政部门登记的社会团体、基金会以及社会服务机构等"可认定为《环境保护法》第58条规定的社会组织。

3. 时间条件:合理期限内修复

侵权行为人应当在合理的期限内修复受损的生态环境。"合理的期限"是指及时采取修复措施,且能够达到修复受损的生态环境之目的的最短期限。"合理期限"的判断应当考量待修复的生态环境的损害程度、被损害的生态环境的特点以及修复所应当遵循的自然规律等。

如果侵权人在合理期限内未修复的,国家规定的机关或者法律规定的组织可以自行或者委托他人进行修复,所需费用由侵权人负担。对于生态修复的所需费用,根据《环境民事公益诉讼案件适用法律解释》第20条的规定,包括制定、实施修复方案的费用和检测、监管等费用。

（三）赔偿损失

环境污染和生态破坏侵权中最经常采用的责任承担方式就是赔偿损失，即要求环境污染者、生态破坏者以其财产弥补对他人造成的人身、财产损害。赔偿损失主要适用于侵权行为已经发生，造成了损害的情形，具有填补受害人损害之功能。

环境污染和生态破坏侵权常常不仅侵害私人利益，而且侵害社会公共利益。对于私益诉讼的损害赔偿范围及认定，《民法典》第1179条、第1182条、第1183条等法律规范及相关司法解释作出了明确规定。对于生态环境公共利益受到损害的赔偿范围，《生态环境损害赔偿制度改革方案》最早作出了列举性规定，《民法典》在吸纳该方案的基础上于第1235条作出了明确规定，并新增了“防止损害的发生和扩大所支出的合理费用”。

生态环境公共利益受到损害，损害赔偿的请求权主体为“国家规定的机关或者法律规定的组织”，提起诉讼的前提是“违反国家规定造成生态环境损害”，这两点在本书“生态环境修复”部分已作阐述，此处不再赘述。对于起诉顺位和共同诉讼的问题，《审理生态环境损害赔偿案件的若干规定（试行）》第16条至第19条作出了明确规定。侵权人赔偿的损失和费用具体包括：生态环境受到损害至修复完成期间服务功能丧失导致的损失；生态环境功能永久性损害造成的损失；生态环境损害调查、鉴定评估等费用；清除污染、修复生态环境费用；防止损害的发生和扩大所支出的合理费用等。上述损失和费用的认定需要经过专门鉴定机构，借助于专门的鉴定方法方能完成。

（四）故意污染环境、破坏生态造成严重后果的惩罚性赔偿

《民法典》第1232条规定了环境污染、生态破坏侵权的惩罚性赔偿，侵权人违反法律规定故意污染环境、破坏生态造成严重后果的，被侵权人有权请求相应的惩罚性赔偿。2022年1月20日起施行的《审理生态环境侵权纠纷案件适用惩罚性赔偿的解释》为妥善审理生态环境侵权纠纷案件，全面加强生态环境保护，正确适用惩罚性赔偿提供了依据。

《民法典》关于环境污染、生态破坏侵权适用惩罚性赔偿制度的规定，有利于更加充分地保护被侵权人的合法权益，遏制环境污染、生态破坏行为的发生，充分体现了坚持和完善生态文明体系，促进人与自然和谐发展，实行最严厉的

生态环境保护制度，健全生态保护和修复制度，严明生态环保责任制的时代任务。[①]

1. 惩罚性赔偿制度的作用

（1）威慑故意污染环境、破坏生态的行为人

随着市场经济的飞速发展，工业企业的规模日益扩大，单纯的赔偿已无法满足环境保护的需求。其一，企业的生产经营行为对自然环境和生态平衡造成损害，补偿性赔偿的金额并不足以对其产生震慑作用，小额的赔偿在巨大的经济效益面前不值一提。其二，侵权者违法成本与经济收益差距悬殊，从成本收益分析来看，也会使企业不愿投入资金设备用于排污控制，对有可能造成的危害后果和被诉的风险持放任态度。更有甚者，企业在实施环境污染和生态破坏行为之前就已经将未来可能产生的补偿性赔偿金计入生产成本，持故意的心态污染自然环境。其三，由于损害鉴定评估周期长、费用高，有些案件中的鉴定费用甚至超过赔偿金额，因此损害赔偿在某些情形下可能难以弥补实际损害，甚至很难遏制污染环境、破坏生态的行为，造成了实践中违法成本低、守法成本高等问题。[②]

鉴于此，有必要引入惩罚性赔偿制度。惩罚性赔偿的金额高于补偿性赔偿，在有些英美法系国家甚至不设上限，这大大提高了违法成本，在补偿受害人、惩罚行为人的同时，也可以对恶意损害环境、生态的行为进行阻吓，对社会相关责任主体起到震慑作用，预防其他人在将来再出现类似的侵害环境的行为。惩罚性赔偿制度还可以通过加重责任主体的责任承担，倒逼企业树立环保意识、提高环保投入，使自然环境和生态平衡得到更好的保护。

（2）充分救济受害人

补偿性赔偿是损害填补原则的产物，但补偿性赔偿并无法在所有案件中实现补偿功能。比如人身损害赔偿标准不能很好地适应社会发展变化的需要，精神损害因缺乏具体的计算标准而难以确定，诉讼费用和次要损害一般不计入补偿性损害赔偿范围。在环境污染和生态破坏侵权责任中，受害者处于不利地

---

① 参见刘士国：《民法典"环境污染和生态破坏责任"评析》，载《东方法学》2020 年第 4 期。

② 参见黄薇主编：《中华人民共和国民法典侵权责任编解读》，中国法制出版社 2020 年版，第 251 页。

位：一是对自身遭受的精神损害和间接损害举证困难；二是维权过程时间跨度长，补偿性赔偿在损害计算上的模糊和缺失，会导致受害人的损害无法得到全面的救济，进一步加重了受害人的维权成本和经济负担，使他们不愿通过环境污染和生态破坏诉讼维护自身受损利益。惩罚性赔偿往往是补偿性赔偿的数倍，基本可以覆盖受害者的各种损失，对受害人利益实现全面救济，能够更好地实现侵权责任法的损害填补功能。

2. 惩罚性赔偿制度的适用要件

《民法典》第1232条规定的是环境污染、生态破坏侵权的惩罚性赔偿。有学者主张，惩罚性赔偿原则上仅适用于私益诉讼，不适用于公益诉讼，理由是：《民法典》第1232条明确规定“被侵权人有权请求相应的惩罚性赔偿”，表明惩罚性赔偿的请求权主体为“被侵权人”，而公益诉讼中没有特定的被侵权人，且依体系解释，《民法典》将污染环境、破坏生态的惩罚性赔偿规则规定在公益诉讼之前，表明其主要是针对私益损害的情形而言的。[①] 然而，最高人民法院公布的《审理生态环境侵权纠纷案件适用惩罚性赔偿的解释》为环境污染、生态破坏侵权的惩罚性赔偿制度适用于公益诉讼提供了法律依据，该解释第12条规定，“国家规定的机关或者法律规定的组织作为被侵权人代表，请求判令侵权人承担惩罚性赔偿责任的，人民法院可以参照前述规定予以处理”。由此可见，惩罚性赔偿不仅适用于环境污染、生态破坏侵权的私益诉讼，而且适用于环境污染、生态破坏侵权的公益诉讼。

在符合环境污染、生态破坏侵权责任一般构成要件的基础上，惩罚性赔偿制度的适用还需要满足以下两个要件：“故意的主观要件”和“严重后果的客观要件”。在满足这两个要件的情况下，被侵权人有权请求相应的惩罚性赔偿。

（1）主观要件：故意

《民法典》第1232条规定的“侵权人违反法律规定故意污染环境、破坏生态”，表明惩罚性赔偿的适用需要满足侵权人故意的主观要件。这意味着，被侵权人要求侵权人承担惩罚性赔偿时，其归责原则为过错责任原则，且过错的形式为侵权人的故意。侵权人具有主观故意的，要求其承担更为严重的侵权责

① 参见王利明：《〈民法典〉中环境污染和生态破坏责任的亮点》，载《广东社会科学》2021年第1期。

任,其伦理基础在于故意的侵权行为更具有反社会秩序的破坏性,其法理基础在于故意侵权对他人的民事权益的侵害后果更为严重。判断侵权人污染环境、破坏生态的行为是否"违反法律规定",应当以法律、法规为依据,可以参照规章的规定。[①] 对于故意的判断,应当根据侵权人的职业经历、专业背景或者经营范围,因同一或者同类行为受到行政处罚或者刑事追究的情况,以及污染物的种类,污染环境、破坏生态行为的方式等因素综合判断。[②] 同时,《审理生态环境侵权纠纷案件适用惩罚性赔偿的解释》第 7 条通过"列举 + 概括"的方式明确规定,只要出现该条款中明确规定的前 9 项情形之一的,法院就可直接认定侵权人具有污染环境、破坏生态的故意,具体包括:因同一污染环境、破坏生态行为,已被人民法院认定构成破坏环境资源保护犯罪的;建设项目未依法进行环境影响评价,或者提供虚假材料导致环境影响评价文件严重失实,被行政主管部门责令停止建设后拒不执行的;未取得排污许可证排放污染物,被行政主管部门责令停止排污后拒不执行,或者超过污染物排放标准或者重点污染物排放总量控制指标排放污染物,经行政主管机关责令限制生产、停产整治或者给予其他行政处罚后仍不改正的;生产、使用国家明令禁止生产、使用的农药,被行政主管部门责令改正后拒不改正的;无危险废物经营许可证而从事收集、贮存、利用、处置危险废物经营活动,或知道或者应当知道他人无许可证而将危险废物提供或者委托给其从事收集、贮存、利用、处置等活动的;将未经处理的废水、废气、废渣直接排放或者倾倒的;通过暗管、渗井、渗坑、灌注,篡改、伪造监测数据,或者以不正常运行防治污染设施等逃避监管的方式,违法排放污染物的;在相关自然保护区域、禁猎(渔)区、禁猎(渔)期使用禁止使用的猎捕工具、方法猎捕、杀害国家重点保护野生动物、破坏野生动物栖息地的;未取得勘查许可证、采矿许可证,或者采取破坏性方法勘查开采矿产资源的。而第 10 项"其他故意情形"则为法官自由裁量提供了空间。

(2)客观要件:造成严重后果

惩罚性赔偿的适用必须要造成了严重的后果。所谓严重后果,一般表现为被侵权人的严重伤残、死亡等人身伤害以及数额巨大的财产损失,或者受到严

① 《审理生态环境侵权纠纷案件适用惩罚性赔偿的解释》第 5 条。

② 《审理生态环境侵权纠纷案件适用惩罚性赔偿的解释》第 6 条。

重损害的被侵权人为数众多。对于侵权人污染环境、破坏生态行为是否造成严重后果的判断，应当根据污染环境、破坏生态行为的持续时间、地域范围，造成环境污染、生态破坏的范围和程度，以及造成的社会影响等因素进行综合判断。当出现“造成他人死亡，健康严重损害，重大财产损失，生态环境严重损害或者重大不良社会影响等情形”时，人民法院应当认定为造成严重后果。①

3. 惩罚性赔偿金额的确定

惩罚性赔偿制度中，一个关键的问题是惩罚性赔偿金额的确定。惩罚性赔偿金额的确定，关乎惩罚性赔偿制度功能的发挥：过低的惩罚性赔偿金额无法震慑到侵权行为人，无法抑制环境侵权行为的发生；过高的惩罚性赔偿金额导致侵权行为人不堪重负，影响经济的长远发展。

(1)惩罚性赔偿金额的确定模式

比较法上，惩罚性赔偿金额的确定有三种模式可资借鉴：一是无数额限制模式，即不对惩罚性赔偿金的数额作任何限制性规定，完全由裁判者或陪审团自主决定，此为英美法系采用之模式。其优点在于能够针对不同侵权行为适用不同惩罚性赔偿金，有效惩罚和制裁侵权行为。其弊端在于可能存在惩罚过度的问题，损害加害人的合法权益。二是固定金额模式，即法律明确规定了惩罚性赔偿金额（或者赔偿的倍数）及其计算标准，此种模式的优点在于能够避免裁判者主观因素的过度影响，弊端在于难以针对不同侵权行为进行差别化的惩罚，实现最优威慑和惩罚。三是弹性金额模式，即法律对惩罚性赔偿金额的上限、下限作出了一定限制，裁判者在法律限制的范围之内拥有自由裁量权。此种模式既赋予了裁判者一定自由裁量权，又避免赋予裁判者过大的自由裁判权而造成负效应。

(2)我国惩罚性赔偿金额的确定

根据《审理生态环境侵权纠纷案件适用惩罚性赔偿的解释》的规定，惩罚性赔偿金数额的确定，应当以环境污染、生态破坏造成的人身损害赔偿金、财产损失数额作为计算基数。② 国家规定的机关或者法律规定的组织作为被侵权人代表，请求判令侵权人承担惩罚性赔偿责任的，惩罚性赔偿金数额的确定，应当以

① 《审理生态环境侵权纠纷案件适用惩罚性赔偿的解释》第 8 条。

② 《审理生态环境侵权纠纷案件适用惩罚性赔偿的解释》第 9 条。

生态环境受到损害至修复完成期间服务功能丧失导致的损失、生态环境功能永久性损害造成的损失数额作为计算基数。①

鉴于环境污染和生态破坏侵权类型的不同,对受害人产生的损害结果也会不同,而且损害结果表现为人身、财产和环境等不同方面的损失。固定金额模式无法充分赔偿受害人、有效遏制环境侵权行为,无数额限制模式容易导致惩罚性赔偿滥用。惩罚性赔偿金的确定要依据一定的标准,却也不能过度限制。结合我国环境保护的现实需求,环境污染和生态破坏责任中惩罚性赔偿金额的确定采用兼具固定金额模式与无数额限制模式之优点的弹性金额模式,更能够实现最优威慑和有效惩罚。但是,《审理生态环境侵权纠纷案件适用惩罚性赔偿的解释》第10条明确规定,"人民法院确定惩罚性赔偿金数额,应当综合考虑侵权人的恶意程度、侵权后果的严重程度、侵权人因污染环境、破坏生态行为所获得的利益或者侵权人所采取的修复措施及其效果等因素,但一般不超过人身损害赔偿金、财产损失数额的二倍"。可见,我国法律规范对于环境污染和生态破坏责任的惩罚性赔偿金额的确定,实际上采取的是固定金额模式,且上限的倍数限定较低,仅为"二倍"。此种模式固然在一定程度上能够补偿被侵权人受到的损害,但是能否起到遏制环境侵权行为发生的预防作用,充分发挥惩罚性赔偿的"制裁"功能,尚待实践的检验。

二、环境污染和生态破坏的特殊责任形态

(一)第三人过错的环境污染、生态破坏责任

《民法典》第1233条规定了因第三人的过错污染环境、破坏生态的侵权责任。《民法典》第1233条在承继原《侵权责任法》第68条的基础上,增加了"破坏生态"的行为方式,删除了"造成损害"的表述。适用《民法典》第1233条的前提是侵权者不存在任何污染环境的行为或者破坏生态的行为,且第三人主观上具有过错。

首先,如果环境的污染者、生态的破坏者存在任何的污染行为或者破坏行为,应当依据《民法典》第1229条的规定,要求其承担无过错责任。在环境的污染者、生态的破坏者不存在任何的污染行为或者破坏行为的情形下,依然要求

① 《审理生态环境侵权纠纷案件适用惩罚性赔偿的解释》第12条。

侵权人承担赔偿责任,盖因其客观上为第三人侵害环境、破坏生态提供了物质基础。

其次,要求第三人承担损害赔偿责任时,第三人必须具有过错,也就是说,于第三人而言,其承担的是过错责任。第三人对于环境污染行为、生态破坏行为的发生是具有过错的,而判断过错则依据"一般理性人"之标准,如果"第三人从事的行为"是在同样的时间、场合、情境下作为一个理性人根本不会从事的行为,那么第三人即存在过错。一般情况下,如果第三人违反了法律的禁止性规定,也认定其存在过错。

对于损害赔偿请求权主张的对象,被侵权人有选择权。被侵权人既可以向侵权人请求赔偿,也可以向第三人请求赔偿。依据《环境侵权责任纠纷案件适用法律解释》第 5 条的规定,污染者以第三人的过错污染环境造成损害为由主张减免责任的,法院不予支持。但由于第三人对于环境的污染和生态的破坏具有过错,被侵权人主张侵权人承担赔偿责任的,侵权人在赔偿后,有权向第三人追偿,其追偿的损害赔偿范围应当与第三人的过错程度相当。

《民法典》第 1233 条规定的追偿权是单向的,即侵权人承担责任后,有权向有过错的第三人追偿。被侵权人直接要求第三人承担损害赔偿责任的,依据《环境侵权责任纠纷案件适用法律解释》第 5 条的规定,法院应当根据第三人的过错程度确定其相应的赔偿责任。故而,第三人实际上是为自己的过错造成的损害部分承担责任,无权向侵权人追偿。

(二)两个以上侵权人的责任承担

1. 两个以上侵权人的责任承担情形

(1)共同侵权行为的连带责任

两个以上的环境污染者、生态破坏者共同实施侵权行为造成损害的,依据《民法典》第 1168 条的规定承担连带责任。

(2)完全叠加分别侵权行为的连带责任

《环境侵权责任纠纷案件适用法律解释》第 3 条第 1 款规定的是"完全叠加分别侵权行为"的侵权责任承担,两个以上侵权人分别实施污染环境、破坏生态行为造成同一损害的,每一个侵权人的污染环境、破坏生态行为都足以造成全部损害的,侵权人依据《民法典》第 1171 条规定承担连带责任。

(3)典型分别侵权行为的按份责任

《环境侵权责任纠纷案件适用法律解释》第3条第2款规定的是“典型分别侵权行为”的侵权责任承担,两个以上侵权人分别实施污染环境、破坏生态行为造成同一损害的,每一个侵权人的污染环境、破坏生态行为都不足以造成全部损害的,侵权人根据《民法典》第1172条规定承担按份责任。

(4)部分叠加分别侵权行为的特别责任分担

《环境侵权责任纠纷案件适用法律解释》第3条第3款规定的是“部分叠加分别侵权行为”的责任分担,即两个以上侵权人分别实施污染环境、破坏生态行为造成同一损害,部分侵权人的污染环境、破坏生态行为足以造成全部损害,部分侵权人的污染环境、破坏生态行为只造成部分损害的,被侵权人根据《民法典》第1171条规定请求足以造成全部损害的侵权人与其他侵权人就共同造成的损害部分承担连带责任,并对全部损害承担责任的,人民法院应予支持。

部分叠加分别侵权行为的责任分担方式较为特别,实际上是按份责任和连带责任兼用的责任分担方式。举例而言,甲、乙侵权人分别实施了污染环境的侵权行为,造成了同一损害,甲侵权人的污染环境行为足以造成全部损害,为具有100%原因力的侵权行为人,乙侵权人的污染环境行为只造成部分损害,为具有40%原因力的侵权行为人,甲、乙的分别侵权行为即为部分叠加分别侵权行为,甲、乙共同造成的损害部分为40%。依据《环境侵权责任纠纷案件适用法律解释》第3条第3款的规定,被侵权人可以请求造成全部损害的侵权人甲与只造成部分损害的侵权人乙就共同造成的40%的损害承担连带责任。对于不属于共同造成的60%的损害部分,由具有100%原因力的行为人甲单独承担责任,乙不承担责任,此时甲、乙的责任分担实则为按份责任。由于40%的损害为甲、乙承担连带责任,无论是甲还是乙,就此部分承担损害赔偿责任后,都可以“按照协商”或者“按份平均”向另一方进行内部追偿。

2. 两个以上侵权人责任份额的确定

《民法典》第1231条规定了两个以上侵权人的责任大小确定方式,该条规定是《民法典》第1172条规定(按份责任)在环境污染、生态破坏责任中的具体化。

根据《民法典》第1231条的规定,确定不同侵权人责任份额时应当考量的因素包括:污染物的种类、浓度、排放量,破坏生态的方式、范围、程度,以及行为对损害后果所起的作用等对行为原因力大小进行判断的因素。较之《民法典》

第 1231 条,《环境侵权责任纠纷案件适用法律解释》第 4 条中还扩充规定了“有无排污许可证、是否超过污染物排放标准、是否超过重点污染物排放总量控制指标”等对于行为人是否具有过错的判断因素。由此可见,“行为原因力大小”和“行为人是否具有过错”都是不同侵权人责任份额认定时需要考量的因素。各侵权人的污染行为对损害发生的原因力需要综合考量上述因素,根据换算、折算等方式加以认定,进而确认各侵权人应当承担的责任份额。

三、免责事由

环境污染、生态破坏侵权责任的免责事由是指环境保护相关法律规范所规定的,环境污染、生态破坏致他人损害时,侵权人可以免予承担责任的事由,由于环境侵权责任对他人、社会的影响是巨大的、持久的、不可逆的,因此,要严格地确定环境侵权责任的免责事由。根据《环境保护法》《水污染防治法》《海洋环境保护法》等相关法律规范的规定,环境侵权责任的免责事由有不可抗力、被侵权人过错、战争行为、执法部门疏忽或其他过失行为等。依据《民法典》第 1230 条的规定,行为人应当就法律规定的不承担责任或者减轻责任的情形承担举证责任。

(一)不可抗力

《环境保护法》明确规定了不可抗力为环境侵权责任的免责事由,但环境侵权责任中能够免责的不可抗力应当满足一定的附加条件:不可抗力应当是不可抗拒的自然灾害,且侵权人及时采取了合理的措施仍然不能避免造成环境污染致人损害。对环境侵权责任中的不可抗力免责事由作出严格的限制,一方面有利于保障被侵权人得到赔偿,另一方面能够督促相关主体积极采取合理措施,尽最大的可能防范环境侵权损害的发生。

(二)被侵权人过错

《水污染防治法》等相关法律规范规定,在环境污染、生态破坏侵权责任中,如果是被侵权人自身的责任引起了损害的发生,则排污者不承担责任。由此可见,被侵权人自身存在过错(故意或重大过失),是侵权人免责的事由之一。被侵权人自身存在过错的情形下,被侵权人的过错是损害发生的直接原因,免除侵权人的责任具有合理性。

第八章

高度危险责任

第一节　高度危险责任概述

高度危险包括高度危险活动和高度危险物，高度危险责任也称高度危险作业责任，是一种特殊的侵权责任，指行为人所实施的危险行为活动或者行为人管理的危险物，造成他人人身、财产损害的，应当承担损害赔偿责任。高度危险责任实际上有两大类型：一是对高度危险活动所承担的责任；二是对高度危险物所承担的责任。原《民法通则》第 123 条规定了高度危险责任制度，随后《铁路法》《化学危险物品安全管理条例》等法律规范进一步补充、完善了该制度。原《侵权责任法》对高度危险责任进行了专章规定，《民法典》延续原《侵权责任法》的基本立法理念，在《民法典·侵权责任编》共计用 9 个条文（第 1236 条至第 1244 条），通过“一般条款 + 特别条款”的模式，对高度危险侵权责任进行了详细规定。

《民法典》第 1236 条是高度危险责任的一般条款；《民法典》第 1237 条规定的是民用核设施或者核材料致害责任；《民法典》第 1238 条规定的是民用航空器致害责任；《民法典》第 1239 条规定的是占有或使用高度危险物致害责任，与原《侵权责任法》第 72 条规定相比，该条规定的高度危险物增加了强腐蚀性、高致病性的物品；《民法典》第 1240 条规定的是从事高空、高压、地下挖掘活动或者使用高速轨道运输工具致害责任；《民法典》第 1241 条规定的是遗失、抛弃高度危险物致害责任；《民法典》第 1242 条规定的是非法占有高度危险物致害责任；《民法典》第 1243 条规定的是高度危险场所安全保障责任，与原《侵权责任法》第 76 条相比，增加了责任分配和证明标准的规定；《民法典》第 1244 条规定的是高度危险责任赔偿限额，与原《侵权责任法》第 77 条相比，增加了“行为人有故意或者重大过失的除外”之但书规定。

第二节　高度危险责任的一般规定

《民法典》第 1236 条明确规定，“从事高度危险作业造成他人损害的，应当承担侵权责任”。该条规定是高度危险责任的一般条款。学者普遍认为，该一般条款的设立是立法者应对现代风险社会可能出现的各种新兴、不可预测、损害极大的风险而采取的重要举措，《民法典》第 1236 条作为高度危险责任的一般条款，具有兜底性、开放性、法律解释、体系化等功能，能够单独适用，但必须是在法律没有其他特别规定的情形下才能被适用。①

一、高度危险责任的归责原则

自 19 世纪以来，随着工业化时代进步和科学技术的不断发展，各种高度危险作业活动在社会生活中层出不穷。1838 年的《普鲁士铁路企业法》创设性地规定了高度危险作业赔偿制度，即“虽企业主毫无过失，亦不得以无过失为免除赔偿的理由”，确立了高度危险活动和高度危险物的无过错责任。随后，世界各国逐渐接受该制度，并纳入本国的法律规定中，如《德国帝国责任义务法》《荷兰侵权法》等立法例中，亦规定了高度危险作业致人损害的无过错责任。

我国通说亦认为，高度危险责任的归责原则为无过错责任原则。高度危险责任并不以必然存在过错为前提条件，也就是说，高度危险责任的构成无需考虑行为人的主观过错。高度危险责任采无过错责任，其理论依据包括“风险说”“公平说”“控制危险能力说”“遏制说”“利益均衡说”“保护受害人说”等理论学说。其一，“风险说”认为，开启风险者应当承受该风险。为自己的利益而从事高度危险作业者事实上给社会造成了原本不存在的新风险，理应承担因其活动而产生的风险。其二，“公平说”认为，高度危险作业者从其活动中获利，基于公平应当承担由此而产生的损害赔偿责任。其三，“控制危险能力说”认为，从

① 参见王利明：《论高度危险责任一般条款的适用》，载《中国法学》2010 年第 6 期。

事高度危险作业的活动者对于作业活动所产生的危险,能够及时采取妥当的措施予以控制,以降低危险发生的可能性。要求高度危险作业者承担无过错责任,能够推动其积极采取有力措施避免危险的发生。其四,"遏制说"认为,由高度危险作业者承担损害赔偿责任,有利于防范和遏制事故的发生。其五,"利益均衡说"认为,高度危险作业适用无过错责任能够实现损失的合理分配。其六,"保护受害人说"认为,从事高度危险作业活动者的人力、物力、财力远胜于一般受害人,且由于高度危险活动的专业性、特殊性,受害人很难了解致害的危险作业活动,证明高度危险作业责任中的过错存在极大困难。

鉴于域外立法例的参照以及上述理论学说的有力支撑,我国原《侵权责任法》规定了高度危险作业的无过错责任。《民法典》第1236条承袭了原《侵权责任法》第69条的规定,只要从事高度危险作业造成他人损害的,即应当承担侵权责任,不考虑高度危险作业者是否存在过错。

二、高度危险责任的构成要件

依据《民法典》第1236条之规定,高度危险责任的构成要件包括:一是从事高度危险作业;二是他人受到损害;三是从事高度危险作业与他人的损害之间存在因果关系。

(一)从事高度危险作业

构成高度危险责任的首要条件是"从事高度危险作业","高度危险作业"具有以下三个特征:其一,作业本身是合法、正当的,至少是不为法律所禁止的行为,该特征为高度危险作业的基本特征;[①]其二,作业具有危险性,该特征为高度危险作业的本质特征;其三,作业所具有的危险性为"高度",该特征为高度危险作业的程度特征。由此可见,要充分理解"从事高度危险作业"就必须要厘清两个关键概念:"高度危险"和"作业"。

1."高度危险"的内涵

司法实践中,高度危险责任适用的小心谨慎、循规蹈矩,其原因常常是源于

---

① 参见王利明:《侵权行为法研究》(上卷),中国人民大学出版社2004年版,第332~333页;张新宝:《侵权责任法原理》,中国人民大学出版社2005年版,第328页;杨立新:《侵权责任法》(第4版),法律出版社2021年版,第585页。

对“高度危险”的判断存在模糊和争议。事实上,社会生活中的诸多活动和物品都存在危险,但并不是所有的危险都具有高度危险性。“高度危险责任”中的核心概念是“高度危险”,“高度危险”的判断决定了高度危险责任适用的范围和责任主体的范围,并与其他危险责任相区别。高度危险的特性在于危险的程度“高”,就是不同于寻常的危险,那么“高”到何种程度的危险,是高度危险责任中所指的高度危险?

对于高度危险的判断,理论界有不同的观点。有学者主张,高度危险作业是指对周围环境的高度危险,可能造成的损害具有不可避免性,但不是为法律所禁止的行为。[①] 也有学者主张,高度危险与否应当考虑的因素包括:产生损害后果的严重性,危险是否难以控制、难以避免,损害是否异于普通危险,是否是对社会有价值的活动等。[②] 还有学者主张,高度危险中的“高度”可以从“危险现实化的高度可能性”“损害结果上的高度可怕性”“损害发生的高度不确定性”三个方面进行理解,某种活动或者某种物质具有上述三个特征中的一项,即可认为该活动或该物质具有高度危险。[③] 比较法上,对于异常危险的活动的认定,《欧洲侵权法原则》第5:101条提出了三个标准:一是行为人尽到最大的注意义务也难以避免损害的发生;二是该活动不是通常的做法;三是考虑损害发生的严重性和可能性,损害的风险很大。[④]《美国侵权法重述》(第2版)将高度危险作业称为异常危险活动,并规定了异常危险活动的一般条款,明确了判断危险活动是否异常的五个因素。[⑤]

结合理论学说和域外立法,本书将“高度危险”的判断标准总结为以下几

---

① 参见范利平:《特殊侵权责任的意识——析高度危险作业的范围》,载《西南政法大学学报》2004年第1期。

② 参见王利明:《侵权责任法研究》(下卷),中国人民大学出版社2011年版,第548页。

③ 参见程啸:《侵权责任法》(第2版),法律出版社2017年版,第590页。

④ See European Group on Tort Law Principles of European Tort Law: Test and Commentary Springer 2005, p. 104.

⑤ 根据规定,危险活动是否异常主要涉及五个因素:(1)是否具有造成某些损害的高度风险;(2)造成的损害是否易于演变为严重损害,其演变的可能性有多大;(3)风险是否无法消除,在尽到合理注意义务后是否依然存在风险发生的高度可能性;(4)该风险活动与地点之间是否具有关联性,即在该地点从事活动是否易于演变为高度危险活动;(5)该风险活动是否是值得容忍的,是否能产生较高社会价值,并在与其产生的风险对比中占据上风。参见邱聪智:《民法研究(一)》,中国人民大学出版社2002年版,第217页。

点：一是高度危险应当是能够产生严重的损害的危险；二是高度危险一般难以控制、难以避免，即使尽到高度的注意义务后，风险仍然存在发生的可能性；三是具有高度危险的活动、物品、区域，有严格的、专业的管理规定、技术要求以及注意义务；四是高度危险活动、高度危险物品通常具有较高的社会价值。

2. 高度危险"作业"的内涵

明确高度危险责任中所指的"高度危险作业"的内涵，是明确高度危险责任适用范围的核心。有学者认为，应对一般条款规制的"高度危险作业"作狭义解释，仅包括高度危险活动，不包括高度危险物。理由在于：其一，《民法典》第1239条使用了"等高度危险物"的表达，表明所有高度危险物致害都适用该条规定，无需借助第1236条实现开放性功能；其二，《民法典》第1241条、第1242条包含的"高度危险物"概念应与第1239条的"高度危险物"作一致解释；其三，从文义解释来看，"作业"指的是一种动态活动，无法包含静态的高度危险物。① 有学者指出，"作业"一词是工业时代的产物，将"高度危险作业"的表达替换为"高度危险活动和高度危险物"更为妥当。② 还有学者认为，"作业"包括一切可能导致高度危险责任的生产和生活行为，该词在理论上使用已久，延续使用符合既往的立法习惯，有利于法律的适用。③ 本书认为，理解和适用《民法典》的相关规定，要结合实际国情，在借鉴他国法律规定的过程中要适当甄别。事实上，"作业"的范围比"活动"的范围广，"高度危险作业"应作合理的扩张解释，既包括动态的"高度危险活动"，也包括占有、管理"高度危险物"等静态行为。

首先，对于法律规范的理解与适用，应当通过体系解释进行系统化的分析。依据体系解释，《民法典》第1236条是高度危险责任的一般条款，《民法典》第1237条至第1243条并列规定了不同类型的高度危险责任。按照由总至分，从一般到特殊的立法技术，《民法典》第1236条应当具有统辖之功能，《民法典》第1239条关于高度危险物的规定自然无法独立于《民法典》第1236条规定的高度危险责任一般条款之外。

其次，《民法典》第1236条规定的是高度危险作业，而非高度危险活动，意

① 参见王利明：《论高度危险责任一般条款的适用》，载《中国法学》2010年第6期。

② 参见杨立新主编：《类型侵权行为法研究》，人民法院出版社2006年版，第770页。

③ 参见赵可：《我国民法上的高度危险作业》，载《江汉论坛》2010年第2期。

味着立法上对于“作业”与“活动”两个概念是有一定区分的，如果“高度危险作业”仅包括“高度危险活动”，法律规定中便没有采用不同概念表述之必要。因此，在一般条款中特别规定“高度危险作业”，意在将“高度危险活动”与“高度危险物”包括在内。况且在实践中，对高度危险物的使用往往就是从事高度危险活动的内容，高度危险活动与高度危险物存在一定程度上的交叉与重复，区分起来并不容易。

最后，《民法典》第 1239 条中的“等高度危险物”的表述，实则是对高度危险物可能包括的具体类型的不完全列举，即其他与“易爆、易燃、剧毒、高放射性、强腐蚀性、高致病性物质”具有同等危险性的物质，也是高度危险物，如病原体。而且《民法典》第 1241 条、第 1242 条对高度危险物与《民法典》第 1239 条作相同解释，与《民法典》第 1236 条中的“作业”是否包括“物”没有直接关系。

（二）他人人身、财产受到损害

高度危险作业直接侵害的对象是他人的人身、财产，造成他人人身、财产损害的，应当承担侵权责任。此处的“损害”应当作扩大解释，既包括已成现实的实际损害后果，亦包括客观存在的潜在严重危险，“损害”的具体内容既包括物质损害，也包括精神损害。

一是尚未造成实际损害后果，存在严重、迫切的现实危险。高度危险作业出现了特别异常的危险状况，如核电站出现泄漏、有毒物品外溢、高压电电缆落地等，严重、迫在眉睫地威胁到他人人身和财产安全时，现实损害一触即发，一切受威胁的人均可以请求停止侵害、消除危险。

二是已造成实际损害后果。从事高度危险作业的人并非对所有的损害都承担无过错的损害赔偿责任，仅限于危险现实化而引发的损害，且必须遵循“无损害、无赔偿”的准则。对于纯粹经济损失，法国、比利时、南非等国家予以赔偿，德国、奥地利、波兰等国家不予赔偿。本书认为，高度危险责任的损害赔偿范围一般不应包括纯粹经济损失，原因在于高度危险损害赔偿责任为无过错责任，在严格其责任的同时，扩大受保护权益范围，对于侵权责任人而言，过于严苛，且不利于高度危险作业相关行业的发展。

（三）从事高度危险作业与损害发生之间有因果关系

高度危险作业责任以高度危险作业与损害发生之间存在因果关系为归责

的基本要件,即损害是高度危险作业的结果。依据《民法典》的规定,受害人须证明其受到的损害是由于加害人从事高度危险作业造成的。考虑高度危险作业的特殊性,受害人事实上往往难以证明因果关系的存在。因此,司法实践中对于证明标准的要求有所降低,受害人仅需进行盖然性证明,即只要能够排除其他原因即可。

第三节　具体的高度危险责任

一、民用核设施或者核材料致害责任

(一)概述

《民法典》第1237条规定了民用核设施或者运入运出核设施的核材料致害责任,该条规定的高度危险作业为"运营民用核设施"和"运入运出核设施的核材料",在上述两种情形下发生核事故,造成他人损害的,适用民用核设施或者核材料致害责任。为了明确该责任的适用情形,需要首先厘清相关概念。

1. 民用核设施

何为"民用核设施"?《民用核设施安全监督管理条例》第2条是通过"列举+概括"的立法形式加以规定的,具体包括:核动力厂,如核电厂、核热电厂、核供汽供热厂;核动力厂以外的其他反应堆,如研究堆、实验堆、临界装置等;核燃料生产、加工、贮存及后处理设施;放射性废物的处理、处置设施;其他需要严格监督管理的核设施。"民用"之限制,则意味着民用领域以外的核设施或者核材料致害,如军用核设施或者核材料发生事故致害的,不适用《民法典》第1237条。

2. 运入运出核设施的核材料

"核材料"指能够产生裂变、聚变等核反应,并释放出巨大核能的物质,根据产生的核反应的形式可以分为裂变核材料、聚变核材料两大类。《核材料实物保护公约》以及《核安全法》皆对核材料作出了严格、专业的列举性规定,具体包括:铀—235、铀—233、钚—239等材料及其制品,法律、行政法规规定的其他需要管制的核材料。核材料不仅仅可以用于核设施,还广泛应用在医疗、科研、工

业生产、农业生产等领域,《民法典》第 1237 条仅适用于“运入运出核设施的核材料”,并不适用于所有领域应用的核材料,其他领域核材料致害的,应归入高度危险物品致人损害责任的范畴,[①]适用《民法典》第 1239 条。

“运入运出”是对期间的一种界定,“运入”是指“核材料的法律权利移转至核设施运营单位”的时间点 A,“运出”是指“核设施运营单位不再对核材料拥有法律权利”的时间点 B,在 A、B 两个时间点之间的全部期间(包括 A、B 两个时间点),发生核设施的核材料事故致人损害的,都适用《民法典》第 1237 条。

3. 发生核事故

《民用核设施安全监督管理条例》对于核事故作出了规定,核事故是指核设施之中的核燃料、放射性物质、废料或者运入运出核设施的核材料所发生的毒害性、放射性、爆炸性或者其他危害性事故。如果发生的不是核事故,而是其他与“核”无关的普通安全性事故,不适用该责任。核事故通常还会造成环境污染和生态破坏,根据《放射性污染防治法》第 12 条、第 59 条之规定,同时构成环境污染侵权案件的核事故致害的,构成责任的聚合。

(二)构成要件及责任主体

根据《民法典》第 1237 条以及《核安全法》《关于处理第三方核责任问题给核工业部、国家核安全局、国务院核电领导小组的批复》《关于核事故损害赔偿责任问题的批复》的相关规定,无论核设施营运单位有无过错,都不影响其承担核损害赔偿责任,可见,核事故责任为无过错责任。因此,民用核设施或者核材料致害责任的构成要件包括:一是民用核设施或者运入运出核设施的核材料发生核事故;二是造成他人损害;三是核事故与损害之间存在因果关系。

民用核设施或者核材料致害责任的责任主体为民用核设施的营运单位,《核安全法》第 93 条、《关于核事故损害赔偿责任问题的批复》中都明确界定了核设施营运单位的概念,即依法取得法人资格,依法申请或持有核设施安全许可证,经营和运行核设施的单位。“单位”原则上包括国家机关、企事业单位、社会团体等,也就是民法意义上的法人和非法人组织。但根据上述相关法律、文件中的规定,应当对从事核设施营运的单位作限缩解释,即只包括法人。同时,

① 参见王利明主编:《中华人民共和国侵权责任法释义》,中国法制出版社 2010 年版,第 354 页。

根据《核安全法》的规定，为核设施营运单位提供设备、工程以及服务等的单位不承担核损害赔偿责任。

（三）免责事由

根据《民法典》第 1178 条的规定，责任减免事由制度的适用规则为特别规定优先于一般规定。《民法典》第 1237 条对民用核设施或者核材料致害责任的免责事由作出了特别规定，因此，《民法典》第 1237 条的规定事实上优先于《民法典·总则编》以及《民法典·侵权责任编》第一章对于责任减免事由一般性规定的适用。《核安全法》第 90 条以及《民法典》第 1237 条列举了两大类免责事由：一是战争、武装冲突、暴乱等；二是受害人故意。

1. 战争、武装冲突、暴乱等情形

一般的不可抗力包括“自然原因”和“人为、社会因素”，自然原因包括地震、台风、水灾、旱灾等，“人为、社会因素”包括战争、征收、暴乱等。从概念范畴来界定，不可抗力是上位概念，战争、武装冲突、暴乱等情形属于下位概念。

《民法典》第 1237 条没有规定一般性的不可抗力，而是特别规定了“战争、武装冲突、暴乱等情形”，这意味着，一方面，免责事由不限于明确列举的“战争、武装冲突、暴乱”三种情形，“等”字表明还包括其他与战争、武装冲突、暴乱类似的极端严重的社会动乱因素；另一方面，自然原因的不可抗力导致核事故造成他人损害的，不能免除运营单位承担侵权责任。之所以自然原因不能作为免除运营单位承担侵权责任的事由，是因为运营核设施与核材料是极度危险的活动及物质，法律已明确要求核设施的运营应当能够应对洪水、地震、台风等一般自然原因的不可抗力。

2. 受害人故意

受害人故意是《民法典》第 1174 条明确规定的法定免责事由，受害人故意导致核事故发生造成损害的，运营单位不对该受害人承担侵权责任。需要注意的是，《民法典》第 1175 条规定的“第三人过错”并非核设施侵权责任的免责事由，因此，如果第三人过错导致的核事故造成他人损害的，民用核设施营运单位仍然应当先行承担侵权责任，依据《关于核事故损害赔偿责任问题的批复》第 9 条，核设施营运单位向受害人赔偿后，有权向具有过错的第三人追偿。

二、民用航空器致害责任

(一)概述

尽管民用航空器的致害概率非常低,但是一旦出现事故,所造成的后果往往非常严重。因此,民用航空器所具有的危险性,显著高于一般的交通运输工具。原《侵权责任法》将民用航空器致害责任确定为了高度危险责任,《民法典》第1238条承继了原《侵权责任法》第71条的规定,明确“民用航空器造成他人损害的,民用航空器的经营者应当承担侵权责任”。《民用航空法》第5条通过排除性规定,对“民用航空器”进行了界定,即“除用于执行军事、海关、警察飞行任务外的航空器”。这表明,公法上的职权活动使用航空器致人损害的,不适用该规定。

(二)构成要件及责任主体

1. 构成要件

民用航空器造成他人损害中的“他人”,可能是搭乘航空器的乘客,也可能是第三人,如飞机失事坠毁时给地面行人造成的损害。民用航空器造成他人损害中的“损害”,可能是人身损害(包括精神损害),也可能是财产损失。无论是何种情况,根据《民法典》第1238条的规定,民用航空器经营者承担的都是无过错责任。民用航空器致害侵权责任的构成要件包括:一是经营民用航空器发生了事故;二是造成了他人的人身、财产损害;三是事故与损害之间有因果关系。

对于乘客的损害,涉及违约责任与侵权责任的竞合,根据我国《民法典》第186条,侵权责任与违约责任竞合的,既可以基于《民法典·合同编》的规定主张违约责任,也可以根据《民法典·侵权责任编》和其他相关法律规范的有关规定,主张侵权责任,但只允许受害人择一行使请求权。根据《民法典》第996条的规定,因违约行为损害他人人格权并造成严重精神损害的,受害人选择请求其承担违约责任的,不影响受害人请求精神损害赔偿。这意味着,如果受损害的乘客人身遭受损害并伴随有精神损害的,即使受害人选择要求民用航空器的经营者承担违约责任,亦可同时要求其承担精神损害赔偿责任。对于航空运营事故对第三人造成损害的损害赔偿,《民用航空法》第十二章明确规定优先适用

《民用航空法》的相关规定。

航空运输侵权责任的赔偿数额,实行法定赔偿的制度,即限定最高赔偿数额。《民用航空法》第129条规定了国际航空运输的责任限额,国务院2006年批准的《国内航空运输承运人赔偿责任限额规定》规定了国内航空运输的赔偿限额(40万元),整体来看,我国的规定远低于《蒙特利尔公约》中确定的国际标准。

2. 责任主体

民用航空器致人损害侵权责任的责任主体为民用航空器的经营者。对于"经营者"的认定,《民用航空法》第158条明确规定为损害发生时使用民用航空器的人,具体包括以下几类:一是在使用权已经授予他人情况下,依然保留对民用航空器的航行控制权的人;二是民用航空器的登记所有人;三是经营人的受雇人、代理人在受雇佣、受代理的情况下使用民用航空器(是否超出职权、越权代理,不影响其承担责任)。

(三)免责事由

依据《民法典》第1238条的规定,无论是人身损害还是财产损害,无论是旅客受损还是地面人员受损,能够证明损害是因受害人故意造成的,民用航空器的经营者不承担责任。《民用航空法》第124条对旅客人身伤亡免责事由作出了特别规定,即旅客的人身伤亡完全是由旅客本人的健康状况造成的。《民用航空法》第125条对货物毁损、遗失、损坏的免责事由也作出了特别规定,即货物自身的自然属性、质量或者缺陷;经营者之外的人包装货物的,货物包装不良;战争或武装冲突;政府有关部门实施的与货物入境、出境、过境有关的行为。《民用航空法》第124条、第125条以及《民法典》第1238条相对于《民法典·总则编》和《民法典·侵权责任编》的免责事由一般规定属于特别规定,具有优先适用的效力。

(四)航空责任保险制度

鉴于航空器致害结果的严重性,一旦事故发生,造成的损害将是巨大的,因此,航空责任保险就成为转嫁民用航空器经营者责任风险以及乘客和第三人损害风险的最佳制度。航空责任保险,是指为了保障地面的他人人身、财产权益,以航空器的所有人或者经营者损害赔偿责任为标的而投保的责任保险。尤其值得注意的是,为保障地面第三人的人身财产权益,我国对于地面第三者采强制保险的制度要求,依据《民用航空法》第 105 条、第 166 条的规定,民用航空器的经营者有义务投保地面第三人责任险。对于乘客的损害赔偿责任,虽不具有强制性的要求,但事实上,基于对航空器高度危险性的考量,一般乘客都会购买相应的责任保险。

三、占有或使用高度危险物致害责任

(一)概述

《民法典》第 1239 条规定的是占有或使用高度危险物致害责任,即占有或者使用易燃、易爆、剧毒、高放射性、强腐蚀性、高致病性等高度危险物造成他人损害的,占有人或者使用人应当承担侵权责任。

“高度危险物”的范围界定,事实上决定了高度危险物致害责任的适用范围。《民法典》第 1239 条对“高度危险物”进行了部分列举,包括易燃、易爆、剧毒、高放射性、强腐蚀性、高致病性物质,“等”字兜底,表明高度危险物包括但不限于上述已经明确列举的物质。“等”字的解释可以参考《危险货物分类和品名编号》(GB 6944—2005),该规范第 3 条明确规定了危险物品的概念,即高度危险物的实质是“容易造成人身伤亡、财产损毁或环境污染而需要特别防护”;该规范第 4 条还按照货物的危险性将危险物品细分为 9 个类别,可供司法实践参照适用。“核材料”也属于高度危险物质,因为《民法典》第 1237 条特别规定了“运入运出核设施的核材料”的责任承担规则,所以除“运入运出核设施的核材料”外的其他核材料才适用高度危险物致害责任。

(二)构成要件及责任主体

高度危险物是具有极高危险的物质,基于风险控制、社会公平需要以及当事人之间的利益均衡,高度危险物致人损害责任为无过错责任。高度危险物致人损害责任的构成要件包括:一是侵权人占有或使用高度危险物;二是他人的人身、财产受到损害;三是侵权人所占有或使用的高度危险物是造成他人损害的原因。

鉴于高度危险物的占有人或者使用人是高度危险物的实际控制者与利益获得者,基于风险控制理论和损益同归理论,《民法典》第 1239 条明确规定,高

度危险物致害责任的责任主体是高度危险物的占有人或者使用人。

(三)责任减免事由

《民法典》第1239条规定了高度危险物致害责任的免责事由为受害人故意、不可抗力,减责事由为受害人有重大过失。责任减免事由的举证责任由高度危险物的占有人或者使用人承担。

1. 免责事由

一是受害人故意。受害人故意造成损害,意味着损害事实上是因为受害人故意为之而导致的,这使受害人丧失了被保护的正当性,高度危险物的占有人或者使用人自然不承担责任。二是不可抗力。鉴于高度危险物致人损害的危险程度显著低于民用核设施以及民用航空器,法律所规定的全部不可抗力皆可作为高度危险物致人损害责任的免责事由,"损害是因不可抗力造成的"隐含了一个前提条件,那就是"不可抗力"必须是造成损害的全部或者主要原因。

2. 减责事由

被侵权人对损害的发生有重大过失是减轻高度危险物占有人或者使用人责任的事由。据此,被侵权人的过失必须为"重大过失",如果其对损害的发生仅存在一般过失,则不可以减轻高度危险物占有人或者使用人的责任。

四、从事高空、高压、地下挖掘活动或者使用高速轨道运输工具致害责任

(一)概述

《民法典》第1240条规定了四种高度危险作业的责任承担规则,具体包括:一是从事高空作业的致害责任;二是从事高压作业的致害责任;三是从事地下挖掘活动的致害责任;四是使用高速轨道运输工具致害责任。

1. 高空作业

高空作业,顾名思义是在可能坠落的高处进行作业活动的,如高空清洗、高空维修、高空施工等活动,高空作业之所以作为高度危险作业,是因为高空作业的坠落危险可能给人造成的损伤是极大的。

2. 高压作业

高压作业主要包括制造、存储、运输高压的电力、气体、液体等,生活中最为常见的是高压电致人损害。电力包括高压电和常压电,高压电致人损害的,适

用高度危险责任,常压电致人损害的,适用产品责任。

3. 地下挖掘活动

地下挖掘活动是指在地下一定深度进行的施工、挖掘行为,如修地铁、挖隧道、采煤、挖井等。地下挖掘活动具有危险性,一旦坍塌,造成的他人人身、财产损害通常极为严重。

4. 使用高速轨道运输工具

高速轨道运输工具指地铁、轻轨、火车、高铁、磁悬浮列车等交通运输工具。使用高速轨道运输工具致人损害的责任承担,同时还要适用《铁路法》《审理铁路运输人身损害赔偿纠纷案件适用法律解释》等法律规范及司法解释的相关规定。

(二)构成要件及责任主体

从事高空、高压、地下挖掘活动或者使用高速轨道运输工具致害责任是无过错责任,其构成要件为:一是从事高空、高压、地下挖掘活动或者使用高速轨道运输工具经营活动;二是他人受到损害;三是从事高空、高压、地下挖掘活动或者使用高速轨道运输工具经营活动与他人受损之间存在因果关系。

从事高空、高压、地下挖掘活动或者使用高速轨道运输工具致人损害的,由上述活动的经营者承担侵权责任。"经营者"是指对上述高度危险作业实际上具有掌控力、负责运行的民事主体,如承揽关系中的承揽人、承包关系中的承包人等,不负责具体运营的其他相关人员不是责任人。

(三)责任减免事由

《民法典》第1240条明确规定了从事高空、高压、地下挖掘活动或者使用高速轨道运输工具致害责任的免责事由和减责事由,免责事由为受害人故意、不可抗力,减责事由为受害人有重大过失。责任减免事由的举证责任由从事高空、高压、地下挖掘活动的经营者或者高速轨道运输工具的经营者承担。

依据《民法典》第1240条的规定,免责事由包括:一是受害人故意。受害人故意造成损害的,从事高空、高压、地下挖掘活动的经营者,或者高速轨道运输工具的经营者自然不承担责任。除《民法典》外,一些单行法律规范也规定了高度危险作业致人损害责任的免责事由,有些免责事由和《民法典》第1240条的规定并不一致,例如《铁路法》第58条规定的因铁路行车事故及其他铁路运营事故造成人身伤亡的，免责事由是“受害人自身原因”，如在铁路线路上行走、坐卧，违章通过平交道口或者人行过道，很明显《铁路法》规定的免责事由范围更广，还包括受害人的过失。又如《电力法》第60条规定的电力运行事故免责事由包括“用户自身的过错”，此处的过错实际上也包括“故意”和“过失”。相对于《民法典》第1240条，《铁路法》第58条和《电力法》第60条属于特别法律规范，其规定的免责事由应当优先适用。二是不可抗力。鉴于从事高空、高压、地下挖掘活动或者使用高速轨道运输工具致人损害的危险程度显著低于民用核设施、民用航空器，法律所规定的全部不可抗力皆可作为高度危险物致人损害责任的免责事由。同时，无论是“受害人故意”还是“不可抗力”，都必须是造成损害的全部或者是主要原因，“受害人故意”或者“不可抗力”仅是次要、辅助因素的，不能免除经营者的责任。

五、遗失、抛弃高度危险物致害责任

（一）概述

《民法典》第1241条规定的是遗失、抛弃高度危险物致害责任，该责任的理论基础为“风险控制理论”。基于“风险控制理论”，高度危险物的所有人、管理人应当采取各种方法和措施以避免风险事件发生，减小风险事件可能造成的损失，将可能的损失控制在一定范围内。故而，遗失、抛弃高度危险物致害的，高度危险物的所有人、管理人理应承担责任。

（二）构成要件及责任主体

1. 构成要件

高度危险物的所有人、管理人遗失、抛弃高度危险物的行为使高度危险物处于无人管理和控制的高度危险状态，“制造了某项高度危险或者将某项高度危险带入人类社会，就要对该高度危险造成的损害承担无过错责任”[①]。故而，遗失、抛弃高度危险物致害责任为无过错责任，不考虑所有人或者管理人的主观过错。遗失、抛弃高度危险物致害责任的构成要件为：一是高度危险物必须是遗失、抛弃的；二是造成他人损害；三是他人的损害是由被遗失、抛弃的高度危险物造成的。

① 张新宝：《中国民法典释评——侵权责任编》，中国人民大学出版社2020年版，第19页。

2. 责任主体

原则上，遗失、抛弃高度危险物致害责任的责任主体是被遗失、抛弃的高度危险物的所有人，在所有人将高度危险物交由他人管理的情况下，责任的主体是管理人。所有人有过错时，才与管理人承担连带责任。

(1)所有人、管理人

遗失、抛弃高度危险物致害责任的责任主体，原则上是被遗失、抛弃的高度危险物的所有人。因为所有人能够占有、使用高度危险物，并且享有该物带来的收益，具有处分该物的权利，是对高度危险物最具有掌控能力的主体。

管理人作为遗失、抛弃高度危险物致害责任的责任主体的前提条件是：高度危险物的所有人将高度危险物交由他人管理。一般来讲，高度危险物的管理需要特殊的设备和专业的知识，所有人常常将高度危险物交由特定的专业人员管理。在此种情形下，管理人事实上占有和控制高度危险物，相较于所有人，更有能力、有条件、有职责、有专业知识、有专业技能防范和控制风险。法律规定要求管理人承担无过错责任，符合风险控制理论，且能够强化高度危险物管理人的责任意识，降低整个社会的潜在风险。

(2)所有人与管理人的连带责任

当所有人将高度危险物交由他人保管时，对于遗失、抛弃高度危险物致害责任，管理人承担的是无过错责任，所有人承担的是过错责任，只有在所有人有过错时，才与管理人承担连带责任。所有人的过错包括：一是高度危险物管理人员的选任不当，比如所有人选任了不具有特定资质的人员管理；二是所有人没有将高度危险物的相关信息详细、准确地告知管理人。《民法典》第 1241 条明确规定，当所有人有过错时与管理人承担连带责任，意在更为全面、充分地保护受害人的合法权益。

六、非法占有高度危险物致害责任

(一)概述

《民法典》第 1242 条规定的是非法占有高度危险物致害责任。被非法占有的高度危险物不同于被遗失、抛弃的高度危险物，非法占有的发生往往有悖于所有人、管理人的自主意志。因而，只有在所有人、管理人没有对防止非法占有尽到高度注意义务的时候，才与非法占有人承担连带责任。当所有人、管理人对防止非法占有尽到了高度注意义务时,高度危险物致害的责任应当由非法占有人单独承担。

（二）非法占有人的无过错责任

基于"风险控制理论",高度危险责任的责任主体应当是对高度危险具有控制力的主体。非法占有既是一种非法占有的状态,也是一种非法占有的行为,非法占有人非法占有高度危险物后,取得了对该高度危险物的实际控制力,理应防范、控制该高度危险物的危险,避免侵害他人的合法权益。因此,由高度危险物的非法占有人承担侵权责任具有正当性、合理性。从归责原则角度看,对于非法占有高度危险物致害责任,非法占有人承担的是无过错责任,即不考虑非法占有人对其非法占有的高度危险物致人损害是否具有过错,只要其非法占有的高度危险物致人损害,即应当承担责任。

（三）所有人、管理人的连带责任

高度危险物的所有人、管理人对防止非法占有负有高度注意义务。鉴于高度危险物的高度危险性,《民法典》第1242条规定的"防止非法占有的高度注意义务"很明显不同于一般注意义务,应当是更为严格的注意义务,注意义务的标准应以高度危险物的专业管理人员应当具备的能力、水平和注意为标准。如果所有人、管理人对防止非法占有未尽到高度注意义务,应当与非法占有人承担连带责任。高度危险物的所有人、管理人应当举证证明其尽到了高度注意义务,不能证明的,将承担举证不能的不利法律后果。举证责任倒置实则给所有人、管理人提出了更高的要求,要求其对自己控制的高度危险物尽到善管之责任,旨在更好地保护受害人。

七、高度危险场所安全保障责任

（一）概述

《民法典》第1243条规定的是高度危险场所安全保障责任,当他人未经许可进入高度危险场所受到损害时,管理人应当承担侵权责任。管理人在能够证明自己已采取足够安全措施并尽到充分警示义务时,可以减轻或者不承担责任。

1. 高度危险场所

高度危险场所包括高度危险活动区域、高度危险物存放区域,上述区域是高度危险场所安全保障责任的适用场所。只有被侵权人未经许可进入到高度危险场所而受到损害时,管理人才能通过主张已采取足够安全措施且已尽到充分警示义务而减轻或免除责任。

2. 未经许可进入

"未经许可进入"实际上就是指无权进入而擅自进入的违法行为,具体而言,不属于"未经许可进入"的情形包括:一是合法的进入;二是受到高度危险场所管理人明示、默示许可进入;三是其他合理、正当的进入情形。法律并没有明确规定未经许可进入高度危险场所的行为人的主观要求,但在实践中,未经许可进入高度危险场所多表现为违法犯罪行为。

(二)管理人的责任减免事由

管理人减轻或者不承担责任需要同时满足两个条件:一是已经采取足够安全措施。高度危险场所因其高度危险性而有别于一般场所,管理人有义务采取足够的安全措施,保障可能入内的任何人的安全。二是尽到充分警示义务。与原《侵权责任法》第76条相比,《民法典》第1243条增加了"充分"二字,提高了管理人的注意义务。管理人尽到的警示义务必须是充分的,这意味着管理人必须以明确、清晰、可理解、显眼的方式让可能进入高度危险场所的任何人都认识到此处为高度危险场所。上述两个条件缺一不可,无论是管理人仅做好安全措施却未尽到充分的警示义务的情形,还是管理人仅尽到充分的警示义务却未做好安全措施的情形,都不能减轻或者免除高度危险场所管理人的责任。责任减免事由的举证责任由高度危险场所的管理人承担。

需要注意的是,《民法典》第1243条规定的是"可以减轻或者不承担责任",因此,即使上述两个条件全部满足,未必一定减轻或免除管理人的责任。这意味着,即使管理人举证证明其已经采取了安全措施,也尽到了充分的警示义务,法院也是有一定的自由裁量空间的,可以判决其减轻责任,也可以判决其免除责任,也可以判决其既不减轻责任,也不免除责任。

第四节 高度危险责任的赔偿限额

原《侵权责任法》首次确认了高度危险责任适用限额赔偿制度,《民法典》承袭原《侵权责任法》第77条的规定,在第1244条规定了高度危险责任赔偿限额制度,即"承担高度危险责任,法律规定赔偿限额的,依照其规定,但是行为人有故意或者重大过失的除外"。相较于原《侵权责任法》第77条,《民法典》第1244条新增了适用高度危险责任赔偿限额制度的排除性规定,"但是行为人有故意或者重大过失的除外"这一规定,更有利于充分地保障被侵权人的合法权益。

一、现行法律规定的限额赔偿

《民法典》第1244条的前半段作为指引性规定,将限额赔偿的适用指向其他法律规范。这意味着,高度危险责任一般条款不适用责任限额制度,即法律没有明确规定限额赔偿的,就不能适用该制度。如果其他法律规范规定了限额赔偿,要从其规定,除非行为人有故意或者重大过失。

目前,我国其他法律规范中明确规定限额赔偿的多为行政法规、部门规章,如《关于核事故损害赔偿责任问题的批复》《国内航空运输承运人赔偿责任限额规定》《铁路交通事故应急救援和调查处理条例》《港口间海上旅客运输赔偿责任限额规定》等。从我国的立法情况来看,高度危险责任限额赔偿制度存在以下问题:一是适用范围有限,并不是所有的高度危险责任,都有法律明确规定具体的赔偿限额,如对于核事故、铁路交通事故、航空事故、海运事故等高度危险责任,法律明确规定了具体的赔偿限额,而其他高度危险责任则没有规定。同样是高度危险责任,有的有限额赔偿,有的却没有限额赔偿,其合理性、公平性难以证立。二是关于高度危险责任限额赔偿的相关法律属于行政法规、部门规章等,并非法律,立法层级较低。行政法规、部门规章存在维护本部门利益的倾向,没有法律层面的限额赔偿规定,会使受害人的权益无法得到充分保障。三是不同法律规定的高度危险限额赔偿的具体数额差异大,没有相对统一、一致的限额确定标准,所限定的额度与高度危险责任的危险系数是否比例相当,也未可知。

二、除外规则

《民法典》第 1244 条后半段规定的除外规则表明,限制赔偿制度不适用于行为人存在故意或者重大过失的情形。当行为人有故意或重大过失时,即使其他法律法规规定了限定的赔偿额度,亦不受该赔偿额度的限制,被侵权人可以依据《民法典》第 1244 条向侵权人主张全额赔偿。

第九章

饲养动物损害责任

第一节　饲养动物损害责任概述

一、饲养动物损害责任的概念

（一）“饲养动物”的界定

对“饲养动物”一词的内涵及范畴的界定，是理解和定义饲养动物损害责任的前提和基础。《民法典·侵权责任编》第九章的命名继续沿用了原《侵权责任法》中“饲养动物”这一表达方式。理解“饲养动物”一词，可以通过字面解释方法，从拆分“饲养”与“动物”两个词的内涵与外延着手。

1. 饲养的含义

“饲养”是指特定人基于本意通过提供食物的方式对动物进行培育和实际控制的行为。[①] 此处“饲养”一词的内涵应作广义的理解，其实质应是在“喂养”或“豢养”的基础上，由特定主体在事实上承担起对自己支配范围内的动物进行控制和管理的行为。进而，判断饲养关系成立与否主要鉴于饲养人通常在固定的场所或设施内且是持续的时间段（无具体时长的要求）与被饲养动物之间是否成立事实上的管理或控制关系。例如，特定主体在家庭中饲养的猫、狗等宠物，动物园饲养的动物等均与特定主体之间成立控制或管理的关系，这种关系即构成饲养。

---

① 参见最高人民法院民法典贯彻实施工作领导小组主编：《中华人民共和国民法典侵权责任编理解与适用》，人民法院出版社 2020 年版，第 640 页。

2. 动物的范畴

“动物”是生物中的一个种类，是多细胞真核生命中的一个群体，一般以有机物为食，能够自主运动、活动或能活动的物体。据统计，世界上已知的动物种类有 150 多万种，种类丰富繁多。因动物不同于微生物，所以动物的范畴不包括真菌、细菌、病毒等。[①] 能够纳入本章规定范围内的动物是指世界上现存的与人类形成管理与控制关系的一般动物，常见的如狗、猫、马、牛、鸡等。

世界上多数国家对“饲养动物”中“动物”的范围作出了相应的规定。早在罗马时期，委付诉（actiones noxalis）中对牛、马等牲畜给他人造成损害的情形进行了规定。《泊梭拉尼亚法》（Lex Pesolania）也把“牲畜损害诉”扩大适用于狗所致的损害。从此，“牲畜损害诉”不再限于适用于耕田挽车的四足兽。法学昌明时期，又扩充适用于一切四足兽。后来，对于鸡、鸭等两脚动物的损害，也可用准诉请求赔偿。[②] 美国的侵权法则是将饲养动物损害责任中的动物明确区分为野生动物和家养动物，依照美国侵权法学者的解释，在美国，马、牛是明显的家养动物种类，还有狗、猫等宠物；野生动物包括猴子、大象（但是在缅甸，大象作为驯养的运输动物）、狮子、老虎和骆驼等。[③]

从我国的立法规定来看，关于动物的范畴并非依据动物种类进行划分，而是依据动物的危险性、种类、性质及饲养主体等不同因素，大体将动物划分为：家庭饲养的一般动物，禁止饲养的烈性动物，动物园驯养的动物，逃逸、遗弃的动物等类型。原《侵权责任法》第 78 条对“饲养的动物”进行了一般规定，第 79 条至第 82 条又分别针对违反规定饲养的动物，禁止饲养的烈性危险动物，动物园的动物和遗弃、逃逸的动物作出规定。《民法典》对“动物”范畴的认定基本确认并承袭了原《侵权责任法》的规定。

3. “饲养的动物”的理解

理解“饲养”与“动物”一词的内涵及外延，便于加深我们对“饲养的动物”的理解。饲养的动物，是指特定主体管理或控制的潜在危险源范围内一般的动

---

① 培养、保管的微生物致人损害的，一般适用《民法典》第 1239 条关于占有或者使用高度危险物致害侵权责任的规定。

② 参见周枏：《罗马法原论》（下册），商务印书馆 2017 年版，第 883 页。

③ 参见[美]理查德 · A. 爱泼斯坦：《侵权法》，中信出版社 2003 年版，第 336 ~ 337 页。转引自杨立新：《侵权责任法》（第 4 版），法律出版社 2021 年版，第 613 页。

物。张新宝教授主要从以下四个方面理解“饲养的动物”:(1)动物为特定人控制或管理;(2)饲养人或管理者对动物拥有适当程度的控制力;(3)该动物依其自身的特性,有可能对他人的人身或财产造成损害;(4)该动物为家畜、家禽、宠物或驯养的野兽、爬行类动物。[①] 基于上述论述,关于“饲养的动物”范畴的认定不包括与人类未形成控制与管理关系的野生动物,如老虎、狮子、蛇、狼等野生大型烈性动物。此外,自然保护区的动物也不属于严格意义上的饲养动物的范畴,野生动物自然保护区内的动物虽然在一定程度上是由人们饲养或管理的,但这种饲养和管理的程度很低,管理人或饲养人对这些动物潜在的危险并不能达到支配、控制的程度。

(二)饲养动物损害责任的概念

饲养动物损害责任是指饲养动物的独立行为造成第三人损害时,由动物的饲养人或管理人根据动物的种类、危险性质及责任主体不同而适用无过错责任或过错推定责任,承担侵权责任。饲养动物损害责任是一种特殊的侵权责任,相比于一般侵权责任的规定,当符合规定的情形出现时,本章条文的规定具有优先适用性。

二、饲养动物损害责任的构成要件

(一)须为饲养的动物

造成损害责任的动物须为饲养的动物,即由特定主体进行控制、管理或支配的动物。饲养人或管理人承担饲养动物损害责任的实质是替代责任,动物本身因不是独立的民事主体而不能承担责任,故由其饲养人或者管理人基于管理、控制动物造成损害的潜在危险等义务承担替代责任,如此才能实现保护受害人权利的目的。如上所述,饲养的动物一般包括家庭饲养的动物、动物园驯养的动物、遗弃或逃逸的动物等,而纯粹的野生动物及无人管理和控制的动物不属于严格意义上的饲养的动物。

(二)动物独立实施加害行为

通常动物的加害行为一般分为三种情况:(1)动物因其本身固有的危险独

---

① 参见张新宝:《饲养动物致人损害的赔偿责任》,载《法学研究》1994 年第 2 期。

立实施加害行为,此种情形动物饲养人或管理人因对动物存在管理和控制上的过失而存在过错;(2)在第三人或受害人挑逗后,动物因受刺激而实施加害行为,此种情形动物实施加害行为是受外界的介入因素影响;(3)动物受管理人或饲养人指使或控制而实施的侵权行为,即将动物作为伤害他人的"工具"。在以上情形中,前两种情形均是动物独立实施加害行为,在第三种情形中动物实施的加害行为实质是人的加害行为,动物是被他人利用实施加害行为的工具(如主人唆使其狗扑咬他人)。故而在第三种情形下的动物加害行为仅是一般的侵权行为,不适用饲养动物损害责任制度。此外,饲养动物造成第三人损害既包括直接致人损害,也包括间接致人损害。直接致人损害不难理解,而间接致人损害通常表现为动物的侵权行为间接引起受害人损害的情形,例如,在实践中发生的,人因狗的追咬行为跌入水沟受伤事件,又如,马受惊撞倒或踢到路上行人等。

(三)须为动物本身固有的危险实现

这一要件要求动物在客观上存在加害行为,这种加害行为是动物本身的固有危险及饲养人或管理人的不作为所导致。判断是否属于动物本身固有危险的实现,通说一般采"动物自主行为说",即动物实施侵害行为是基于动物本身固有的觅食行为、防御行为、攻击行为等本能行为对第三人实施的侵权行为,通常如狗咬伤第三人、鸡啄人、驴踢人、牛顶伤人等。因此,若非基于动物本身固有的危险实施侵害行为致人损害,便不成立饲养动物损害责任,如动物自阳台跌落或坠落砸伤人或物,或甲向乙出卖一头患有猪流感的牛,该牛导致乙的另外三头牛受传染死亡等。

(四)造成损害后果

饲养动物造成的损害,首先必须是侵权法上可以获得救济的损害,通常包括人身损害、财产损害、精神损害三种,三种损害在同一损害事实中并非排斥关系。人身损害是动物对他人人身造成的损害,人身损害责任承担的通常是因治疗产生的实际损失、残疾赔偿金、营养金、护理费等;财产损害是对他人财物及所属物品的损害,如饲养动物对他人农作物的损害等,实践中财产损害的认定通常需要评估鉴定财产价值;精神损害一般是对他人人格权益造成的严重损害,如因饲养动物的撕咬攻击等行为导致他人毁容等,精神损害的认定通常需由法官结合具体案情综合考量后确定。此外,损害后果也包括妨碍后果,如实践中发生的因小区内饲养的大型动物及烈性犬等导致邻居家儿童不敢出行等情形。

(五)因果关系

饲养动物损害行为与损害结果之间客观存在引起与被引起的关系。实践中多数饲养动物损害行为直接造成损害后果的因果关系是很容易判断的,但亦存在一些复杂情况,难以确定饲养动物损害行为与损害结果之间是否存在因果关系,如饲养动物做出一定危险动作(如追赶、逼近等)间接导致受害人损害的,一般认为存在因果关系。[①] 因出现介入因素导致因果关系中断后认定饲养动物损害行为与损害结果之间是否存在因果关系的情形,如山东省发生的"于某诉何某侵权责任纠纷案"中,饲养人何某认为于某车翻受伤属于车祸,出现了介入因素,并非其本人责任。法院裁判理由认定:何某认为于某损害结果系车祸所致,需要判断交通事故是否足以阻断饲养动物的加害行为与于某损害结果之间的因果关系。于某的损害结果虽然不是饲养动物直接侵害行为所致,但损害结果是在何某黑犬追赶行为产生畏惧心理基础上造成的,综合全案情况未中断因果,故应认定何某黑犬的加害行为与于某损害结果之间存在因果关系。[②]

三、动物饲养人的法定义务

基于权利义务一致理论,动物饲养人享有饲养动物所带来的快乐、陪伴甚至是经济利益等,在饲养过程中亦应遵守法定义务,规范和引导群众文明饲养,以防给他人的生活带来不便。《民法典》第1251条规定,"饲养动物应当遵守法律法规,尊重社会公德,不得妨碍他人生活"。本条规定在基本延续原《侵权责

---

① 欧某某诉高某饲养动物损害责任纠纷案,载《最高人民法院公报》2019年第10期。该案中法院裁判理由认为:饲养动物损害纠纷案件中,饲养动物虽未直接接触受害人,但因其追赶、逼近等危险动作导致受害人摔倒受伤的,应认定动物的危险动作与受害人身体发生损害结果之间存在因果关系。

② 基本案情:于某骑电动三轮车于村内东西主干道由东往西行驶时,遭到何某饲养的两条黑色大型犬追赶。于某因此精神高度紧张,躲避大型犬追赶时碰撞到路边停放车辆,导致于某翻车并伤及头部、右下肢等部位。后经医院治疗,诊断为头部外伤、多发软组织损伤。于某向山东省桓台县人民法院起诉,要求何某向其赔礼道歉并支付医药费、误工费、护理费、住院伙食补助费、精神损害抚慰金等经济损失。何某则认为当时于某也携带小犬,并且没有对其做好监护管理。事发过程系犬类追逐,而于某车翻属于车祸,不是何某造成的。

任法》规定的基础上,增加了“法规”二字,同时将“妨害”改为“妨碍”。通过该规定可知,饲养动物应当遵守的行为规范具体包括以下三个方面。

（一）遵守法律法规

《民法典》关于动物饲养人应遵守的法定义务从法律的范围扩大到法规,动物饲养人除应遵守国家法律的规定,如《民法典》第 286 条关于业主遵法守规、不得违反规定饲养动物的规定,[①]《动物防疫法》关于饲养动物要取得合法有效证明的规定,以及《治安管理处罚法》规定了饲养动物干扰他人正常生活的行为。[②] 同时也应遵守所在地方出台的相关“管理规定”“管理条例”以及“防治办法”等法规、规章的规定,如《北京市养犬管理规定》《上海市社会生活噪声污染防治办法》及《海南省城乡容貌和环境卫生管理条例》中对饲养动物的具体要求均从不同方面作出了相关规定。

（二）遵守社会公德

动物的加害行为是违反了法定义务的行为,饲养人对其饲养的动物的监督型作为义务不限于法律直接规定的义务,还包括基于社会公德产生的义务。[③] 社会是由每个家庭小单位组成的,社会公德是一个社会长期存在的、积淀的良好品德,是维系社会间邻里和谐、友爱互助的“纽带”。社会公德涉及社会生活的方方面面,具体到饲养动物方面,主要表现为作为动物饲养人应当爱护公共环境,看护公共卫生,看护好饲养的动物,制止动物的吼叫声,防止给邻居带来噪声污染等诸多不便。

---

① 《民法典》第 286 条规定,“业主应当遵守法律、法规以及管理规约,相关行为应当符合节约资源、保护生态环境的要求。对于物业服务企业或者其他管理人执行政府依法实施的应急处置措施和其他管理措施,业主应当依法予以配合。业主大会或者业主委员会,对任意弃置垃圾、排放污染物或者噪声、违反规定饲养动物、违章搭建、侵占通道、拒付物业费等损害他人合法权益的行为,有权依照法律、法规以及管理规约,请求行为人停止侵害、排除妨碍、消除危险、恢复原状、赔偿损失。业主或者其他行为人拒不履行相关义务的,有关当事人可以向有关行政主管部门报告或者投诉,有关行政主管部门应当依法处理”。

② 《治安管理处罚法》第 75 条规定,“饲养动物,干扰他人正常生活的,处警告;警告后不改正的,或者放任动物恐吓他人的,处二百元以上五百元以下罚款。驱使动物伤害他人的,依照本法第四十三条第一款的规定处罚”。

③ 参见最高人民法院民法典贯彻实施工作领导小组主编:《中华人民共和国民法典侵权责任编理解与适用》,人民法院出版社 2020 年版,第 643 页。

（三）不妨碍他人生活

按照规定饲养动物是人的自由，但饲养动物而妨碍他人生活，为法律所禁止。[①] 动物饲养人在自己获益享有权利的同时不能损害他人的合法权益，要关爱他人，尊重他人的权利，和谐共处。饲养人或管理人尽义务约束管理好饲养动物的行为，一方面避免造成饲养动物损害责任，给自己及他人的生活带来不便；另一方面遵守法律法规、社会公德也是每个公民的义务。

第二节　我国饲养动物损害责任归责原则的发展演变

一、《民法通则》出台前

新中国成立至原《民法通则》出台之前，关于饲养动物侵权损害问题适用的归责原则，理论上主要是借鉴了苏联的民法规则及理论，对于饲养的危险凶猛的动物适用无过错责任原则，对于饲养的一般的动物适用过错责任原则。[②] 司法实践中，多是适用过错责任原则处理此类纠纷。例如，李某某诉孙某某鸡啄眼赔偿案件，最高人民法院在给内蒙古自治区高级人民法院的函复中对该案侵权责任的判定进行阐释，"该案从法律责任来说，李某某带领自己三岁男孩外出，应认识到对小孩负有看护之责。李某某抛开孩子，自己与他人在路上闲聊，造成孩子被鸡啄伤右眼，这是李某某做母亲的过失，与养鸡者无直接联系"。[③] 从该函复内容看，最高人民法院关于该案饲养动物侵权责任的确定适用的是过错责任原则。之后，1984 年最高人民法院出台的司法解释最高人民法院《关于贯彻执行民事政策法律若干问题的意见》（已失效）第 74 条规定，"动物因饲养人或管理人管理不善，而致他人人身或财物损害的，应由饲养人或管理人承担赔偿责任"。该条亦明确规定了饲养动物损害责任适用过错责任归责原则。

① 参见杨立新：《侵权损害赔偿》（第 6 版），法律出版社 2016 年版，第 455 页。

② 参见杨立新：《侵权责任法》（第 4 版），法律出版社 2021 年版，第 523 页。

③ 参见《最高人民法院关于李某某诉孙某某鸡啄眼赔偿一案的函复》，载法帮网 2022 年 8 月 27 日，https://code.fabao365.com/law_51511.html。

二、《民法通则》的规定

我国原《民法通则》第127条规定,“饲养的动物造成他人损害的,动物饲养人或者管理人应当承担民事责任;由于受害人的过错造成损害的,动物饲养人或者管理人不承担民事责任;由于第三人的过错造成损害的,第三人应当承担民事责任”。从本条规定的内容来看,饲养动物损害责任的构成包括饲养动物实施侵权的事实、造成了他人损害的后果以及承担责任的主体即动物饲养人或管理人,但在责任的构成要件上并未包括动物饲养人或管理人的过错要件,仅是说明损害结果发生后,若饲养人或管理人不想承担责任或减轻其责任时,需要证明被侵权人或者第三人有过错。故从上述规定可知,原《民法通则》关于饲养动物侵权采用无过错责任的归责原则。

三、《侵权责任法》的规定

原《侵权责任法》通过7个条文对饲养动物侵权责任承担问题进行细致且明确的规定,体现出在饲养动物损害责任问题中我国立法的进步性。原《侵权责任法》改变了原《民法通则》适用单一的无过错责任原则的立法方式,在对饲养动物种类及动物的危险性进行区分后采用了不同的归则原则。该法第78条规定为饲养动物损害责任的一般条款,规定了饲养动物侵权责任的承担适用无过错责任的归责原则;第79条和第80条分别规定了违反管理规定饲养动物的侵权责任及禁止饲养的烈性犬等危险动物的侵权责任,上述两种情形适用更为严格的无过错责任;第81条则依据责任主体不同规定了动物园饲养的动物损害责任的承担适用过错推定的归责原则;第82条对遗弃、逃逸的动物在遗弃、逃逸期间致人损害应适用的归则原则等进行了规定。

四、《民法典》现行规定

我国关于饲养动物侵权责任归则原则的立法演变过程体现了我国在该领域立法规定的进步。原《民法通则》实施以前实践中多数适用过错责任原则解决饲养动物纠纷中责任承担问题,适用过错责任原则解决饲养动物纠纷有其自身存在的合理性,但到具体实践的操作层面及被侵权人利益保护方面其弊端逐渐显露。到原《民法通则》时代,改变以往实践中的做法,通过原《民法通则》第

127 条的规定，确定了解决饲养动物损害责任问题统一适用无过错责任的归责原则。从实践层面及被侵权人利益保障的角度适用无过错责任原则确实有其优势性，但随着经济水平的发展，实践中类似纠纷呈复杂多样化，新的问题不断出现，原《民法通则》第 127 条规定亦逐渐呈现出滞后性。随后，原《侵权责任法》在合理区分动物危险性、种类及责任主体的基础上采用了无过错责任原则和过错推定责任原则两种归责原则解决饲养动物损害纠纷。

《民法典》在其侵权责任编立法的过程中关于饲养动物侵权采用何种归责原则，主要有三个方面考虑：其一，饲养的动物具有一定危险性，属于法律上的危险源，唯有动物饲养人才能承担避免动物侵权的预见义务和结果回避义务；其二，根据谁受益谁担责的权利义务一致原则，应由动物的管理人或饲养人承担侵权责任；其三，适用过错推定责任原则或无过错责任原则，可以更好地保护受害人的权益。[①] 总而言之，饲养动物致害责任的归责原则适用无过错责任原则还是过错责任原则，需要综合考虑被饲养动物本身的危险性、饲养人或管理人对其支配、控制程度以及被侵权人是否存在介入因素等。现行《民法典》第 1245 条～第 1249 条的规定多数延续了原《侵权责任法》中的相关规定，仅是在个别表述上作了调整。现行的饲养动物损害责任的归责原则依旧采用无过错责任原则和过错推定责任原则，分别调整不同的范围。

（一）适用无过错责任原则的一般规定

《民法典》第 1245 条规定，“饲养的动物造成他人损害的，动物饲养人或者管理人应当承担侵权责任；但是，能够证明损害是因被侵权人故意或者重大过失造成的，可以不承担或者减轻责任”。该条内容延续了原《侵权责任法》第 78 条关于饲养动物损害责任的一般规定，学界通说认为，该条规定适用了无过错责任原则，因为饲养人或管理人具有权利义务的高度一致性，他们对饲养或管理的动物这一危险源具有高度的排他支配性，而被侵权人在饲养动物侵权的损害事实中处于被动弱势的一方，因此适用无过错责任原则更具有合理性。该条后半段规定内容实质上是对饲养人或管理人绝对承担无过错责任的救济，即在被侵权人对于饲养动物实施侵权行为的事实存有故意或重大过失的特殊情况

① 参见最高人民法院民法典贯彻实施工作领导小组主编：《中华人民共和国民法典侵权责任编理解与适用》，人民法院出版社 2020 年版，第 646 页。

下,可以适用“过失相抵原则”相应地减轻动物饲养人或管理人的责任。

(二)适用无过错责任原则的特殊规定

《民法典》关于适用无过错责任原则的情形不仅作了一般规定,同时依据动物的危险性及种类分别对三种不同情形作了特殊的规定。

《民法典》第1246条规定了饲养人或管理人违反管理规定未对动物采取安全措施造成他人损害的特殊情形,该规定是在严格适用无过错责任原则的基础上,加重了违反规定未采取安全措施的饲养人或管理人的赔偿责任,同时饲养人或管理人不得主张减免责任。

《民法典》第1247条规定了饲养人或管理人饲养禁止饲养的危险动物造成他人损害的特殊情形,因禁止饲养的危险动物本身具有特殊危险性,为有效控制此种危险的发生,要求饲养人或管理人承担更大的责任,所以规定本条适用的是更为严格的无过错责任原则。适用更为严格的无过错责任原则主要体现在饲养人或管理人违反法律规定饲养禁止饲养的动物造成他人损害时,一般不得主张减免责任,因为饲养人或管理人存在主观过错,即使被侵权人本身对损害后果存在过失或重大过失,饲养人或管理人也不得主张减免责任。

《民法典》1249条规定了被遗弃、逃逸的动物在遗弃、逃逸期间造成他人损害的特殊情形,该规定原则上适用无过错责任原则,在例外情况下,如被遗弃、逃逸的动物为动物园饲养的动物,为确保法律体系的一致性,应适用过错推定责任原则。①

(三)适用过错推定责任原则的规定

我国《民法典》第1165条第2款明确规定了过错推定原则:“依照法律规定推定行为人有过错,其不能证明自己没有过错的,应当承担侵权责任。”《民法典》第1248条规定了动物园的动物造成他人损害的特殊情形,本条规定适用的归责原则是过错推定责任原则。对于该条文采用过错推定责任原则在立法规定过程中主要考虑的因素是虽然动物园作为饲养动物的管理方,依法负有注意义务,但动物园本身还存在观赏意义,游客应当遵守入园规定、文明游园,在此种意义上,动物园作为饲养人或管理人对饲养或管理的动物的排他性和支配性相比一般饲养人、管理人较弱,因此适用过错推定责任原则对于动物园更具有公平性及合理性,能够平衡动物园与被侵权人之间的权利。

① 参见周友军:《我国动物致害责任的解释论》,载《政治与法律》2010年第5期。

第三节 责任主体

一、饲养动物损害责任主体的认定

关于饲养动物损害责任的承担主体各国规定不一,欧洲国家一般认为饲养动物损害责任承担主体为保有者。所谓动物的保有者,是指为了自身利益,可以对动物进行受益的使用或者物理控制以及对其行使控制和使用权的人。[①]《法国民法典》第1385条规定了"饲养动物损害责任的主体为所有人或使用人",《德国民法典》第833条和第834条分别规定了饲养动物损害责任的主体为"动物占有人"和"动物看管人"。[②] 日本民事法律制度规定了饲养动物损害责任的主体为占有人。我国《民法典》关于饲养动物损害责任主体的规定继续沿用原《侵权责任法》中的表述即"动物饲养人或者管理人",其内涵是实际承担饲养动物危险控制责任的人。将"动物饲养人及管理人"作为承担饲养动物损害责任的主体,其理论基础是权利义务一致原理,动物的饲养人或者管理人作为控制动物危险源的义务承担者的前提是他们实际上是动物利益的享受者。[③] 换言之,只有那些对饲养动物享有支配力、控制力并因此而享受利益的人才是饲养动物损害责任这一危险责任的主体。因此"动物饲养人和管理人"具体涵盖范围很广,包括动物的所有人、占有人及保管人等。饲养人(主人或所有人)通常是对动物直接支配的人,管理人(占有人、保管人)则一般是对动物直接控制的人。

二、具体情形下饲养动物损害责任主体的认定

(一)违反管理规定未对动物采取安全措施致人损害责任

《民法典》第1246条规定,"违反管理规定,未对动物采取安全措施造成他

---

① 参见欧洲民法典研究组、欧盟现行私法研究组编著,[德]克里斯蒂安·冯·巴尔、[英]埃里克·克莱夫主编:《欧洲私法的原则、定义与示范规则:欧洲示范民法典草案》(全译本)(第5、6、7卷),王文胜等译,法律出版社2014年版,第523页。

② 参见张新宝:《侵权责任法原理》,中国人民大学出版社2005年版,第18页。

③ 参见杨立新:《侵权责任法》(第4版),法律出版社2021年版,第630页。

人损害的,动物饲养人或者管理人应当承担侵权责任”。本条是对动物饲养人或管理人违反管理规定,未履行其作为危险源监督义务人而承担损害侵权责任的特别规定。本规定适用更为严格的无过错责任的归责原则,饲养人或管理人应作为承担损害后果的责任主体,但在理论及实践中认定管理人或饲养人责任时还应结合以下两点内容来认定。

1. “违反管理规定”的认定

关于“违反管理规定”的认定,首先需要明确动物管理人或饲养人要遵守哪些“管理规定”。此处所谓的“管理规定”的范围泛指以民法和行政法名义在国家层面和地方层面颁布的关于饲养动物的各类法律法规的总称。[①] 国家层面的具体包括全国人大常委会制定颁布的法律,如《民法典》《治安管理处罚法》及《渔业法》等关于饲养动物方面的管理规范,其次是国务院及国家部委颁布制定的相关规章,如《动物防疫条件审查办法》。地方层面的包括各地人民代表大会或政府出台的饲养动物领域的相关地方性法规或规范性文件,如《北京市养犬管理规定》《山东省畜禽养殖管理办法》及《西安市限制养犬条例》等。一般“管理规定”的内容是从饲养动物的主体资格、日常管理义务及危险预防义务等方面进行规定。

2. “未对动物采取安全措施”的认定

“未对动物采取安全措施造成他人损害”,是指饲养人未按照饲养动物的管理规定及时有效采取安全措施履行对动物的监督型作为义务。[②] 实践中发生的因未对动物采取安全措施致人损害的案件中,多数发生在犬类动物上。犬类已能成为多数家庭喜爱饲养的宠物,养犬的居民越来越多,而多数居民不能严守规范文明饲养,为了规范不文明养犬行为,2021 年修订的《动物防疫法》将文明饲养、遛狗拴绳等行为纳入规定,[③]违反该规定可能受到治安管理处罚。但实践中仍有部分养犬人法律意识淡薄,未对饲养犬只采取安全措施,造成“遛狗不拴

① 参见最高人民法院民法典贯彻实施工作领导小组主编:《中华人民共和国民法典侵权责任编理解与适用》,人民法院出版社 2020 年版,第 650 页。

② 参见最高人民法院民法典贯彻实施工作领导小组主编:《中华人民共和国民法典侵权责任编理解与适用》,人民法院出版社 2020 年版,第 652 页。

③ 《动物防疫法》第 30 条第 2 款规定,“携带犬只出户的,应当按照规定佩戴犬牌并采取系犬绳等措施,防止犬只伤人、疫病传播”。

绳”致人损害现象频出。司法实践中对“未对动物采取安全措施”的认定主要是在依据具体法律、行政法规及地方性法规和规章中所作的不同种类的动物、不同的饲养要求的规定基础上结合个案具体判定。

“违反管理规定”及“未对动物采取安全措施”是动物饲养人或管理人适用《民法典》第1246条规定作为动物侵权损害责任人的必要且充分条件。若在动物饲养人或管理人按照管理规定饲养动物且对动物采取了安全措施的情形下，饲养的动物造成他人损害的，则不适用本条规定，而是适用《民法典》第1245条的规定来确定赔偿责任。

（二）禁止饲养的危险动物致人损害责任

《民法典》第1247条在吸纳原《侵权责任法》第80条的基础上规定，“禁止饲养的烈性犬等危险动物造成他人损害的，动物饲养人或者管理人应当承担侵权责任”。禁止饲养的危险动物具有特殊的危险性，法律应对饲养人或管理人科以更重的责任。饲养人或管理人明知是禁止饲养的烈性犬依旧进行饲养，这一行为本身潜在的社会危险不言而喻，故对动物饲养人或管理人承担赔偿责任适用最为严格的无过错责任的归责原则。此外，《民法典》关于此种情形没有规定减免责事由，本条规定为绝对责任条款，受害人故意或者重大过失引起饲养动物损害责任的，不能成为饲养人或管理人减轻或免除责任的理由，其立法目的在于避免损害的发生。[①]

禁止饲养的危险动物的饲养人或管理人承担损害责任需满足以下构成要件：第一，饲养的动物是禁止饲养的危险动物。本条规定的危险动物主要包括如下两类：一是家畜、家禽中的凶猛动物，如藏獒等；二是禁止饲养的野生动物，如老虎、狮子等。[②] 法条中规定的烈性犬为列举性规定，判断动物的危险性应运用同类解释方法结合具体情形来认定。关于动物特殊危险性的认定存在两种不同观点即法定主义和观念主义，法定主义认为危险动物须是那些为国家法律、法规、规章或者其他规范性文件所明确禁止或者限制的动物；观念主义则认为，根据社会大众的一般观念，依动物本性造成的任何损害都有可能是严重损

① 参见周友军：《我国动物致害责任的解释论》，载《政治与法律》2010年第5期。

② 参见杨立新：《侵权责任法》（第4版），法律出版社2021年版，第636页。

害的那些动物,而无论国家是否有相关规定明确禁止或者限制饲养。[①] 主流观点认为,从立法本意出发,只有国家法律、法规、规章或者其他规范性法律文件所明确禁止或者限制饲养的动物才属于禁止饲养的范畴。[②] 除上述规定外,一般业主之间约定的业主规范或基于合同约定禁止饲养的动物不属于该条规定的禁止饲养的危险动物。第二,禁止饲养的危险动物造成了损害后果。禁止饲养的危险动物利用其本身的特殊危险性,如对他人实施攻击行为致使他人受伤的后果;若不是基于其自身的特殊危险性则不能适用本条的规定,如禁止饲养的危险动物从高处跌落砸伤他人等。第三,禁止饲养的危险动物实施的侵权行为与损害后果之间存在引起与被引起的因果关系。通常发生的禁止饲养的危险动物损害责任,当满足以上条件时,饲养人或管理应当承担损害责任。

(三)动物园动物致人损害责任

《民法典》第 1248 条规定了动物园的动物造成损害,动物园为承担责任的主体。相比于原《侵权责任法》第 81 条的规定,该条仅是在表述上进行微调,将"不承担责任"改为"不承担侵权责任",动物园是作为特殊类型的主体承担侵权责任。依据《城市动物园管理规定》第 2 条的规定,动物园包括"综合性动物园(水族馆)、专类动物园、野生动物园、城市公园的动物展区、珍稀濒危动物饲养繁殖研究场所"。动物园作为饲养管理动物的专业机构,依法负有注意和管理义务,保障游客的安全,最大限度地防止危险发生。此外,本条还规定了动物园饲养动物侵权责任适用过错推定责任原则,动物园仅在其不能证明尽到管理职责而造成他人损害的情况下承担责任。本条规定确实在实践中发挥了重要规范作用,尤其近几年动物园发生动物伤人事件引发了热点讨论,如 2016 年北京八达岭野生动物园发生的老虎伤人事件及 2017 年宁波动物园老虎将男子咬至死亡的案件等。

(四)遗弃、逃逸的动物致人损害责任

遗弃的动物,是指由于动物原饲养人或管理人意志以内原因主动放弃动物的所有权或放弃占有的动物,如常见的被丢弃的流浪狗、流浪猫等。逃逸的动

---

① 参见沈志先主编:《侵权案件审判精要》,法律出版社 2013 年版,第 478 页。

② 参见最高人民法院民法典贯彻实施工作领导小组主编:《中华人民共和国民法典侵权责任编理解与适用》,人民法院出版社 2020 年版,第 656 页。

物是指由于原饲养人或管理人意志以外原因被动丧失动物所有权或放弃占有的动物,一般为走失的动物。此外,经驯养的野生动物在被遗弃或逃逸后回归自然,重新回到野生状态的,亦属此类动物。

1. 在一般情形下责任主体的认定

"一般情形"意为遗弃、逃逸的动物有明确的饲养人或管理人,遗弃、逃逸的动物在逃逸期间造成侵权损害责任时,存在或能够找到明确的饲养人或管理人的情形。《民法典》第1249条规定,"遗弃、逃逸的动物在遗弃、逃逸期间造成他人损害的,由动物原饲养人或者管理人承担侵权责任"。本条规定在借鉴吸收原《侵权责任法》第82条规定的基础上,将"原动物饲养人或者管理人"修改为"动物原饲养人或者管理人"。本条将对动物丧失占有的行为分为遗弃和逃逸两种,在立法过程中,学界对于是否将"遗失"情形明确列入本条规定存有争议,有学者认为,遗弃、逃逸的动物并非包含遗失的动物,对于遗失动物致人损害的责任承担,法律应作明确的规定。还有学者认为,遗弃、逃逸的动物本身包含了遗失的动物,即均属于被动丧失动物所有权或占有的行为。[①] 但从责任承担的角度分析,无论是主动丧失所有权或占有,抑或被动丧失所有权或占有,只要客观上是动物脱离饲养人或管理人管领控制范围后致人损害的,均应由原饲养人或管理人承担侵权责任。[②] 此种规定有其合理性:第一,遗弃动物虽然是原饲养人处分了对动物的所有权,丧失了与动物之间的物权关系,但正是因此行为造成饲养动物失去被管控的状态,进而造成他人损害的,应由原饲养人承担责任。第二,逃逸的动物的饲养人与动物的物权关系并未发生改变,理应由其承担饲养动物致害责任。第三,遗失的动物饲养人主观上并无放弃对动物的所有或占有的主观意识,仅是使动物暂时脱离其管控范围,此时,动物造成他人损害的,应由动物饲养人承担责任。

2. 遗弃、逃逸动物无法找到原所有人或者管理人时的责任承担

实践中此类问题近年来时有发生,具体案例的裁判中亦有差异,但主流观点一般认为,应当依据个案的具体情况由负有安全保障义务的主体承担责任。

---

① 参见杨彪:《动物损害和物件损害》,法律出版社2010年版,第87页。

② 参见最高人民法院民法典贯彻实施工作领导小组主编:《中华人民共和国民法典侵权责任编理解与适用》,人民法院出版社2020年版,第656页。

如“谢某某、深圳市鸿荣源物业服务有限公司尚都物业服务中心等饲养动物损害责任纠纷案”中，二审法院认为，“遗弃、逃逸的动物在遗弃、逃逸期间造成他人损害的，由原动物饲养人或者管理人承担侵权责任。本案导致谢某某损害的野猫，无法查清原饲养人，但尚都物业服务中心作为涉案小区的物业服务单位，对进入小区的遗弃、逃逸动物负有管理职责，可以认定其是小区范围内遗弃、逃逸动物的管理人，故谢某某要求尚都物业服务中心承担其在小区内被野猫咬伤的侵权责任，符合法律规定”。该案的裁判理由体现了实践中关于此问题的处理态度及方式。[①]

第四节　减免责事由

一、饲养动物致害责任的减免责事由

《民法典》第 1245 条是对饲养动物损害责任的一般规定，本条但书内容规定，“但是，能够证明损害是因被侵权人故意或者重大过失造成的，可以不承担或者减轻责任”。本条规定饲养人或管理人对被侵权人存在故意或者重大过失承担举证责任，如果能够证明被侵权人存在重大过失，动物饲养人或管理人可以减轻侵权责任，此种情形仅是动物饲养人或管理人减轻责任的事由，被侵权人存在一般过失行为则不能成为动物饲养人或管理人减轻责任的事由。动物饲养人或管理人如果能够证明被侵权人对造成损害后果本身存在故意，则可免除其侵权责任。

二、具体情形中饲养动物致害责任的减免责事由

《民法典》第 1246 条至第 1249 条分别对四种不同类型的饲养动物致害责任进行了规定，但每种情形中关于饲养动物致害责任减免责事由的规定因动物种类不同、危险性不同等因素作了不同的规定。因《民法典》第 1247 条规定对

① 参见谢某某、深圳市鸿荣源物业服务有限公司尚都物业服务中心等饲养动物损害责任纠纷案，广东省深圳市中级人民法院（2021）粤 03 民终 15189 号判决书。

禁止饲养的危险动物致人损害侵权责任适用最为严格的归责原则,饲养人或管理人承担侵权责任最重。所以在判断是否承担侵权责任时,被侵权人在尽到了饲养动物致害无过错责任一般性的证明责任的基础上,再证明动物饲养人或者管理人饲养的是"禁止饲养的烈性犬等危险动物",造成被侵权人损害的,动物饲养人或者管理人,不得依据《民法典》第1245条关于减免责事由的规定或者依据第1173条和第1174条的一般性规定,请求法院免除或者减轻侵权责任。[①]言外之意,即使被侵权人本身对损害后果存在过失或重大过失,饲养人或管理人也不得主张减免责任,除非被侵权人对造成自身损害后果主观上存在故意,饲养人或管理人才可以主张减轻责任。《民法典》第1249条亦未对遗弃、逃逸动物造成损害责任的情形规定减免责事由。因此,笔者将着重阐述以下两种情形中存在的减免责事由。

(一)违反管理规定未对动物采取安全措施致人损害责任的减责事由

相比于原《侵权责任法》第79条的规定,《民法典》第1246条对动物饲养人或管理人违反管理规定未对动物采取安全措施致人损害责任的减轻责任事由增加了关于减轻责任的内容,即"能够证明损害是因被侵权人故意造成的,可以减轻责任",本条仅是规定了减轻责任事由,并未规定免责事由。本条进行这样立法规定是适用过错相抵规则进行合理责任分配的产物。按照本条规定适用的情形来看,是动物的饲养人或管理人过错在先,违反管理规定未采取安全措施,主观过错程度较高,因此未规定免责事由。本条适用更为严格的无过错责任归责原则来确定饲养人或管理人的赔偿责任,但在实践中同时存在因被侵权人的故意行为导致饲养动物实施侵权行为造成损害后果的情形,因此为了平衡权利义务及责任的分配,适用过错相抵原则,规定了动物饲养人或管理人的减轻责任。

需要注意的是,本条关于减轻责任的内容仅规定了被侵权人故意造成饲养动物侵权损害后果的情形,并未对被侵权人过失造成饲养动物损害后果的情形进行规定。若出现被侵权人因重大过失造成饲养动物损害后果的情形,首先是不能适用本条规定减轻责任,其次在本条规定的动物饲养人或管理人过错在先

① 参见最高人民法院民法典贯彻实施工作领导小组主编:《中华人民共和国民法典侵权责任编理解与适用》,人民法院出版社2020年版,第658页。

的情形下,针对被侵权人的重大过失行为也不能适用第 1245 条关于减轻责任的规定。

(二)动物园动物致人损害侵权责任的减免责事由

《民法典》第 1248 条的但书中规定,动物园能够证明尽到管理职责的,不承担责任。针对动物园动物致人损害责任情形,动物园作为责任主体适用过错责任归责原则,即动物园能够证明尽到了管理职责的,可以不承担损害责任。但由于法律或司法解释对于管理职责的具体内涵未进行明确规定,需要法官在个案中结合动物的种类、特性、侵权现场情形、受害人的特点和相关情况来具体把握,所以实践中如何判断动物园是否尽到了管理职责成为了案件的焦点。一般认为,动物园是否尽到管理职责,实质上是从动物园是否尽到安全保障义务的角度来分析。实践中,通常根据"圈养方式经营的动物园"和"散养方式经营的动物园"两种不同的类型去具体分析动物园的管理职责。

1. 圈养方式经营的动物园的管理职责

圈养方式经营的动物园一般是将动物的活动领域限制在一定区域内,通过设置围栏屏障等方式将动物与观赏游客进行物理隔离,避免动物与游客产生接触以保障游客的安全。此种动物园是否尽到安全保障义务一般从以下三个方面来看:一是动物园是否尽到提醒告知义务,如设置提示语广告牌等;二是是否尽到巡视救助义务,园区内是否安排专人巡视查看园区的情况,尤其是凶猛动物区域,发生危险时是否能及时控制危险或进行救助;三是尽到设施安全义务,园区的安全设施是否根据动物的危险性采取相当的管控方式,园方设置区域隔离屏障不仅要防止动物脱离该区域或者能够透过围栏致人伤害,同时还要防止游客越过设置的屏障,尤其是未成年穿越围栏的情形,此外,园方更不得主动去除隔离安全设施安排动物与游客拍照等。如果因上述行为发生致人损害事件,应认定动物园未尽到管理职责,应当承担侵权责任。①

2. 散养方式经营的动物园的管理职责

散养方式经营的动物园的园区是开放式的,通常不采取隔离屏障设施,将野生动物散养在园区内,游客可以通过自驾或者乘坐游览车的方式进行游览,

---

① 参见最高人民法院民法典贯彻实施工作领导小组主编:《中华人民共和国民法典侵权责任编理解与适用》,人民法院出版社 2020 年版,第 663 页。

实现与动物的近距离接触。在此种情形下,判断动物园是否尽到了管理职责,主要看游客在园区内乘坐的车辆是动物园提供的还是自驾的车辆。如果是动物园提供的车辆,则防止进入隔离区义务主要可以通过车辆管理的方式来实现。① 如果是自驾车,则动物园主要通过参观前和参观过程中的提醒来实现。参观前要通过文字、语言乃至通过协议来确认参观者已经确知了违规参观的风险,并要重点落实未成年人陪同参观者的责任。参观过程中要不断地通过醒目的文字和图形标识以及必要的语音广播来提示风险,②并通过适当的方式与自驾进入的车辆保持在线沟通。对于规模巨大的野生动物园区,区域的设置还应该有明显的标志提醒游客注意是否已经驶出危险区域。③

3. 受害人的过错能否成为减免责事由

在《民法典(草案)》征求意见过程中,关于本条的修改意见有两种观点:一种认为,原《侵权责任法》第 81 条规定尚不完备,建议修改为动物园的动物造成他人损害的,能够证明损害是因被侵权人故意或者重大过失造成的,动物园不承担责任。另一种观点认为,原《侵权责任法》已经可以解决动物园致害的问题,结合原《侵权责任法》第 78 条和第 81 条的规定,可以解读动物园动物致害时动物园承担严格责任,能够证明尽到管理职责的,不承担侵权责任,无须另行规定或者修改。从《民法典》的规定来看,立法机关对于原《侵权责任法》第 81 条的规定未作较大调整,主要是采纳了第二种观点,通过与第 1245 条、第 1246 条的规定相结合的方式解决动物园动物致害的责任承担问题。

三、第三人过错致使饲养动物损害责任

《民法典》第 1250 条规定,"因第三人的过错致使动物造成他人损害的,被侵权人可以向动物饲养人或者管理人请求赔偿,也可以向第三人请求赔偿。动物饲养人或者管理人赔偿后,有权向第三人追偿"。本条规定的"第三人"是指

---

① 参见王竹:《侵权责任法疑难问题专题研究》(第 2 版),中国人民大学出版社 2018 年版,第 360 页。

② 参见王竹:《侵权责任法疑难问题专题研究》(第 2 版),中国人民大学出版社 2018 年版,第 361 页。

③ 参见朱浩然:《八达岭野生动物园老虎伤人事件的法律分析——从野生动物园安全保障义务角度》,载《上海政法学院学报(法治论丛)》2016 年第 5 期。

动物的饲养人或管理人以外的造成饲养动物损害责任的主体。同时,本条依旧延续了原《侵权责任法》的规定,采用不真正连带责任规则,即因第三人过错造成饲养动物损害责任,受害人既可以向动物饲养人或管理人请求赔偿,也可以向第三人请求赔偿,但受害人的请求赔偿是一种选择权,即只能向一方主体请求。动物的饲养人或管理人承担责任的基础依据为《民法典》关于饲养动物损害责任的规定(除动物园动物致害责任外),适用无过错责任归责原则,即无论是否因第三人过错导致饲养动物侵权责任,都不能因此免除动物饲养人或管理人的替代责任。第三人承担赔偿责任的基础是基于自身的过错行为,适用过错责任原则。此外,依据条文的规定,在饲养人或管理人承担赔偿责任后,可向第三人追偿。

第十章

建筑物和物件损害责任

第一节　建筑物和物件损害责任概述

《民法典·侵权责任编》第十章用 7 个条文(第 1252 条至第 1258 条)对 7 种不同类型的建筑物和物件损害责任进行了规定。相较于原《侵权责任法》,《民法典》本章规定除将“物件损害责任”修改为“建筑物和物件损害责任”,调整了不动产倒塌和不动产脱落、坠落物损害责任的顺序外,还对除第 1253 条外的 6 个条文进行了不同程度的修改,既回应了当下社会热点问题,反映了人民的意愿,也体现了中国特色。

一、建筑物和物件损害责任的概念和理论依据

(一)概念

建筑物和物件损害责任是指因自己管领范围内的建筑物或者物件造成他人损害,由建筑物或者物件的所有人、管理人、使用人承担赔偿责任的特殊侵权责任。广义的物的损害责任还包括产品责任、机动车交通事故责任、高度危险责任、环境污染责任、饲养动物侵权责任等。本章规定的建筑物和物件损害责任属于狭义的物的损害责任,是特殊侵权责任。

(二)理论依据

关于建筑物和物件损害责任的理论根据,有学者认为是报偿理论和危险责任理论。报偿理论内容的实质为“谁受益,谁承担”,是从公平观念出发,认为建筑物的使用者及受益者应当承担建筑物所导致的损害。危险责任理论认为建

筑物具有特殊危险性，其本身存在的风险易引发损害，当在一定条件下，建筑物的所有人因其开启此种危险源而在不问其对损害结果是否有过失的情况下承担侵权责任。也有学者认为，建筑物和物件损害责任的理论依据是替代责任，即责任人基于过失致使自己管领范围内的物件致人损害，此种损害等同于掌控物件的人实施某种行为致害，但又不是人利用工具直接实施侵权行为，即没有人的意志的支配造成的损害后果，是对物的替代责任。

二、我国建筑物和物件损害责任的立法演变

（一）《民法通则》的规定

在我国，关于建筑物及物件损害责任的规定最早是规定在原《民法通则》中。随着改革开放的发展大潮，经济发展提速，放活经济、搞活市场，大力发展工业化的时代来临，高层建筑逐渐在城市兴起，同时合同领域及侵权领域中诸多新的社会问题开始涌现并亟待解决。也正是发展建设的时代催生了侵权责任领域中关于建筑物及物件损害责任的立法规定，因 20 世纪 80 年代中后期，高层住宅引发的社会问题如住宅窗户、阳台搁置的花盆及其他悬挂物等坠落伤人案件频繁发生，报纸也频频报道，国务院办公厅特于 1986 年 12 月 13 日转发了城乡建设环境保护部[①]《国务院办公厅转发城乡建设环境保护部关于整顿建筑市场情况报告的通知》。[②] 此后，在积累了大量社会实践经验并借鉴国外法相关规定的基础上，用两个条文对建筑物和物件损害责任进行了规定，即原《民法通则》第 125 条和第 126 条。该法第 125 条是关于地面施工损害责任的规定，其内容为："在公共场所、道旁或者通道上挖坑、修缮安装地下设施等，没有设置明显标志和采取安全措施造成他人损害的，施工人应当承担民事责任。"第 126 条是关于建筑物、其他设施以及搁置物、悬挂物损害责任的规定，其内容为："建筑物或者其他设施以及建筑物上搁置物、悬挂物发生倒塌、脱落、坠落造成他人

---

① 现已撤销。

② 参见《中国法律年鉴》编辑部编：《中国法律年鉴》，法律出版社 1987 年版，第 358 页。《国务院办公厅转发城乡建设环境保护部关于整顿建筑市场情况报告的通知》中指出：整顿建筑市场，纠正不正之风，对于巩固和发展建筑行业改革成果，具有重要意义。近一年来，对于建筑市场的整顿工作已经初见成效，并取得一些经验，但发展不平衡，还存在不少问题。请各级人民政府继续加强领导，采取有效措施，进一步抓好这项工作。有关部门要加强指导和监督检查，密切配合，共同把整顿建筑市场的工作做好。

损害的，它的所有人或者管理人应当承担民事责任，但能够证明自己没有过错的除外。"关于原《民法通则》第126条规定适用的归责原则问题，当时有学者主张适用过错推定责任原则，如江平教授认为："过错推定是法律推定侵害人有过错，但允许他举证推翻这种推定。原《民法通则》第126条即属于这种情况。"① 2003年出台的《人身损害赔偿解释》第16条通过对原《民法通则》第126条进行扩大解释，作出了补充性规定，将树木倾倒、折断及果实坠落造成损害的情形纳入范围。

（二）《侵权责任法》的规定

原《侵权责任法》采用专章的形式对"物件损害责任"进行了规定，通过7个条文（第85条至第91条）分别规定了不同类型的物件损害责任：建筑物等设施脱落、坠落致害责任（第85条）；建筑物倒塌致害责任（第86条）；抛掷物致害责任（第87条）；堆放物致害责任（第88条）；公共道路妨碍通行致害责任（第89条）；树木折断致害责任（第90条）；地面施工和地下设施致害责任（第91条）。至此，针对建筑物及物件损害责任内容形成了较为完备的规则体系。相较于原《民法通则》的规定，原《侵权责任法》关于物件损害责任的规定不仅更加细致全面，而且在原《民法通则》关于建筑物、其他设施以及搁置物、悬挂物损害责任适用过错推定责任原则的基础上，增加了适用公平责任原则的抛掷物致人损害责任，更有效地解决了21世纪纷繁复杂的物件损害纠纷。

（三）《民法典》的规定

《民法典·侵权责任编》总体上沿袭原《侵权责任法》的内容，专章规定了建筑物和物件损害责任。因在《民法典》立法过程中，有观点认为原《侵权责任法》第十一章的"物件损害责任"中的"物件"的范围不能涵盖建筑物，易引发歧义，故将《民法典·侵权责任编》第十章命名改为"建筑物和物件损害责任"，并对原《侵权责任法》规定的部分内容进行了修改与完善。

1. 关于建筑物倒塌损害责任规则的修改

《民法典》第1252条规定了建筑物、构筑物或者其他设施倒塌、塌陷致害责任，相比于原《侵权责任法》第86条的规定，主要修改内容如下：(1)除"倒塌"外，增加了"塌陷"致害的情形；(2)将"其他责任人"改为"所有人、管理人、使用

① 江平：《民法中的视为、推定与举证责任》，载《政法论坛》1987年第4期。

人或者第三人”，清晰明确地界定了“其他责任人”的具体范围；（3）明确建筑物、构筑物等倒塌、塌陷损害责任适用过错推定的归责原则，因为增加了“但是建设单位与施工单位能够证明不存在质量缺陷的除外”的内容；（4）增加“质量缺陷”这一表述，明确了第1252条不同的适用情形，即因“质量缺陷”原因引起建筑物倒塌、塌陷损害责任的，适用本条第1款的规定，因其他原因导致的倒塌、塌陷损害责任的，适用本条第2款的规定。

2. 关于高空抛掷坠落物损害责任规则的修改

《民法典》第1254条是关于不明抛掷物、坠落物致害责任的规定，亦称高空抛物责任。原《侵权责任法》第87条对高空抛物责任也作了规定，但实践中对于该条规定的内容广受诟病，难以真正解决问题纠纷，效果甚微。在社会的高热度、高呼声中，《民法典》第1254条对原《侵权责任法》第87条进行了修改和完善，主要修改内容如下：一是明确提出“禁止从建筑物中抛掷物品”；二是规定了物业服务企业未履行安全保障义务的侵权责任；三是规定了公安机关查找行为人的职责，增加了查找真正侵权人的可能，有利于真正解决归责难题。

3. 对堆放物损害责任情形的完善

《民法典》第1255条是关于堆放物滚落或者滑落致害责任的规定，相较于原《侵权责任法》第88条的规定，增加了堆放物滚落、滑落造成损害的情形。原《侵权责任法》第88条仅规定了堆放物倒塌情形，但全国人大常委会法制工作委员会释义对该条解释称，本条所说的倒塌包括堆放物整体的倒塌和部分的脱落、坠落、滑落、滚落等。[①] 司法实践中解决滚落、滑落等情形致害纠纷时，也是对本条进行扩大解释后适用。因此，从立法本意看，原《侵权责任法》第88条的规定包含了堆放物滚落、滑落致害情形，自然应当在《民法典》立法时直接吸纳上述规定。

4. 明确了妨碍通行物的责任主体

《民法典》第1256条对在公共道路上堆放、倾倒、遗撒妨碍通行的物品致害责任进行了规定，相比于原《侵权责任法》第89条关于妨碍通行物致害的责任

① 参见王胜明主编：《中华人民共和国侵权责任法释义》（第2版），法律出版社2013年版，第479页。

主体的规定,《民法典》第1256条明确了在公共道路上堆放、倾倒、遗撒妨碍通行的物品致害责任的责任主体为"公共道路管理人",改变了原《侵权责任法》关于妨碍通行物的责任主体为"有关单位或者个人"的规定。修改后的责任主体明确清晰,增强了实践应用性。

5.扩大了林木损害责任的适用范围

《民法典》第1257条对林木折断、倾倒及果实坠落的致害责任作了规定。2003年《人身损害赔偿解释》第16条规定,树木倾倒、折断或者果实坠落致人损害的,适用原《民法通则》第126条的规定,由所有人或者管理人承担赔偿责任,但能够证明自己没有过错的除外。原《侵权责任法》第90条虽然只规定了林木折断致人损害的情形,但依据全国人大常委会法制工作委员会释义对该条的解释,林木折断造成他人损害不仅包括林木枝蔓等的掉落造成他人损害,还包括其他情形,如实践中出现的椰树果实坠落砸伤他人、树木倒伏压坏路旁汽车等。[①]《民法典》最终采纳法学会学者建议稿的观点,规定了树木折断、倾倒及果实坠落三种情形的致害责任,在立法条文中增加了"倾倒、果实坠落"两种情形。

第二节　具体的建筑物和物件损害责任

一、建筑物等倒塌、塌陷责任及物件脱落、坠落损害责任

(一)概念及立法背景

建筑物、构筑物等倒塌、塌陷损害责任,是指建筑物、构筑物或者其他设施因自身质量原因发生倒塌、塌陷,致使他人人身、财产权益遭受损害,建设单位、施工单位及其他责任人所应承担的侵权责任。物件脱落、坠落损害责任是指建筑物、构筑物或者其他设施及其搁置物、悬挂物发生脱落、坠落造成他人损害,由所有人、管理人或使用人适用过错推定责任原则承担的损害责任。基于上述

① 参见王胜明主编:《中华人民共和国侵权责任法释义》(第2版),法律出版社2013年版,第482页。

两种损害责任的立法背景及具体规定的相似性，本书在此一并予以阐述。

我国现代社会最早关于建筑物、构筑物倒塌、脱落、坠落责任的立法规定是原《民法通则》第 126 条的规定。但随着改革开放加速，工业化进程进入快车道，大量建筑工程开始涌现，在利益驱使下的质量低下的工程增多，建筑物倒塌、脱落、坠落情况也大大增加。为了更好地管控这一现象，解决实践中出现的大量纠纷，原《侵权责任法》在吸纳原有法律及司法解释规定的基础上，在第 85 条及第 86 条中分别对建筑物等脱落、坠落损害责任和建筑物等倒塌责任进行规定，在实践中充分发挥了法律的规制作用。到了《民法典》立法时，部分学者建议恢复原《民法通则》中将建筑物、构筑物倒塌、脱落、坠落责任等进行合并规定的模式，但最终在《民法典》编纂过程中并未采用上述观点，而是在形式上继续延续原《侵权责任法》中拆分规定的模式，即《民法典》第 1252 条和第 1253 条的规定。

(二)归责原则和构成要件

1. 归责原则

根据《民法典》第 1252 条第 1 款的规定："建筑物、构筑物或者其他设施倒塌、塌陷造成他人损害的，由建设单位与施工单位承担连带责任，但是建设单位与施工单位能够证明不存在质量缺陷的除外。……"从上述规定可知，建筑物等倒塌、塌陷造成他人损害的情形适用过错推定责任原则，即建设单位与施工单位可以举证证明自己建造的建筑物不存在质量缺陷，对损害的发生没有过错，若不能证明则应认定为有过错。同理，根据《民法典》第 1253 条的规定："建筑物、构筑物或者其他设施及其搁置物、悬挂物发生脱落、坠落造成他人损害，所有人、管理人或者使用人不能证明自己没有过错的，应当承担侵权责任。……"该规定显然适用的是过错推定责任原则。

2. 构成要件

其一，"建筑物、构筑物或者其他设施发生倒塌、塌陷"或者"建筑物、构筑物或者其他设施及其搁置物、悬挂物发生脱落、坠落"。建筑物一般是指人工建造的、固定在土地上，其空间用于居住、生产或者存放物品的设施。建筑物的功能在于服务人类居住、工作生产、物品储藏等，如住宅、写字楼、仓库、车间等。构筑物或者其他设施，是指人工建造的、固定在土地上，除建筑物以外的某些设施。构筑物通常不具备提供人类居住、工作、生产或者物品储存的功能，如道路、桥梁、隧道、城墙、堤坝等。其他设施这一不确定概念为法官解释适用留下了空间。[①] "倒塌"包括完全倒塌和部分倒塌。"塌陷"指建筑物、构建物或其他设施垂直陷落。[②]

发生脱落、坠落物件致损的情形包括两种：一是不动产脱落、坠落造成的损害，即建筑物、构筑物或者其他设施发生脱落、坠落造成他人损害；二是依附于不动产的动产脱落、坠落造成的损害，即建筑物、构筑物或者其他设施的搁置物、悬挂物发生脱落、坠落造成他人损害。搁置物、悬挂物需是搁置、悬挂在建筑物、构筑物或者其他设施上或者非建筑物、构筑物或者其他设施本身组成部分的物品，如搁置在阳台上的花盆、鸟笼，悬挂于房屋外墙的广告牌、空调机，脚手架上悬挂的建筑工具等。[③] "脱落"，是指建筑物、构筑物或者其他设施的组成部分从主体脱离，"坠落"，是指搁置物、悬挂物从建筑物、构筑物或者其他设施上落下。[④] 搁置物、悬挂物的脱落或坠落需是因其自身因素或因风、雨等自然力所致，而非人为抛掷。

其二，他人遭受损害。损害可能是人身损害后果，也可能是财产遭受损失。人身损害后果通常包括受到伤害、因伤致残、死亡等，财产损失通常包括直接损失和间接损失。

其三，他人的损害由"倒塌、塌陷"或者"脱落、坠落"造成。他人的损害结果需是"建筑物、构筑物或者其他设施倒塌、塌陷"或者"建筑物、构筑物或者其他设施及其搁置物、悬挂物发生脱落、坠落"所致，即两者之间存在引起与被引起的因果关系。

其四，建筑物、构筑物或者其他设施的建设单位、施工单位或者建筑物、构筑物或者其他设施及其搁置物、悬挂物的所有人、管理人、使用者存在过错。

（三）责任主体

1. 建设单位与施工单位

《民法典》第1252条明确规定，建筑物、构筑物等倒塌、塌陷造成他人损害

---

① 参见韩世远：《物件损害责任的体系位置》，载《法商研究》2010年第6期。

② 参见张新宝：《中国民法典释评——侵权责任编》，中国人民大学出版社2020年版，第286页。

③ 参见王胜明主编：《中华人民共和国侵权责任法释义》（第2版），法律出版社2013年版，第460页。

④ 参见王利明：《侵权责任法研究》（下卷），中国人民大学出版社2011年版，第680页。

的，由建设单位与施工单位承担连带责任。要求建设单位与施工单位承担连带责任，有其合理性：一是建设单位与施工单位都对建筑物、构筑物的质量负有管控职责，且二者之间的合作关系密切；二是与建设单位和施工单位相比，被侵权人处于劣势地位，建设单位与施工单位承担连带责任有利于保护被侵权人的合法权益。《民法典》第1252条规定了建设单位与施工单位不承担连带责任的抗辩事由，当建设单位与施工单位能够举证证明自己施工建设的建筑物不存在质量缺陷时，不承担连带责任。此外，如果建筑物、构筑物等倒塌、塌陷完全是由不可抗力所导致的，建设单位与施工单位也无须承担责任。①

2. 所有人、管理人或者使用人

所有人是指对建筑物、构筑物或其他设施享有占有、使用、收益、处分权能的人，包括建筑物的不动产登记人及未进行登记建筑物实际拥有人；管理人是指基于合同约定或法律规定等对建筑物、构筑物或其他设施负有管理义务的人；使用人通常是对建筑物、构筑物或其他设施直接占有并实际使用的人。

《民法典》第1252条第2款规定，“因所有人、管理人、使用人或者第三人的原因，建筑物、构筑物或者其他设施倒塌、塌陷造成他人损害的，由所有人、管理人、使用人或者第三人承担侵权责任”。该款中的“所有人、管理人、使用人、第三人”承担的是过错责任，即对建筑物、构筑物、其他设施倒塌、塌陷无过错的，则不承担侵权责任。

《民法典》第1253条规定了物件脱落、坠落损害责任的责任人为所有人、管理人和使用人。所有人、管理人和使用人承担的是过错推定责任，即所有人、管理人和使用人不能证明自己没有过错的，应当承担侵权责任。所有人、管理人和使用人能够证明自己没有过错的，即尽到了管理、维护责任的，则不承担责任。

3. 其他责任人

《民法典》第1252条中的其他责任人是指除建设单位、施工单位外，对建筑物、构筑物、其他设施倒塌、塌陷致他人损害负有责任的人，如对建筑物、构筑物、其他设施的质量缺陷有过错的建筑物设计人、施工监理人等。

《民法典》第1253条中的其他责任人是指除所有人、管理人或者使用人之外，对建筑物、构筑物或者其他设施及其搁置物、悬挂物发生脱落、坠落致人损

---

① 参见程啸：《侵权责任法教程》（第4版），中国人民大学出版社2020年版，第353页。

害情形负有责任的人，诸如：其行为导致建筑物、构筑物或者其他设施及其搁置物、悬挂物发生脱落、坠落的人；使建筑物、构筑物或者其他设施及其搁置物、悬挂物存在脱落、坠落隐患的具有过错的人。

在有其他责任人的情形下，建筑物的建设单位、施工单位，建筑物及其搁置物、悬挂物的所有人、管理人、使用人在承担责任后，有权追偿。追偿的份额取决于“其他责任人”的过错程度以及过错行为对损害发生的原因力大小。①

二、高空抛物损害责任

（一）立法背景

原《侵权责任法》出台以前，关于高空抛物损害责任并没有相关立法对此进行规定，但高空抛物案件的发生引发了社会的热议，如 2000 年“重庆烟灰缸砸人案”。② 重庆烟灰缸砸伤人案件发生后，因查不到真正的加害人，法官在社会热议中判定楼内有可能实施加害行为的居民共同承担连带责任。随之引起了全国多数法官及学者对高空抛物损害责任的关注与探讨。2002 年起草原《侵权责任法》时，立法者将被人们称为“悬在城市上空的痛”这一问题纳入了立法视线，最终原《侵权责任法》第 87 条对此类问题进行了规定。③ 原《侵权责任法》实施后，针对高空抛物加害人不明的情形有了明确立法规定，杨立新教授认为，该规定是在我国国民整体素质不高的现实情况下，不得不采取的一个过渡性规则。④ 经过近 10 年的实践检验，社会上高空抛物损害责任事件依旧时有发生，社会争议依旧很大，探其原因主要有以下几点：一是我国国民整体素质的提升需要一个过程，国民法律意识有待加强；二是“受冤”承担连带责任的非真正加害人认为法律失去了公平，在未查清真相的基础上作出了不公的判决；三是公

---

① 参见张新宝：《中国民法典释评——侵权责任编》，中国人民大学出版社 2020 年版，第 287 页。

② “重庆烟灰缸砸人案”的案情：2000 年 5 月 11 日，郝某与他人在重庆市渝中区学田湾正街一临街的楼房下谈话时，被一个从高楼上掉落下的 3 斤重的烟灰缸砸中头部，当即倒地血流如注，后被送至急救中心抢救。郝某经法医鉴定为八级伤残。事发后，公安机关经过侦查现场，排除了有人故意伤害的可能性。在既不能确定烟灰缸所有人，又无法确定是谁扔下烟灰缸的情况下，郝某于 2001 年 8 月将临路两幢楼的 24 户居民一起作为被告告上法庭。

③ 原《侵权责任法》第 87 条规定，“从建筑物中抛掷物品或者从建筑物上坠落的物品造成他人损害，难以确定具体侵权人的，除能够证明自己不是侵权人的外，由可能加害的建筑物使用人给予补偿”。

④ 参见杨立新：《〈民法典（草案）〉对高空抛掷物损害责任规则的完善》，载《当代法学》2020 年第 3 期。

安机关通常以民事案件为理由不愿介入配合调查，导致真正查清案件事实的难度较大；四是案件执行难度大，未实施加害行为的加害人认为有失公平，自然不愿承担损害赔偿责任。基于上述原因，原《侵权责任法》第 87 条的规定在司法实践中未充分发挥效能。

《民法典》第 1254 条修改和完善了原《侵权责任法》第 87 条的规定，对解决实践中高空抛物责任的承担问题发挥了积极作用：[①]一是开宗明义地规定了“禁止从建筑物中抛掷物品”，该禁止性规定为人们的民事活动提供了行为规范，体现了社会主义核心价值观中的诚信、友善等价值；二是新增了物业服务企业等建筑物管理人的责任，有利于督促物业管理服务企业提升物业服务水平，为防范高空抛物的发生采取必要防范措施；三是优化了公安机关的调查职责，提示公安等机关应当依法及时查清责任人，有利于保护被侵权人的合法权益，避免动辄让“可能加害人”代人受过、枉担责任。

（二）高空抛物损害责任与物件脱落、坠落损害责任适用时的区别

《民法典》第 1253 条规定了物件脱落、坠落损害责任，第 1254 条规定的高空抛物侵权责任中也规定了物件坠落情形，两个条文在具体适用时有以下区别。

首先，适用情形不同。物件脱落、坠落损害责任是在建筑物、构筑物或其他设施及其搁置物发生脱落、坠落造成他人损害后，明确知晓或能够确定具体侵权行为人的情形时适用；高空抛物损害责任则是在从建筑物上坠落的物品造成他人损害发生后不能确定具体的真正行为人的情形时适用。

其次，归责原则不同。《民法典》第 1253 条规定的物件脱落、坠落损害责任采用过错推定责任原则认定侵权责任；第 1254 条规定的高空抛物侵权责任在能够查到具体侵权行为人时适用过错责任原则认定侵权责任，反之则适用公平责任由可能加害的行为人承担责任。[②]

---

① 《民法典》第 1254 条：“禁止从建筑物中抛掷物品。从建筑物中抛掷物品或者从建筑物上坠落的物品造成他人损害的，由侵权人依法承担侵权责任；经调查难以确定具体侵权人的，除能够证明自己不是侵权人的外，由可能加害的建筑物使用人给予补偿。可能加害的建筑物使用人补偿后，有权向侵权人追偿。物业服务企业等建筑物管理人应当采取必要的安全保障措施防止前款规定情形的发生；未采取必要的安全保障措施的，应当依法承担未履行安全保障义务的侵权责任。发生本条第一款规定的情形的，公安机关应当依法及时调查，查清责任人。”

② 参见王利明：《论高楼抛物致人损害责任的完善》，载《法学杂志》2020 年第 1 期。

最后,加害人的主观过错不同。发生物件脱落、坠落损害责任时要求侵权行为人主观有过错,在通常情况下其过错可能是过失或重大过失等原因造成的损害后果;而高空抛物致害情形的发生多是基于侵权行为人的主观故意。

(三)责任主体

《民法典》第1254条第1款规定的是建筑物抛(坠)物造成他人损害的侵权责任和补偿规定;第2款规定的是物业服务企业的安全保障义务以及义务违反的责任承担;第3款规定的是公安机关的法定调查职责。根据《民法典》第1254条的规定,高空抛物损害责任的责任主体包括侵权人、可能加害人、物业服务企业。

1. 侵权人

根据《民法典》第1254条第1款的规定,从建筑物中抛掷物品或者从建筑物上坠落的物品造成他人损害的,应当由侵权人依法承担侵权责任。

"侵权人"指高空抛物损害责任发生后,能够确定的直接实施侵权行为的主体。侵权人承担损害责任的直接责任,符合可归责性的基本法理:首先,一般高空抛物行为是侵权行为人基于主观的故意所为,既可能是"直接故意",即希望损害的发生,也可能是"间接故意",即放任结果的发生。其次,高空抛物中通常存在侵权人未尽到相应管理、维护义务,导致相应损害行为发生。基于上述行为人的主观过错,可以确定侵权人主观上具有可归责性。[①]

承担侵权责任的直接责任人可能是实施抛物行为的人,也可能是坠落物品的所有人、使用人、管理人。"侵权人依法承担侵权责任"中的"依法"是指依据《民法典》第1253条(物件脱落、坠落损害责任)、第1165条(过错责任一般规定)、第1188条(监护人责任)、第1191条(用人单位责任)、第1192条(接受劳务一方的替代责任)等条文以及其他法律的规定。

2. 可能加害人

根据《民法典》第1254条第1款后半段的规定,经调查难以确定具体侵权人的,除能够证明自己不是侵权人外,由可能加害的建筑物使用人给予补偿。可能加害的建筑物使用人补偿后,有权向侵权人追偿。

---

① 参见最高人民法院民法典贯彻实施工作领导小组主编:《中华人民共和国民法典侵权责任编理解与适用》,人民法院出版社2020年版,第698页。

立法中之所以规定"由可能实施加害行为的建筑物使用人进行补偿",主要是考虑实践中发生高空抛物损害责任案件后,难以找到真正的侵权行为人,导致受害人的利益难以保障,故从保障受害人利益的立法目的出发,立法者规定了在不能查明真正侵权行为人情况下的补偿规则,即由该建筑物内可能实施加害行为的人共同承担赔偿责任。可能加害人承担责任后,在查清真正侵权行为人时,可能加害人有权向真正侵权人追偿。可能加害人的补偿责任是公平责任的体现,符合侵权领域损害救济及保护受害人权利的立法目的和价值取向。但实践中,多数被判承担责任的可能加害人在败诉后不服从判决,选择上诉,即使未上诉,在判决生效后应由可能加害人对受害人进行补偿时,法官的执行也很难落实,多数可能加害人认为自己并未实施侵权行为,承担责任不公平。因此,《民法典》现行规定增加了公安机关的调查职责及物业负有安全保障义务等规定,在保障受害人权利的同时兼顾了可能加害人的利益,有助于实现公平正义。

3. 物业服务企业

根据《民法典》第 1254 条第 2 款的规定,物业服务企业等建筑物管理人应当采取必要的安全保障措施防止前款规定情形的发生;未采取必要的安全保障措施的,应当依法承担未履行安全保障义务的侵权责任。通过该规定可知,物业服务企业负有安全保障义务,是基于《民法典》等相关法律规范的明确规定,而非基于物业服务企业与业主间的合同行为,关于物业服务企业应当如何履行相关的安全保障义务,《物业管理条例》第 45 条、第 46 条、第 55 条等作出了详细的规定。

物业服务企业承担侵权责任通常是因为受害人的损害结果与物业服务企业未履行或未完全履行安全保障义务有直接或间接的因果关系,言外之意,物业服务企业对损害结果的发生存在过错(物业服务企业若采取安全保障措施能够有效避免受害人损害结果的发生),因物业服务企业未采取安全保障措施则应依法承担未履行安全保障义务的侵权责任。至于物业服务企业在多大程度上承担侵权责任,《民法典》第 1254 条第 2 款并没有作出明确规定,损害赔偿责任的承担份额的多少,取决于物业服务企业没有尽到安全保障义务对于损害发生所起的作用力大小,法官对此拥有一定的自由裁量权。

三、堆放物损害责任

（一）堆放物损害责任的概念及立法背景

堆放物损害责任，是指堆放物倒塌、滚落或者滑落造成他人人身、财产权益遭受损害，堆放人应当承担的侵权责任。堆放物损害责任最早规定在原《民通意见》第155条中，在此之前立法并无明确规定，而此类案件在实践中却时有发生。为了解决实践问题，原《民通意见》第155条对堆放物损害责任作出规定，如果当事人都没有过错，适用公平原则酌情处理。[①] 2003年《人身损害赔偿解释》对待堆放物损害责任时，将归责原则改为过错推定责任原则。[②] 原《侵权责任法》第88条在上述规定的基础上，对堆放物损害责任亦作了规定，但该条仅规定了堆放物倒塌致害一种情形。《民法典》第1255条在吸收上述司法解释规定的基础上，新增了“堆放物滚落和滑落情形”，规定堆放物倒塌、滚落、滑落三种情形。

（二）堆放物损害责任构成要件

《民法典》第1255条规定，“堆放物倒塌、滚落或者滑落造成他人损害，堆放人不能证明自己没有过错的，应当承担侵权责任”。依据该条规定可知堆放物损害责任的构成要件主要包括以下几点：一是堆放物倒塌、滚落或者滑落。首先，本条规定的堆放物不同于本章其他条款规定的建筑物、构筑物及其他设施等，堆放物须是动产，指那些堆积在土地上或者其他地方而形成的物，且该动产并非固定在土地或其他物体上，通常是因物体堆放不当造成损害。其次，本条堆放物发生致害情形是堆放物倒塌、滚落及滑落情形导致的，倒塌是指堆放物全部或者部分倾倒、坍塌，滚落是指高处的堆放物滚下，滑落是指高处的堆放物滑下。[③] 二是他人受到损害。堆放物倒塌、滚落及滑落造成了他人人身或财产权益损失，通常人身损害是因堆放物倒塌、滚落后致人伤害甚至死亡的后果，财

---

① 原《执行〈民法通则〉意见》第155条规定，“因堆放物品倒塌造成他人损害的，如果当事人均无过错，应当根据公平原则酌情处理”。

② 2003年出台的《人身损害赔偿解释》第16条第1款第2项规定，“堆放物品滚落、滑落或者堆放物倒塌致人损害的”，“适用《民法通则》第一百二十六条的规定，由所有人或者管理人承担赔偿责任，但能够证明自己没有过错的除外”。

③ 参见杨立新：《侵权责任法》（第4版），法律出版社2020年版，第673页。

产权益的损失如实践中发生的楼道内或阳台内堆放易燃纸品引起火灾造成财产损失等。三是因果关系。他人受到的损害与堆放物倒塌、滚落或者滑落之间存在引起与被引起的关系。四是堆放人有过错。本条规定堆放物致害责任适用过错推定责任原则，即堆放物的所有人、管理人与使用人不能证明自己没有过错的，认定其有过错，需承担堆放物致损的责任。反之，如果堆放人能够证明其自身没有过错，则不承担侵权责任。受害人无须证明堆放人有过错，只需证明损害事实，且该损害是堆放物倒塌、滚落或者滑落所致即可。

（三）堆放物损害责任的责任主体

原《民法通则》没有专门规定堆放物损害责任，2003 年《人身损害赔偿解释》规定，堆放物滚落、滑落、倒塌致人损害的，适用原《民法通则》第 126 条的规定，由堆放物的所有人或者管理人承担赔偿责任。原《侵权责任法》将责任主体更名为“堆放人”，《民法典》沿用了原《侵权责任法》的规定。基于立法目的，违反管理义务是承担物件损害责任的最终依据，只有对物件有管理义务的人才是真正的责任主体，将堆放人理解为对滑落、倒塌的堆放物享有实际支配和控制权的所有人或者管理人，前后逻辑更为顺畅。[①] 实践中，“堆放人”可能是堆放物的所有人、使用人、管理人，具体承担责任的主体究竟为所有人、管理人还是使用人要结合具体的事实进行判断。当实践中发生堆放物致人损害时，堆放物的所有人与具体的管理人、使用人不同的，原则上依据《民法典》第 1255 条的规定，由实际的堆放人承担侵权责任，所有人、管理人对损害发生具有过错的，未尽合理的告知、监督、检查义务的，亦可依据《民法典》第 1165 条要求其承担侵权责任。[②]

四、公共道路妨碍通行损害责任

（一）公共道路妨碍通行损害责任的概念及立法背景

公共道路妨碍通行损害责任亦称为障碍通行物损害责任，是指在公共道路上堆放、倾倒、遗撒妨碍通行的物品，造成他人人身、财产损害的，由行为人或公

① 参见杨彪：《〈侵权责任法〉中物件致害责任的体系解释与结构分析》，载《法学杂志》2010 年第 3 期。

② 参见最高人民法院民法典贯彻实施工作领导小组主编：《中华人民共和国民法典侵权责任编理解与适用》，人民法院出版社 2020 年版，第 711 页。

共道路管理人承担责任的特殊侵权责任。

我国原《民法通则》及相关司法解释并未对障碍通行物损害责任进行规定，原《侵权责任法》第89条首次对公共道路上的障碍通行物致人损害的情形进行了明确规定，即“在公共道路上堆放、倾倒、遗撒妨碍通行的物品造成他人损害的，有关单位或者个人应当承担侵权责任”。此外，在《公路法》和《道路交通安全法》中也对影响公路正常通行的相关行为进行了规制。《民法典》第1256条规定，“在公共道路上堆放、倾倒、遗撒妨碍通行的物品造成他人损害的，由行为人承担侵权责任。公共道路管理人不能证明已经尽到清理、防护、警示等义务的，应当承担相应的责任”。相比于原《侵权责任法》第89条的规定，《民法典》第1256条明确了公共道路妨碍通行损害责任的责任主体为实施侵权行为的行为人及公共道路的管理人，不再使用“有关单位或者个人”的表述方式。

（二）公共道路妨碍通行损害责任的归责原则和构成要件

关于公共道路妨碍通行损害责任适用的归责原则问题在理论及实践中存有争议，原因在于，相比于原《侵权责任法》第89条的规定，《民法典》第1256条的规定增加了“公共道路管理人不能证明已经尽到清理、防护、警示等义务的，应当承担相应的责任”。从条文增加的内容来看，对于公共道路管理人承担责任适用的归责原则为过错推定责任原则，但对于损害行为人应适用的归责原则，《民法典》未进行明确的规定。实践中，一方面，要注意对被侵权人的保护，原则上行为人只要在公共道路上实施了堆放、倾倒、遗撒的行为，即应认定为有过错，应当对所造成的损害承担侵权责任，而不应将过错的举证责任施加给被侵权人；另一方面，要注意区分个案具体情况，在高速公路、省道、村道等不同道路上，堆放人、倾倒人、遗撒人的注意义务和公共道路管理人的管理义务的标准是不同的，其责任的认定需要考虑具体案情。[①]

依据《民法典》第1256条的规定，构成公共道路妨碍通行损害责任通常要满足以下要件：第一，妨碍通行的损害行为发生在公共道路上。我国《道路交通安全法》第119条第1项规定，道路是指公路、城市道路和虽在单位管辖范围但允许社会机动车通行的地方，包括广场、公共停车场等用于公众通行的场所。

---

① 参见最高人民法院民法典贯彻实施工作领导小组主编：《中华人民共和国民法典侵权责任编理解与适用》，人民法院出版社2020年版，第715～716页。

可见,《民法典》第1256条中的“公共道路”是指国家或者集体所有开放供公众使用的道路。妨碍通行的损害行为发生在民事主体私有的专用道路上的,不适用本条规定。第二,行为人在公共道路上堆放、倾倒、遗撒妨碍通行的物品造成损害。堆放、倾倒、遗撒妨碍通行的物品影响了公共道路的正常通行,障碍通行物可以是固体、液体或气体等,如堆放在路边“圈地晒粮”行为,[①]倾倒垃圾,遗撒路面的油漆及热力井向道路散发热蒸汽影响路面能见度等。[②] 第三,造成了损害结果。造成的损害既可以是他人的人身损害,也可以是财产损害。第四,妨碍通行的损害行为与损害结果之间存在因果关系,即堆放、倾倒、遗撒妨碍通行的物品影响了公共道路的正常通行并引起了他人人身损害或财产损害的后果,二者间存在引起与被引起的关系。

(三)公共道路妨碍通行损害责任的责任主体

依据《民法典》第1256条的规定,公共道路妨碍通行损害责任的责任主体既包括在公共道路上实施堆放、倾倒、遗撒妨碍通行物品造成他人损害的行为人,也包括未尽到清理、防护、警示义务的公共道路管理人。相比于原《侵权责任法》的规定,该条明确了公共道路妨碍通行损害责任的具体责任主体包括侵权行为人和公共道路管理人。对于侵权行为人与公共道路管理人该如何承担责任的问题,《民法典》编纂中规定,侵权行为人应承担完全责任、主要责任,对于公共道路管理人的责任明确为“相应的责任”,这其中部分吸收了王利明教授的观点,王利明教授认为“应当首先由堆放人、倾倒人、遗撒人对其行为承担侵权责任,只有在侵权人无法确定或无力赔偿情形下,才由公共道路管理人承担责任,且其责任不应为完全赔偿责任,而应参照适用原《侵权责任法》第37条关于安全保障义务的规定,承担相应的补充责任”[③]。

---

① 山东省日照市岚山区法院审理的一起因路边晒粮引发交通事故致人死亡的民事侵权案件。基本案情:2020年秋收,丁某将黄豆秸秆晾晒在路上,并用石块将黄豆秸秆和其他路面进行间隔。王某骑电动车行使在此路段时,避让不及撞上粮食和石块,摔倒之后滑行了六七米。随后王某被送往医院救治,经抢救无效当日死亡。经鉴定,王某系颅脑损伤死亡。

② 参见王胜明主编:《中华人民共和国侵权责任法释义》(第2版),法律出版社2013年版,第480~481页。

③ 王利明:《侵权责任法研究》(下卷),中国人民大学出版社2011年版,第748~749页。

五、林木损害责任

(一)林木损害责任的概念和立法背景

实践中林木致害行为时有发生,如路边未及时处理的病树、枯树被风吹倒砸伤路边行人或车辆,折断的树枝及树上掉落的果实等造成他人人身或财产损失的后果。《民法典》第1257条对林木损害责任专门进行了规定,林木损害责任是指林木折断、倾倒或者果实坠落给他人的人身和财产造成损害,由林木的所有人或者管理人承担责任的特殊侵权责任。林木损害责任最早是在2003年《人身损害赔偿解释》第16条中规定的,该司法解释规定林木损害行为适用原《民法通则》第126条的规定,适用过错推定责任原则,由林木的所有人或管理人承担损害赔偿责任。在吸收借鉴该司法解释的基础上,原《侵权责任法》第90条对林木损害责任作了规定,但仅明确规定了林木折断造成他人损害这一种情形,并未对树木倾倒及果实坠落致人损害两种情形进行规定。《民法典》综合《人身损害赔偿解释》及原《侵权责任法》的规定,在第1257条中规定,"因林木折断、倾倒或者果实坠落等造成他人损害,林木的所有人或者管理人不能证明自己没有过错的,应当承担侵权责任"。

(二)林木损害责任的归责原则和构成要件

依据《民法典》第1257条的规定,林木损害责任适用的归责原则是过错推定责任原则,即受害人无须证明自己对所受损害存在过错,而林木的所有人或者管理人若认为自己没有过错的,则应承担举证责任证明自己主观上无过错,以免除其应承担的损害赔偿责任。

实践中,构成林木损害责任一般需要满足以下要件:第一,林木导致致害行为的发生。一般是因林木折断、倾倒造成他人损害的行为,可以是林木的部分或全部倾倒,也可以是树干或树枝折断。此外,树上果实掉落等行为造成损害的均属于林木致害行为。第二,被侵权人受到损害。林木损害责任的受害人产生了实际损害的后果,包括人身损害和财产损害,其中人身损害可能是死亡、残疾或一般伤害,财产损害通常是造成了间接的财物损失后果,如树木倾倒砸伤路人或砸坏树下停放的车辆或其他建筑物等。第三,林木损害行为与被侵权人的损害之间存在因果关系,即被侵权人所受的人身损害或财产损失与林木折断、倾倒或果实掉落的行为之间存在引起与被引起的关系，包括直接因果关系和间接因果关系。第四，林木的所有人或管理人不能证明自己没有过错，即推定为林木的所有人或管理人对损害发生存有过错，包括故意和过失。

（三）林木损害责任的责任主体

依据《民法典》第1257条的规定，承担林木损害责任的主体为不能证明自己没有过错的所有人或管理人。林木的所有人是依法对林木享有占有、使用、收益、处分权利的人，[①]通常包括国家、集体和个人。例如，《民法典》第250条规定，森林资源属于国家所有，但法律规定属于集体所有的除外；此外《民法典》第274条规定，建筑区划内的绿地，属于业主共有，但属于城镇公共绿地或者明示属于个人的除外。林木的管理人是指依法或者依约对林木享有管理、维护职责的人，如小区的物业公司。

六、地面施工、地下设施损害责任

（一）地面施工、地下设施损害责任的概念

《民法典》第1258条在吸纳原《侵权责任法》第91条规定的基础上明确了施工人的证明责任，规定，“在公共场所或者道路上挖掘、修缮安装地下设施等造成他人损害，施工人不能证明已经设置明显标志和采取安全措施的，应当承担侵权责任。窨井等地下设施造成他人损害，管理人不能证明尽到管理职责的，应当承担侵权责任”。本条通过第1款及第2款规定了地面施工损害责任及地下设施损害责任。

地面施工损害责任是指施工人在公共场所或者道路上挖掘、修缮安装地下设施，因未尽到安全警示义务及采取安全措施致使他人损害的，由施工人承担损害责任的特殊侵权责任。地下设施损害责任是指窨井等地下设施因管理人未尽到管理职责造成他人损害的，由管理人承担侵权责任的特殊侵权责任。

（二）地面施工、地下设施损害责任的归责原则和构成要件

《民法典》对地面施工、地下设施损害责任进行了专门规定，明确了施工人和管理人的证明责任，即施工人或管理人不能证明其已经采取安全措施或尽到

---

① 参见最高人民法院民法典贯彻实施工作领导小组主编：《中华人民共和国民法典侵权责任编理解与适用》，人民法院出版社2020年版，第723页。

管理职责的,应对发生的损害后果承担责任。由此可见,地面施工、地下设施损害责任的归责原则为过错推定责任原则。

依据《民法典》第1258条的规定,构成地面施工、地下设施损害责任通常要满足以下要件:第一,须是地面或地下工作物致人损害。地面施工损害责任通常是因在公共场所或者道路上挖掘、修缮安装地下设施造成的,本条规定的行为是为挖掘、修缮地下设施而在地面开展的施工行为。按照《道路交通安全法》等相关规定,进行上述施工行为,需要在路面采取安全措施或设置安全警示。地下设施损害责任的致害物须为窨井等地下设施,窨井通常是铺设于地面连接地下的设施,如下水道井。第二,造成了损害。通常实践中发生的地面施工、地下设施损害包括人身损害及财产损害,前者如造成他人人身伤亡,后者如财物掉落等直接财产损失,但无论人身损害抑或财产损失都要求是实际发生的损害。第三,损害与地面或地下工作物致害行为存在引起与被引起的因果关系。第四,施工人和管理人不能证明其对损害的发生没有过错。地面施工损害责任的施工人不能证明已经设置明显标志和采取安全措施避免损害的发生,地下施工损害责任的管理人不能证明自己已尽管理职责。

(三)地面施工、地下设施损害责任的责任主体

地面施工损害责任的责任主体为施工人,指承包或者承揽工程项目并组织施工作业的自然人、法人、非法人组织。[①] 实践中,一般为工程项目的承包人、转包人及实际施工人等。施工人负有法定义务,应对正在施工的公共场所或路面设置明显标志、采取安全措施,因公共场所和公共道路人流集中,如不及时有效采取安全措施,亦给不特定主体带来损害风险,这正是其承担损害责任的事实依据。地下设施损害责任的责任主体为地下设施的管理人,一般是对窨井等地下设施负有看护、维修、管理义务的单位或部门。因窨井是指城市地下管线中转、控制的地下空间,一般所有的公共供水、污水渠、电话线、光纤网络都可能通过窨井下的地下通道连接,所以所涉领域不同,负有管理看护义务的责任部门亦不同,损害发生时需依据事实查明致害地下设施的具体管理人。

① 参见最高人民法院民法典贯彻实施工作领导小组主编:《中华人民共和国民法典侵权责任编理解与适用》,人民法院出版社2020年版,第730页。

参考文献

著作

[1]中共中央党史和文献研究院编:《十九大以来重要文献选编》(中),中央文献出版社2021年版。

[2]中共中央文献研究室编:《习近平关于全面依法治国论述摘编》,中央文献出版社2015年版。

[3]杨立新:《侵权法论》(第3版),人民法院出版社2005年版。

[4]吕世伦、谷春德编著:《西方政治法律思想史》,辽宁人民出版社1986年版。

[5][澳]彼得·凯恩:《侵权法解剖》,汪志刚译,北京大学出版社2010年版。

[6]杨震:《法价值哲学导论》,中国社会科学出版社2004年版。

[7]王利明:《侵权责任法研究》(上卷),中国人民大学出版社2016年版。

[8][奥]海尔姆特·库齐奥:《侵权责任法的基本问题(第一卷)——德语国家的视角》,朱岩译,北京大学出版社2017年版。

[9][美]罗伯特·考特、[美]托马斯·尤伦:《法和经济学》,张军等译,上海人民出版社1994年版。

[10]王泽鉴:《民法学说与判例研究》(第4册),北京大学出版社2015年版。

[11]郑玉波:《民法债编总论》,台北,三民书局1993年版。

[12]杨立新:《侵权责任法原理与案例教程》(第3版),中国人民大学出版社2013年版。

[13]张新宝:《侵权责任法》(第5版),中国人民大学出版社2020年版。

[14]王利明:《侵权责任法》(第2版),中国人民大学出版社2021年版。

[15]史尚宽:《债法总论》,台北,荣泰印书馆1978年版。

[16]杨立新:《侵权责任法》(第4版),法律出版社2021年版。

[17][德]克雷斯蒂安·冯·巴尔:《欧洲比较侵权行为法》(下卷),张新宝译,法律出版社2001年版。

[18]王泽鉴:《侵权行为法(第一册)——基本理论·一般侵权行为》,中国政法大学出版社2001年版。

[19]魏振瀛主编:《民法》(第4版),北京大学出版社、高等教育出版社2010年版。

[20]程啸:《侵权责任法》(第2版),法律出版社2015年版。

[21]王利明:《民法总则研究》(第2版),中国人民大学出版社2012年版。

[22]王利明、郭明瑞等:《民法新论》(上),中国政法大学出版社1988年版。

[23]陈甦主编:《民法总则评注》(下册),法律出版社2017年版。

[24][德]拉伦茨:《法学方法论》,陈爱娥译,台北,五南图书出版股份有限公司1996年版。

[25]王涌:《私权的分析与建构——民法的分析法学基础》,北京大学出版社2020年版。

[26]韩世远:《合同法总论》,法律出版社2011年版。

[27]张家勇:《合同法与侵权法中间领域调整模式研究——以制度互动的实证分析为中心》,北京大学出版社2016年版。

[28]王利明:《侵权行为法研究》(上册),中国人民大学出版社2004年版。

[29]王利明:《民法总则研究》,中国人民大学出版社2003年版。

[30]程啸:《侵权责任法》(第3版),法律出版社2021年版。

[31]汪治平:《人身损害赔偿若干问题研究》,中国法制出版社2001年版。

[32]王利明、杨立新、王轶、程啸:《民法学》(第5版),法律出版社2017年版。

[33]王利明:《侵权责任法研究》(下册),中国人民大学出版社2018年版。

[34]杨立新主编:《东亚侵权法示范法　中英日韩葡文对照》,北京大学出

版社 2016 年版。

[35]杨立新:《简明侵权责任法》,中国法制出版社 2015 年版。

[36][德]马克西米利安·福克斯:《侵权行为法》,齐晓琨译,法律出版社 2006 年版。

[37]王利明、周友军、高圣平:《侵权责任法疑难问题研究》,中国法制出版社 2012 年版。

[38]王泽鉴:《侵权行为》,北京大学出版社 2009 年版。

[39]毛大春、王枫:《英国侵权法上的注意义务评述》,载梁慧星主编:《民商法论丛》第 21 卷,金桥文化出版(香港)有限公司 2001 年版。

[40]王利明:《侵权责任法研究》(下),中国人民大学出版社 2011 年版。

[41]杨立新:《侵权法论》,人民法院出版社 2011 年版。

[42]崔建远主编:《合同法》(第 3 版),法律出版社 2003 年版。

[43]张新宝:《侵权责任法原理》,中国人民大学出版社 2005 年版。

[44]王卫国:《过错责任原则:第三次勃兴》,中国法制出版社 2000 年版。

[45]梁慧星主编:《中国民法典草案建议稿》,法律出版社 2003 年版。

[46]郛砚:《侵权补充责任研究》,法律出版社 2015 年版。

[47]侯国跃:《中国侵权法立法建议稿及理由》,法律出版社 2009 年版。

[48]王利明等撰稿:《中国民法典学者建议稿及立法理由·侵权行为编——条文·立法理由·参考立法例》,法律出版社 2005 年版。

[49]曾世雄:《损害赔偿法原理》,中国政法大学出版社 2001 年版。

[50]梁慧星编:《中国民法典草案建议稿附理由·侵权行为编——条文·说明·理由·立法例》,法律出版社 2013 年版。

[51][美]戴维·G. 欧文:《产品责任法》,董春华译,中国政法大学出版社 2012 年版。

[52]杨立新:《侵权法论》(下),人民法院出版社 2013 年版。

[53]房维廉、赵惜兵主编:《新产品质量法释义与问答》,中国工商出版社 2000 年版。

[54][日]吉村良一:《日本侵权行为法》,张挺译,中国人民大学出版社 2013 年版。

[55][瑞]海因茨·雷伊:《瑞士侵权责任法》,贺栩栩译,中国政法大学出

版社 2015 年版。

[56]周新军:《产品责任立法中的利益衡平产品责任法比较研究》,中山大学出版社 2007 年版。

[57]杨立新主编:《中华人民共和国侵权责任法草案建议稿及说明》,法律出版社 2007 年版。

[58]张新宝:《侵权责任法》,中国人民大学出版社 2006 年版。

[59]《法国民法典》(下册),罗结珍译,法律出版社 2005 年版。

[60]詹森林:《民事法理与判决研究》(第 5 册),中国政法大学出版社 2009 年版。

[61][德]布吕格迈耶尔、朱岩:《中国侵权责任法学者建议稿及其立法理由》,北京大学出版社 2009 年版。

[62]赵西巨:《医事法研究》,法律出版社 2008 年版。

[63]苏永钦等:《民法七十年之回顾与展望(一)》(总则·债编),中国政法大学出版社 2002 年版。

[64][德]汉斯·贝恩德·舍费尔、[德]克劳斯·奥特:《民法的经济分析》,江清云、杜涛译,法律出版社 2009 年版。

[65]杨立新主编、世界侵权法学会秘书处编:《世界侵权法学会报告(1)——产品责任》,人民法院出版社 2015 年版。

[66]杨立新等:《民法物格制度研究》,法律出版社 2008 年版。

[67]曹明德:《环境侵权法》,法律出版社 2000 年版。

[68]吕忠梅:《沟通与协调之途——论公民环境权的民法保护》,中国人民大学出版社 2005 年版。

[69]邱聪智:《民法研究(一)》,中国人民大学出版社 2002 年版。

[70]杨立新主编,蔡颖雯等撰稿:《类型侵权行为法研究》,人民法院出版社 2006 年版。

[71]周枏:《罗马法原论》(下册),商务印书馆 2017 年版。

[72][美]理查德·A. 爱泼斯坦:《侵权法——案例与资料》,中信出版社 2003 年版。

[73]杨立新:《侵权损害赔偿》(第 6 版),法律出版社 2016 年版。

[74]欧洲民法典研究组、欧盟现行私法研究组编著,[德]克里斯蒂安·

冯·巴尔、[英]埃里克·克莱夫主编:《欧洲私法的原则、定义与示范规则:欧洲示范民法典草案》(全译本)(第5-7卷),高圣平等译,法律出版社2014年版。

[75]沈志先主编:《侵权案件审判精要》,法律出版社2013年版。

[76]王竹:《侵权责任法疑难问题专题研究》(第2版),中国人民大学出版社2018年版。

[77]《中国法律年鉴》编辑部编:《中国法律年鉴(1987)》,法律出版社1987年版。

[78]程啸:《侵权责任法教程》(第4版),中国人民大学出版社2020年版。

[79]王鸿翼主编,最高人民检察院民事行政检察厅编:《人民检察院民事行政抗诉案例选》(第8集),法律出版社2005年版。

[80]张新宝:《中国侵权行为法》(第2版),中国社会科学出版社1998年版。

[81]侯国跃:《契约附随义务研究》,法律出版社2007年版。

[82]王竹:《侵权责任分担论——侵权损害赔偿责任数人分担的一般理论》,中国人民大学出版社2009年版。

[83]杨彪:《动物损害与物件损害》,中国法制出版社2010年版。

释义书

[1]全国人大常委会法制工作委员会民法室编:《中华人民共和国侵权责任法条文说明、立法理由及相关规定》,北京大学出版社2010年版。

[2]黄薇主编:《中华人民共和国民法典侵权责任编解读》,中国法制出版社2020年版。

[3]杨立新:《〈中华人民共和国侵权责任法〉精解》,知识产权出版社2010年版。

[4]《民法典立法背景与观点全集》编写组编:《民法典立法背景与观点全集》,法律出版社2020年版。

[5]张新宝:《中国民法典释评——侵权责任编》,中国人民大学出版社2020年版。

[6]王利明主编:《中华人民共和国侵权责任法释义》,中国法制出版社2010年版。

[7]张洪建、徐银波编著:《侵权责任法法条精义与案例指导》,法律出版社2010年版。

[8]全国人大常委会法制工作委员会民法室编:《侵权责任法立法背景与观点全集》,法律出版社2010年版。

[9]王利明主编:《人身损害赔偿疑难问题——最高法院人身损害赔偿司法解释之评论与展望》,中国社会科学出版社2004年版。

[10]王胜明主编:《中华人民共和国侵权责任法释义》,法律出版社2010年版。

[11]江必新等:《最高人民法院指导性案例裁判规则理解与适用·侵权赔偿卷》,中国法制出版社2014年版。

[12]最高人民法院民法典贯彻实施工作领导小组主编:《中华人民共和国民法典侵权责任编理解与适用》,人民法院出版社2020年版。

[13]高圣平主编:《中华人民共和国侵权责任法立法争点、立法例及经典案例》,北京大学出版社2010年版。

[14]杨立新:《〈中华人民共和国侵权责任法〉条文释解与司法适用》,人民法院出版社2010年版。

[15]卞耀武主编,全国人大常委会法制工作委员会经济法室编著:《中华人民共和国产品质量法实用讲话及疑难问题解答》,中国言实出版社2000年版。

[16]最高人民法院侵权责任法研究小组编著:《〈中华人民共和国侵权责任法〉条文理解与适用》,人民法院出版社2016年版。

[17]《农产品质量安全法释义》编写组编著:《中华人民共和国农产品质量安全法释义》,中国法制出版社2006年版。

[18]最高人民法院侵权责任法研究小组编著:《〈中华人民共和国侵权责任法〉条文理解与适用》,人民法院出版社2010年版。

[19]最高人民法院民事审判第一庭编著:《最高人民法院关于食品药品纠纷司法解释理解与适用》,人民法院出版社2014年版。

[20]卞耀武主编:《中华人民共和国产品质量法释义》,法律出版社2000年版。

[21]《解读最高人民法院请示与答复》编选组编:《解读最高人民法院请示与答复》(民事卷),人民法院出版社2004年版。

［22］杜月秋、孙政编:《民法典条文对照与重点解读》,法律出版社 2020 年版。

［23］黄薇主编:《中华人民共和国民法典释义及适用指南》(下册),中国民主法制出版社 2020 年版。

［24］王胜明主编:《中华人民共和国侵权责任法释义》(第 2 版),法律出版社 2013 年版。

期刊论文

［1］杨震、孙毅:《我国民法典的时代价值》,载《求是学刊》2021 年第 5 期。

［2］钟瑞栋:《社会主义核心价值观融入民法典编纂论纲》,载《暨南学报(哲学社会科学版)》2019 年第 6 期。

［3］张新宝:《侵权责任编:在承继中完善和创新》,载《中国法学》2020 年第 4 期。

［4］石佳友:《论侵权责任法的预防职能——兼评我国〈侵权责任法(草案)〉(二次审议稿)》,载《中州学刊》2009 年第 4 期。

［5］王利明:《我国〈民法典〉侵权责任编损害赔偿制度的亮点——以损害赔偿为中心的侵权责任形式》,载《政法论丛》2021 年第 5 期。

［6］王轶:《论侵权责任承担方式》,载《中国人民大学学报》2009 年第 3 期。

［7］王利明:《侵权责任法的中国特色》,载《法学家》2010 年第 2 期。

［8］魏振瀛:《侵权责任法在我国民法中的地位及其与民法其他部分的关系——兼与传统民法相关问题比较》,载《中国法学》2010 年第 2 期。

［9］姚辉、段睿:《"赔礼道歉"的异化与回归》,载《中国人民大学学报》2012 年第 2 期。

［10］程啸、王丹:《损害赔偿的方法》,载《法学研究》2013 年第 3 期。

［11］王利明:《惩罚性赔偿研究》,载《中国社会科学》2000 年第 4 期。

［12］曹险峰、孔凡学:《论不可抗力在环境污染责任中的法规范适用——兼评〈侵权责任法〉第 29 条》,载《当代法学》2013 年第 5 期。

［13］韩峰:《强降雪不构成不可抗力及不真正连带责任》,载《人民司法》2010 年第 16 期。

［14］沃耘:《让权利得到实现——民法典民事自助行为制度的立法设计》,

载《政法论丛》2011 年第 6 期。

［15］李莉、陈泽锋：《对抗民事侵权的自我救济——论自助行为的设立》，载《广西社会科学》2005 年第 12 期。

［16］谢鸿飞：《违约责任与侵权责任竞合理论的再构成》，载《环球法律评论》2014 年第 6 期。

［17］张家勇：《中国法民事责任竞合的解释论》，载《交大法学》2018 年第 1 期。

［18］王利明：《侵权责任法与合同法的界分——以侵权责任法的扩张为视野》，载《中国法学》2011 年第 3 期。

［19］崔建远：《民法总则应如何设计民事责任制度》，载《法学杂志》2016 年第 11 期。

［20］崔建远：《中国民法典所设竞合规范论》，载《兰州大学学报（社会科学版）》2021 年第 1 期。

［21］李佳伦：《网络侵权行为的过错问题研究》，载《华东政法大学学报》2017 年第 1 期。

［22］杨立新：《民法典侵权责任编草案规定的网络侵权责任规则检视》，载《法学论坛》2019 年第 3 期。

［23］程啸：《论我国〈民法典〉网络侵权责任中的通知规则》，载《武汉大学学报（哲学社会科学版）》2020 年第 6 期。

［24］杨立新：《网络服务提供者在网络侵权避风港规则中的地位和义务》，载《福建师范大学学报（哲学社会科学版）》2020 年第 5 期。

［25］薛军：《民法典网络侵权条款研究：以法解释论框架的重构为中心》，载《比较法研究》2020 年第 4 期。

［26］吴汉东：《侵权责任法视野下的网络侵权责任解析》，载《法商研究》2010 年第 6 期。

［27］吴汉东：《论网络服务提供者的著作权侵权责任》，载《中国法学》2011 年第 2 期。

［28］沈森宏：《论〈侵权责任法〉网络侵权“知道规则”的适用》，载《法律适用（司法案例）》2018 年第 10 期。

［29］关宁宁、张长青：《客运承运人安全保障义务的合理限度》，载《江西社

会科学》2015 年第 4 期。

[30]侯国跃、刘玖林:《安全保障义务:属性识别与责任分配——兼评〈民法典侵权责任编(草案第三次审议稿)〉第 973 条》,载《北方法学》2020 年第 1 期。

[31]张新宝:《侵权责任一般条款的理解与适用》,载《法律适用》2012 年第 10 期。

[32]王利明:《我国侵权责任法的体系构建——以救济法为中心的思考》,载《中国法学》2008 年第 4 期。

[33]房绍坤:《论侵权责任立法中的一般条款与类型化及其适用》,载《烟台大学学报(哲学社会科学版)》2009 年第 3 期。

[34]杨立新:《制定侵权责任法应着力解决的五个问题》,载《河北学刊》2008 年第 3 期。

[35]刘言浩:《宾馆对住客的保护义务——王利毅、张丽霞诉上海银河宾馆损害赔偿上诉案评析》,载《法学研究》2001 年第 3 期。

[36]张新宝、唐青林:《经营者对服务场所的安全保障义务》,载《法学研究》2003 年第 3 期。

[37]陈曦、王菁:《户外运动组织者违反安全保障义务的侵权责任》,载《甘肃政法学院学报》2007 年第 6 期。

[38]龙著华、吴静煌:《论群众性体育活动组织者的安全保障义务》,载《广东外语外贸大学学报》2018 年第 2 期。

[39]麻锦亮、张丹:《论安全保障义务的性质》,载《云南大学学报(法学版)》2005 年第 5 期。

[40]周诚友、张伟:《港口企业对非经营业务相对人的安全保障义务》,载《人民司法(案例)》2018 年第 8 期。

[41]侯国跃、殷昭仙:《德国附随义务理论诞生的社会背景》,载《法学杂志》2010 年第 11 期。

[42]周友军:《德国民法上的违法性理论研究》,载《现代法学》2007 年第 1 期。

[43]曹险峰:《〈侵权责任法〉第 12 条之按份责任正当性论证——兼论第 12 条与第 37 条第 2 款的关系》,载《苏州大学学报(哲学社会科学版)》2014 年

第2期。

[44]李中原:《论违反安全保障义务的补充责任制度》,载《中外法学》2014年第3期。

[45]郭明瑞:《补充责任、相应的补充责任与责任人的追偿权》,载《烟台大学学报(哲学社会科学版)》2011年第1期。

[46]郭明瑞:《侵权责任法适用中的问题及对策》,载《法制日报》2015年12月30日,第9版。

[47]张新宝:《我国侵权责任法中的补充责任》,载《法学杂志》2010年第6期。

[48]李凤翔:《论安全保障义务人之相应的补充责任》,载《东南大学学报(哲学社会科学版)》2017年12月增刊。

[49]杨立新:《论不真正连带责任类型体系及规则》,载《当代法学》2012年第3期。

[50]李中原:《论违反安全保障义务的补充责任制度》,载《中外法学》2014年第3期。

[51]谢鸿飞:《违反安保义务侵权补充责任的理论冲突与立法选择》,载《法学》2019年第2期。

[52]周友军:《我国民法典侵权责任编的编纂研究》,载《政治与法律》2018年第5期。

[53]张新宝:《民法分则侵权责任编立法研究》,载《中国法学》2017年第3期。

[54]刘海安:《侵权补充责任类型的反思与重定》,载《政治与法律》2012年第2期。

[55]孙维飞:《论安全保障义务人相应的补充责任——以〈侵权责任法〉第12条和第37条第2款的关系为中心》,载《东方法学》2014年第3期。

[56]张文显:《法律责任论纲》,载《吉林大学社会科学学报》1991年第1期。

[57]王利明:《论法典中心主义与我国民事立法的体系化》,载《云南大学学报(法学版)》2009年第2期。

[58]高圣平:《产品责任归责原则研究——以〈侵权责任法〉第41条、第42

条和第43条为分析对象》,载《法学杂志》2010年第6期。

[59]梁慧星:《我国〈侵权责任法〉的几个问题》,载《暨南学报(哲学社会科学版)》2010年第3期。

[60]温世扬、吴昊:《论产品责任中的“产品”》,载《法学论坛》2018年第3期。

[61]梁慧星:《中国产品责任法——兼论假冒伪劣之根源和对策》,载《法学》2001年第6期。

[62]孙宏涛:《产品责任立法中的产品概念分析》,载《海南大学学报(人文社会科学版)》2012年第4期。

[63]谭玲:《“产品”范围的比较分析》,载《政法学刊》2004年第1期。

[64]何桢等:《产品责任立法中的产品范畴比较研究》,载《天津大学学报(社会科学版)》2009年第3期。

[65]王竹:《论医疗产品责任规则及其准用——以〈中华人民共和国侵权责任法〉第59条为中心》,载《法商研究》2013年第3期。

[66]梁慧星:《消费者法及其完善》,载《工商行政管理》2000年第21期。

[67]杨立新:《医疗产品损害责任三论》,载《河北法学》2012年第6期。

[68]王道发:《我国产品责任制度法律问题研究》,载《现代管理科学》2016年第7期。

[69]王乐兵:《自动驾驶汽车的缺陷及其产品责任》,载《清华法学》2020年第2期。

[70]石慧荣:《产品缺陷研究》,载《法学杂志》1996年第4期。

[71]周友军:《民法典编纂中产品责任制度的完善》,载《法学评论》2018年第2期。

[72]张新宝:《美国有害物体侵权行为法介评》,载《外国法译评》1994年第1期。

[73][德]格哈特·瓦格纳:《当代侵权法比较研究》,高圣平、熊丙万译,载《法学家》2010年第2期。

[74]黄忠顺:《惩罚性赔偿消费公益诉讼研究》,载《中国法学》2020年第1期。

[75]周友军:《我国〈侵权责任法〉修订入典的初步构想》,载《政治与法律》

2018 年第 5 期。

[76]杜万华、贺小荣等:《〈关于审理道路交通事故损害赔偿案件适用法律若干问题的解释〉的理解与适用》,载《法律适用》2013 年第 3 期。

[77]侯英泠:《从“往来义务”建构医疗机构之组织义务》,载《台大法学论丛》2012 年第 1 期。

[78]窦海阳:《〈民法典〉中医务人员过错规范的限缩解释》,载《北方法学》2020 年第 5 期。

[79]窦海阳:《法院对医务人员过失判断依据之辨析——以〈侵权责任法〉施行以来相关判决为主要考察对象》,载《现代法学》2015 年第 2 期。

[80]徐爱国:《医疗伦理的法律规制》,载《民主与科学》2021 年第 5 期。

[81]杨立新:《医疗损害责任概念研究》,载《政治与法律》2009 年第 3 期。

[82]艾尔肯:《论医疗知情同意理论》,载《河北法学》2008 年第 8 期。

[83]艾尔肯:《论我国医疗损害责任制度的修改与完善——以〈民法典·侵权责任编草案(三审稿)〉的规定为视角》,载《河北法学》2020 年第 1 期。

[84]满洪杰:《医疗道歉法与医疗纠纷解决机制的发展——美国经验与中国进路》,载《当代法学》2017 年第 6 期。

[85]艾尔肯、秦永志:《论医疗知情同意书——兼评〈侵权责任法〉第 55 条、第 56 条的规定》,载《东方法学》2010 年第 3 期。

[86]满洪杰:《论院外会诊的医疗损害责任》,载《法学论坛》2019 年第 3 期。

[87]李承亮:《侵权责任法视野中的生态损害》,载《现代法学》2010 年第 1 期。

[88]周峨春、吕靖文:《〈民法典〉中环境污染和生态破坏责任的内部逻辑与外部衔接》,载《中州学刊》2021 年第 12 期。

[89]王利明:《〈民法典〉中环境污染和生态破坏责任的亮点》,载《广东社会科学》2021 年第 1 期。

[90]王利明:《论高度危险责任一般条款的适用》,载《中国法学》2010 年第 6 期。

[91]范利平:《特殊侵权责任的意识——析高度危险作业的范围》,载《西南政法大学学报》2004 年第 1 期。

[92]赵可:《我国民法上的高度危险作业》,载《江汉论坛》2010 年第 2 期。

[93]张新宝:《饲养动物致人损害的赔偿责任》,载《法学研究》1994 年第 2 期。

[94]周友军:《我国动物致害责任的解释论》,载《政治与法律》2010 年第 5 期。

[95]朱浩然:《八达岭野生动物园老虎伤人事件的法律分析——从野生动物园安全保障义务角度》,载《上海政法学院学报(法治论丛)》2016 年第 5 期。

[96]江平:《民法中的视为、推定与举证责任》,载《政法论坛》1987 年第 4 期。

[97]韩世远:《物件损害责任的体系位置》,载《法商研究》2010 年第 6 期。

[98]杨立新:《〈民法典(草案)〉对高空抛掷物损害责任规则的完善》,载《当代法学》2020 年第 3 期。

[99]王利明:《论高楼抛物致人损害责任的完善》,载《法学杂志》2020 年第 1 期。

[100]杨彪:《〈侵权责任法〉中物件致害责任的体系解释与结构分析》,载《法学杂志》2010 年第 3 期。

[101]钱水苗:《污染环境侵权行为民事责任的特点》,载《杭州大学学报(哲学社会科学版)》1993 年第 2 期。

[102]姚辉、周云涛:《关于民事权利的宪法学思维——以一般人格权为对象的观察》,载《浙江社会科学》2007 年第 1 期。

后　记

《中华人民共和国民法典释论》系列丛书，是国家社科基金重大研究专项："社会主义核心价值观融入民法典的理解与适用研究"（20VHJ011）的阶段性研究成果。该系列丛书的出版，既是社会主义核心价值观融入《民法典》的理解与适用的理论探索，也是社会主义核心价值观引领《民法典》的编纂与施行的实践展示。

《中华人民共和国民法典释论》系列丛书在编写过程中，力图深刻领会《民法典》的核心要义与价值主旨、全面展现《民法典》的精神气质与实践追求、系统阐释《民法典》的制度体系与规范逻辑、客观描述《民法典》的编纂进路与司法期待。因为《民法典》在中国特色社会主义法律体系中，既是一部固根本、稳预期、利长远的基础性法律，也是全面依法治国的重要制度载体。习近平总书记指出："民法典实施得好，人民群众权益就会得到法律保障，人与人之间的交往活动就会更加有序，社会就会更加和谐。"①

《中华人民共和国民法典释论》系列丛书的顺利编写，导源于黑龙江大学民法典编纂课题组组长杨震教授的统辖规划与引领推进，厚植于黑龙江大学民法典编纂课题组的智慧付出与成果积淀，得益于黑龙江大学法学院、黑龙江大学民商法学研究中心的云集响应与踊跃输将，仰赖于黑龙江大学民法同道的细心求索和潜力深耕。在此，致敬所有为《中华人民共和国民法典释论》系列丛书倾心助力、孜孜以求的同人！

砥砺奋进，笃行致远。遥望2012年3月那些春风劲拂、桃花缤纷的夜晚，回望2012年5月那些微风低吟、丁香盛开的日子，为起草《中华人民共和国继承法》

---

① 中共中央党史和文献研究院编：《十九大以来重要文献选编》（中），中央文献出版社2021年版，第584页。

（专家建议稿），黑龙江大学民法典编纂课题组在研讨论证、集思广益、思路整合、字斟句酌……杨震、王歌雅、孙毅、申建平、李宏弢、杨振宏、司丹、任江……那些舒展的笑容、生动的面庞、犀利的言语、碰撞的观点、凝练的表达，清晰如昨。

博采众长，匠心独运。2015 年 4 月，又是桃花绽放、丁香四溢的昼夜。为起草《民法典 · 总则编》（专家建议稿）中民事法律行为和代理两章，为优化民事法律行为和代理的规范表述、制度设计，黑龙江大学民法典编纂课题组在遍阅法典、中西审夺、激扬论辩、唇枪舌剑……杨震、王歌雅、孙毅、申建平、陈彦晶、杨振宏、王睿、王立兵、严诚、杨健、李宏弢、任江、霍原、项定宜、胡东、龚兵、李 播、赵亮、司丹、马千里……那些勤奋的思考、亢奋的表情、严肃的争论、反复的推敲、飞扬的思维，依稀可见。

精诚合作，携手与共。2017 年 6 月至 7 月，在柳絮飞扬、梨花绽放的夏日，为起草《中华人民共和国人格权法》（专家建议稿），黑龙江大学民法典编纂课题组在研讨体例、设计方案、规划日程、逐条审议、精雕细琢、优化表述……杨震、王歌雅、孙毅、申建平、张铁薇、李丹丹、王立兵、杨振宏、李 播、朴顺善、项定宜、龚兵、马千里……那些温煦的表情、和谐的话语、清晰的流程、经典的表述、智慧的启迪，犹在眼前。

在《中华人民共和国民法典释论》系列丛书付梓之际，尤要感谢法律出版社徐菲编辑给予的鼎力支持与真诚鼓励！无论是丛书的策划、设计，还是丛书的编校、审核，均凝聚着徐菲编辑的热忱与付出；不论是反复的沟通、磋商，还是合同的草拟、签订，均体现出徐菲编辑的素养与敬业。

特别感谢黑龙江省教育厅对黑龙江大学民法典编纂课题组的鼎力支持！

感谢所有为《中华人民共和国民法典释论》系列丛书付出心血与热望的人！

感谢所有为黑龙江大学民法典编纂课题组提供支持与帮助的人！

三千星夜兼程，韶华晨露归处！

十年磨一剑，悠韵砺得香！

功崇惟志，业广惟勤！

黑龙江大学民法典编纂课题组

2022 年 5 月 4 日